**GUIA PRÁTICO DA POLÍTICA
EDUCACIONAL NO BRASIL**
Ações, planos, programas e impactos

Dados Internacionais de Catalogação na Publicação (CIP)
(Câmara Brasileira do Livro, SP, Brasil)

Santos, Pablo Silva Machado Bispo dos
  Guia prático da política educacional no Brasil: Ações, planos, programas e impactos / Pablo Silva Machado Bispo dos Santos — 2. ed. rev. e ampl. — São Paulo : Cengage Learning, 2016.

  1. reimpr. da 2. ed. de 2015.
  Bibliografia
  ISBN 978-85-221-1864-9

  1. Educação - Brasil 2. Educação e Estado Brasil 3. Política e educação - Brasil - Manuais, guias etc I.Título. II. Série.

14-11133   CDD379.81

Índice para catálogo sistemático:

  1. Brasil : Política educacional : Manuais, guias etc. 379.81

GUIA PRÁTICO DA POLÍTICA EDUCACIONAL NO BRASIL
Ações, planos, programas e impactos

PABLO SILVA MACHADO BISPO DOS SANTOS

CENGAGE Learning

Austrália • Brasil • Japão • Coreia • México • Cingapura • Espanha • Reino Unido • Estados Unidos

CENGAGE
Learning®

Guia prático da política educacional no Brasil: *ações, planos, programas e impactos*

Pablo Silva Machado Bispo dos Santos

Gerente editorial: Noelma Brocanelli

Editora de desenvolvimento: Salete Del Guerra

Supervisora de produção gráfica: Fabiana Alencar Albuquerque

Copidesque: Sandra Scapin

Revisão: Nelson Luis Barbosa

Projeto gráfico e diagramação: Triall Composição Editorial Ltda.

Capa: Cynthia Braik

Imagem de capa: Anita Ponne/Shutterstock

© 2015, 2012 Cengage Learning Edições Ltda.

Todos os direitos reservados. Nenhuma parte deste livro poderá ser reproduzida, sejam quais forem os meios empregados, sem a permissão, por escrito, das editoras. Aos infratores aplicam-se as sanções previstas nos artigos 102, 104, 106 e 107 da Lei nº 9.610, de 19 de fevereiro de 1998.

Esta editora empenhou-se em contatar os responsáveis pelos direitos autorais de todas as imagens e de outros materiais utilizados neste livro. Se porventura for constatada a omissão involuntária na identificação de algum deles, dispomo-nos a efetuar, futuramente, os possíveis acertos.

A editora não se responsabiliza pelo funcionamento dos links contidos neste livro que possam estar suspensos.

Para informações sobre nossos produtos, entre em contato pelo telefone 0800 11 19 39.

Para permissão de uso de material desta obra, envie seu pedido para direitosautorais@cengage.com.

© 2015 Cengage Learning. Todos os direitos reservados.

ISBN 13: 978-85-221-1799-4
ISBN 10: 85-221-1799-3

Cengage Learning
Condomínio E-Business Park
Rua Werner Siemens, 111 – Prédio 11 – Torre A – Conjunto 12
Lapa de Baixo – CEP 05069-900 – São Paulo –SP
Tel.: (11) 3665-9700 – Fax: (11) 3665-9901
SAC: 0800 11 19 39

Para suas soluções de curso e aprendizado, visite **www.cengage.com.br**.

Impresso no Brasil
Printed in Brazil
1 2 3 4   17 16 15 14

Agradecimentos

Agradeço a Deus, por ter permitido que eu existisse, e à minha mãe, por haver me trazido a este mundo.

À minha família, em especial à minha esposa, pelo incentivo e carinho durante este intenso e profícuo trabalho na ocasião da primeira edição desta obra.

Ao Prof. Carlos Roberto Jamil Cury, por ter aceitado ser meu prefaciador, bem como por seus importantes e úteis ensinamentos.

A Ana Waleska Pollo Campos de Mendonça, Maria de Lourdes de Albuquerque Favero, Jader de Medeiros Britto e Ana Canen, pelo exemplo valioso, a partir do qual compreendi o que significa ser um Professor/Pesquisador.

A Francisco Roberto Barbosa Nery, pelos debates sobre a conjuntura educacional brasileira no que tange às políticas públicas.

Sumário

Prefácio à 2ª edição xi

Prefácio à 1ª edição xiii

Introdução xv

1. **Estruturas, conceitos e fundamentos da política educacional** 1

    1.1   Política e política educacional: mapeando algumas noções e conceitos básicos 1

    1.2   Políticas públicas: tipos, modelos e implicações para o campo educacional 4

        1.2.1 Políticas públicas distributivas 5

        1.2.2 Políticas públicas redistributivas 6

        1.2.3 Políticas públicas regulatórias 7

        1.2.4 Políticas públicas instituintes 7

    1.3   Políticas públicas de Estado e políticas públicas de governo na educação brasileira 8

    1.4   Modelos de análise em Políticas Públicas e Políticas Públicas Educacionais 10

        1.4.1 Modelos de análise unidimensionais 10

        1.4.2 Modelos bidimensionais de análise de políticas públicas 11

        1.4.3 Modelos analíticos multidimensionais 12

2. **Estrutura dos planos, programas e ações da política educacional brasileira atual 15**

2.1 O ordenamento jurídico-político da educação brasileira 15

    2.1.1 O pilar nomotético do ordenamento jurídico-político brasileiro 16

    2.1.2 O pilar praxiológico do ordenamento jurídico-político da educação brasileira 17

2.2 Elementos centrais da legislação e da política educacional brasileira 18

    2.2.1 A Constituição Federal de 1988 e a educação 18

    2.2.2 A Constituição Federal de 1988 e o foco da política educacional brasileira 18

    2.2.3 A LDBEN nº 9.394/96 30

2.3 A normatização pedagógica da política educacional brasileira: Parâmetros Curriculares Nacionais (PCN) e Diretrizes Curriculares Nacionais (DCN) 57

    2.3.1 Os PCN para o ensino fundamental: estrutura e impactos político-teóricos 58

    2.3.2 As Diretrizes Curriculares Nacionais: discutindo a problemática questão do ensino médio 63

2.4 O financiamento da educação e as políticas educacionais no Brasil: Fundeb e FNDE 70

    2.4.1 O Fundeb em exame 70

    2.4.2 O Fundo Nacional de Desenvolvimento da Educação – FNDE 75

2.5 O Sistema Nacional de Avaliação Educacional: Saeb, Enem, Prova Brasil e Sinaes 78

    2.5.1 A avaliação em perspectiva nacional aplicada à educação básica: Enem, Saeb e Prova Brasil 79

    2.5.2 O Sistema Nacional de Avaliação da Educação Superior (Sinaes) 82

2.6 Os elementos integradores da política educacional nacional: o CTE, o PDE e o PAR 87

    2.6.1 O Decreto nº 6.094/07: Compromisso Todos pela Educação (CTE) 88

    2.6.2 O Plano de Ações Articuladas (PAR) 89

    2.6.3 O Plano de Desenvolvimento Educacional (PDE) 95

    2.6.4 A Conferência Nacional de Educação (Conae) e o Plano Nacional de Educação (PNE) 96

3. **Características estruturais do campo da política educacional brasileira** **101**

    3.1 Sobre os conceitos norteadores: a noção de "campo" e seus termos acessórios 102

    3.2 Agentes, estruturas, direção, matéria e forma do campo da política educacional brasileira: mapeando os elementos constitutivos 104

        3.2.1 Análise das estruturas do campo da política educacional brasileira: gênese e composição matricial 105

        3.2.2 Análise dos agentes que influenciam o campo da política educacional brasileira 118

        3.2.3 A dinâmica do campo: direção, matéria e forma da política educacional brasileira 121

Considerações finais **131**

Glossário **133**

Referências bibliográficas **175**

Anexo **179**

Sobre o autor **343**

Prefácio à 2ª edição

Nos últimos anos vimos uma profusão de medidas governamentais voltadas para a melhoria da qualidade educacional, esta almejada, mas ainda não alcançada de modo universal pelas escolas públicas do Brasil. Planos, ações e programas são nos dias de hoje ferramentas quantitativas e qualitativas de mensuração dessa tal qualidade. Compreender a dinâmica de funcionamento dos mesmos nem sempre é fácil e requer acurada capacidade interpretativa e de reflexão de como esse conjunto de medidas podem proporcionar às escolas brasileiras significativas melhorias tanto em seu rendimento quanto na administração, no acesso e na permanência. Dessa forma, compreender e refletir sobre a política educacional é, antes de tudo, a possibilidade da escola se perceber como agente de mudança social e se apropriar das ações governamentais que podem efetivamente contribuir nesse processo de emancipação política. A temática da política educacional é de suma importância na compreensão dos problemas que o país enfrenta. Porém, apesar de todas as informações, planos, programas e ações, esse ainda é um tema obscuro e muitas vezes indecifrável para os profissionais da educação e estudantes dos cursos de formação de professores no que tange a seus objetivos e funções.

No prefácio da primeira edição, o professor Carlos Jamil Cury salientou as enormes mudanças que as políticas educacionais sofreram nas últimas décadas sob os aspectos dos planos e programas governamentais, bem como nas suas ações e no próprio ordenamento jurídico-político. Essas mudanças requerem dos profissionais da educação e dos interessados pelo tema uma atenção especial às rápidas mudanças, bem como um olhar acurado para compreender essas mudanças em nível micro e macro político.

Na segunda edição de seu *Guia prático da política educacional no Brasil*, o professor Pablo Santos amplia a análise dos documentos oficiais da política educacional nacional com suas reflexões sobre a Conae (Conferência Nacional de Educação) e o novíssimo PNE (Plano Nacional de Educação), conseguindo reunir num livro as principais políticas públicas para a educação nacional.

É interessante ressaltar que esta obra não poderia ser considerada apenas como um grande compêndio da legislação educacional a partir da promulgação da Lei de Diretrizes e Bases da Educação Nacional (LDBEN nº 9.394, de 1996) e da Constituição Federal de 1988. O mérito do trabalho do professor Pablo Santos não foi somente o de reunir essa legislação num único livro, o que já seria de grande valia para os estudos em legislação e política educacional. O diferencial de seu livro é exatamente traduzir a difícil linguagem desses programas, planos e ações de modo simples, claro e cheio de reflexões, que fazem o leitor se interessar pelo tema e, principalmente, compreender os impactos dessas políticas no cotidiano das instâncias educacionais. O senso reflexivo e a brilhante capacidade interpretativa do autor permite que o leitor tenha clareza do lugar que cada um desses planos e ações assume numa política educacional mais ampla, além de esclarecer os pormenores relativos a cada plano, programa ou ação da política educacional brasileira.

Assim, corroboro as palavras do professor Cury quanto à pertinência e importância dessa obra para a formação do professorado brasileiro e dos gestores das escolas do país. Importante instrumento formativo e informativo da política educacional brasileira.

Cecilia Neves Lima
Doutora em Ciências Humanas – Educação pela PUC-Rio
Professora Adjunta da Universidade Federal Fluminense

Prefácio à 1ª edição

A educação brasileira, em sua organização nacional e federativa, vem passando por múltiplas mudanças estruturais e funcionais, em especial no que se refere ao acesso, à permanência e à busca da qualidade. Nesse sentido, há um cruzamento formidável de iniciativas governamentais por meio de políticas e programas com significativas alterações no ordenamento jurídico-legal, muitas das quais respondendo, de modo amplo ou restrito, a demandas de movimentos e pressões provenientes de organizações e associações ligadas à educação.

Tais mudanças podem ser periodizadas a partir da lei das diretrizes e bases da educação nacional (Lei nº 9.394/96), e fizeram a educação brasileira passar a ser marcada por grande flexibilidade pedagógica e avaliações sistemáticas. As mudanças que se processaram desde então, seja no âmbito nacional, seja no federativo de estados e de municípios, seja no nacional, pela assunção de convênios internacionais, adquiriram um ritmo rápido e tiveram grande influência em programas e políticas. Exigiram também forte presença dos órgãos normativos, que tiveram de exercer suas funções buscando a interpretação e a aplicação das leis, para aclimatá-las a um país diverso e continental.

Essa profusão de mudanças legais envolvendo emendas constitucionais – inúmeras mudanças na lei de diretrizes e bases, várias leis de domínio relacionadas à educação e os variados pareceres dos Conselhos de Educação – nem sempre está à disposição de docentes, gestores e estudantes da área. Por isso, em boa hora chega ao público da educação e das ciências humanas o livro do professor Pablo dos Santos. As licenciaturas e a pedagogia terão um livro que é, ao mesmo tempo, um *vade-mécum* da legislação, especialmente pelos anexos em que constam ordenamentos legais nacionais e internacionais de referência, e pelo conteúdo do autor, um roteiro descritivo, analítico e crítico dos principais elementos da política educacional contemporânea.

Marcado por uma linguagem singela e pertinente, estabelece um diálogo com os leitores, com explicações e indicações que permitem uma compreensão desembaraçada da política educacional. Essa pertinência se avoluma com a divisão em tópicos, que auxilia o leitor no entendimento de planos, programas e da legislação concernente. Resumindo: trata-se de um livro didático por orientar a leitura e transmitir conhecimentos.

Especial atenção deve ser dedicada ao Capítulo 3, em que o autor propõe um modelo analítico original mediado pelo conceito bourdieuriano de campo. Tal modelo permite ao leitor uma conceituação que auxilia nas articulações entre os diferentes atores da política educacional.

Portanto, além de ser um livro de referência para o estudo mais amplo da política educacional, ele é oportuno. Vem a propósito de uma recém-finda Conferência Nacional de Educação, de um novo Plano Nacional de Educação, em via de ser apreciado pelo Congresso Nacional com metas, objetivos e meios. E, sobretudo, propício em um momento em que a alteração constitucional da Emenda nº 59/09 provoca a organização da educação nacional, ao instituir de modo articulado um *sistema nacional de educação*, e mexe com o financiamento ao referi-lo ao Produto Interno Bruto (PIB).

O livro proporciona ao interessado um conjunto de informações relativas ao estado atual das políticas educacionais, o que parece ser também um patamar preciso para pensar essas alterações tão promissoras. Portanto, o texto incita o leitor, sobretudo aquele compromissado com a educação, a passar da compreensão para a busca de alternativas que tragam mais qualidade, para um direito que, por ser do cidadão, é um *dever do Estado*.

Por tais razões, creio que será um livro indispensável para estudantes de licenciatura, de pedagogia, para professores de várias disciplinas que interagem com a política educacional, e muito instrutivo para gestores da administração pública dos sistemas de ensino.

Carlos Roberto Jamil Cury
Doutor em Educação Professor da PUC-MG
Professor titular emérito aposentado da UFMG

Introdução

Falar sobre política não é tarefa das mais fáceis. Do mesmo modo, tratar de política educacional é tarefa dobrada, pois poucos são os termos que admitem uma gama tão vasta de significados quanto a Educação. Somemos a essas duas dificuldades o fato de estarmos procurando analisar os caminhos e descaminhos que a política educacional toma no Brasil, um dos países em que as configurações do campo[1] político são das mais contraditórias e conflituosas.

Como iremos ver, as dificuldades enfrentadas nessa empreitada seriam suficientes para desanimar quem quer que estivesse interessado em estudar tal matéria. Não obstante, há significativa quantidade de livros dedicados a análises (algumas até bastante esclarecedoras) sobre o tema, muitas das quais feitas com base em um desenvolvimento pontual, e não multidimensional.[2] Do mesmo modo, poucos são os livros afins que reúnem quantidade significativa de elementos e os tratam de maneira detalhada e de fácil acesso ao leitor. É por isso que este guia prático foi escrito: para apresentar, de maneira conjunta, as três formas possíveis de se de abordar a política educacional brasileira, ou seja, aquelas que consideram os níveis de análise micro, meso e macro.

Cabe indicar que este livro se destina tanto aos que iniciam seus estudos referentes à política educacional brasileira quanto aos leitores experientes

---

1. O termo "campo" é empregado no sentido dado por Pierre Bourdieu (1998), ou seja, um espaço no interior do mundo social, no qual forças entram em conflito e que tais conflitos estão condicionados às lutas dos agentes e à ação engendrada nas (e pelas) estruturas sociais, de modo a manter ou adquirir dominância no setor da sociedade em que se localizam tais disputas. Neste livro, está subjacente a noção de que a política é um desses campos. No Capítulo 3 desta obra, tal noção será retomada e mais bem detalhada.
2. Entendemos que uma análise pontual (ou unidimensional) é a que se detém em aspectos macropolíticos e econômicos, aspectos referentes à legislação ou aspectos relativos à atuação de atores (e autores) da política educacional. Uma análise multidimensional é a que considera simultaneamente a dimensão das estruturas macroeconômicas e políticas (nível macro), a dimensão que reflete a dinâmica das instituições e da formulação das leis, decretos, planos e programas (nível meso) e a dimensão que engloba a trajetória e a atuação dos legisladores e especialistas em política educacional (nível micro).

no estudo dessa temática. Devemos ressaltar, no entanto, que leitores experimentados nessa matéria poderão encontrar tanto a possibilidade de atualizar seus conhecimentos com discussões relativas a temáticas que estão na ordem do dia quanto a de dialogar com uma perspectiva teórica pouco usual no Brasil.

O livro é composto de três capítulos, estruturados em três ênfases distintas, mas que, ao serem lidos em seu conjunto, corroboram o objetivo de encetar uma análise multidimensional do campo da política educacional no Brasil.

No Capítulo 1, encontra-se uma explanação acerca de conceitos fundamentais para estudos em política educacional, tais como Estado, Governo, Poder e Política Educacional, lançando as bases teóricas mínimas para subsidiar o leitor no entendimento desta obra e de outras correlatas.

No Capítulo 2, dá-se destaque especial para a análise de vários documentos basilares da Educação no Brasil, a fim de compreender seu aspecto político e, desse modo, trazer uma atualização absolutamente necessária para o leitor que inicia seu caminho nesta ampla e tortuosa seara.

No Capítulo 3, após a fundamentação teórica básica e a discussão sobre os principais elementos legais da política educacional atual realizadas nos capítulos anteriores, é desenvolvida uma reflexão teórica, cujo principal objetivo é lançar uma nova (e genérica) interpretação da política educacional brasileira. Nele, pretendi-se traçar algumas linhas gerais que pudessem dar conta da matéria e da forma do campo da política educacional no Brasil.

Desejo a todos uma leitura agradável e proveitosa; que este livro possa ser útil a todos os leitores que dele fizerem uso.

1

Estruturas, conceitos e fundamentos da política educacional

> Só existe política de educação numa sociedade cujos problemas ressaltem na consciência de seus membros sob a forma de um desafio que exige resposta adequada. A verdade desse postulado é muito singela, e pode ser expressa singelamente: não pode haver soluções onde não haja problemas. São difíceis as soluções educacionais no Brasil, porque não há consciência nítida dos problemas que a educação deva solucionar.
>
> Trigueiro Mendes (2000, p. 135)

Política é uma área de conhecimento extremamente complexa. Em razão da natureza dos temas e da estrutura das relações nela engendradas, essa é uma área que dá origem a muitas controvérsias e polêmicas. Assim, não é nossa intenção produzir uma versão pronta e acabada, algo como um compêndio sobre o assunto; ao contrário, é necessário destacar que todos os conceitos e noções apresentados são polissêmicos ao extremo, o que torna extremamente necessário mencionar que as acepções ora apresentadas correspondem a uma opção (ainda que acreditemos que esteja muito bem fundamentada em nível teórico) dentre as muitas abordagens possíveis a respeito dos temas e conceitos da matéria em foco.

Trataremos, então, dos conceitos e das noções fundamentais para a compreensão da política educacional.

1.1 Política e política educacional: mapeando algumas noções e conceitos básicos

"Política" é um termo que recebeu muitos significados diferentes ao longo dos tempos. Desde a Grécia Antiga, com autores como Platão e Aristóteles, até os dias de hoje, com Norberto Bobbio, por exemplo, vemos esse termo ser utilizado para referir-se à dimensão coletiva, geralmente voltando-se para a análise de elementos como a relação entre o indivíduo e a administração pública, entre as estruturas da coletividade e os indivíduos, entre os indivíduos e os órgãos representativos.

O que há em comum entre todos esses vieses é a noção de que a política sempre está ligada ao exercício do poder em sociedade, seja em nível individual, quando se trata das ações de comando, seja em nível coletivo, quando um grupo (ou toda sociedade) exerce o controle das relações de poder em uma sociedade.

Esse modelo de compreensão é inspirado em dois autores principais – Michel Foucault e Max Weber – e sua principal vantagem é ser amplo e abrangente o bastante para incluir uma grande variedade de eventos e de elementos do campo político. Resta, no entanto, uma coisa importante a ser feita, e sem a qual a nossa definição de política careceria de sentido: explicar o que se pode entender sobre o termo "poder".

Assim como política, poder também é uma noção extremamente prenhe de significados, sem contar que, seja em nível individual, social, cultural, econômico ou político, ele se manifesta de inúmeras maneiras e se apresenta disseminado e ramificado nos mais variados grupos e setores da sociedade.

Apesar dessa explicação inicial, torna-se necessário definir com mais clareza o que seja poder; todavia, para os objetivos deste livro, uma definição sintética e elucidativa mostra-se muito mais adequada do que uma longa dissertação sobre o termo. Assim, definimos "poder" como *a capacidade ou propriedade*[1] *de obrigar alguém a fazer alguma coisa*. Nesse sentido, é importante ressaltar que o poder, em suas mais variadas manifestações, pode ser exercido mediante o uso da coação e/ou da persuasão. Em matéria de política, ambas as opções são tidas como válidas, dependendo de quem exerce o poder e de como escolhe exercê-lo.

No que tange à noção de Educação, entendemos que o significado desse termo corresponde a todo processo intencional de formação de indivíduos (ou de grupos deles) que é realizado com o intuito de conservar,

---

[1] Uma propriedade é entendida como algo inerente a determinado ente da realidade (no caso da política, refere-se ao indivíduo ou grupo), e que lhe permite agir ou apresentar-se de modo peculiar (e, certamente, diferenciado). Uma capacidade é algo como uma propriedade, mas que não necessariamente é intrínseca ao ente da realidade, sendo passível de ser perdida, e, por isso, apresenta caráter transitório.

mudar ou romper com os padrões sociais existentes, o que se dá por meio da transmissão de conhecimentos considerados desejáveis para determinado grupo ou sociedade. Essa acepção de Educação é tributária da perspectiva de Émile Durkheim e foi escolhida por sua grande simplicidade e precisão, mesmo se opondo a perspectivas como a de Paulo Freire, autor consagrado que concebe Educação como um ato político – e que a reduz a essa dimensão.

Tendo delimitado a noção de Educação, e já tendo definido anteriormente a acepção de política que adotaremos neste livro, trataremos, agora, da expressão "política educacional", que corresponde a *toda e qualquer política desenvolvida para intervir nos processos formativos – e informativos – desenvolvidos em sociedade – seja na instância coletiva, seja na individual – e, por meio dessa intervenção, legitima, constrói ou desqualifica – muitas vezes de modo indireto – determinado projeto político, visando a atingir determinada sociedade*. Desse modo, toda política educacional possui algumas características em comum, quais sejam:

- *Intencionalidade.* Esta pode ser explícita ou implícita, mas está sempre ligada ao projeto de poder que a fundamenta.
- *Textualidade e contextualidade.* Toda política educacional possui um texto, que corresponde à sua parte documental, e um contexto, que se refere às relações de poder e às condições de sua produção e formulação.
- *Tridimensionalidade.* Toda política educacional possui as dimensões administrativa, financeira e educacional/pedagógica, com ênfases diferentes em cada dimensão, podendo variar de acordo com a intencionalidade e o tipo de política formulada; é impossível que seja feita sem envolver, em alguma medida, uma dessas dimensões. Ao serem implantadas, as políticas educacionais fazem interagir na prática essas três dimensões, o que pode ser representado graficamente pela intersecção de três círculos, isto é, a área comum aos três círculos representa a concretude da prática cotidiana, seja em salas de aula, seja em escolas, seja em sistemas ou redes de ensino.

Além dessas noções, vamos definir também o que entendemos por Estado e Governo.

Compreendemos que o termo Estado corresponde a *uma estrutura que transcende os indivíduos e as coletividades, que é impessoal e que arbitra as regras e normas (convertidas muitas vezes em leis) estruturadoras da sociedade*. Entre outros motivos, o Estado existe para, de acordo com leis, regras e normas, distribuir poder – ou permitir o acesso a ele – e recursos a cada um dos componentes da sociedade, sejam estes indivíduos, grupos ou organizações.

O Estado possui ainda as seguintes características:

- *Quase atemporalidade*. Precede um governo e continua existindo após o término deste.
- *Mediação*. É o elemento mediador entre as leis e os indivíduos (ou grupos deles) de uma sociedade, cabendo-lhe executar ou reformular as leis, bem como, dialeticamente, ajustar-se a elas em muitos casos.

Imediatamente complementar à noção de Estado é a de Governo, que, em termos genéricos, é *composto por indivíduo(s) ou grupos que, em determinado período, assume(m) o controle do Estado*. O Governo, em relação ao Estado, possui duas características fundamentais:

- *Temporalidade*. O Governo é temporal – e temporário –, ou seja, tem sempre duração finita e menor que a do Estado.
- Associatividade. O Governo pode ser associado a um indivíduo ou grupo, e nesse grupo sempre se origina sua marca particular em termos de política.

Estes são os termos basilares, sem os quais não poderíamos seguir em nossos estudos. Adiante, aprofundaremos as discussões ao trabalhar a noção de políticas públicas, sua tipificação, alguns exemplos e os impactos de tais políticas.

1.2 Políticas públicas: tipos, modelos e implicações para o campo educacional

As políticas públicas são, em geral, elementos de enorme importância para a configuração das políticas educacionais. Porém, antes de aprofundar essa discussão, vamos delimitar dois termos vinculados às políticas públicas: público e privado.

Por "público", entendemos que é *tudo aquilo que não pertence a um indivíduo ou grupo em particular, mas, antes, é propriedade de toda a coletividade*. Aparentemente, tal definição é bastante simples, mas fizemos questão de ressaltá-la, dado que, em se tratando de política, é extremamente comum determinados indivíduos ou grupos lidarem com o que é público (cargos, recursos financeiros, instituições) como se fosse parte de sua propriedade, caracterizando um fenômeno de apropriação pessoal daquilo que é público, ao qual se dá o nome de "patrimonialismo".

Ainda sobre a noção de público, cabe indicar que não necessariamente o que é público pertence à esfera do Estado, ainda que este seja efetivamente uma entidade pública, havendo casos dentro da esfera privada nos quais são criados bens, serviços e espaços de ação política com um grande caráter público. Esse é o caso de associações de moradores, organizações não governamentais (ONGs) e instituições filantrópicas, que, embora não estejam situadas dentro do Estado, ainda assim, em muitos casos, desenvolvem serviços de grande relevância para toda a sociedade em que se inserem.

Entendida a noção de público no âmbito desta obra, cabe agora tratar de "privado", termo que lhe é complementar e que *corresponde a tudo aquilo que pertence de modo exclusivo (como uma propriedade) a um indivíduo ou grupo*.

Nesse sentido, é importante observar que, assim como o termo "público", essa acepção de privado possui limites amplos e quase indefinidos. O que vem a definir as fronteiras entre o público e o privado é o "jogo político", ou seja, as disputas entre os grupos e os indivíduos pela prevalência de seus projetos de poder. É justamente esse caráter de disputa inacabável que condiciona e caracteriza a política – e, é claro, a política educacional como um todo –, e devemos ter em mente que, dentre os possíveis objetos de disputa na política, as relações entre público e privado, bem como a área de abrangência de cada uma dessas esferas, merecem especial atenção.

Como se vê, com as dimensões de público e de privado foi escolhida uma direção para o trabalho. A partir de tais conhecimentos, sigamos em direção ao entendimento das "políticas públicas", que podem ser definidas como *ações geradas na esfera do Estado e que têm como objetivo atingir a sociedade como um todo ou partes dela*.

Toda política pública possui uma intencionalidade; para compreendê-la, é preciso conhecer a identidade de quem a formulou e o contexto – político, social, econômico e histórico – em que o fez. Por isso, deve-se sempre considerar que, em matéria de política, por mais que determinadas ações possam parecer gratuitas e/ou desinteressadas, estas, ao contrário, sempre se conectam aos interesses de seus formuladores.

À medida que nos aprofundarmos nesse assunto, veremos uma tipologia das políticas públicas a partir de alguns exemplos pertinentes ao campo educacional.

1.2.1 Políticas públicas distributivas

O primeiro grupo de políticas públicas é o das distributivas, que têm as seguintes características básicas:

- São políticas que *concedem acesso a bens, direitos ou poder; em geral, são amplas e abrangem grandes setores da sociedade.*
- Valem-se de recursos distribuídos pelo Estado que, aparentemente, não oneram a sociedade, mas toda a sociedade, indiretamente, contribui para a existência de tais recursos, sobretudo os financeiros.
- Trata-se de uma política pública orientada para, quando implementada, obter o máximo de aceitação dos setores que compõem a sociedade a que se destina; portanto, é possível afirmar que as políticas públicas distributivas estão ligadas à criação de consensos na sociedade e se beneficiam destes.

Exemplo de política pública distributiva é a gratuidade do Sistema Único de Saúde: consensualmente, tem-se a ideia de que o Estado deve prover de maneira gratuita acesso à saúde pública para toda a população; porém, o modo como essa política é apresentada faz que, à primeira vista, se pense que esta é uma concessão do Estado – quase uma benesse! –, quando, na realidade, trata-se de uma obrigação, na medida em que são recolhidos recursos para a manutenção da saúde pública por meio de impostos destinados a esse fim.

1.2.2 Políticas públicas redistributivas

Outro tipo de política pública são as redistributivas, que se caracterizam por *redistribuir o acesso a recursos, direitos e/ou poder na sociedade, redefinindo, qualitativa ou quantitativamente, mesmo que por via indireta, as relações de poder na sociedade.* Deve-se ainda destacar que tais políticas são orientadas a estimular discussões, polêmicas e dissenso na sociedade, pois a reestruturação do acesso a recursos, direitos e poder gera ou acirra as tensões entre os que almejam manter o acesso recém-adquirido e os que desejam recuperar o *status* anterior. Ao formular tais políticas, os planejadores desejam justamente fomentar esses conflitos, debates e tensões, de modo a chamar a atenção para questões que consideram cruciais.

Exemplo recente de política pública redistributiva são as cotas raciais para negros, ou afrodescendentes, em universidades públicas. Esse é um tipo de política redistributiva com alto teor de conflitos, pois redefine o campo dos direitos de acesso à universidade pública ao criar direitos especiais (reserva de vagas) para uma categoria específica de sujeitos em um campo no qual a questão racial não era requisito. Essa é uma polêmica complicada, em torno da qual vários setores se mobilizam; aqui, não entraremos nessa discussão, a qual abordamos apenas para exemplificar uma política pública redistributiva.

1.2.3 Políticas públicas regulatórias

Com prevalência em relação às políticas distributivas e redistributivas, as políticas públicas regulatórias, em geral, consubstanciam-se em leis e decretos. São essas políticas que "ditam as regras do jogo político". Em matéria de educação brasileira, a política regulatória mais específica e que não pode ser contestada é a atual Lei de Diretrizes e Bases da Educação Nacional, na qual estão presentes a matéria e a forma de todo e qualquer plano, ação ou programa a ser desenvolvido na educação nacional.

1.2.4 Políticas públicas instituintes

As políticas públicas instituintes são as que determinam o regime político, a forma do Estado e a maneira como este se apresenta composto. A Constituição Brasileira é, por excelência, um exemplo de política pública instituinte, pois delimita a área, os limites e a forma de atuação de suas estruturas.

Por questão organizada desta exposição, e também para sintetizar o que foi exposto, o Quadro 1.1 apresenta as características de tais políticas.

Quadro 1.1 – Características das políticas públicas

Tipo	Características	Exemplo
Políticas públicas distributivas	• Aparentemente não geram ônus para a sociedade. • São orientadas para o consenso.	Sistema Único de Saúde e hospitais gratuitos.
Políticas públicas redistributivas	• São orientadas para o dissenso. • Reconfiguram o acesso a recursos, poder ou direitos.	Cotas para estudantes afrodescendentes em universidades públicas.
Políticas públicas regulatórias	• Definem as regras do jogo político. • Assumem a forma de leis e decretos.	Lei de Diretrizes e Bases da Educação Nacional.
Políticas públicas instituintes	• Dão forma ao Estado e ao regime político.	Constituição Federal.

Fonte: Elaborado pelo autor.

No que se refere à relação entre as políticas públicas e o campo educacional, cabe dizer que elas são os elementos que definirão o modo como o campo educacional se orientará.

São as políticas públicas que definirão de que tipo serão as ações políticas desenvolvidas em uma sociedade. No que compete à Educação, as políticas públicas, de modo geral, possuem as seguintes diretrizes:

- Configuram, em nível conceitual, os projetos de Educação na esfera do Estado.
- Condicionam tais projetos em nível material, controlando os recursos neles alocados.
- São as bases para a formulação das regras e diretrizes das instituições, bem como dos planos e programas que estão fora da esfera do Estado, seja no nível dos princípios, seja no nível dos requisitos materiais mínimos para o exercício da Educação.
- Regulam as maneiras como os indivíduos ou grupos têm acesso a recursos, poderes ou direitos na área de Educação, emanados do Estado e direcionados aos componentes da sociedade.

Estas são as diretrizes que compõem a matéria e a forma da política educacional. A seguir, veremos a diferença entre as políticas de Estado e as de governo.

1.3 Políticas públicas de Estado e políticas públicas de governo na educação brasileira

Uma das formas de se classificar uma política educacional consiste em enquadrá-la em uma política de Estado ou de governo, com o fim de considerar a maneira como ela será conduzida e implantada na esfera pública. Assim, enquanto uma política de governo se refere a um programa, ação ou plano desenvolvido para vigorar durante o período de um mandato governamental, uma política de Estado alude a um plano, uma ação ou um programa educacional com objetivos de longo prazo, elaborado para durar por um período que vai para além do exercício político de determinado partido, ou do representante deste, à frente de uma entidade do Estado, em nível municipal, estadual ou federal.

Outras características podem ser atribuídas a essas duas categorias de políticas educacionais. Vamos a elas:

1. As políticas de governo, em geral, estão associadas a projetos eleitorais de um dos grupos presentes na arena política.

2. Uma política de Estado se inicia sempre como uma política de governo.

   Nesse caso, para que tal transformação exista, o programa de suas proposições é incorporado à estrutura do Estado, no que compete à Educação, passando a subsistir, não importando as mudanças ocorridas na política educacional durante as transições de governo. Muitas são as explicações para isso, as quais devem ser analisadas caso a caso, para que possam ser conhecidas em profundidade.
3. Quanto maior a estabilidade do campo político de um país, maior o número de políticas de Estado e maior o número de ações, planos e programas educacionais de longo alcance.

No Brasil, as políticas de governo são muito mais comuns. É possível afirmar com alguma segurança que a instabilidade política do país, característica de democracias ainda não consolidadas, condiciona essa configuração do campo educacional no Brasil, na medida em que a Educação, para muitos componentes do campo político, é mais um instrumento de propaganda política do que a expressão de um legítimo interesse dos governos em cumprir seus deveres constitucionais no que diz respeito a essa matéria.

As políticas de Estado no Brasil, apesar de esparsas, costumam ocorrer no âmbito do Governo Federal. Isso tem a ver com o fato de que, no Brasil, as disputas pelo poder local são muito mais acirradas do que as travadas no âmbito do Governo Federal, disputas estas caracterizadas pelo grande número de partidos e personagens competindo pelos cargos eletivos na esfera do Estado.

O Quadro 1.2 sintetiza as características e exemplos de políticas de Estado e de governo.

Finalizamos este item com a caracterização dessas duas modalidades de política educacional, destacando que, no último capítulo do livro, retomaremos com mais profundidade a discussão sobre as políticas de Estado, as políticas de governo e suas conexões com o campo da política educacional no Brasil. Sigamos, então, para a última parte deste capítulo, relativa a modelos analíticos de Políticas Públicas e Políticas Públicas Educacionais.

Quadro 1.2 – Características das políticas de Estado e de governo

Tipo de política	Características	Exemplos
Política de governo	• Duração condicionada a um mandato governamental. • Projetos educacionais estritamente ligados a determinada perspectiva política.	Provão (governo Fernando Henrique Cardoso).
Política de Estado	• Programas educacionais incorporados à estrutura do Estado. • Sua continuidade está colocada para além das mudanças ocorridas na transição de governo. • Projetos de longo prazo.	Sistema Nacional de Avaliação da Educação Básica (Saeb e Enem), pois duraram todo o governo Fernando Henrique Cardoso, permaneceram no governo Lula e também no governo de Dilma Roussef.

Fonte: Elaborado com base no Decreto nº. 2026, de 10 de outubro de 1996, Brasília, DF.

1.4 Modelos de análise em Políticas Públicas e Políticas Públicas Educacionais

Tendo em vista a definição prévia de Políticas Públicas e Políticas Públicas Educacionais, cabe apresentar um esboço dos principais modelos de análise em políticas públicas. Existem várias possibilidades de abordagem teórica das políticas públicas. A seguir, apresento uma tipificação dessas abordagens, especialmente no que tange a políticas públicas educacionais.

1.4.1 Modelos de análise unidimensionais

São modelos analíticos, que se caracterizam por uma abordagem linear no que diz respeito à compreensão das políticas públicas, e que concentram os esforços do pesquisador no sentido de analisar a estrutura de determinada política pública a partir de determinado enfoque ou elemento referencial. São modelos de análise que partem de uma relação simples de causa e efeito, na qual, uma vez estabelecida a relação entre um fator determinante da política pública, é possível depreender seus desdobramentos e impactos, e vice-versa.

Um exemplo desses modelos é o que toma as políticas educacionais quanto aos impactos pedagógicos de sua implantação (expressos em termos de indicadores de desempenho escolar). Ainda que durante a análise possam ser levados em consideração elementos como a infraestrutura física, por exemplo, que extrapolam o mote analítico – no caso em questão, o pedagógico –, a descrição dos impactos incide sobre uma dimensão única – a pedagógica –, sem levar em conta a possibilidade de impactos em outros âmbitos, como os impactos sociais de uma mudança de indicadores de desempenho escolar.

Outro exemplo muito comum desse tipo de modelo de análise em políticas públicas é o que se refere à análise da estrutura econômica de determinada ação, plano ou programa, e sua imediata correlação com fatores econômicos. No Brasil, na subárea do financiamento da educação, é comum encontrarmos trabalhos de autores consagrados que estabelecem relações causais lineares entre aumento nos investimentos financeiros e automática melhoria no funcionamento da política pública educacional analisada. Tais análises partem do princípio de que a mediação econômica, ou seja, a infraestrutura prevalece sobre qualquer fator de outra ordem, como os sociais, culturais, históricos e políticos, bastando ao pesquisador inferir os fatores econômico/financeiros envolvidos para que se estabeleça um conhecimento sólido quanto a terminada política pública, em especial, no que se refere às educacionais.

De modo geral, esses modelos de análise unidimensionais possuem uma fragilidade importante: não consideram a multiplicidade das ações humanas envolvidas nas mediações políticas, o que lhes confere alto grau de imprecisão quando aplicados à análise de políticas públicas. Veremos adiante que existem outras possibilidades analíticas no que tange aos referidos modelos teóricos de investigação.

1.4.2 Modelos bidimensionais de análise de políticas públicas

Além dos modelos analíticos unidimensionais já mencionados, existem modelos bidimensionais de análise de políticas públicas – e educacionais. Adiante, veremos um tipo de abordagem que exemplifica tais constructos. Para tanto, gostaria de apresentar uma noção relativa às Políticas Públicas complementar à que já foi apresentada em seção anterior deste capítulo, qual seja: "a política pública pode ser entendida como o resultado de interações entre o Estado e a Sociedade, no campo econômico e social" (Machado, 2012).

Conforme é possível constatar, esta definição aponta para um tipo de desenho analítico, que concebe as políticas públicas como compostas de duas dimensões inter-relacionadas: a econômica e a social. Em matéria de pesquisa, tais investigações, pautadas por um exame dialético de duas mediações implicadas em determinada política pública, configuram importante avanço do ponto de vista teórico por não se tornarem adstritas às explicações (simplistas) pautadas por uma suposta causalidade linear. Assim, cabe indicar que investigações desse tipo permitem compreender fatores em interações – fatores políticos e sociais e econômicos e sociais, por exemplo –, os quais, quando vistos em sua dinâmica, apontam para maior precisão no que concerne a explicações, em especial no tocante à descrição das políticas públicas.

Apesar de constituírem importantes avanços em termos de elaboração teórica, como mencionado, estes modelos, muitas vezes, não comportam a gama necessária de fatores imbricados na dinâmica das políticas públicas. E isso porque estão presos ao modelo dialético de concepção da realidade, que permite captar as contradições, como as econômicas e sociais, inerentes a determinada política pública, mas que, ainda assim, não permite vislumbrar a superação delas por não possuir em seu escopo a dimensão da resultante da análise dialética. Para que as condições de entendimento das políticas públicas sejam melhores, é preciso complexificar tais modelos analíticos.

1.4.3 Modelos analíticos multidimensionais

Como diria o grande sociólogo francês Pierre Bourdieu (1930-2002), "o real é relacional" (Nogueira e Nogueira, 2002). Partindo dessa premissa, entendemos que é possível construir e aplicar modelos de análise multidimensionais em políticas públicas, desde que observemos algumas prescrições, quais sejam:

1. Todo fenômeno na sociedade é influenciado por múltiplas instâncias – política, econômica, histórica, cultural, educacional, social e outras.
2. É impossível esgotar totalmente o conhecimento sobre um dado fenômeno social, como as políticas públicas.
3. Os resultados são provisórios, uma vez que as realidades sociais, e, por consequência, as políticas públicas, são dinâmicas.
4. Quanto mais mediações forem consideradas na análise de uma política pública, maior será o seu alcance heurístico, ou seja, quanto mais forem consideradas as influências e os impactos decorrentes da economia, cultura, educação, história e configuração social imbricadas na composição de uma dada política pública, mais perto se coloca a possibilidade de compreender seus desdobramentos e impactos.

Com base no que foi colocado quanto à multidimensionalidade do real aplicada à análise de políticas públicas, cabe indicar de que maneira um modelo destes pode ser aplicado. A ideia é trabalhar com a noção de resultante, ou seja, com a premissa de que determinada política pública expressa uma correlação de forças imbricadas nos diversos fatores (mediações) que a compõem, tais como o cultural, o político, o histórico e o educacional. Um primeiro passo para a aplicação de tal análise seria reconhecer que, quaisquer que sejam os resultados da referida análise, estes não podem se pretender universais, ainda que sejam referências para futuros estudos e tenham, igualmente, grande poder explicativo para o estudo em questão. Um exemplo de aplicação desse tipo de modelo analítico encontra-se no último capítulo deste livro e refere-se a uma análise política, social e histórica do Campo da Política Educacional no Brasil. Por ora, cabe-nos entender que tais modelos de análise, apesar de extremamente complexos e refinados, trazem respostas mais profundas e complexas para uma realidade intrincada, como a das políticas educacionais, tal como indicado na *Introdução*.

Estrutura dos planos, programas e ações da política educacional brasileira atual

> Uma educação estabelecida e controlada pelo Estado deveria apenas existir, se existe de qualquer modo, como uma entre muitas experiências competitivas, exercida com o propósito de exemplo e estímulo para manter os outros em um determinado padrão de excelência.
>
> *Mill (2000, p. 164)*

Todo e qualquer ponto de vista, caso pretenda traduzir uma análise honesta, deve abdicar da tentação de pretender à totalidade, até mesmo porque é da natureza dos pontos se situarem em localizações específicas do espaço. É com esse espírito que procuramos escrever este capítulo, ou seja, entendendo que o nosso objetivo é escolher, dentro da miríade de leis, decretos, planos e programas que circulam em nosso país, somente aqueles que expressam de modo mais significativo o teor da política educacional brasileira na primeira década do século XXI.

Essa é uma escolha consciente, e, como tal, implica algumas perdas, como a de podermos elaborar um trabalho de longo alcance, que reconstrua a política educacional brasileira desde os primórdios. Estamos certos, porém, que tal escolha também traz alguns ganhos, como a possibilidade de compreender a atual política educacional brasileira com base na visão sistêmica de seus níveis e estruturas.

O ordenamento jurídico-político da educação brasileira

Das mediações imbricadas na Política Educacional, a jurídico-política merece especial destaque em razão de suas características nomotéticas¹ e praxiológicas.² Partindo desse princípio, entendemos que a ação política, que, sem sombra de dúvida, inclui a Política Educacional Brasileira, possui dois "pilares fundamentais": (a) o pilar nomotético e (b) o pilar praxiológico.

2.1.1 O pilar nomotético do ordenamento jurídico-político brasileiro

O primeiro pilar, cabe indicar, assenta-se sobre o poder normalizador – no sentido da construção da norma – inerente à legislação, em especial no que se refere à força constitutiva de sentido presente no texto legal. Este poder, no entanto, é limitado por dois fatores:

1. O alcance do texto legal.
2. As características políticas, sociais e culturais da sociedade à qual se destina a legislação específica (em cada caso).

Quanto ao primeiro fator, convém notar que a "letra da lei", em matéria de educação, obedece à matriz primordial composta pelos arts. 205 a 214 da Constituição Federal de 1988 (CF/1988), pela lei que a complementa – a Lei de Diretrizes e Bases da Educação Nacional (LDB nº 9.394/96). Ao ser acionado, o teor genérico dessa legislação cria um conjunto de princípios e bases gerais que, do ponto de vista jurídico, não podem ser desrespeitados. Há que acrescentar, no entanto, que, apesar de tais princípios e bases comporem a "parte sólida" do pilar nomotético, as estruturas legais matriciais (CF/1988 e LDB nº 9.394/96) permitem que nos níveis da legislação ordinária (federal, estadual e municipal) exista certa autonomia³ para os entes federativos, bem como os órgãos envolvidos em sua dinâmica jurídica poderem regulamentar os pontos deixados com sentido aberto pela CF/1988 e pela LDB nº 9.394/96.

O segundo fator do pilar, qual seja, a legislação ordinária (a Legislação Infraconstitucional de modo geral), refere-se à parte "flexível" do pilar em questão. É nesse âmbito que as relações entre a sociedade civil e a legislação se constroem ou se fazem presentes. Se a parte "sólida" possui espaço

---

1. O termo nomotético diz respeito ao processo de elaboração das leis, e neste livro refere-se aos fundamentos simbólicos da construção da Legislação e do Direito.
2. O termo praxiológico diz respeito à lógica da práxis, ou, em outras palavras, refere-se aos fundamentos da ação concreta e orientada para fins referentes ao aspecto material da ação social.
3. A autonomia se refere à liberdade de arbítrio e ação, desde que respeitados certos princípios e regras fundamentais, como, no caso, os que estão presentes na CF/88 e na LDB nº 9.394/96.

para a construção da autonomia por parte dos operadores dessa legislação, a parte "flexível" do pilar nomotético vem a ser o âmbito no qual a Legislação e a Política interagem.

2.1.2 O pilar praxiológico do ordenamento jurídico-político da educação brasileira

Assim como a mediação jurídica é limitada em sua abrangência e estrutura, a mediação política o é quanto à sua natureza, e tais limites dizem respeito às normas e regras previstas no escopo da Legislação, e, portanto, relativas ao pilar nomotético. Em outras palavras, assim como a Lei sem a mediação política é "letra morta", a política sem os limites de ação colocados pela mediação jurídica acaba por se situar, muitas vezes, em um limiar próximo da ação criminosa.

A mediação política é caracterizada por seu teor pragmático – e também praxiológico, eu diria –, cujos resultados se ligam à ação social concreta e cujo móvel é o poder, tal como vimos anteriormente. Nesse sentido, a dimensão praxiológica do Ordenamento Jurídico-Político da Educação Brasileira define-se principalmente por seu caráter mutável, cuja mutabilidade refere-se ao dinamismo das forças sociais e políticas presentes no Brasil. *Grosso modo*, é possível identificar ao menos dois movimentos:

a. Movimento de apoio à Legislação.
b. Movimento de oposição à Legislação.

Quanto ao primeiro movimento, cabe citar que este, ao ser estabelecido, gera uma conjunção entre os pilares nomotético e praxiológico, tendo resultante a maior probabilidade de concretização dos elementos previstos na "letra da lei".

De modo análogo, quando ocorre um movimento político de oposição à Legislação, pode haver duas resultantes:

1. A anulação ou modificação (no nível da prática) dos temas previstos em lei.
2. A manutenção dos elementos do texto legal e a consequente perda de força no que concerne ao movimento de oposição à Legislação em questão.

Em suma, o Ordenamento Jurídico-Político Brasileiro alude à relação entre Política e Legislação, dispostas em um "campo de forças" que, por sua vez, reúne a Legislação Constitucional e Infraconstitucional (Pilar

Nomotético), por um lado, e, por outro, as forças e os grupos políticos (partidos, movimentos sociais e agentes politicamente orientados).

Em razão desses fatores, devemos, então, falar em um Ordenamento Jurídico-Político na Educação Brasileira. Adiante analisaremos um dos componentes do Pilar Nomotético: as matrizes legais da Educação Nacional (CF/1988 e LDB nº 9.394/96).

2.2 Elementos centrais da legislação e da política educacional brasileira

> Constituição Federal de 1988 (CF/88) e Lei de Diretrizes e Bases da Educação Nacional (LDBEN nº 9.394/96)

Nesta seção, discutiremos a CF/1988 e a LDBEN nº 9.394/96. A primeira, como já vimos, é a política instituinte por excelência no que tange ao Estado brasileiro, enquanto a segunda é a principal política regulatória na área de educação. Essas políticas serão examinadas em seus aspectos intrínsecos, mas também nas relações que mantêm entre si, de modo a demonstrar o encadeamento lógico e, de certo modo, estrutural da política educacional brasileira.

2.2.1 A Constituição Federal de 1988 e a educação

As políticas educacionais brasileiras possuem dois eixos: a Constituição Federal de 1988 – uma política pública instituinte – e a Lei de Diretrizes e Bases da Educação Nacional. Esses eixos constituem-se de duas "estruturas estruturantes",[4] que vêm a ser os elementos matriciais da legislação e da política educacional brasileira como um todo. Para iniciarmos a abordagem desses elementos, tomemos como base a principal política pública instituinte do Brasil: a CF/1988.

2.2.2 A Constituição Federal de 1988 e o foco da política educacional brasileira

A CF/1988, como toda política pública desse tipo, institui, ou, se preferirmos, reconhece a educação como um setor do Estado brasileiro. Nela, esse

---

4. O conceito "estrutura estruturante" provém da obra do sociólogo francês Pierre Bourdieu e refere-se a certos elementos presentes nas sociedades, tendo como principal característica o fato de seu modo de funcionamento interno condicionar outras estruturas e indivíduos presentes na sociedade, influenciando todo o campo em que se inserem (Bourdieu, 2001a).

setor está presente no Capítulo III, na Seção I, intitulada "Da Educação", e encontra-se materializado nos artigos 205 a 214, transcritos a seguir:

Art. 205. A educação, direito de todos e dever do Estado e da família, será promovida e incentivada com a colaboração da sociedade, visando ao pleno desenvolvimento da pessoa, seu preparo para o exercício da cidadania e sua qualificação para o trabalho.
Art. 206. (*) O ensino será ministrado com base nos seguintes princípios:
I – igualdade de condições para o acesso e permanência na escola;
II – liberdade de aprender, ensinar, pesquisar e divulgar o pensamento, a arte e o saber;
III – pluralismo de ideias e de concepções pedagógicas, e coexistência de instituições públicas e privadas de ensino;
IV – gratuidade do ensino público em estabelecimentos oficiais;
V – valorização dos profissionais do ensino, garantindo, na forma da lei, plano de carreira para o magistério público, com piso salarial profissional e ingresso exclusivamente por concurso público de provas e títulos, assegurado regime jurídico único para todas as instituições mantidas pela União;
VI – gestão democrática do ensino público, na forma da lei;
VII – garantia de padrão de qualidade.
(*) Emenda Constitucional nº 19, de 1998.
Art. 207. (*) As universidades gozam de autonomia didático-científica, administrativa e de gestão financeira e patrimonial, e obedecerão ao princípio de indissociabilidade entre ensino, pesquisa e extensão.
(*) Emenda Constitucional nº 11, de 1995.
Art. 208. (*) O dever do Estado com a educação será efetivado mediante a garantia de:
I – ensino fundamental, obrigatório e gratuito, inclusive para os que a ele não tiveram acesso na idade própria;
II – progressiva extensão da obrigatoriedade e gratuidade ao ensino médio;
III – atendimento educacional especializado aos portadores de deficiência, preferencialmente na rede regular de ensino;
IV – atendimento em creche e pré-escola às crianças de zero a seis anos de idade;
V – acesso aos níveis mais elevados do ensino, da pesquisa e da criação artística, segundo a capacidade de cada um;
VI – oferta de ensino noturno regular, adequado às condições do educando;
VII – atendimento ao educando, no ensino fundamental, através de programas suplementares de material didático-escolar, transporte, alimentação e assistência à saúde.

§ 1º O acesso ao ensino obrigatório e gratuito é direito público subjetivo.
§ 2º O não oferecimento do ensino obrigatório pelo poder público, ou sua oferta irregular, importa responsabilidade da autoridade competente.
§ 3º Compete ao poder público recensear os educandos no ensino fundamental, fazer-lhes a chamada e zelar, junto aos pais ou responsáveis, pela frequência à escola.
(*) Emenda Constitucional nº 14, de 1996.
Art. 209. O ensino é livre à iniciativa privada, atendidas as seguintes condições:
I – cumprimento das normas gerais da educação nacional;
II – autorização e avaliação de qualidade pelo poder público.
Art. 210. Serão fixados conteúdos mínimos para o ensino fundamental, de maneira a assegurar formação básica comum e respeito aos valores culturais e artísticos, nacionais e regionais.
§ 1º O ensino religioso, de matrícula facultativa, constituirá disciplina dos horários normais das escolas públicas de ensino fundamental.
§ 2º O ensino fundamental regular será ministrado em língua portuguesa, assegurada às comunidades indígenas também a utilização de suas línguas maternas e processos próprios de aprendizagem.
Art. 211. (*) A União, os Estados, o Distrito Federal e os Municípios organizarão em regime de colaboração seus sistemas de ensino.
§ 1º A União organizará e financiará o sistema federal de ensino e o dos Territórios, e prestará assistência técnica e financeira aos Estados, ao Distrito Federal e aos Municípios para o desenvolvimento de seus sistemas de ensino e o atendimento prioritário à escolaridade obrigatória.
§ 2º Os Municípios atuarão prioritariamente no ensino fundamental e pré-escolar.
(*) Emenda Constitucional nº 14, de 1996.
Art. 212. (*) A União aplicará, anualmente, nunca menos de dezoito, e os Estados, o Distrito Federal e os Municípios vinte e cinco por cento, no mínimo, da receita resultante de impostos, compreendida a proveniente de transferências, na manutenção e desenvolvimento do ensino.
§ 1º A parcela da arrecadação de impostos transferida pela União aos Estados, ao Distrito Federal e aos Municípios, ou pelos Estados aos respectivos Municípios, não é considerada, para efeito do cálculo previsto neste artigo, receita do governo que a transferir.
§ 2º Para efeito do cumprimento do disposto no caput deste artigo, serão considerados os sistemas de ensino federal, estadual e municipal e os recursos aplicados na forma do art. 213.

§ 3º A distribuição dos recursos públicos assegurará prioridade ao atendimento das necessidades do ensino obrigatório, nos termos do plano nacional de educação.
§ 4º Os programas suplementares de alimentação e assistência à saúde previstos no art. 208, VII, serão financiados com recursos provenientes de contribuições sociais e outros recursos orçamentários.
§ 5º O ensino fundamental público terá como fonte adicional de financiamento a contribuição social do salário-educação, recolhida, na forma da lei, pelas empresas, que dela poderão deduzir a aplicação realizada no ensino fundamental de seus empregados e dependentes.
(*) Emenda Constitucional nº 14, de 1996.
Art. 213. Os recursos públicos serão destinados às escolas públicas, podendo ser dirigidos a escolas comunitárias, confessionais ou filantrópicas, definidas em lei, que:
I – comprovem finalidade não lucrativa e apliquem seus excedentes financeiros em educação;
II – assegurem a destinação de seu patrimônio a outra escola comunitária, filantrópica ou confessional, ou ao poder público, no caso de encerramento de suas atividades.
§ 1º Os recursos de que trata este artigo poderão ser destinados a bolsas de estudo para o ensino fundamental e médio, na forma da lei, para os que demonstrarem insuficiência de recursos, quando houver falta de vagas e cursos regulares da rede pública na localidade da residência do educando, ficando o poder público obrigado a investir prioritariamente na expansão de sua rede na localidade.
§ 2º As atividades universitárias de pesquisa e extensão poderão receber apoio financeiro do poder público.
Art. 214. A lei estabelecerá o plano nacional de educação, de duração plurianual, visando à articulação e ao desenvolvimento do ensino em seus diversos níveis e à integração das ações do poder público que conduzam à:
I – erradicação do analfabetismo;
II – universalização do atendimento escolar;
III – melhoria da qualidade do ensino;
IV – formação para o trabalho;
V – promoção humanística, científica e tecnológica do país.

Todos esses artigos definem as atribuições do Estado, da família e da sociedade em relação à educação, e a dinâmica dessa política pública instituinte encontra-se materializada no corpo do documento correspondente à

CF/1988. Importante destacar que todas as proposições dos artigos constitucionais têm caráter geral, de modo a abranger até mesmo as proposições legais posteriores à CF/1988. Nesse sentido, é correto afirmar que a Carta Magna (Constituição) é, ao mesmo tempo, uma política pública instituinte e regulatória, pois "cria" as estruturas do Estado e define o alcance e as condições de existência das políticas regulatórias que lhe sucedem.

Pode-se dizer que a CF/1988, em seu teor político relacionado à educação brasileira, guarda duas características essenciais:

a. Possui forte caráter liberal[5] no que tange à sua formulação política.
b. Suas proposições referentes à educação, não obstante apontarem para uma série de direitos fundamentais dos indivíduos, tocam elementos de difícil concretização, se considerarmos as características da relação entre Estado e sociedade civil no Brasil.

Retornaremos a essas discussões de modo mais aprofundado no último capítulo deste livro. Por ora, vamos nos deter em uma análise pormenorizada dos arts. 205 a 214.

2.2.2.1 Análise dos artigos

| Constituição Federal de 1988, art. 205 |

No art. 205 vemos a definição das competências no que se refere à educação. Nele, temos claramente a ideia de que a família deve partilhar responsabilidades com o Estado, o que é ratificado posteriormente, com o Estatuto da Criança e do Adolescente, que prevê punições severas, até mesmo a possibilidade de prisão, para os pais que não matricularem seus filhos em uma escola. Nesse artigo do texto constitucional, vemos que o Estado assume seu papel de provedor da educação pública, e, portanto, responsável pela educação da população, ao mesmo tempo que identificamos um fenômeno chamado *accountability*, ou responsabilização.

---

5. O termo "liberal" possui duas acepções: (1) refere-se ao Liberalismo Político, uma doutrina que parte do princípio de que o Estado deve prover à sociedade a igualdade de oportunidades e a igualdade de direitos a todos os indivíduos (Outhwuaite et al., 2005); (2) o Liberalismo Econômico, entendido como uma doutrina que defende a premissa de que o Estado deve intervir o mínimo possível na economia, vindo esta a ser regulada pelo mercado. Outra premissa defendida pelo Liberalismo Econômico é a de que cabe aos indivíduos desenvolver suas próprias iniciativas no que diz respeito a suas riquezas pessoais, não cabendo ao Estado a prerrogativa de controlar o trabalho, os lucros ou os prejuízos individuais. Neste livro, entendemos que a CF/1988 apresenta-se permeada por uma perspectiva tributária do Liberalismo Político.

Accountability (responsabilização), um fenômeno observado como tendência mundial já a partir do fim dos anos 1970, consiste em transferir responsabilidades do Estado para a sociedade civil. Nesse sentido, a CF/1988 demonstra sintonia com essa tendência, como veremos mais adiante, no que concerne à LDB. É bastante sintomático o artigo que abre a seção sobre Educação ter essa tônica; isso se apresenta como um presságio do período que viria e que, durante vários anos, caracterizaria a área de Educação sob a égide dessa política de responsabilização.

Outro item que merece atenção é o fato de a CF/1988 direcionar o eixo da educação para a vinculação com a qualificação profissional, significando que o Brasil se insere no contexto produtivo também pela via da educação. Essa é uma ideia que retoma os princípios da Teoria do Capital Humano, para a qual a educação é o vetor do desenvolvimento econômico, devendo então o Estado adotar uma diretriz de fomento à profissionalização da população, a fim de que isso possa ser garantido.

| Constituição Federal de 1988, art. 206 |

No art. 206 vemos um aprofundamento das diretrizes que devem reger o ensino no Brasil, as quais estão dispostas em sete incisos, que comentaremos a seguir.

O primeiro inciso refere-se à premissa de igualdade de condições de acesso e permanência na escola. Hoje, a noção de igualdade é profundamente questionada, pois parte dos argumentadores do campo político e dos intelectuais afirma que igualdade de condições para quem tem condições diferentes é algo que consagra a injustiça. Em seu lugar, há um movimento em defesa de outro conceito, o de equidade, que significa a oferta de condições de acesso e permanência diferentes para quem tem condições diferentes. Não entraremos no mérito da polêmica, mas deixamos claro que a CF/1988 alude à igualdade, e não à equidade, estando então as propostas com esse viés em contraste com o que afirma a Constituição.

O segundo inciso ratifica o teor liberal da Constituição ao referir-se à liberdade de cátedra e permitir a livre expressão de ideias, conceitos e conhecimentos. É interessante perceber que, em um contexto de redemocratização do país, a exemplo do existente em 1988, artigos como este mostram que se esperava um arejamento das ideias vinculadas à educação brasileira. De fato, vimos isso ocorrer, e os ventos que sopraram vieram especialmente de países estrangeiros, como veremos adiante.

O terceiro inciso ratifica o anterior e também indica que a CF/1988 assegura a coexistência de ideias plurais. Deve ser lembrado igualmente que a

CF/1988 define de forma clara que a Educação no país não poderia recair em um monopólio estatista, tampouco em um regime privatista, com o Estado recuando diante de suas funções relacionadas ao tema.

No quarto inciso, vemos colocada a premissa de que a escola pública deve oferecer ensino gratuito na rede pública, o que permite entender que tal gratuidade vale também para as instituições públicas de ensino superior, em confronto com a ideia de cobrança de mensalidade em instituições públicas, recomendada pelo Banco Mundial desde o início da década de 1990.

O inciso quinto abre a prerrogativa para a criação de mecanismos de financiamento da Educação, como o Fundo Nacional de Desenvolvimento do Ensino Fundamental e Valorização do Magistério (Fundef), criado em 1997, e o Fundo Nacional de Desenvolvimento da Educação Básica e Valorização dos Profissionais da Educação (Fundeb), criado em 2007. Adiante, em seção própria para a análise dessas políticas, entraremos em contato com as características desses fundos. No que diz respeito a planos de carreira, é curioso que, mesmo depois de 26 anos de promulgação da Constituição Federal, ainda tenhamos muitos municípios brasileiros que não dispõem de planos de cargo e de salário para seus professores e demais profissionais do ensino. De todo modo, desde a CF/1988 temos o fomento para criação de políticas nesse sentido.

No sexto inciso, percebemos uma abertura da CF/1988 para a participação popular na gestão educacional. Ainda que de interpretação muito aberta, este inciso firma as bases para que uma série de políticas implantadas nos anos posteriores (especialmente após a LDBEN nº 9.394/96) possibilite a participação do professorado, alunado e da comunidade escolar na discussão de tais políticas. Em 1988, no âmbito da constituição, a ideia de gestão democrática já acenava para a noção de que escolas e universidades deveriam tornar-se ambientes nos quais a vivência democrática deveria ser experimentada, e, ao mesmo tempo, servir de estrutura modelar para que tal vivência viesse a se difundir pelos demais setores da sociedade. Não é possível deixar de notar a ideia de que, nesse e em outros aspectos, a CF/1988 vê a educação como elemento estratégico para a estruturação do Estado e a condução dos governos que se seguirão a ela.

O sétimo inciso, último deste artigo, alude à questão da qualidade. Devemos nos lembrar de que, nos anos 1970 e 1980, o Brasil passou por grande expansão qualitativa no que se refere ao número de escolas e de matrículas escolares. Ainda assim, desde o fim da década de 1979 tivemos um aumento alarmante nos índices de reprovação e repetência na escola e, além disso, pouquíssimos jovens matriculavam-se nas universidades públicas. Nesse sentido, seria extremamente importante a garantia constitucional de um padrão de qualidade para a Educação. Restava apenas saber qual seria esse padrão e o que se entenderia por qualidade. Depois de aproximadamente 20 anos, o Estado brasileiro respondeu de forma consistente à questão lançada de maneira subjacente pela CF/1988 com a criação do PDE e, mais especificamente, do Índice de Desenvolvimento da Educação Básica (Ideb), os quais serão estudados em capítulo posterior a este.

| Constituição Federal de 1988, art. 207 |

Este artigo aborda as condições em que se desenvolverá o ensino superior, referindo-se tanto às universidades públicas quanto às privadas, dando a entender que todas gozam de autonomia administrativa, pedagógica e financeira. Para as universidades públicas, isso implica até mesmo a premissa de que elas podem firmar parcerias com a iniciativa privada, quando isso for conveniente. Outro aspecto de suma importância refere-se à fixação das diretrizes mestras da universidade, ou seja, inseparabilidade entre ensino, pesquisa e extensão. Embora esta seja uma prerrogativa constitucional, não raro vemos universidades – até mesmo públicas – projetarem sua ênfase no ensino e na pesquisa, de modo que, em muitos casos, as atividades de extensão universitária se restringem a cursos pagos, excluindo amplas parcelas da população, quando, na realidade, deveriam incluir toda a sociedade na dinâmica universitária.

| Constituição Federal de 1988, art. 208 |

Este artigo define o dever do Estado em relação à educação, e isso se dá em sete incisos, que comentaremos a seguir.

Primeiro inciso. Diz respeito à obrigatoriedade de acesso ao ensino fundamental, bem como à atribuição da prerrogativa legal para que a União e os entes federativos (estados e municípios) possam, igualmente, incumbir-se de desenvolver políticas para a educação de jovens e adultos.

Segundo inciso. Menciona a extensão do ensino médio. Atentemos para o fato de que a CF/1988 aponta para uma progressiva extensão e obrigatoriedade, o que se repete na LDB atual. Isso quer dizer que, tanto políticas que ampliem, por exemplo, duas matrículas no ensino médio em todo o Brasil, por um período de, digamos, 40 anos, quanto políticas que ampliem esse nível de ensino em um milhão de matrículas anuais estão, ambas, dentro da cobertura legal da Constituição. Essa fluidez na interpretação dá margem a certa frouxidão nessa matéria, em que pese o fato de que a Constituição, apesar de seu caráter genérico, deve fixar diretrizes. Não é o que acontece quando temos a adição do termo "progressivamente" sem uma delimitação de prazo.

Terceiro inciso. Neste, vemos que o Estado brasileiro assume um compromisso com a educação dos Portadores de Necessidades Educacionais Especiais (PNEE). Vemos, igualmente, uma escolha, condicionada por diretrizes de organismos internacionais, como a Unesco, pela perspectiva da inclusão, ou seja, uma clara opção pela premissa de que cabe aos sistemas de ensino atender tanto os alunos sem necessidades especiais quanto os PNEE. A CF/1988 refere-se a portadores de deficiência, porém, na LDB, temos o alargamento desse conceito, conforme perceberemos na próxima seção, o que inclui uma gama maior de sujeitos nesse espectro de atendimento especializado.

Quarto inciso. Indica que o Estado deve assumir a responsabilidade por alocar em creches e pré-escolas as crianças de até 6 anos de idade. De acordo com autores como Aristeo Leite (2009), as creches, que foram vistas como uma espécie de "mal necessário" nas políticas educacionais até a promulgação da CF/1988, passaram a ter garantia constitucional, um passo importante para as diversas políticas públicas implantadas posteriormente, como a inclusão desses estabelecimentos nas verbas do Fundeb.

Quinto inciso. Este abre um leque de interpretações bastante amplo ao garantir o acesso aos mais altos níveis artísticos, culturais e intelectuais de acordo com a capacidade individual. Uma das interpretações possíveis é que os mecanismos de seletividade socioeconômica devem ser abolidos, cabendo, portanto, ao Estado garantir a todos a possibilidade de alcançar tais níveis quando as condições financeiras forem insuficientes. Mas como definir a capacidade individual citada no inciso? O texto legal não menciona se isso deve ser feito por meio de testes de mensuração de QI, de testes vocacionais, de acompanhamento sistemático dos currículos escolares ou de alguma outra forma. Assim, estamos diante de uma proposição que, de tão aberta, diminui o alcance do teor libertário da proposta de deselitização do ensino expresso na CF/1988.

Sexto inciso. Refere-se à obrigatoriedade de oferta de ensino noturno, adequado às condições do educando. A questão é que, em um país de dimensões continentais, com uma população de aproximadamente duzentos milhões de pessoas, como definir quais seriam as condições adequadas para os educandos, dada a diversidade de condições a que estão submetidos? A LDB tenta responder a essa questão, e, ao que tudo indica, a educação a distância tem sido apontada sistematicamente nas políticas oficiais como uma solução para isso, em especial no que se refere ao ensino superior. Porém, o ensino noturno se mantém e, em muitos casos, continua a caracterizar-se por uma prática aligeirada e de baixa qualidade, se comparado com o mesmo nível no turno diurno das escolas públicas. Ou seja, a Constituição aponta a obrigatoriedade dessa oferta, mas não dispõe sobre padrões mínimos de qualidade, o que é um problema.

Sétimo inciso. Temos aqui a vinculação da área de Educação a outras áreas do Estado, no que compete à garantia do acesso e à permanência no ensino público. Foi essa premissa constitucional que deu origem a programas como o Bolsa Escola, existente no governo Fernando Henrique Cardoso, que consistia na concessão de subvenção financeira por parte do Estado em troca da frequência na escola dos alunos atendidos pelo programa. Atualmente, uma política que se baseia em tal premissa está contemplada em alguns programas que compõem o PDE, conforme veremos em seção adequada.

| Constituição Federal de 1988, art. 209 |

Neste artigo, temos um princípio que estabelece a direção das políticas regulamentadoras do ensino privado. O artigo, ao mesmo tempo que faz menção à liberdade para as instituições de ensino privado, em especial ao direito de ter sua existência reconhecida além dos sistemas oficiais de ensino, apresenta a premissa de que os sistemas devem se submeter às normas nacionais – entenda-se aí a LDB, que foi criada alguns anos depois. Além disso, o ensino privado deve submeter-se às avaliações de qualidade do poder público, as quais ficam a cargo das secretarias municipais de educação e dos conselhos estaduais de educação. É importante ressaltar essas atribuições de competência para que se saiba que, enquanto as normas nacionais regem os limites da autonomia pedagógica dos sistemas de ensino, os demais entes federativos vão, na prática, verificar as condições concretas de funcionamento das escolas, seja do ponto de vista administrativo, seja do ponto de vista burocrático, ligado à documentação necessária para tanto.

| Constituição Federal de 1988, art. 210 |

Neste artigo, em seus dois primeiros parágrafos, encontramos dois elementos de grande interesse, e também bastante polêmicos, relacionados à educação brasileira.

O primeiro alude à questão dos currículos mínimos, uma noção existente em outros países e que se refere à ideia de que o Estado assume a responsabilidade de fixar os padrões de escolaridade obrigatória quanto aos conhecimentos desejáveis para a sociedade brasileira. Convém notar que esse artigo possibilitou a criação dos Parâmetros Curriculares Nacionais do Ensino Fundamental e do Ensino Médio, em 1997, bem como a posterior criação das Diretrizes Curriculares Nacionais para o Ensino Médio, para a Formação de Professores, para a Educação Infantil e para o Ensino Profissional. Isso reforça uma ideia defendida neste livro, e que será mais bem desenvolvida no último capítulo, qual seja, a de que a legislação e as políticas educacionais encontram-se entrelaçadas e hierarquizadas, e seus nexos de sentido são a CF/1988 e a LDBEN 9394/96.

| Constituição Federal de 1988, art. 211 |

Este artigo, assim como o de número 212, teve sua redação alterada pela Emenda Constitucional nº 14, que permitiu a institucionalização do Fundef, em 1997, e, posteriormente, pela Emenda Constitucional nº 56, que permitiu a institucionalização do Fundeb. No que diz respeito ao art. 211 e ao seu teor, vemos que ele estipula uma organização do ensino com base nas competências de cada ente federativo. Assim, estabelece os deveres da União – organizar e financiar o sistema de ensino federal, além de dar assistência técnica a estados e municípios – e dos municípios – atuar de maneira prioritária no ensino fundamental e pré-escolar. Além disso, o artigo estabelece a premissa de um regime colaborativo entre essas três entidades do Estado brasileiro, o que nunca se verificou por completo até os dias atuais.

| Constituição Federal de 1988, art. 212 |

Do ponto de vista do financiamento da educação, este talvez seja o artigo mais importante de toda a CF/1988, no qual encontramos uma vinculação orçamentária para a Educação – 18% das receitas para a União e 25% para estados e municípios –, destinando tais recursos para a manutenção e o desenvolvimento do ensino, além de cinco parágrafos que regulamentam o modo em que se darão tais composições orçamentárias. Os referidos parágrafos, que veremos a seguir, têm ligação direta com o Fundef – e, atualmente, com o Fundeb.

Primeiro parágrafo. Temos a regulamentação da base de cálculo, da qual se excluem as receitas oriundas da transferência de impostos. Desse modo, somente a cesta líquida de impostos recolhidos em cada ente é destinada ao fim proposto no artigo.

Segundo parágrafo. Diz respeito à abrangência dessa destinação orçamentária.

Terceiro parágrafo. Alude a uma distribuição de recursos com base na garantia de atendimento prioritário à escolaridade obrigatória. Nada mais justo, pois, sem essa garantia legal, os estados, os municípios ou a União poderiam aplicar recursos em programas que não atendessem às prerrogativas obrigatórias do Estado, tampouco às necessidades primevas da população quanto à sua inserção no âmbito da educação básica.

Quarto parágrafo. Temos aqui uma desvinculação orçamentária de programas suplementares, que deixam de poder utilizar recursos dos fundos instituídos constitucionalmente para a manutenção e o desenvolvimento do ensino. Em outras palavras, verbas do Fundef, ou, atualmente, do Fundeb não podem mais subsidiar programas como o Bolsa Escola e, atualmente, o Bolsa Família.

Quinto parágrafo. Refere-se à premissa de que o ensino fundamental e, atualmente, a educação básica poderão contar com recursos do Salário Educação, com os quais as empresas poderão descontar despesas com a educação de funcionários no nível da educação básica.

| Constituição Federal de 1988, art. 213 |

Este artigo trata do financiamento de instituições fora da esfera do Estado. Refere-se às instituições filantrópicas e comunitárias, indicando que, para receber recursos públicos, elas devem comprovar o investimento de seus lucros na educação, bem como provar que realizam atividade de relevância social. Um aspecto interessante a ser ressaltado é o que remete à questão do incentivo público ao desenvolvimento de programas de pesquisa e extensão, assegurando a possibilidade de instituições privadas de ensino superior, notadamente universidades, receber financiamento público para tal fim.

Sem sombra de dúvida, no âmbito da CF/1988, o Estado demonstra a assunção de um papel de provedor quanto ao financiamento público. Há que questionar, no entanto, quão legítimo é instituições privadas auferirem recursos públicos para o desenvolvimento de atividades de pesquisa e extensão se uma das características do ensino superior previstas em lei é justamente a de que a universidade se caracteriza pela indissociabilidade entre ensino, pesquisa e extensão. Assim, quando uma universidade privada desenvolve um programa de pesquisa e/ou extensão, não faz mais do que a obrigação prevista em lei, não cabendo, portanto, ser premiada por simplesmente cumprir sua prerrogativa legal.

Outro aspecto interessante, e ainda desconhecido de boa parcela da população, refere-se à obrigatoriedade de o Estado matricular na rede privada de ensino o cidadão que não conseguir fazê-lo na rede pública. O texto legal prevê que a instituição escolhida deve conceder ao aluno uma bolsa de estudos e que o Estado deve ressarci-la financeiramente. Quão longe estamos de ver esse direito universalizado!

| Constituição Federal de 1988, art. 214 |

O último artigo da CF/1988 relativo à educação dispõe sobre a criação de um Plano Plurianual de Educação, e que, em 2001, recebeu o nome de Plano Nacional de Educação. As diretrizes desse plano são: combate ao analfabetismo; melhoria da qualidade do ensino; formação direcionada para o mercado de trabalho; universalização do atendimento escolar e promoção artística, científica, tecnológica e cultural do país.

Se observarmos com atenção, as diretrizes do plano somente reforçam vários dos pontos já colocados nos demais artigos da Constituição, e, ao que tudo indica, consiste em uma política de atualização das prerrogativas constitucionais para a Educação. De modo simplificado, temos uma política pública instituinte – a Constituição – definindo o escopo de ação de uma política pública regulatória – o plano. Ainda sobre este artigo, vale mencionar que a Emenda Constitucional nº 59/09 estabelece a criação de planos nacionais de educação a cada dez anos, a fim de trazer para a educação brasileira um reforço da perspectiva política pautada pela "reforma permanente" (Shiroma e Evangelista, 2004), ou seja, baseia-se na prerrogativa de que as estruturas políticas, financeiras e pedagógicas devem estar em constante transformação.

Após termos visto como a educação brasileira tem suas políticas relacionadas com a CF/1988, passemos à análise de como a LDBEN nº 9.394/96 dispõe sobre a matéria, a fim de compreender um pouco melhor a maior política regulatória dessa área do Estado brasileiro.

2.2.3 A LDBEN nº 9.394/96

Esta é uma lei que possui *status* diferenciado. É, no cenário da política educacional brasileira, a maior de todas as políticas públicas regulatórias, pois sua estrutura define as relações, os acordos e os conflitos que podem se desenrolar no âmbito da educação brasileira. Do ponto de vista da política educacional, cabe tomar a LDB em sua integralidade, o que significa que, nesta obra, a opção é ver sua estrutura, as relações com a CF/1988 e as possibilidades e limites dessa lei para o campo da política educacional brasileira.

A seguir, veremos um pouco de sua estrutura, bem como suas principais características.

2.2.3.1 A LDBEN nº 9.394/96: principais características estruturais

No que tange à estrutura do documento, observa-se que muitos de seus artigos foram modificados; assim, atualmente, temos uma lei cujo conteúdo, embora se mantenha mais ou menos inalterado, possui várias modificações na redação de diversos artigos.

Quanto à forma do documento, cabe indicar que a LDB possui nove títulos e 92 artigos, quais sejam:

- Título I: Da educação.
- Título II: Dos princípios e fins da educação nacional.
- Título III: Do direito à educação e do dever de educar.
- Título IV: Da organização da educação nacional.
- Título V: Dos níveis e das modalidades de educação e ensino.
- Título VI: Dos profissionais da educação.
- Título VII: Dos recursos financeiros.
- Título VIII: Das disposições gerais.
- Título IX: Das disposições transitórias.

Adiante, analisaremos cada um desses títulos. Cabe ressaltar mais uma vez que não comentaremos de maneira segmentada todos os artigos dessa lei. Para um estudo aprofundado da LDB, sugerimos a leitura das observações feitas acerca da LDB, juntamente com a leitura da parte correspondente desse documento, atualizado até maio de 2014, que se encontra nos Anexos.

Análise dos títulos da LDB

| LDBEN nº 9.394/96 – TÍTULO I – Da Educação |

O primeiro título compõe-se somente de um artigo, no qual temos a definição de Educação acatada pela lei. Tal definição abrange não somente os processos de formação ocorridos nas escolas e universidades, mas também os demais, que ocorrem em outras instâncias da sociedade. Estabelece ainda uma vinculação entre a educação escolar e o mundo do trabalho, garantindo que a presente lei disciplinará a educação escolar.

Sobre esse primeiro título, deve-se destacar ainda uma inconsistência detectada em seu texto, que aponta para o disciplinamento da educação escolar e, ao mesmo tempo, possui uma noção de Educação relacionada aos demais processos ocorridos em sociedade e que envolvem formação humana, como os desenvolvidos nas empresas e organizações da sociedade civil – ou a LDB disciplina a educação escolar ou abrange os demais processos formativos que ocorrem fora da escola, não sendo possível cumprir simultaneamente ambas as atribuições, mesmo que o texto aponte para isso.

> LDBEN nº 9.394/96 – Título II – Dos Princípios e Fins da Educação Nacional

No segundo título, encontramos os arts. 2º e 3º, nos quais vemos a atribuição da responsabilidade da Educação designada tanto ao Estado quanto à família, bem como o estabelecimento dos princípios da educação escolar nacional. Ambos os artigos deste título têm grande afinidade com a CF/1988, sendo claramente elementos de união entre a Constituição e a LDB.

No art. 2º há uma divisão de responsabilidades quanto à tarefa de educar, e sua redação indica que a LDB, assim como a CF/1988, toma uma direção política no sentido de desenvolver uma ação de responsabilização (Carnoy, 2002), ou seja, há uma transferência de responsabilidades do Estado para a sociedade civil.

O art. 3º, por seu turno, traz os 12 princípios que deverão nortear o ensino brasileiro, quais sejam:

I – igualdade de condições para o acesso e permanência na escola;
II – liberdade de aprender, ensinar, pesquisar e divulgar a cultura, o pensamento, a arte e o saber;
III – pluralismo de ideias e de concepções pedagógicas;
IV – respeito à liberdade e apreço à tolerância;
V – coexistência de instituições públicas e privadas de ensino;
VI – gratuidade do ensino público em estabelecimentos oficiais;
VII – valorização do profissional da educação escolar;
VIII – gestão democrática do ensino público, na forma desta Lei e da legislação dos sistemas de ensino;
IX – garantia de padrão de qualidade;
X – valorização da experiência extraescolar;
XI – vinculação entre a educação escolar, o trabalho e as práticas sociais.
XII – consideração com a diversidade étnico-racial.

Nesse sentido, se analisarmos os incisos III, X e XI desse artigo, chegaremos a uma contradição, pois o III indica que o ensino se organizará com base em uma pluralidade de ideias e concepções pedagógicas, enquanto os incisos X e XI apontam para duas vertentes pedagógicas subjacentes a tais incisos, quais sejam:

- A matriz de pensamento presente na proposta pedagógica de autores como Paulo Freire,[6] de acordo com a qual a experiência extraescolar deve ter espaço privilegiado no ensino (inciso X).
- A matriz de pensamento que se inspira em Antonio Gramsci, que propõe que a escola deve unificar os conteúdos referentes à formação para o trabalho e os conteúdos ligados às artes, à cultura, à filosofia e aos demais elementos chamados comumente de cultura clássica.

Sem entrar no mérito da pertinência ou da validade desses pressupostos pedagógicos, entende-se que, ao dar espaço para contradições desse tipo, uma lei como a LDB acaba por invalidar os já mencionados incisos, pois, ou se tem uma ampla e variada gama de perspectivas pedagógicas que orientem o ensino, ou admite-se que há dois eixos pedagógicos ordenadores – Paulo Freire e Antonio Gramsci – da pedagogia nacional e que todo o ensino é submetido a eles. O fato é que não há como atender simultaneamente às duas exigências legais.

> LDBEN nº 9.394/96 – Título III – Do Direito
> à Educação e do Dever de Educar

O terceiro título é composto dos arts. 4º, 5º, 6º e 7º e regulamenta direitos, deveres e responsabilidades do Estado e da sociedade civil no que diz respeito à educação escolar, dentre os quais devem ser ressaltados:

- A garantia do ensino fundamental como direito subjetivo.
- As responsabilidades do Estado em seus três entes – estadual, municipal e federal –, no que compete à manutenção da educação escolar.
- A regulamentação do ensino privado.

Se o título anterior possuía artigos cuja redação ainda estava no plano da discussão filosófica, acerca da temática do direito à Educação, este concretiza tais premissas. Um elemento importante é a assertiva de que cabe ao Estado oferecer vagas e, aos pais, matricular na escola todas as crianças a partir de 6 anos de idade. Deve-se também salientar que, em razão das

---

6. A esse respeito, consultar Educação como prática de liberdade (Freire, 1959).

alterações na LDB introduzidas pela Lei nº 12.796/2013 (ver *Anexo*), a obrigatoriedade escolar passa a 4 anos e não mais 6 anos, conforme redação anterior da LDB. Em um país com profundas desigualdades socioeconômicas como o Brasil, tal iniciativa é louvável; porém, sabemos que essa é uma realidade ainda muito distante de ser concretizada.

Deve-se também mencionar que é preservada a liberdade de iniciativa para o ensino privado, desde que este se submeta às normas da educação nacional (LDB incluída). Essa, aliás, é a resposta à questão da liberdade do ensino privado no Brasil, que sempre mobilizou vários setores da educação nacional.

Merece destaque também a redação do art. 4º, inciso X, da LDB, de acordo com o qual é direito de toda criança a partir de 4 anos ser matriculada em escola pública próxima de sua residência, bem como a do art. 5º, que assume a educação básica como direito subjetivo do cidadão brasileiro, identificando este nível de ensino com a Escolaridade Obrigatória. A respeito disso, cabe lembrar que, durante a Conferência de Jomtien-1990 (Declaração Mundial sobre Educação para Todos), o Brasil assumiu um compromisso de erradicação do analfabetismo e de universalização do Ensino Fundamental; nesse trecho, portanto, é possível perceber a influência de tal documento na formulação da LDB. Merece, igualmente, destaque o fato de que, após mais de 18 anos de promulgação da LDB, a educação básica passa, finalmente, a incorporar a Educação Básica como Direito Subjetivo.

LDBEN nº 9.394/96 – Título IV – Da Organização da Educação Nacional

O quarto título vai do art. 8º ao art. 20 e trata da organização da educação nacional, definindo-se as matérias referentes às competências dos municípios, dos estados (e Distrito Federal) e da União. Deve-se destacar que municípios, estados e União devem trabalhar em regime de colaboração, cabendo à União toda a coordenação da política educacional, e aos estados e municípios, a execução dessa política. Destacando as funções de cada ente, de acordo com o art. 9º, compete à União:

> I – elaborar o Plano Nacional de Educação, em colaboração com os Estados, o Distrito Federal e os Municípios;
> II – organizar, manter e desenvolver os órgãos e instituições oficiais do sistema federal de ensino e o dos Territórios;

III – prestar assistência técnica e financeira aos Estados, ao Distrito Federal e aos Municípios para o desenvolvimento de seus sistemas de ensino e o atendimento prioritário à escolaridade obrigatória, exercendo sua função redistributiva e supletiva;
IV – estabelecer, em colaboração com os Estados, o Distrito Federal e os Municípios, competências e diretrizes para a educação infantil, o ensino fundamental e o ensino médio, que nortearão os currículos e seus conteúdos mínimos, de modo a assegurar formação básica comum;
V – coletar, analisar e disseminar informações sobre a educação;
VI – assegurar processo nacional de avaliação do rendimento escolar no ensino fundamental, médio e superior, em colaboração com os sistemas de ensino, objetivando a definição de prioridades e a melhoria da qualidade do ensino;
VII – baixar normas gerais sobre cursos de graduação e pós-graduação;
VIII – assegurar processo nacional de avaliação das instituições de educação superior, com a cooperação dos sistemas que tiverem responsabilidade sobre este nível de ensino;
IX – autorizar, reconhecer, credenciar, supervisionar e avaliar, respectivamente, os cursos das instituições de educação superior e os estabelecimentos do seu sistema de ensino.
§ 1º Na estrutura educacional, haverá um Conselho Nacional de Educação, com funções normativas e de supervisão e atividade permanente, criado por lei.
§ 2º Para o cumprimento do disposto nos incisos V a IX, a União terá acesso a todos os dados e informações necessários de todos os estabelecimentos e órgãos educacionais.
§ 3º As atribuições constantes do inciso IX poderão ser delegadas aos Estados e ao Distrito Federal, desde que mantenham instituições de educação superior.
De acordo com o art. 10º, são atribuições dos estados:

I – organizar, manter e desenvolver os órgãos e instituições oficiais dos seus sistemas de ensino;
II – definir, com os Municípios, formas de colaboração na oferta do ensino fundamental, as quais devem assegurar a distribuição proporcional das responsabilidades, de acordo com a população a ser atendida e os recursos financeiros disponíveis em cada uma dessas esferas do Poder Público;
III – elaborar e executar políticas e planos educacionais, em consonância com as diretrizes e planos nacionais de educação, integrando e coordenando as suas ações e as dos seus Municípios;

IV – autorizar, reconhecer, credenciar, supervisionar e avaliar, respectivamente, os cursos das instituições de educação superior e os estabelecimentos do seu sistema de ensino;
V – baixar normas complementares para o seu sistema de ensino;
VI – assegurar o ensino fundamental e oferecer, com prioridade, o ensino médio a todos que o demandarem, respeitado o disposto no art. 38 desta Lei;
VII – assumir o transporte escolar dos alunos da rede estadual.
Parágrafo único. Ao Distrito Federal aplicar-se-ão as competências referentes aos Estados e aos Municípios.

Em relação aos municípios, o art. 11 determina que lhes cabe:

I – organizar, manter e desenvolver os órgãos e instituições oficiais dos seus sistemas de ensino, integrando-os às políticas e planos educacionais da União e dos Estados;
II – exercer ação redistributiva em relação às suas escolas;
III – baixar normas complementares para o seu sistema de ensino;
IV – autorizar, credenciar e supervisionar os estabelecimentos do seu sistema de ensino;
V – oferecer a educação infantil em creches e pré-escolas, e, com prioridade, o ensino fundamental, permitida a atuação em outros níveis de ensino somente quando estiverem atendidas plenamente as necessidades de sua área de competência e com recursos acima dos percentuais mínimos vinculados pela Constituição Federal à manutenção e desenvolvimento do ensino.
VI – assumir o transporte escolar dos alunos da rede municipal. (Incluído pela Lei nº 10.709, de 31.7.2003.)
Parágrafo único. Os Municípios poderão optar, ainda, por se integrar ao sistema estadual de ensino ou compor com ele um sistema único de educação básica.

Esses três artigos foram transcritos na íntegra, a fim de permitir uma melhor visualização das atribuições de cada ente federativo em relação à educação escolar pública. Ressaltamos o inciso IX, do art. 9º, em que a União toma para si a tarefa de sistematizar e analisar os dados provenientes de todas as redes de ensino, o que explica algo que veremos mais adiante, quando analisarmos o Saeb (Sistema Nacional de Avaliação da Educação Básica) e o Sinaes (Sistema Nacional de Avaliação da Educação Superior), e que se refere à ênfase na função avaliadora do Estado brasileiro. Também vale destacar que a redação da LDB aponta claramente para uma integração entre os sistemas de ensino municipal e estadual, coisa que ainda está muito longe de acontecer. Por último, mas não menos importante, vemos que a lei garante a municípios e estados a liberdade de baixar suas normas complementares, desde que estas não firam os princípios gerais da LDB.

Os demais artigos desse título regulamentam a atuação dos estabelecimentos de ensino oficiais e privados, dos docentes e das instituições de ensino, bem como definem em que consistem os sistemas de ensino municipal, estadual e o sistema federal.

Em relação às atribuições legais dos estabelecimentos de ensino, o art. 12 propõe que lhes cabe:

I – elaborar e executar sua proposta pedagógica;
II – administrar seu pessoal e seus recursos materiais e financeiros;
III – assegurar o cumprimento dos dias letivos e horas-aula estabelecidas;
IV – velar pelo cumprimento do plano de trabalho de cada docente;
V – prover meios para a recuperação dos alunos de menor rendimento;
VI – articular-se com as famílias e a comunidade, criando processos de integração da sociedade com a escola;
VII – informar pai e mãe, conviventes ou não com seus filhos, e, se for o caso, os responsáveis legais, sobre a frequência e o rendimento dos alunos, bem como sobre a execução da proposta pedagógica da escola;
VIII – notificar ao Conselho Tutelar do Município, ao juiz competente da Comarca e ao respectivo representante do Ministério Público a relação dos alunos que apresentem quantidade de faltas acima de cinquenta por cento do percentual permitido em lei. (Incluído pela Lei nº 10.287, de 2001.)

Esse artigo, que define a competência legal de estabelecimentos de ensino, apresenta alguns pontos que não se tornaram realidade, como o cumprimento das horas-aula e dos dias letivos estabelecidos e aqueles relacionados ao plano de trabalho dos docentes. Os incisos VII e VIII, cabe comentar, preveem que a sociedade civil passe a ser acionada na ocorrência de um número de faltas superior à frequência estabelecida. Essa ação, que traz até mesmo a figura do Conselho Tutelar e chama-o à sua responsabilidade, é um importante fator de controle da segurança social, mormente em áreas de risco, nas quais o aluno pode deixar de frequentar a escola ao ser privado desse direito pelos pais ou em situações em que, aparentemente, ele estaria na escola, quando na verdade se encontraria em situação de desvio de conduta. Todo o artigo é um chamado para a gestão compartilhada de responsabilidades entre o Estado, a escola e a sociedade civil.

No que se refere aos docentes, o art. 13 indica que suas atribuições são:

I – participar da elaboração da proposta pedagógica do estabelecimento de ensino;

II – elaborar e cumprir plano de trabalho, segundo a proposta pedagógica do estabelecimento de ensino;
III – zelar pela aprendizagem dos alunos;
IV – estabelecer estratégias de recuperação para os alunos de menor rendimento;
V – ministrar os dias letivos e horas-aula estabelecidos, além de participar integralmente dos períodos dedicados ao planejamento, à avaliação e ao desenvolvimento profissional;
VI – colaborar com as atividades de articulação da escola com as famílias e a comunidade.

Nesse artigo, percebe-se um claro apelo ao aumento de responsabilidade dos docentes, como parte de uma política de responsabilização, similar à que ocorre na CF/1988, quando esta aumenta as responsabilidades da sociedade civil. Temos aqui uma legislação que estabelece regras e deveres para os docentes das escolas, especialmente alguns que, antes, estavam apenas nas mãos dos gestores de ensino, como a elaboração da proposta pedagógica e as atividades de articulação entre família e escola.

No que alude aos sistemas de ensino, os arts. 14 e 15 atribuem-lhes a responsabilidade de promover a gestão democrática do público, além de assegurar autonomia administrativa e pedagógica às unidades que os compõem.

Os arts. 16, 17 e 18 definem a área de abrangência de cada sistema de ensino. A esse respeito, cabe observar que, curiosamente, as instituições de educação infantil mantidas pela iniciativa privada integram os sistemas municipais de ensino, ainda que sua autonomia didático-administrativa e financeira seja preservada. Já os arts. 19 e 20 regulamentam as definições de instituição pública (art. 19) e privada (art. 20) de ensino.

> LDBEN nº 9.394/96 – Título V – Dos Níveis e das Modalidades de Educação e Ensino

Este é o mais extenso dos títulos presentes na LDB, e também o mais abrangente. Ele é dividido em cinco capítulos, com suas respectivas subdivisões, e 40 artigos (do art. 21 ao art. 60), demandando grande atenção por parte do leitor, principalmente por aquele que não tenha familiaridade com documentos legais. Esse título apresenta temática e estrutura de capítulos conforme observado a seguir:

Capítulo I – Da Composição dos Níveis Escolares. Possui apenas o art. 21, no qual encontramos a divisão estrutural da educação brasileira em educação básica – composta pela educação infantil, ensino fundamental e ensino médio – e educação superior – composta pelos cursos de graduação e pós-graduação. Observa-se que, nesse sentido, a LDB rompe com a estrutura anterior dos níveis de ensino, os quais, de acordo com a Lei nº 5.692/71, se dividiam em pré-escolar, primeiro grau, segundo grau e ensino superior.

> Capítulo II – Da Educação Básica. Esse capítulo é subdividido em:
> Seção I – Das Disposições Gerais (do art. 22 ao art. 28).
> Seção II – Da Educação Infantil (do art. 29 ao art. 31).
> Seção III – Do Ensino Fundamental (do art. 32 ao art. 34).
> Seção IV – Do Ensino Médio, que inclui e seção IV-a – Da Educação Profissional Técnica de Nível Médio (do art. 35 ao art. 36-D).
> Seção V – Da Educação de Jovens e Adultos (arts. 37 e 38).
> Capítulo III – Da Educação Profissional e Tecnológica. Possui quatro artigos (do art. 39 ao art. 42) que fundamentam legalmente os conceitos de educação profissional e de tecnologia, bem como sua relação com a educação, tendo como pano de fundo os níveis e sistemas de ensino em que tal modalidade educativa se insere.
> Capítulo IV – Da Educação Superior. Possui 15 artigos (do art. 43 ao art. 57) que dispõem sobre o nível superior da educação nacional, definindo bases conceituais, finalidades, abrangência, estrutura e forma. Merece destaque a maneira como as universidades são conceituadas na lei e como as características e atribuições das Instituições de Ensino Superior (IES) são definidas. Outro elemento a se destacar é a avaliação institucional desse nível de ensino.
> Capítulo V – Da Educação Especial. Possui três artigos (arts. 58, 59 e 60) que tratam da regulamentação e da definição conceitual da educação especial enquanto modalidade de ensino presente em todos os níveis.

A seguir, analisamos o conteúdo de cada capítulo deste Título V.

Capítulo I – Em sua redação, esse capítulo sofre influência direta da Unesco e traz para a educação brasileira um novo ente: a educação básica. Nesse sentido, cabe comentar que diversos autores (Cury, 2001; Mancebo, 2004) indicam que isso é uma tentativa de prover de unidade orgânica os níveis de ensino que preparam a entrada do cidadão no mundo do trabalho e na educação superior, como a vinculação entre educação e mundo do trabalho e a noção de que a educação deveria ser dividida em dois setores com finalidades distintas, mas não necessariamente hierarquizadas. Assim, a educação básica, mais do que a preparação para a entrada no nível superior, passa a ser concebida como etapa crucial no processo de formação humana, que se dá em perspectiva de formação continuada, devendo durar toda a vida. Além disso, com base na leitura da LDB, a educação básica pode ser compreendida como um direito subjetivo, o que seguramente expressa a noção de educação esposada pela CF/1988.

Torna-se necessário, no entanto, dizer que tal noção apresenta diversos problemas para se materializar no Brasil, país sabidamente marcado por desigualdades muito amplas. Deve-se destacar igualmente que a inserção no mundo do trabalho pela via da educação básica somente poderia se dar de forma satisfatória em um país que contemplasse a população de oportunidades de trabalho bem distribuídas e providas de condições de remuneração e ambientação dignas em todos os postos laborais, o que, infelizmente, está longe de ser verdade em nosso país, cujas taxas de desemprego se aproximam de 10% da população economicamente ativa. Alguns autores indicam ainda que a inserção de países como o Brasil em um processo global de reestruturação produtiva (Gentili, 1996) tem se dado de modo subalterno; assim, ao vincular nesses termos a educação ao mundo do trabalho, a educação básica seria um elemento de conformação da classe trabalhadora a tal subalternidade, de acordo com o modelo econômico neoliberal verificado em países como o Brasil.

De todo modo, cabe observar que a educação básica ainda está longe de constituir algo universalizado no Brasil, já que nem mesmo o ensino fundamental foi totalmente universalizado, como mostram os dados do Censo Escolar de 2009.[7]

Capítulo II – Esse capítulo, que trata da educação básica, possui algumas características interessantes, do ponto de vista político, quais sejam:

   a. A noção de que a educação básica, mais do que a mera preparação para o ensino superior, é uma etapa fundamental da formação humana do cidadão.
   b. O fato de a educação básica ser vista como direito subjetivo, que se inicia na Educação Infantil e vai até o Ensino Médio.
   c. A definição das regras relativas ao ensino religioso.
   d. A estruturação do ensino médio e os cursos pós-médios.

---

7. Os dados do Censo Escolar apontam para uma retração de matrículas no nível do ensino fundamental, entre 2007 e 2008. Fonte: Censo Escolar 2009. Disponível em: <http://portal.inep.gov.br/visualizar/-/asset_publisher/6AhJ/content/sai-resultado-do-censo-escolar--2009?redirect=http%3A%2F%2Fportal.inep.gov.br%2Fvisualizar%3Fp_p_id%3D101_INSTANCE_6AhJ%26p_p_lifecycle%3D0%26p_p_state%3Dnormal%26p_p_mode%3Dview%26p_p_col_id%3Dcolumn-2%26p_p_col_pos%3D1%26p_p_col_count%3D2%26p_r_p_564233524_tag%3Dcenso>. Acesso em: 13 out. 2014.

Quanto ao primeiro ponto destacado, é preciso ter em mente que a proposta de educação básica como elemento indispensável à base da formação humana merece uma crítica. No Brasil, ao longo de sucessivas décadas, o ensino nas escolas públicas tem sofrido uma brutal queda de qualidade (Brandão, 1984; Hoffman, 2001). Nesse sentido, a própria noção de formação humana tem sido questionada por algumas correntes de estudiosos do tema (Giroux, 1986; McLaren, 1997), e estas possuem grande influência e destaque na educação brasileira. Paralelamente a isso, observamos nas escolas públicas brasileiras, nas últimas três décadas do século XX e na primeira década do século XXI, um modelo educacional que não contempla mais um projeto de formação do cidadão com base no estudo dos clássicos. A ênfase dada em uma formação pretensamente multicultural, e que muitas vezes apenas serve como justificativa para a assimilação de padrões educativos hauridos junto aos modismos do momento, não permite a muitos de nossos educadores vislumbrar qual o modelo de cidadão e qual o modelo de formação humana se pretende encetar.

A LDB indica alguns elementos nesse sentido, mas sua formulação, até mesmo pela natureza do documento, é ampla e flexível, restando às escolas e aos sistemas de ensino a tarefa de definir o que seria "humano", para só então utilizar a educação básica como modelo de formação humana. Outra consideração filosófica cabível nesse caso diz respeito à noção de cidadania: embora a educação básica seja concebida como elemento indispensável para a formação da cidadania, se não houver uma definição de cidadania um conceito como esse cai no vazio das definições, carecendo da clareza necessária para expressar uma diretriz de formação humana, tal como a pretendida nessa visão de educação básica.

Ainda no primeiro ponto destacado, quando se diz que a educação básica é vista como uma etapa fundamental da formação do cidadão brasileiro, há algumas considerações a serem feitas. Uma dessas considerações refere-se à contradição existente na relação entre os elementos constitutivos da educação básica (educação infantil, ensino fundamental e ensino médio) e sua garantia legal, viabilizada por meio da escolaridade obrigatória. O art. 4º, inciso II, da LDB indica que é dever do Estado garantir a educação infantil gratuita até os cinco anos de idade. Se levarmos em consideração as desigualdades sociais, culturais e econômicas que caracterizam a sociedade brasileira (Canen, 2001), perceberemos que a intenção de fazer da educação básica uma etapa indispensável na formação do cidadão, como já se viu nos últimos 13 anos de promulgação da LDB, terá de enfrentar desafios de ordem material, que, em diversos casos, impedem muitos brasileiros – algo em torno de 40 milhões, de acordo com dados do IBGE – de serem incluídos em tal projeto de formação do cidadão, pois não possuem acesso aos direitos mínimos que lhes assegurem a condição de cidadãos, como o acesso ao Registro Civil. Ainda sobre a educação infantil, as modificações introduzidas pelo art. 31 da Lei nº 12.796/13 são radicais e se apresentam nos seguintes incisos:

> I – avaliação mediante acompanhamento e registro do desenvolvimento das crianças, sem o objetivo de promoção, mesmo para o acesso ao ensino fundamental;
> II – carga horária mínima anual de 800 (oitocentas) horas, distribuída por um mínimo de 200 (duzentos) dias de trabalho educacional;
> III – atendimento à criança de, no mínimo, 4 (quatro) horas diárias para o turno parcial, e de 7 (sete) horas para a jornada integral;
> IV – controle de frequência pela instituição de educação pré-escolar, exigida a frequência mínima de 60% (sessenta por cento) do total de horas;
> V – expedição de documentação que permita atestar os processos de desenvolvimento e aprendizagem da criança.

Como se pode constatar, a educação infantil passa por um reordenamento no que diz respeito a carga horária, avaliação e regulamentação em nível documental, e este traduz novos padrões de acompanhamento e controle desse nível de ensino, os quais contribuem para a sistematização e planificação educacional em escala nacional.

A definição do terceiro ponto – a questão do ensino religioso contida no art. 33 da LDB. Esta é uma questão que, ao longo da história da educação brasileira, foi e continua sendo alvo de enormes disputas, não somente no âmbito dos elementos constitutivos dos credos religiosos, mas também no dos defensores da noção de que o Estado brasileiro deve ser laico e, portanto, tal laicidade deve se apresentar também nas escolas públicas brasileiras.

Essa controvérsia é enfrentada na LDB da seguinte maneira: o ensino religioso deve ser oferecido obrigatoriamente nas escolas, mas sua matrícula é facultativa ao aluno. Para tentar evitar problemas relativos ao proselitismo e/ou à intolerância religiosa, a saída tentada, no âmbito da LDB, foi de que o conteúdo dessa matéria fosse definido a partir de associações civis (nos sistemas de ensino), compostas por representantes das diversas confissões e denominações religiosas. Aparentemente, isso garantiria uma solução democrática no que compete às decisões tomadas pelos representantes dos credos, na escolha de conteúdo do ensino religioso, mas, na realidade, isso trouxe – e continua trazendo – tanta controvérsia que, na prática, essa é uma questão indefinida. Apenas como curiosidade, pensemos nas dificuldades enfrentadas logo na primeira etapa da tarefa de definição de conteúdo, que é a composição de tal associação. Para que esta seja definida, é necessário, antes, definir-se o que é uma religião. Trata-se, portanto, de uma questão absolutamente controversa, na medida em que a diferença entre religião e seita nem sempre é clara para todos. Nesse caso, representantes de seitas devem ser excluídos de tais associações? Não possuo a resposta; apenas quis trazer à baila um elemento, dentre vários, que dificultam ao Estado controlar por meios legais questões como a do ensino religioso.

Em relação ao ensino médio, a atual LDB afirma que ele tem duração mínima de três anos e compõe etapa final da educação básica. Além disso, estabelece a possibilidade de existência de um ensino médio "geral" e de um ensino médio com preparação profissional e tecnológica, permitindo ainda a existência de formação profissional articulada com o ensino médio "regular" e a existência desses cursos em sequência à conclusão do ensino médio. A esse respeito, deve-se destacar que algumas instituições universitárias, agindo de má-fé, oferecem cursos desse tipo como se fossem de graduação, o que leva muitos alunos, por desconhecerem a LDB e, portanto, a estrutura dos níveis e das modalidades de ensino, a serem enganados e adquirirem formação que não condiz com uma graduação, muitas vezes pagando valores que corresponderiam aos de mensalidades cobradas em uma universidade. Posteriormente à LDB, foram definidas diretrizes curriculares nacionais para o ensino médio, as quais vieram a regulamentar os conteúdos mínimos desse nível de ensino (em seção posterior, faremos uma análise de tais diretrizes).

No que se refere ao último ponto destacado no Título II, temos um exame de como a LDB estrutura a modalidade de ensino denominada EJA.

Capítulo III – Esse é um capítulo relativo à educação profissional e tecnológica. Várias das matérias tratadas neste item possuem ligação direta com todos os níveis e modalidades de ensino, já que estes são cursos que podem ser organizados por eixo tecnológico, permitindo, assim, sua inserção em diferentes níveis e modalidades. Nesse sentido, o § 2º do art. 39 da LDB indica que os cursos podem ser:

I – de formação inicial e continuada ou qualificação profissional;
II – de educação profissional técnica de nível médio (incluído pela Lei nº 11.741, de 2008);
III – de educação profissional tecnológica de graduação e pós-graduação.
Aqui, a alteração mais importante é a que define a possibilidade de haver cursos tecnológicos em nível de graduação ou pós-graduação, voltados para uma formação profissional estritamente focada no atendimento das demandas dos setores produtivos e, portanto, com características distintas da formação

adquirida em cursos de graduação ditos "tradicionais" (na parte da LDB que trata da educação superior). Cabe ainda mencionar que cursos de formação tecnológica em nível de graduação têm sido comumente confundidos com os cursos técnicos "pós-médios", que, entre outras coisas, não permitem o ingresso em cursos de pós-graduação, pois, em termos de legislação, seu diploma não equivale legalmente aos diplomas de nível de graduação.

Capítulo IV – Esse é o capítulo que trata da educação superior. De suas características, a primeira refere-se ao modo como a LDB foi organizada nesse setor, dando margem para certa confusão entre educação e ensino, termos estes que são apresentados como sinônimos (Cury, 2008).[8] Ora, se, no nível da lei, não há distinção lógico-conceitual entre tais termos, é muito provável que, na prática, educação superior seja entendida como ensino superior, pois ensinar é algo de complexidade muito menor do que educar, além de ser significativamente menos custoso em termos financeiros.

Outra característica a ser destacada tem a ver com o tripé que sustenta a educação superior, qual seja: noção de ensino, pesquisa e extensão. No Brasil, com exceção de boa parte das universidades públicas e de algumas universidades privadas, a ênfase das atividades está no ensino, sendo raras aquelas que realizam pesquisa em nível institucional, com definição de programas de subsídios, núcleos de pesquisa e linhas de pesquisa, e, mais raras ainda, as que desenvolvem programas de extensão universitária. No que compete à extensão, o quadro é ainda mais dramático, pois, muitas vezes, esta se resume a cursos pagos, que acabam por não contemplar o espectro das ações de extensão universitária, como a manutenção de serviços gratuitos destinados às comunidades do entorno das universidades.

---

8. Sobre isso, a posição seguida neste livro é tributária da obra de Immanuel Kant, denominada *Paedagogia* (Kant, 2002). Nesse tomo, educação e ensino são dois conceitos que, embora aproximados, possuem significados diversos. O ensino pode ser definido como algo ligado à transmissão de conteúdos específicos, de maneira a "treinar" os sujeitos que se destinam a ser ensinados. O ensino pressupõe ainda a ideia de que quem o recebe é o sujeito passivo da aprendizagem, o que reforça seu caráter instrumental. Em termos gerais, é possível afirmar que o ensino tem como substrato principal a informação, a qual é transmitida de maneira a gerar comportamentos e atitudes esperados em quem a recebe. O conceito de educação, diferente do anterior, tem a ver com um tipo de formação muito mais ampla, o qual, além de consistir em transmissão de informações, noções e conhecimentos básicos, liga-se ao desenvolvimento de capacidade de realizar, inovar e criar novos conhecimentos – e também elementos concretos – em relação à matéria de que é objeto. Nesse sentido, educar é algo muito mais complexo do que ensinar, pois pressupõe uma dimensão formativa mais ampla em termos pedagógicos, a qual, necessariamente terá de incluir um trabalho com a realidade concreta, em que os conhecimentos a ela relativos são aplicados, analisados e, em certa medida, modificados.

Convém ressaltar também um importante ponto relativo à natureza das IES. Nesse sentido, cabe salientar que as universidades, de acordo com o art. 52, possuem as seguintes características:

> [...] são instituições pluridisciplinares de formação dos quadros profissionais de nível superior, de pesquisa, de extensão e de domínio e cultivo do saber humano, que se caracterizam por: (regulamento)
>
> I – produção intelectual institucionalizada mediante o estudo sistemático dos temas e problemas mais relevantes, tanto do ponto de vista científico e cultural, quanto regional e nacional;
> II – um terço do corpo docente, pelo menos, com titulação acadêmica de mestrado ou doutorado;
> III – um terço do corpo docente em regime de tempo integral.

Das características citadas, aquela expressa no inciso II merece atenção especial, pois dá margem a decisões equivocadas. Há casos, em se tratando de universidades privadas, que a administração dessas instituições entende a exigência de pelo menos um terço de professores com titulação em nível de pós-graduação *stricto sensu* (mestrado e doutorado) como uma "taxa limite" desses índices, e acaba demitindo profissionais, especialmente doutores, pelo fato de as instituições "já possuírem" o número mínimo de profissionais com tal graduação. É claro que não é lícito culpar os formuladores da LDB por tal prática, mas não podemos deixar de observar que a redação do artigo dá margem para que isso ocorra.

Quanto aos tipos de curso oferecidos nas IES, o art. 44 da LDB indica que são:

> I – cursos sequenciais por campo de saber, de diferentes níveis de abrangência, abertos a candidatos que atendam aos requisitos estabelecidos pelas instituições de ensino, desde que tenham concluído o ensino médio ou equivalente (redação dada pela Lei nº 11.632, de 2007);
> II – de graduação, abertos a candidatos que tenham concluído o ensino médio ou equivalente e tenham sido classificados em processo seletivo;
> III – de pós-graduação, compreendendo programas de mestrado e doutorado, cursos de especialização, aperfeiçoamento e outros, abertos a candidatos diplomados em cursos de graduação e que atendam às exigências das instituições de ensino;
> IV – de extensão, abertos a candidatos que atendam aos requisitos estabelecidos em cada caso pelas instituições de ensino.

No que se refere ao inciso I, pode-se perceber que tais cursos sequenciais, como já foi dito, muitas vezes se confundem com os cursos de formação tecnológica em nível médio (ou pós-médio). Em todas as modalidades de curso, a LDB deixa boa margem para que as instituições definam as normas de seus processos seletivos e de suas metodologias de avaliação.

Um elemento inovador colocado pelo § 2º do art. 47 da LDB é a premissa de que estudantes que demonstrarem aproveitamento excepcional poderão solicitar a bancas especializadas a aplicação de testes com o objetivo de abreviar seu tempo de estudo. Esse é um artigo pouco conhecido e divulgado pelas IES, em especial as privadas, cujo lucro é obtido mediante o pagamento de mensalidades e, portanto, não é de seu interesse que haja grande número de alunos tomando "atalhos" para a conclusão de seus cursos e, consequentemente, pagando um número menor de mensalidades.

Capítulo V – Essa é mais uma parte da LDB em que a influência dos organismos internacionais se torna marcante. O Capítulo V, que trata da educação especial, incorpora em boa parte de seu texto a perspectiva de trabalho em educação especial delineada na Conferência de Salamanca, promovida pela Unesco, em 1994 (veja nos Anexos o documento que sintetiza as deliberações desse evento internacional). Dos vários pontos defendidos nessa Conferência, dois foram absorvidos praticamente na íntegra:

a. Alunos portadores de necessidades especiais devem ser atendidos preferencialmente no âmbito das escolas regulares.
b. Os sistemas de ensino e as instituições devem adaptar-se à perspectiva inclusiva.[9]

No que se refere aos pontos supramencionados, veja o que diz o art. 58, alterado pela Lei nº 12.796/13:

> Entende-se por educação especial, para os efeitos desta Lei, a modalidade de educação escolar oferecida preferencialmente na rede regular de ensino, para educandos com deficiência, transtornos globais do desenvolvimento e altas habilidades ou superdotação.

---

9. A perspectiva inclusiva é definida como aquela que procura integrar, no mesmo espaço físico e no mesmo espaço simbólico e social, os indivíduos que possuem necessidades especiais e os considerados normais. Desse modo, a perspectiva inclusiva defende a ideia de que as diferenças são inerentes a todos os grupos humanos e a aceitação das diferenças seria a melhor maneira de combater a segregação e o preconceito sofrido pelos portadores de necessidades educativas especiais.

O art. 58 define o escopo da educação especial, que abrange desde as deficiências (físicas e mentais) até as altas habilidades e superdotação, isso sem contar a inclusão neste âmbito dos transtornos globais do desenvolvimento, como os transtornos do espectro autista.

Desse modo, podemos observar que a LDB ratifica uma opção político-teórica do Estado brasileiro pela adoção da perspectiva inclusiva como norma definidora de suas políticas públicas para essa modalidade de ensino. O § 1º desse artigo, como se pode perceber, direciona para a escola a tarefa de administrar recursos que lhe dariam o aporte necessário para realizar o atendimento dos portadores de necessidades educacionais especiais, no âmbito das escolas regulares. Os dados do Censo Escolar 2009 demonstram que o número de atendimentos realizados em instituições especializadas é superado em aproximadamente 10% pelo número de atendimentos realizados em escolas regulares.

Como toda e qualquer política pública, aquelas relativas à inclusão merecem ser analisadas de forma crítica. No Brasil, infelizmente, em muitos casos, a inclusão não surtiu os efeitos desejados por seus defensores porque a velocidade com que os portadores de necessidades educacionais especiais foram incluídos não correspondeu ao tempo que as instituições educacionais tiveram para se aparelhar para recebê-los e, também, porque seria preciso dar mais ênfase no preparo dos docentes brasileiros para trabalhar com essa modalidade de ensino. Como resultado, diversas escolas, que já enfrentavam problemas como salas superlotadas e falta de material didático, tiveram sua situação agravada diante da possibilidade de receber um público que requer condições de acessibilidade, pois, para recebê-los, vários problemas preexistentes de infraestrutura física e pedagógica precisariam ser corrigidos, o que, infelizmente, não ocorreu em uma parcela significativa das escolas brasileiras.

| LDBEN nº 9.394/96 – TÍTULO VI – Dos profissionais da Educação |

Nesse título, temos a definição de quais são os sujeitos que se encontram na categoria de profissionais da educação. Quanto às instituições escolares, o art. 61 indica que, para cumprir suas tarefas, tais profissionais devem ser formados em cursos específicos.

Vejamos a redação desse artigo:

> Art. 61 Consideram-se profissionais da educação escolar básica os que, nela estando em efetivo exercício e tendo sido formados em cursos reconhecidos, são: (Redação dada pela Lei nº 12.014, de 2009).

I – professores habilitados em nível médio ou superior para a docência na educação infantil e nos ensinos fundamental e médio (redação dada pela Lei nº 12.014, de 2009);
II – trabalhadores em educação portadores de diploma de pedagogia, com habilitação em administração, planejamento, supervisão, inspeção e orientação educacional, bem como com títulos de mestrado ou doutorado nas mesmas áreas (redação dada pela Lei nº 12.014, de 2009);
III – trabalhadores em educação, portadores de diploma de curso técnico ou superior em área pedagógica ou afim (incluído pela Lei nº 12.014, de 2009);
Parágrafo único. A formação dos profissionais da educação, de modo a atender às especificidades do exercício de suas atividades, bem como aos objetivos das diferentes etapas e modalidades da educação básica, terá como fundamentos: (Incluído pela Lei nº 12.014, de 2009.)
I – a presença de sólida formação básica, que propicie o conhecimento dos fundamentos científicos e sociais de suas competências de trabalho (incluído pela Lei nº 12.014, de 2009);
II – a associação entre teorias e práticas, mediante estágios supervisionados e capacitação em serviço (incluído pela Lei nº 12.014, de 2009);
III – o aproveitamento da formação e experiências anteriores, em instituições de ensino e em outras atividades (incluído pela Lei nº 12.014, de 2009).

Nesse título, a LDB busca dirimir uma dúvida que permaneceu por muitos anos: quem são os profissionais da educação escolar? A definição quanto à formação mínima exigida para tais profissionais recai sobre os cursos técnicos, porém, na realidade, grande parte do contingente de funcionários que trabalham nas secretarias escolares e em funções administrativas de apoio não possui formação técnica para isso, em razão do reduzido número de cursos técnicos voltados para funções como a de secretário escolar, por exemplo. É preciso, igualmente, observar que a LDB direciona a formação dos trabalhadores em educação escolar para uma base assentada sobre uma formação que se relaciona diretamente com os conteúdos pedagógicos, por sua natureza ligados à atividade-fim das escolas.

Outro aspecto digno de nota refere-se à formação exigida para o exercício da docência na educação básica. Nesse sentido, o art. 62 indica que:

> A formação de docentes para atuar na educação básica far-se-á em nível superior, em curso de licenciatura, de graduação plena, em universidades e institutos superiores de educação, admitida, como formação mínima para o exercício do magistério na educação infantil e nos 5 (cinco) primeiros anos do ensino fundamental, a oferecida em nível médio na modalidade normal.

Esse é um ponto para o qual a LDB traz uma importante definição conceitual, indicando que a formação para a educação básica se dá em nível superior, em cursos de licenciatura. Um aspecto relevante diz respeito à formação mínima exigida para o trabalho com a educação infantil e as primeiras séries do ensino fundamental. Ao admitir a formação em cursos de nível médio na modalidade normal, a LDB soluciona um problema que vinha afligindo professores e formadores de professores, qual seja, a possibilidade de extinção dos cursos normais e a consequente perda, por parte de milhares de professores, da habilitação para exercer o magistério.

> LDBEN nº 9.394/96 – TÍTULO VII
> – Dos recursos financeiros

Esse título possui nove artigos, que vão do art. 68 ao art. 77, todos abordando a temática dos recursos destinados à educação. Deve-se destacar que esse título é dos mais claros, tanto no que diz respeito à definição do escopo dos recursos financiadores da Educação como no que tange aos montantes financeiros que devem ser aplicados nessa área do Estado. Sigamos então ao comentário a respeito desse título.

O art. 68, que se refere à definição de quais são os recursos públicos a serem investidos em educação, é de grande importância, pois de sua análise é possível fixar os limites entre recursos públicos e os pertencentes à iniciativa privada.

O art. 69, por sua vez, dá-nos a definição dos percentuais a ser aplicados em educação. Cabe aqui destacar o artigo na íntegra:

> Art. 69. A União aplicará, anualmente, nunca menos de dezoito, e os Estados, o Distrito Federal e os Municípios, vinte e cinco por cento, ou o que consta nas respectivas Constituições ou Leis Orgânicas, da receita resultante de impostos, compreendidas as transferências constitucionais, na manutenção e desenvolvimento do ensino público.

É importante ressaltar que a fixação dos investimentos em educação com base em percentuais fixados para esse fim acaba por impedir a ocorrência de dois problemas:

a. A desvalorização financeira dos recursos alocados para esse fim.
b. O descompromisso dos entes federativos com suas atribuições constitucionais, no que tange ao financiamento da educação pública.

Também é necessário mencionar que esse é um dos artigos que ofereceram a fundamentação legal para a criação do Fundef e, posteriormente, do Fundeb (em seção posterior, os mecanismos desses fundos serão explicitados). Os incisos I, II e III, § 5º, complementam a regulação financeira dos recursos, estabelecendo prazos para sua aplicação e para o recolhimento dos valores incidentes sobre os impostos que os geram.

O art. 70 apresenta outra definição de grande relevância: a do escopo das verbas de manutenção da Educação. Tal definição é bastante necessária; sem ela, as verbas públicas poderiam ser desviadas para uma imensa gama de receitas que nada têm a ver com a manutenção da educação, como investimento em obras de restauração de escolas.

O art. 71 complementa o exposto no artigo anterior, permitindo perceber que algumas atividades "limítrofes", como a subvenção a programas assistenciais e de pesquisa, merecem destaque, de modo a não prevalecer nenhum tipo de confusão que talvez originasse desvios nos recursos destinados à manutenção da educação.

Os arts. 72 e 73 referem-se à divulgação pública dos valores aplicados anualmente na manutenção e no desenvolvimento do ensino, bem como estabelecem os procedimentos de prestação de contas das operações financeiras realizadas nesse sentido.

O art. 74 trata do estabelecimento de um valor mínimo por aluno, valor este que virá a ser o critério do montante anual aplicado por estados, municípios e, eventualmente, pelo governo federal, no Fundef e, posteriormente, no Fundeb.

O art. 75 estabelece os critérios da ação supletiva e redistributiva da União no que se refere aos recursos públicos destinados à educação. É interessante mencionar que, com esse artigo, pretendeu-se reduzir disparidades e desigualdades regionais relacionadas à educação nacional, o que, vale citar, não aconteceu nos quase 14 anos de implantação dos fundos regulados por esse título da LDB (Fundef e Fundeb).

O art. 76 complementa o artigo anterior, sendo o seu corolário. Ele reafirma o anterior, que estabelece o regime colaborativo entre estados, municípios e a União no que se refere à educação. Sua redação é a seguinte:

> A ação supletiva e redistributiva prevista no artigo anterior ficará condicionada ao efetivo cumprimento pelos Estados, Distrito Federal e Municípios do disposto nesta Lei, sem prejuízo de outras prescrições legais.

O art. 77, o último desse título, regula a transferência de recursos públicos para instituições comunitárias, confessionais e filantrópicas, desde que sejam respeitados os seguintes critérios, extraídos da sua redação:

I – comprovem finalidade não lucrativa e não distribuam resultados, dividendos, bonificações, participações ou parcela de seu patrimônio sob nenhuma forma ou pretexto;
II – apliquem seus excedentes financeiros em educação;
III – assegurem a destinação de seu patrimônio a outra escola comunitária, filantrópica ou confessional, ou ao Poder Público, no caso de encerramento de suas atividades;
IV – prestem contas ao Poder Público dos recursos recebidos.
§ 1º Os recursos de que trata este artigo poderão ser destinados a bolsas de estudo para a educação básica, na forma da lei, para os que demonstrarem insuficiência de recursos, quando houver falta de vagas e cursos regulares da rede pública de domicílio do educando, ficando o Poder Público obrigado a investir prioritariamente na expansão de sua rede local.
§ 2º As atividades universitárias de pesquisa e extensão poderão receber apoio financeiro do Poder Público, inclusive mediante bolsas de estudo.

Com isso, tem-se o fim da matéria regulada por esse título, que inclui a polêmica questão da transferência de recursos públicos para a iniciativa privada, de maneira que parte dos orçamentos públicos para a educação, por força de lei, acaba sendo destinada a instituições privadas, com a garantia e salvaguarda legal da atual LDB.

> LDBEN nº 9.394/96 – TÍTULO VIII
> – Das disposições gerais

Esse título compõe-se dos arts. 78 ao 86 e dispõe sobre a regulação específica de questões que abrangem da educação indígena, passando pela educação de jovens e adultos (EJA) até chegar à educação a distância. A seguir, comentaremos os artigos que integram essa seção da LDB.

O art. 78, que dispõe a respeito da educação indígena, indica que:

> O Sistema de Ensino da União, com a colaboração das agências federais de fomento à cultura e de assistência aos índios, desenvolverá programas integrados de ensino e pesquisa, para oferta de educação escolar bilíngue e intercultural aos povos indígenas [...]

Por esse artigo, percebe-se que a LDB possui em seu bojo uma matriz de pensamento multicultural[10] para procurar trabalhar os conteúdos curriculares ligados às culturas indígenas, respeitando a língua e a cultura destes, mesmo quando presentes nas escolas.

O artigo seguinte divide-se em art. 79 e art. 79-B. O primeiro apresenta a premissa de que cabe à União subsidiar os sistemas de ensino que promovam a educação intercultural, ainda que esta não se situe em uma perspectiva intercultural crítica. Essa interculturalidade, como veremos adiante, vem a se consubstanciar nos PCN, mais especificamente no tema transversal da pluralidade cultural. O art. 79-B, por sua vez, incluído pela Lei nº 10.639/03, institui nos calendários escolares a data de 21 de novembro como o Dia da Consciência Negra. Deve ser registrado, no entanto, que a noção de interculturalismo presente nesse documento não obedece à acepção própria da palavra, pois não enfatiza a relação entre as diversas culturas e etnias, mas pensa nelas como identidades estanques – negro, branco,

---

10. Dada a polissemia do termo "multiculturalismo", cabe aqui identificar o que ele significa; para isso, recorremos ao aporte conceitual das formas de multiculturalismo identificadas por McLaren (1997): (1) multiculturalismo conservador: baseando-se em uma espécie de teoria antropológica de cunho determinista em relação a aspectos de ordem biológico-geográfica, compara os grupos sociais de indivíduos não brancos (asiáticos, afrodescendentes, aborígines, indígenas sul-americanos...) a "crianças de boa índole" ou a "criaturas", mesmo que, muitas vezes, essa ideologia esteja "amenizada" por eufemismos, o que é perceptível em produções culturais que retratam esses sujeitos como "exóticos" ou "curiosos". Com o intuito de tornar legítima e aceitável a supremacia de uma "cultura branca", propõe-se uma "cultura universal", "comum a todos", tendo como objetivo homogeneizar as diversas culturas presentes em um dado espaço social, calando com isso as diversas vozes culturais presentes nas sociedades ocidentais; (2) multiculturalismo humanista liberal: parte do princípio de que haveria uma "igualdade natural" entre as diversas culturas e etnias, mas que não se consubstanciaria em condições concretas de igualdade para os diversos grupos socioculturais oprimidos em razão de não haver oportunidades iguais para todos, porém, não se discute o porquê da sua inexistência para todos os grupos étnicos e culturais, o que tornaria possível mascarar as relações de poder interculturais desiguais; (3) multiculturalismo liberal de esquerda: enfatiza a igualdade racial, propondo que, com base no reconhecimento dela, os problemas gerados pelo não reconhecimento dos diferentes valores identitários (dentre os quais incluem-se atitudes, estilos cognitivos e práticas sociais) apresentados pelas diversas culturas e etnias presentes na sociedade seriam solucionados, ou seja, as diferenças culturais seriam "abafadas" por buscarem solucionar apenas as diferenças étnicas; (4) multiculturalismo crítico e de resistência (interculturalismo crítico): compreende classe, gênero e etnia como elementos que devem ser considerados em uma luta mais ampla pelos direitos dos grupos oprimidos, discutindo as relações de poder entre os diversos grupos culturais, étnicos e sociais, utilizando-se para tanto dos meios mais amplos de difusão cultural, principalmente os que tenham comprometimento com funções educativas, em especial, os com mais ligação às instituições escolares.

indígena –, e alguns dos conteúdos culturais relativos a esses grupos são incluídos de modo pontual.

O art. 80 menciona a responsabilidade dos sistemas de ensino no que tange à educação a distância. Aqui, cabe destacar, se estabelece que a União possuirá instituições credenciadas para esse fim, e que os sistemas de ensino terão autonomia para regulamentar as instituições de ensino que se encontrem sob a sua égide. Estabelece-se, ainda, que todas as instituições de EAD poderão trabalhar com custos reduzidos de teletransmissão e radiodifusão. É possível perceber que a EAD está sendo concebida como uma modalidade de ensino complementar ao ensino regular em todos os níveis, isso indicando uma opção do Estado brasileiro por ajustar-se à tendência mundial de apoio governamental ao desenvolvimento de Novas Tecnologias de Informação e Telecomunicação (NTICS), enquanto estratégia de ampliação da cobertura de atendimento dos sistemas de ensino em todo país, tal como prescrito por documentos de recomendações internacionais para países emergentes (Carnoy, 1990).

O art. 81 autoriza o funcionamento de instituições educacionais experimentais, enquanto o art. 82 autoriza os sistemas de ensino a fixar as normas de funcionamento dos programas de estágio das instituições a ligadas a eles. Esses dois artigos exemplificam bem o aspecto da descentralização administrativa, um dos focos da LDB, pois dá aos entes federativos poderes para regulamentar as instituições experimentais, bem como para estabelecer critérios e procedimentos de seus programas de estágio.

O art. 83 dispõe sobre o ensino militar:

> O ensino militar é regulado em lei específica, admitida a equivalência de estudos, de acordo com as normas fixadas pelos sistemas de ensino.

Dessa redação, pode-se perceber que o ensino militar, por um lado, possui autonomia, no sentido de que seus formandos podem obter diplomação equivalente à dos civis, mas devem, porém, estar submetidos às regras e normas dos sistemas de ensino, para que, por meio desse dispositivo legal, assegurem uma equivalência de fato, e não somente de direito.

O art. 84 refere-se à regulamentação e à institucionalização da monitoria no nível superior, e assegura que os discentes das IES poderão exercer funções remuneradas de monitoria, de acordo com o seu desempenho, avaliado mediante critérios estabelecidos pelas IES.

No artigo, está estabelecida a prerrogativa legal de que todo cidadão pode solicitar abertura de concurso público em instituição pública de ensino que esteja há mais de seis anos mantendo a vaga ocupada mediante contrato de trabalho. O artigo possui a seguinte redação:

Qualquer cidadão habilitado com a titulação própria poderá exigir a abertura de concurso público de provas e títulos para cargo de docente de instituição pública de ensino que estiver sendo ocupado por professor não concursado, por mais de seis anos, ressalvados os direitos assegurados pelos arts. 41, da Constituição Federal, e 19, do Ato das Disposições Constitucionais Transitórias.

Como é possível notar, nesse artigo a LDB aborda a delicada questão dos concursos públicos para docentes, pois há casos em que, por muitos anos, as vagas para a docência eram preenchidas por mecanismos de indicação de pessoas ligadas à política local.

O art. 86, o último desse título, estabelece a vinculação das IES ao Sistema Nacional de Ciência e Tecnologia, passando, então, a vincular-se à pasta ministerial responsável por ciência e tecnologia.

> LDBEN nº 9.394/96 – TÍTULO IX
> – Das disposições transitórias

O último título da LDB compõe-se de seis artigos: art. 87 ao art. 92. Nele são definidas ações legais com abrangência futura, e a partir dele, é possível perceber, a atual LDB revoga todas as Leis de Diretrizes e Bases anteriores. Sigamos no exame dos artigos que constituem tal título.

O art. 87, o primeiro deles, institui a Década da Educação – 1997-2007 –, período passa a ser referência para a efetuação de diversas políticas, identificadas na redação do artigo:

> § 1º – A União, no prazo de um ano a partir da publicação desta Lei, encaminhará, ao Congresso Nacional, o Plano Nacional de Educação, com diretrizes e metas para os dez anos seguintes, em sintonia com a Declaração Mundial sobre Educação para Todos.
>
> § 2º – O poder público deverá recensear os educandos no ensino fundamental, com especial atenção para o grupo de 6 (seis) a 14 (quatorze) anos de idade e de 15 (quinze) a 16 (dezesseis) anos de idade. (Redação dada pela Lei nº 11.274, de 2006) (Revogado pela Lei nº 12.796, de 2013)
>
> § 3º – O Distrito Federal, cada Estado e Município, e, supletivamente, a União, devem (redação dada pela Lei nº 11.330, de 2006):
>
> I – matricular todos os educandos a partir dos 6 (seis) anos de idade no ensino fundamental; (Redação dada pela Lei nº 11.274, de 2006) (Revogado pela lei nº 12.796, de 2013)
>
> II – prover cursos presenciais ou a distância aos jovens e adultos insuficientemente escolarizados;

III – realizar programas de capacitação para todos os professores em exercício, utilizando também, para isso, os recursos da educação a distância;
IV – integrar todos os estabelecimentos de ensino fundamental do seu território ao sistema nacional de avaliação do rendimento escolar.
§ 4º– Até o fim da Década da Educação somente serão admitidos professores habilitados em nível superior ou formados por treinamento em serviço. (Revogado pela Lei nº 12.796, de 2013).
§ 5º Serão conjugados todos os esforços objetivando a progressão das redes escolares públicas urbanas de ensino fundamental para o regime de escolas de tempo integral.
§ 6º A assistência financeira da União aos Estados, ao Distrito Federal e aos Municípios, bem como a dos Estados aos seus Municípios, ficam condicionadas ao cumprimento do art. 212 da Constituição Federal e dispositivos legais pertinentes pelos governos beneficiados.

Vemos nesse artigo alguns elementos bastante interessantes. No § 1º, por exemplo, está a declaração textual de que o documento da LDB se sintoniza com a Declaração Mundial sobre Educação para Todos (Conferência de Jomtien – 1990), e há também a proposta de criar um plano nacional de educação para a Década da Educação. É conveniente observar que o plano nacional de educação, conforme veremos de forma mais detalhada na parte que trata do CTE, somente foi colocado em prática de 2001 a 2007, e muitas de suas metas não foram implantadas. O inciso IV, § 4º, traz à baila matéria bastante polêmica: a de que, até o fim da Década da Educação, somente seriam admitidos nos sistemas públicos de ensino professores com formação em nível superior ou formados com treinamento em serviço. Como se sabe, isso não foi atingido nem mesmo depois de terminada a Década da Educação, pois persistem em vários lugares do país professores leigos.

O art. 88 refere-se à adaptação das legislações municipais e estaduais à LDB, fixando o prazo de um ano para tal ocorrência. É possível dizer, sem sombra de dúvida, que a LDB foi fragorosamente descumprida em diversos casos e em vários aspectos, e somente de forma tardia alguns dos sistemas e redes de ensino do país adequaram-se à lei máxima da educação nacional.

Os arts. 89, 90 e 91 regulamentam, respectivamente:

a. A integração das creches e escolas de educação infantil aos seus respectivos sistemas de ensino.
b. A transição do regime legal anterior à LDB ao regime legal instituído por esta lei, e que deverá ter suas questões dirimidas pelo Conselho Nacional de Educação.

c. O estabelecimento da data de vigência da LDB, que entra em vigor logo após a data de sua publicação.

O art. 92, o último desse título, instaura o caráter da LDB como "marco zero" (Cury, 2001) da Educação Nacional, na medida em que revoga as Leis de Diretrizes e Bases anteriores, a Lei nº 5.692/71 e a Lei nº 5.540/68. Essa é a primeira vez que uma LDB se coloca dessa forma, de modo que, pela leitura do documento, é possível perceber que tal lei efetua não somente um apagamento do passado, como se atribui prerrogativas de controle do futuro, com os compromissos previstos na Década da Educação.

Com o intuito de auxiliar o leitor na compreensão das partes da LDB, incluímos aqui o Quadro 2.1, a seguir, no qual as partes da LDB encontram-se devidamente sintetizadas e distribuídas a partir de seus temas, títulos e artigos.

Quadro 2.1 – Síntese das partes componentes da LDB

Ementa (tema)	Título(s)	Artigos correspondentes
Definição de Educação • Princípios • Finalidades da Educação Nacional	I a IV	1º ao 20º
Níveis e modalidades da Educação	V	21º ao 60º
Profissionais da Educação	VI	61º ao 67º
Recursos financeiros para a Educação	VII	68º ao 77º
Disposições gerais e transitórias	VIII e IX	78º ao 92º

Fonte: Elaborado pelo autor.

2.2.3.2 Considerações gerais acerca da LDB

Várias coisas devem ser ditas sobre a atual LDB, e a primeira é que, mesmo tendo se passado aproximadamente 14 anos desde a sua publicação, ainda há uma série de pontos não observados em muitos casos distribuídos pelos sistemas e pelas redes de ensino nacionais. Também merece registro a posição de destaque ocupada por essa LDB no que se refere às políticas educacionais, sendo a maior das políticas regulatórias da área de educação no Brasil, e o fato de que toda a sua estrutura é perpassada pelo conceito, anteriormente explicitado, de "responsabilização", dando a entender que a sociedade civil é responsável por fiscalizar o cumprimento da lei. O problema é que, em razão de uma cultura política de passividade – contrária à participação popular –, a sociedade civil não se mostra organizada o bastante para que a perspectiva assumida no documento, naquilo que tange à sua efetivação, seja levada a cabo naquilo que lhe compete. Outro ponto importante é que muitos dos sujeitos presentes no campo educacional – para não dizer os pertencentes às comunidades do entorno das escolas –, como professores, gestores e funcionários ligados às instituições de ensino, simplesmente desconhecem a LDB, e ainda não houve, por parte dos sistemas de ensino e da União, uma ação efetiva para dotar tais elementos do conhecimento necessário para que possam operar com a LDB e fiscalizar seu cumprimento.

É relevante destacar que a formulação da LDB é aberta, dando margem a várias interpretações por parte dos executores das políticas educacionais; e cumpre notar ainda que, em meio às suas contradições internas, existe uma ambiguidade que confunde sobremaneira quem busque interpretá-la. Por isso, é importante observar que, uma vez que se assumem as propostas da Conferência de Jomtien – 1990, a avaliação passa a ser o principal elemento de regulação dessa lei, seja no âmbito administrativo (no que compete à avaliação de rendimento escolar e desempenho dos sistemas de ensino), seja no da normatização pedagógica implantada "de cima para baixo", com a criação dos Parâmetros Curriculares Nacionais em 1997, que constituem elementos de normatização pedagógica em todo o país, objetos da próxima seção.

2.3 A normatização pedagógica da política educacional brasileira: Parâmetros Curriculares Nacionais (PCN) e Diretrizes Curriculares Nacionais (DCN)

Os PCN e as DCN representam uma política regulatória que atinge as escolas e os sistemas de ensino por meio da regulamentação da dimensão pedagógica. Conforme veremos adiante, essa política apresenta-se de forma bastante controversa, e coloca em debate a própria estrutura organizativa da educação brasileira no que se refere aos aspectos ligados à relação ensino-aprendizagem.

Esses elementos de normatização colocam-se com base na premissa legal (art. 9º da LDB) de que o Estado deve estabelecer "currículos mínimos" para a educação nacional em seus diversos níveis e em suas diferentes modalidades. As diretrizes curriculares são elementos complementares aos PCN pois reforçam e mantêm pontos referentes aos currículos dos níveis de ensino para os quais são projetadas.

Adiante, discutiremos esses elementos do ponto de vista da política educacional. Por ora, abordaremos com mais ênfase os PCN, para o ensino fundamental, e as DCN, para o ensino médio, por entender que estes são documentos modelares desse aspecto da política educacional no Brasil. Por último, entende-se que não se trata de trazer uma cópia e uma análise exegética dessas políticas, mas de situá-las no contexto mais amplo da política educacional brasileira.

2.3.1 Os PCN para o ensino fundamental: estrutura e impactos político-teóricos

Iniciaremos nossa análise mapeando as estruturas dos PCN e DCN para podermos ver como esses elementos normatizadores se configuram. Faremos aqui uma breve discussão acerca do processo de criação dos PCN, bem como de sua abrangência, situada na dialética entre o local e o nacional.

A educação brasileira da década de 1980, que se fundamentava na ideia da transmissão de conteúdos, que é a matéria-prima da escola, valia-se de um currículo concebido como um conjunto de matérias, o qual era aplicado, respeitando-se uma estrutura estabelecida na conhecida grade curricular, visando a transmissão de um conhecimento universal. A estrutura de grade então aplicada revela a grande fragmentação do ensino, bem como a falta de relação com a realidade do aluno, que, por sua vez, não encontra aplicabilidade naquilo que aprende.

É a partir da discussão dessa fragmentação, já na década de 1990, que se começou a pensar sobre a distância entre o saber disciplinar e o saber escolar. Mais adiante, em 1996, surgiu o documento com os Parâmetros Curriculares Nacionais, cuja grande ideia de articulação baseava-se no que se denominou "temas transversais". Os problemas em relação à proposta dos PCN começaram a surgir desde a sua formulação, passando por sua aplicabilidade, e, por último, por sua receptividade por parte dos intelectuais da educação e de toda a sociedade brasileira.

Segundo o MEC (1997), a principal função dos PCN é propiciar aos sistemas de ensino, particularmente aos professores, subsídios à elaboração e/ou reelaboração do currículo, visando a construção do projeto pedagógico em função da cidadania do aluno. No entanto, não é isso o que se vê. Primeiro, porque os PCN, ao estabelecer um padrão, acabam por desconsiderar as diferenças regionais, os projetos pedagógicos já existentes e a experiência de milhares de professores, entre outros fatores. Logo de início, o documento se contradiz, porque não há como falar de democracia uma vez que sua construção foi arbitrária e monopolizada, com apenas alguns professores de uma única escola convidados a participar do projeto, e as universidades nem sequer foram mencionadas. Segundo, porque não há como falar de um currículo nacional se este foi, em grande parte, copiado da Espanha, e seu consultor foi César Coll, especialista renomado na área de psicologia educacional da Universidade de Barcelona. E, terceiro, porque, se considerarmos que no Brasil não existe um sistema nacional de ensino, a construção de parâmetros nacionais de ensino é uma discrepância, pois não há como padronizar algo que não existe. Aliás, a própria ideia de currículo nacional é discutida por profissionais de educação de todo o mundo, porque não existe consenso quanto ao entendimento de "currículo nacional".

Uma vez que o currículo só existe quando é vivenciado e experimentado por todos, não há como realizar essa façanha no Brasil, em razão de sua miscigenação de culturas e enormes disparidades sociais.

Pensar que essa ideia poderia dar certo é o mesmo que conceber o Brasil como um país homogêneo, o que significa fechar os olhos para uma realidade que se encontra na pele, no trabalho, nas diferentes religiões, nas múltiplas culturas e nos grupos. Se, por um lado, concebemos um currículo nacional em nosso país e acreditamos em seu efetivo sucesso, entendemos que o Brasil é um país homogêneo; se, por outro, encaramos a realidade, entendemos esse currículo nacional como uma arbitrariedade e mais uma medida educacional sem razão de ser, pois nivela por baixo a educação brasileira, desconsiderando as diferenças e calando os debates vigentes. Essa expressão – "parâmetros curriculares nacionais" – tem sido usada para designar os objetivos a serem alcançados nacionalmente; todavia, se tomarmos como exemplo duas escolas de um mesmo bairro, de qualquer lugar do país, veremos que seus projetos pedagógicos e seus objetivos e métodos são diferentes. Indo além, se pedíssemos a essas instituições para passarem a funcionar de acordo com as práticas umas das outras, os processos de mudança e os resultados dessa experiência talvez não fossem bons, e, caso fossem, tais processos seriam problemáticos, visto que ambas já estavam adequadas às realidades do material humano com que trabalhavam. De certa maneira, os PCN pretendem substituir ou adequar o funcionamento das escolas a um padrão nacional, o qual até poderia ser alcançado se não fosse unilateral, contraditório, excludente e impessoal. O principal problema dessa proposta está em não perceber que a instituição "escola" é constituída por crianças e adolescentes, de camadas sociais distintas, com diferentes acessos a informações e que vivem em comunidades diversas. Não é de espantar que não haja consenso sobre o que é considerado um currículo nacional. Há, por parte dos educadores, consenso de que os PCN seriam mais bem aproveitados se se voltassem para as necessidades locais, tais como as dos professores – melhores salários, capacitação, cursos de formação continuada, acesso a informação – e as dos alunos – acesso a livros, jornais e revistas, incentivo à leitura, melhores condições das salas de aula, acesso à informática, à merenda escolar e ao ensino de qualidade.

Outro fator importante a ser discutido alude ao fato de que um currículo nacional, ao ser proposto como algo que visa a uma identidade nacional, tende a privilegiar os discursos dominantes em detrimento das classes menos favorecidas financeiramente, negando, portanto, a existência de uma identidade. O Brasil, porém, é caracterizado mundialmente por sua mistura de raças, credos e culturas; é isso o que nos torna diferentes.

Em que lugar se posiciona o professor nessa tentativa de criar um currículo nacional? Quais incentivos ele tem recebido para tal? A resposta é simples: não há incentivos nem há um local definido além do direito formal à participação nos PCN. Entre a teoria e a prática, o professor se localiza no abismo do descaso.

O processo que originou a versão preliminar iniciou-se no fim de 1994, época em que se começou a discutir a instituição de um currículo nacional no Brasil. Em 1995, uma equipe constituída de professores de escolas, e não de universidades, responsabilizou-se pela elaboração dos PCN, e, no início de 1996, cerca de 40 professores de diferentes áreas do conhecimento e especialistas em educação receberam tal versão para exame e parecer. O documento introdutório enfatizava que os PCN não constituíam instrumento promotor da qualidade do ensino, uma vez que orientavam e aperfeiçoavam o trabalho pedagógico nas escolas. Partindo do pressuposto de que o currículo só ganha vida nas salas de aula, quando utilizado pelos estudantes, temos que os PCN não constituíam nem a melhor nem a única perspectiva de construção de uma escola de qualidade no Brasil.

Nessa perspectiva, é possível ver a ideia de currículo nacional como uma contradição, posto que não pode ser vivido e experimentado nacionalmente. Comenta-se, então, que os esforços investidos na determinação de propostas curriculares nacionais seriam mais bem aproveitados se canalizados para o apoio e o incentivo a reformas locais, organizadas segundo os interesses e as necessidades do professorado, dos estudantes e da comunidade.

- O que se deve conceber por conteúdos mínimos?
- Como defini-los e organizá-los?
- Quanto à própria organização disciplinar, mantida intocável na proposta, poderá ela facilitar as interações entre as diferentes modalidades de conhecimento?

É indispensável o tratamento dado à questão do multiculturalismo e é preciso verificar se a proposta curricular do governo busca romper com as "verdades" da pedagogia tradicional e abrir espaço para a diversidade. A escola precisa respeitar, acolher e criticar diferentes manifestações culturais, garantindo uma tensão dialética entre unidade e diversidade, sem destruir identidades culturais nem impedir a exploração de novos horizontes culturais ou impossibilitar o estabelecimento do diálogo entre diferentes grupos oprimidos, ainda que se trate de um diálogo, em grande parte perpassado por reações desiguais de poder mediadas pedagogicamente. Se existem diferenças socioculturais marcantes, que determinam necessidades de aprendizagem diversas, existe também aquilo que é comum quanto ao conteúdo que um aluno de qualquer estado do Brasil – do interior ou do litoral, de uma cidade grande ou da zona rural – deve ter o direito de aprender, entendendo-se que esse direito deve ser garantido pelo Estado.

No que diz respeito ainda à estrutura dos PCN, tanto os do ensino fundamental quanto os do ensino médio, um elemento matricial referente a ambos que merece ser analisado são os temas transversais. A ideia de montar os PCN no Brasil inspirou-se na iniciativa de criação de um currículo nacional na Espanha, no início dos anos 1990, ideia que foi bem aceita por grande parte da comunidade docente espanhola.

Na Espanha, dada a grande adesão da comunidade docente à proposta e os investimentos substanciais feitos pelo governo espanhol para a efetivação do projeto, pode-se dizer que a reforma foi bem-sucedida.

No Brasil, a proposta inicial era que fossem ouvidos muitos representantes dos profissionais de ensino, das entidades de classe ligadas à educação e dos especialistas em currículos. Em vez disso, porém, o governo Fernando Henrique Cardoso (FHC) submeteu a proposta inicial dos PCN, elaborada por César Coll, Philippe Perrenoud e outros especialistas, a uma comissão nomeada pelo próprio governo para a elaboração da proposta final. A escolha desse grupo é questionável, uma vez que é pouco representativo da sociedade.

Após anunciar a publicação dos PCN, o MEC encaminhou às escolas kits com o material institucional; entretanto, sem um treinamento específico, esses kits tiveram pouca serventia, e, em alguns casos, nenhuma. O governo FHC apresentou os PCN no âmbito de seu arsenal de propaganda institucional, sem, no entanto, definir se constituíam "parâmetros" ou "diretrizes" para a educação nacional, de modo que até hoje persiste a controvérsia acerca dos PCN e de seu papel na realidade concreta das salas de aula. Eles ainda apresentam grandes desafios para sua efetivação, os quais têm sido enfrentados, e às vezes superados, graças às iniciativas voluntárias de alguns docentes, mas não é razoável uma política pública depender dessas ações individuais.

A estrutura dos PCN foi pensada para integrar as disciplinas comuns dos níveis de ensino escolar, com uma perspectiva interdisciplinar, na forma de temas transversais que perpassam o conteúdo das disciplinas. No fim, essa perspectiva interdisciplinar é complicada e, sem um treinamento docente adequado, na prática se torna inoperante. Os PCN sugerem que o conhecimento pronto e as etapas de aprendizado exigidas devem dar lugar a ações que levem a criança a buscar seu próprio conhecimento. Para isso, propõem o uso de temas transversais, como ética, pluralidade cultural, meio ambiente, saúde, orientação sexual e trabalho e consumo. No que concerne ao conteúdo e à sua importância, destacam-se as aulas de:

- Orientação sexual: em razão do crescimento de casos de doenças sexualmente transmissíveis e gravidez indesejada entre jovens, há necessidade cada vez maior de trabalho na área de sexualidade nas escolas.
- Ciências naturais: os conteúdos da proposta são trabalhados por temas, facilitando assim o trabalho interdisciplinar em ciências (os blocos sugeridos são ambiente, ser humano e saúde, recursos tecnológicos, terra e universo).
- Meio ambiente e saúde: com a promulgação da Constituição de 1988, em que a educação ambiental se tornou exigência constitucional, conteúdos relacionados a meio ambiente serão integrados ao currículo por meio de uma perspectiva de transversalidade, impregnando toda a prática educativa.

É correto, ainda, afirmar que os PCN correspondem a uma estrutura cuja mecânica de ação conta com elementos de conformação dos sistemas brasileiros de ensino à lógica internacional proposta por organismos multilaterais, como a Unesco. Sua existência e aplicação, que, como veremos adiante, alimenta, do ponto de vista das matrizes de referência, toda a perspectiva do Sistema Nacional de Avaliação proposto pela LDB atual, devem ser entendidas como uma dupla corporificação de políticas educacionais:

a. Padronização curricular em todo país.
b. Planificação educacional em todo o mundo, tal como proposto pela Unesco (veja, em Anexos, Declaração Mundial sobre Educação para Todos).

Desse modo, ao ser criada uma base nacional, o aparente reforço de uma identidade nacional, refletida em um currículo único, serve, na verdade, de base para assimilação de padrões culturais e educacionais externos ao Brasil e previstos nas pautas dos organismos multilaterais que lidam com a educação em escala mundial.

2.3.2 As Diretrizes Curriculares Nacionais: discutindo a problemática questão do ensino médio

Veremos, nesta seção, a apresentação de mais alguns documentos conformadores, em nível pedagógico, da política educacional brasileira: as Diretrizes Curriculares Nacionais, estas sim com o objetivo de definir estritamente os moldes a que determinados níveis de ensino precisam ser adequados. Analisemos, então, as DCN para a Formação Profissional em Nível Médio (DCNEM).

2.3.2.1 Análise das DCNEM

No que diz respeito ao conceito de inovação educacional, este pode ser entendido como associado ao de educação experimental, que possui a acepção de (a) experimental como sinônimo de "experiência científica controlada" pelo método de observação, registro e verificação (Poincare, 1988) e de (b) experimental como elemento inovador, em que inovar significa "introduzir mudanças em um objeto, visando produzir melhorias no mesmo" (Ferreti, 1980, p. 27).

Como comprovaremos adiante, a perspectiva de inovação educacional observada nas DCNEM se prende à segunda acepção, e quanto à relação entre essas perspectivas experimentais e as abordagens inovadoras em educação no Brasil, trazemos uma citação que, embora distante de nós alguns anos, serve como referência para a compreensão de, ao menos, algumas abordagens:

> [...] a) são mantidas intactas a instituição e as finalidades do ensino. Quanto aos métodos, estes são retoques superficiais; b) são mantidas a instituição e as finalidades do ensino. Quanto aos métodos, estes são substancialmente alterados; c) são mantidas as finalidades do ensino; para atingi-las, utilizam-se de formas para-institucionais ou não institucionalizadas; d) a educação é alterada em suas próprias finalidades. (Saviani, 1980, p. 25-26)

Ao que parece, se fôssemos seguir a linha argumentativa de Demerval Saviani, tenderíamos a encontrar na, pretensa, iniciativa de inovação educacional sistêmica do ensino médio, configurada nas DCNEM, uma abordagem vinculada à terceira das alternativas identificadas pelo autor. Essa questão será retomada adiante; por ora, cabe indicar que inovação educacional é um conceito que, neste trabalho, se refere às tentativas de modificação pedagógica introduzidas em um sistema de ensino com o objetivo de melhorá-lo.

O conceito de construtivismo pode ser associado a duas ideias-matrizes:
a. Construtivismo como sinônimo do conceito deweyano de reconstrução da experiência (Dewey, 1973).
b. Construtivismo como sinônimo da aplicação didático-pedagógica de perspectivas psicológicas interacionistas, como as de Jean Piaget e Lev Vygotski.

Em relação ao construtivismo proposto por John Dewey, cabe indicar que tal experiência educacional foi desenvolvida no Brasil nos anos 1950 (Mendonça et al., 2005), e deu origem a boa parte das ações do Instituto Nacional de Estudos Pedagógicos (Inep) durante esse período. Essa perspectiva pedagógica propunha, entre outros elementos, a aproximação entre o mundo do trabalho e os conhecimentos escolares; no plano dos currículos e programas de ensino, isso significava desenvolver objetivos pedagógicos nos quais, em meio aos temas e exercícios das disciplinas escolares, estivessem embutidos os imperativos de uma visão política ligada à democracia representativa e de respeito e valorização pelas ocupações laborativas.

A ação do Inep nos anos 1950 impactou fortemente o ensino primário; porém, no âmbito do então ensino secundário, merece destaque a Campanha de Desenvolvimento do Ensino Secundário (Cades), de 1953, que, entre outras coisas, propunha a criação de serviços de orientação vocacional, bem como o financiamento a escolas que tivessem como um dos focos o desenvolvimento do ensino técnico-profissional. Embora várias dessas iniciativas em nível secundário tenham sido realizadas no âmbito do ensino privado, ainda assim a ação exemplar dessa campanha torna-se elemento indispensável para quem deseje empreender um panorama do ensino médio e da questão da inovação pedagógica nesse período.

No que tange ao construtivismo, tomado na acepção de aplicação dos pressupostos da psicologia interacionista e da teoria psicogenética, pode-se dizer que a aplicação pedagógica de tais teorias deram ensejo a várias propostas de ensino, especialmente as modificações nos currículos e programas de várias instituições educacionais nos anos 1980, ocorrendo de maneira especial no âmbito das classes de alfabetização (Soares, 2003). Ressalto esses elementos pontuais e exemplares a fim de trazer à luz algumas das iniciativas desenvolvidas no Brasil, sob a égide do pensamento pedagógico construtivista, o qual, ao que parece, ainda floresce e frutifica no âmbito das políticas públicas nacionais.

Na próxima seção, veremos de que modo esse pensamento pedagógico veio a se apresentar como inovação educacional e de que maneira influenciou a composição das DCNEM, e nossos referenciais para isso serão os eixos norteadores das DCNEM, quais sejam: a estética da sensibilidade e a ética da igualdade.

2.3.2.2 As DCNEM e a estética da sensibilidade

Em relação à estética da sensibilidade, é possível afirmar que há uma espécie de menção velada à pedagogia de projetos desenvolvida por Paul Kilpatrick[11] e à noção de reconstrução da experiência individual por meio de métodos ativos de ensino, tão cara a John Dewey. Nesse sentido, cabe indicar que, nos anos 1950, várias foram as propostas educacionais desse teor ocorridas no Brasil, por força das ações do Inep, voltadas, porém, para o âmbito do ensino primário (Mendonça et al., 2005). Como exemplo, destaco o caso do Centro Carneiro Ribeiro,[12] em que, com os conteúdos escolares da escola regular – denominada "escola classe" –, os conteúdos voltados para esse objetivo de integração do aluno ao mundo do trabalho e à sociedade eram trabalhados em espaços próprios, ou seja, as mesmas turmas deveriam frequentar também as aulas da "escola-parque", composta de ambientes como ateliês, oficinas e ginásios esportivos. Merece destaque também a ação do Inep, nos anos 1950, que objetivou a construção de um sistema de ensino nacional, cujas diretrizes pedagógicas e administrativas materializariam o ideal deweyano da reconstrução individual da experiência.

Ao se analisar o artigo das DCNEM que propõe como princípio a estética da sensibilidade, é possível captar uma tentativa de retomar, em parte, a noção de reconstrução individual da experiência, já que nesse tópico surge como diretriz da ideia de que tal estética deveria "substituir a da repetição e padronização, estimulando a criatividade, o espírito inventivo, a curiosidade pelo inusitado" (Brasil, 1998, p. 1). Tal ideia assemelha-se ao imperativo dos pressupostos pedagógicos deweyanos, no sentido de que ambos propõem a curiosidade do estudante e o interesse pelo inusitado como elementos pedagógicos indispensáveis na ação escolar. Cabe, porém, ir além dessas aparentes convergências e buscar as verdadeiras e possíveis relações na forma como tais iniciativas foram – e tendem a ser – implantadas.

---

11. A pedagogia de projetos pode ser definida como uma proposta pedagógica em que, em vez de se organizar os conteúdos de ensino em disciplinas e séries, estes teriam como eixos organizativos projetos pedagógicos embasados em elementos do cotidiano dos estudantes, com as atividades escolares sendo desenvolvidas para dar ao aluno um papel ativo e autônomo em seu aprendizado (Kilpatrick, 1973).
12. Escola experimental criada por Anísio Teixeira, em 1950, na cidade de Salvador, Bahia.

No caso específico da ação do Inep nos anos 1950, o projeto de gerar uma escola que rompesse com o dualismo escolar brasileiro e associasse os conteúdos escolares ao mundo do trabalho se daria mediante duas ações básicas:

  a. A criação de escolas experimentais pautadas por diretrizes pedagógicas relativas aos pressupostos deweyanos, voltadas especialmente para a esfera do ensino primário.
  b. A criação de campanhas voltadas para cada nível de ensino, como a já mencionada Cades, com o objetivo de subsidiar as ações concretas desenvolvidas no âmbito da educação brasileira.

Naquilo que se refere às DCNEM, pode-se dizer que a proposta construtivista de desenvolver uma "pedagogia da curiosidade" ressalta uma ideia abstrata, cujas relações com o plano concreto não são totalmente compreensíveis. Se, nos anos 1950, Anísio Teixeira e a equipe do Inep propunham a criação de escolas experimentais como núcleos de aplicação dos pressupostos pedagógicos – e filosóficos – do pragmatismo deweyano, na atualidade, o texto das DCNEM, na parte que alude à estética da sensibilidade, não deixa claro de que maneira ela seria substituída, nos termos concretos da "estética da repetição da padronização", por essa "nova" perspectiva estética, dado que não menciona nenhuma ação de suporte para melhorar o aparelhamento das escolas ou criar programas de qualificação profissional para os docentes e administradores das escolas desse nível de ensino.

Assim, é correto afirmar que as DCNEM se aproximam, em parte, do que poderia ser considerado uma inovação educacional nos anos 1950, ou seja, a proposta de ensino que usa como meio o interesse pelo inusitado. Porém, não se pode dizer que a retomada de ideias, em parte, já concretizadas quase cinco décadas antes possa ser considerada um elemento de inovação. O que ressalta como inovador é a ideia de tentar, no âmbito do ensino médio, efetivar tais propostas sem nenhum tipo de previsão de investimento em recursos de suporte para isso, seja em termos pedagógicos, administrativos e de infraestrutura, configurando, assim, um "hiper-idealismo", que poderia servir como exemplo de proposta governamental pautada pela ordem ideológica do Estado metafísico celebremente enunciado por Auguste Comte em sua "Lei dos Três Estados"[13] (Comte, 2004).

---

13. Segundo Auguste Comte (2004), o Estado metafísico se caracterizaria por uma crença absoluta da sociedade no poder da legislação, para ser atribuída pura e simplesmente à letra da lei o poder de regular a realidade.

2.3.2.3 As Diretrizes Curriculares Nacionais e a ética da identidade

Em relação à Ética da Identidade, deve ser mencionado que esse princípio das DCNEM apresenta como principal proposta a ideia de "superar dicotomias entre o mundo da moral e o mundo da matéria, o público e o privado, para constituir identidades sensíveis e igualitárias no testemunho de valores de seu tempo" (Brasil, 1998, p. 1).

Nessa citação, nota-se que há uma dicotomia entre o mundo da moral e o mundo da matéria, pois, do contrário, não haveria por que superar algo inexistente. Nesse sentido, reconhecer a existência de tal dicotomia significa reconhecer, de modo subjacente à existência na realidade educacional brasileira, um ensino baseado em uma perspectiva dualista de homem, de sociedade e de mundo físico (Duarte, 1998). Como finalidade dessa superação de dicotomias, as DCNEM apontam para a constituição de "identidades sensíveis e igualitárias no testemunho dos valores de seu tempo", mas não deixa claro de que maneira uma compreensão monista a respeito das relações entre moral e matéria e entre público e privado poderia se tornar a "pedra de toque" que operaria essa verdadeira alquimia social, no sentido de fazer que os alunos do ensino médio, por meio de tal elemento, viessem a constituir identidades sensíveis e igualitárias. O texto das DCNEM, ao que tudo indica, carece de um elemento mediador entre essas dimensões, assumidas como estanques e separadas, bem como de um elemento que possa, no nível individual, operar essa sensibilização para um humanitarismo contemporâneo, tal como presente, a seguir, no complemento dessa seção do texto das DCNEM. Nesse sentido, pode-se dizer, e de forma um tanto ácida e irônica, que tal princípio se consubstanciaria na maior inovação educacional de todos os tempos, no que tange às relações entre os alunos do ensino médio e o desenvolvimento de perspectivas éticas, pois efetuar uma sensibilização em larga escala, bem como romper de uma vez com a visão escolar dualista de mundo, assumindo, no entanto, que parte dessa perspectiva, tal como pretendido no texto das DCNEM, sem nenhum elemento mediador dessas diretrizes éticas, somente pode ser entendido de duas formas:

a. Como uma espécie de "magia legislativa" que faria brotar instantaneamente na consciência dos alunos essa ética da igualdade.
b. Como uma genial proposta pedagógica niilista, na medida em que, partindo do vazio – o vazio quanto ao conteúdo pedagógico a partir do qual seria operada essa sensibilização e essa ruptura com o dualismo –, seria realizada uma operação "demiúrgica" de construção de uma nova moral social com base unicamente no texto das DCNEM.

Após essa breve digressão, cabe relembrar um pouco do que nos anos 1950, no âmbito das ações do Inep, no ensino primário brasileiro, era entendido como a relação entre os conteúdos escolares e a ética. Ao fazer a releitura da pedagogia de Dewey, percebe-se que a democracia era entendida como "a expressão ética da vida" (Kilpatrick, 1973), verdadeiro "imperativo categórico" na condução das sociedades e conteúdo indispensável no âmbito das escolas. Cabe, porém, destacar que, nos anos 1950, as iniciativas desenvolvidas nesse sentido, como no caso do Centro Carneiro Ribeiro, tornavam concretas essas premissas, com base no desenvolvimento de atividades escolares que ligavam as dimensões éticas, estéticas e políticas ao elemento mediador do trabalho. O trabalho concebido na forma de princípio educativo era proposto pelos educadores do Inep como elemento mediador da ética configurada na democracia representativa; assim, além de ateliês e oficinas, no âmbito das escolas, os conteúdos pedagógicos eram permeados pela noção de valorização do trabalho e de desenvolvimento das noções de respeito e reciprocidade pela via desse princípio pedagógico (Mendonça et al., 2005). Parece que, nos anos 1950, uma formulação similar a essa – do desenvolvimento de uma ética da identidade na escola – encontrava-se expressa no projeto de escola progressiva[14] de Anísio Teixeira, porém associada a um elemento mediador dessa noção, qual seja, o trabalho como princípio educativo. Isso leva a pensar que tal proposta surgira com outras palavras e em outro nível de ensino nos anos 1950, mas de forma mais completa e articulada com as realidades escolares, ocorrendo, portanto, do ponto de vista da inovação pedagógica, um retrocesso, se compararmos o texto das DCNEM no princípio da ética da identidade com as propostas e formulações do Inep nos anos 1950.

2.3.2.4 As Diretrizes Curriculares Nacionais do Ensino Médio e a política da igualdade

No que tange ao princípio da política da igualdade, pode-se afirmar que há uma associação mais direta do que no caso anterior entre a matriz construtivista das DCNEM e os pressupostos de reconstrução da experiência individual propostos por Dewey e apropriados em terra brasilis na experiência educacional conduzida por Anísio Teixeira à frente do Inep, nos

---

14. A escola progressiva seria um projeto que, mediante o desenvolvimento de uma pedagogia ativa, de um ambiente de aprendizagem acolhedor e de conteúdos escolares voltados para a relação entre a "cultura clássica" e elementos do cotidiano dos alunos, seria buscado o desenvolvimento progressivo do aluno e, de forma indireta, da sociedade, nas dimensões de integração social, cognitivas e éticas (Mendonça et al., 2005).

anos 1950. Isso se mostra mais claro quando se lê o seguinte trecho do documento das DCNEM:

> [...] a Política da Igualdade, tendo como ponto de partida o reconhecimento dos direitos humanos e dos deveres e direitos da cidadania, visando à constituição de identidades que busquem e pratiquem a igualdade no acesso aos bens sociais e culturais, o respeito ao bem comum, o protagonismo e a responsabilidade no âmbito público e privado, o combate a todas as formas discriminatórias e o respeito aos princípios do Estado de Direito na forma do sistema federativo e do regime democrático e republicano. (Brasil, 1998, p. 1)

Ao examinarmos essa citação, somos levados a crer que, analogamente aos pressupostos pedagógicos deweyanos, em que a democracia era vista como o objetivo primário da formação educativa do cidadão (Mendonça et al., 2005), as DCNEM sinalizam em direção ao objetivo proposto por esse ideário, fortemente relacionado com as noções de democracia representativa e de democracia como sinônimo de cidadania republicana. No que concerne à questão do desenvolvimento de uma política de igualdade mediada pela ação escolar, vale mencionar que, nos anos 1950, esse era um dos objetivos que pautavam a já mencionada ação do Inep no âmbito do ensino primário, a qual incluía, no plano das atividades escolares, adaptações específicas (em termos de projetos pedagógicos) das discussões referentes à democracia representativa à realidade escolar. Era ideia de Anísio Teixeira transformar cada escola brasileira em uma "sociedade em miniatura" (Teixeira, 2001), mas essa transformação se operaria além do plano da legislação, concomitantemente a pesados investimentos em desenvolvimento, conservação e aparelhamento de escolas e formação de professores, totalizando, na primeira metade dos anos 1950, gastos nunca antes registrados no que se refere ao investimento em educação, sobretudo na educação primária.

Como se percebe nessa retrospectiva, não é nova a ideia de trazer para o âmbito do ensino escolar a responsabilidade de formação da cidadania republicana no regime político – que ao menos se pretende – democrático brasileiro. Cabe, no entanto, observar que, enquanto nos anos 1950 essa premissa possuía o aporte material de dotações orçamentárias direcionadas ao aparelhamento escolar e à formação de professores, hoje, as DCNEM deixam em aberto de que maneira os currículos e programas de ensino dos sistemas estaduais se orientariam para concretizar o "imperativo categórico" da política da igualdade, especialmente se se considerar que a escassez de recursos de infraestrutura e pedagógicos nas escolas públicas de ensino médio vem se tornando cada vez maior. Assim, mais uma vez, cabe questionar como essas diretrizes poderiam se tornar algo mais do que propostas legislativas, especialmente levando-se em conta que uma proposta de ética da igualdade, que traduz para o plano puramente legislativo essa aspiração, ao não fornecer os meios – ou ao menos indicar os caminhos para tanto –, acabaria por dificultar a sua própria efetivação.

Quanto à inovação educacional, tendo em vista que esse princípio das DCNEM propõe como ponto de partida o reconhecimento dos direitos humanos e dos deveres e direitos da cidadania, pode-se dizer que tal pressuposto, por já estar presente, sob outras formas, desde os anos 1950 no âmbito da legislação de ensino brasileira, não pode ser considerado um elemento de inovação educacional das DCNEM.

2.4 O financiamento da educação e as políticas educacionais no Brasil: Fundeb e FNDE

Na atualidade, dois fundos regulam boa parte dos recursos destinados à educação no Brasil: o Fundo Nacional de Desenvolvimento da Educação Básica e Valorização dos Profissionais da Educação (Fundeb) e o Fundo Nacional de Desenvolvimento Educacional (FNDE). Apesar de, no âmbito das propagandas governamentais e na apresentação oficial, tais fundos serem apresentados com um formato que dá a entender que compõem políticas públicas distributivas, nota-se que correspondem a políticas públicas redistributivas.

Nesta seção, analisaremos as bases legais, o formato e as principais características, em nível político, desses dois fundos, a começar pelo Fundeb.

2.4.1 O Fundeb em exame

Em relação a esse fundo, destacam-se três elementos de análise:

1. Origem e fundamentos legais.
2. Características estruturais.
3. Implicações políticas em sua adoção.

Vamos à discussão desses elementos.

2.4.1.1 Origem e fundamentos legais

No que tange à homologia, deve-se dizer que a ideia de criar fundos para o financiamento da educação já é antiga no Brasil. Desde o século XVIII há referência a fundos destinados a essa área (Gouveia, 2005). Atualmente, as referências apontam para políticas neoliberais de financiamento da educação no Brasil (Davies, 1997). A esse respeito, cabe indicar que o Fundeb possui dupla origem:

a. Política e educacionalmente, conecta-se às políticas de financiamento da educação definidas internacionalmente pela Conferência de Jomtien – 1990 e adotadas pelo Brasil, de acordo com o Título IX da LDB.
b. Juridicamente, surge da Lei nº 11.484/07, antecedida pela Emenda Constitucional nº 53/2006, precedida, por sua vez, pela Lei nº 9.424/97, que cria o Fundef[15] e, por último, pela Emenda Constitucional nº 14/96.

Conforme é possível constatar, antes da existência do Fundeb já havia um fundo análogo – o Fundef –, criado em 1997, pelo governo FHC, cuja duração expirou em 2006 (vigência de dez anos). A partir de 2007, com a Lei nº 11.494/07, ocorreu a instituição de outro fundo, o Fundeb, com duração prevista de 14 anos (até 2020).

2.4.1.2 Características estruturais do Fundeb

O Fundeb é um fundo contábil, com 80% de sua receita proveniente de impostos oriundos de estados e municípios e destinados à educação (garantidas constitucionalmente). Os recursos que financiam o Fundeb são compostos por percentuais de transferências das seguintes receitas:

- 20% do Fundo de Participação dos Estados (FPE).
- 20% do Fundo de Participação dos Municípios (FPM).
- 20% do Imposto sobre Circulação de Mercadorias e Serviços (ICMS).
- 20% do Imposto de desoneração sobre Produtos Industrializados proporcional às exportações (IPIexp), Desoneração das Exportações (LC nº 87/96).
- 20% do Imposto sobre Transmissão Causa Mortis e Doações (ITCMD).
- 20% do Imposto sobre Propriedade de Veículos Automotores (Ipva).
- 50% do Imposto Territorial Rural (ITR) devido aos municípios.

Também compõem o fundo as receitas da dívida ativa e de juros e multas incidentes sobre as fontes anteriormente relacionadas. Se a receita de impostos for insuficiente para cobrir o custo por aluno, a União poderá complementar em até 10% o valor suficiente para compor tal despesa. No que se refere à sua aplicação, a Lei nº 11.494/07 estabelece que as despesas com o Fundeb devam ser utilizadas necessariamente:

- Na remuneração do magistério (60%).
- Em outras despesas de manutenção da educação (40%).

---

15. A sigla Fundef significa Fundo Nacional de Desenvolvimento do Ensino Fundamental e Valorização do Magistério.

Quanto às transferências de recursos operadas pelo fundo, o mecanismo de repasses aos entes federativos obedece a uma base de cálculo estipulada de acordo com um custo anual por aluno.[16] Esse custo sofre variações em razão do tipo de escola e da modalidade de ensino em que se insere, sendo então tal valor multiplicado por fatores de ponderação[17] concernentes a essas condições. Para impedir a defasagem desse valor por aluno, este é atualizado anualmente com base no Índice Nacional de Preços ao Consumidor (INPC).

O Fundeb possui mecanismos de acompanhamento e fiscalização com base em uma política de responsabilização da sociedade civil, mediada pela comunidade escolar, que desempenha importante papel nesse processo. Assim, no que diz respeito ao controle social do fundo, é correto afirmar que o Fundeb é alvo de fiscalização dos conselhos do Fundeb, os quais são compostos por membros indicados pelo Poder Executivo dos respectivos entes federativos (estados e municípios) e organizados da seguinte maneira:

a. Nos municípios
   I – um representante da Secretaria Municipal de Educação, indicado pelo Poder Executivo municipal;

---

16. Em 2010, o custo por aluno foi calculado com base no valor de R$ 1.221,34, alterado de acordo com os valores de ponderação referentes às modalidades de ensino e localidades geográficas onde estão situadas as escolas.

17. Os fatores de ponderação atuais obedecem ao art. 36 da Lei nº 11.494/07, e são os seguintes: "I – creche – 0,80 (oitenta centésimos); II – pré-escola – 0,90 (noventa centésimos); III – anos iniciais do ensino fundamental urbano – 1,00 (um inteiro); IV – anos iniciais do ensino fundamental no campo – 1,05 (um inteiro e cinco centésimos); V – anos finais do ensino fundamental urbano – 1,10 (um inteiro e dez centésimos); VI – anos finais do ensino fundamental no campo – 1,15 (um inteiro e quinze centésimos); VII – ensino fundamental em tempo integral – 1,25 (um inteiro e vinte e cinco centésimos); VIII – ensino médio urbano – 1,20 (um inteiro e vinte centésimos); IX – ensino médio no campo – 1,25 (um inteiro e vinte e cinco centésimos); X – ensino médio em tempo integral – 1,30 (um inteiro e trinta centésimos); XI – ensino médio integrado à educação profissional - 1,30 (um inteiro e trinta centésimos); XII – educação especial - 1,20 (um inteiro e vinte centésimos); XIII – educação indígena e quilombola – 1,20 (um inteiro e vinte centésimos); XIV – educação de jovens e adultos com avaliação no processo – 0,70 (setenta centésimos); XV – educação de jovens e adultos integrada à educação profissional de nível médio, com avaliação no processo – 0,70 (setenta centésimos)".

A partir do segundo ano de implementação do Fundeb, a Lei assegura para as creches e escolas de educação infantil os seguintes fatores de ponderação: "I – creche pública em tempo integral – 1,10 (um inteiro e dez centésimos); II – creche pública em tempo parcial – 0,80 (oitenta centésimos); III – creche conveniada em tempo integral – 0,95 (noventa e cinco centésimos); IV – creche conveniada em tempo parcial – 0,80 (oitenta centésimos); V – pré-escola em tempo integral – 1,15 (um inteiro e quinze centésimos); VI – pré-escola em tempo parcial – 0,90 (noventa centésimos)".

II – um representante dos professores das escolas públicas municipais;
III – um representante dos diretores das escolas públicas municipais;
IV – um representante dos servidores técnico-administrativos das escolas públicas municipais;
V – dois representantes dos pais de alunos das escolas públicas municipais;
VI – dois representantes dos estudantes da educação básica pública;
VII – um representante do Conselho Municipal de Educação (caso exista no município);
VII – um representante do Conselho Tutelar (caso exista no município).

b. Nos estados
I – três representantes do Poder Executivo estadual;
II – um representante dos Poderes Executivos municipais;
III – um representante do Conselho Estadual de Educação;
IV – um representante da seccional da União dos Dirigentes Municipais de Educação (Undime);
V – um representante da seccional da Confederação Nacional dos Trabalhadores em Educação (Cnte);
VI – dois representantes dos pais de alunos da educação básica pública;
VII – dois representantes dos estudantes da educação básica pública.

Além desses conselhos, o Fundeb também é alvo de acompanhamento dos tribunais de contas (responsáveis por apurar irregularidades contábeis) e do Ministério Público (responsável pelo zelo à ordem jurídica, no que se refere à aplicação e ao controle dos recursos do fundo). Ressalte-se, no entanto, que, apesar de tal combinação de esforços na implantação de políticas de controle do Fundeb, ainda assim seu acompanhamento é falho e, em muitos casos, em razão de problemas de ordem estrutural, parte da eficiência desse fundo torna-se comprometida. Adiante, veremos esses e outros fatores presentes no âmbito das implicações políticas do Fundeb.

2.4.1.3 Piso Salarial Nacional de Professores e FUNDEB: uma relação complicada

Desde 2008, a partir da Lei nº 11.783/08, foi estabelecido um Piso Nacional Salarial para os professores. Em 2009, primeiro ano da vigência do referido instrumento de indexação salarial, o valor de referência era R$950. Esse piso relaciona-se diretamente ao valor-aluno-ano, e seu reajuste é definido anualmente pelo MEC a partir das receitas de impostos vinculadas ao Fundeb, as quais têm seu repasse regulamentado pela Resolução do MEC de nº 7 de abril de 2012. Até 2014, o valor sofreu uma variação de 78,63% chegando a R$1.697.[18]

Ainda que esta política pública redistributiva possa gerar o desejável efeito de estabelecer um padrão mínimo de remuneração em nível nacional, desconsiderando, claro, os casos de inúmeros municípios que descumprem este dispositivo legal, há que observar um efeito nocivo provocado pela refração política, qual seja, a conversão, na prática, do piso em teto. Considerando-se que o mínimo legal estabelecido se coloca em termos de valores financeiros expressos em remuneração, isto pode dar ensejo a que os secretários de educação acabem por não ultrapassar esses valores no âmbito do pagamento dos professores, o que, na prática, converteria o piso em teto por meio de uma distorção da norma legal, tal como observamos com o percentual de professores com mestrado ou doutorado no âmbito da educação superior.

2.4.1.4 Implicações políticas do Fundeb: analisando criticamente os mecanismos do fundo

O Fundeb, apesar de suas características eminentemente financeiras, possui elementos políticos passíveis de análise. A seguir, discutiremos os três elementos mais relevantes, tomando como base a conexão destes com o fundo e sua relação com o restante do campo da política educacional no Brasil.

A primeira das implicações políticas do Fundeb relaciona-se com a questão das políticas de responsabilização diretamente ligadas ao princípio da gestão democrática, princípio este estabelecido constitucionalmente e consagrado pela LDB. Nesse sentido, o controle social do Fundeb pela sociedade civil possui dois pontos que minimizam o teor democrático de tal medida: (a) os membros do conselho são indicados pela autoridade do Poder Executivo local, em vez de obedecer a processos eleitorais ou a assembleias com ampla participação popular; (b) a legislação do Fundeb estabelece todas as características para a composição dos conselhos, mas não dispõe sobre a regulamentação da divulgação pública de sua composição ou das ações havidas durante o mandato obtido por seus representantes. Com isso, em grande parte dos casos, especialmente no que tange aos conselhos municipais do fundo, tais órgãos são compostos por representantes das forças políticas locais, que muito mais legitimarão as ações de seus dirigentes do que fiscalizarão irregularidades cometidas por tais administrações.

---

18. Fonte: <http://portal.mec.gov.br/index.php?option=com_content&view=article&id=2 0191:piso-salarial-do-magisterio-sera-reajustado-em-832-conforme-a-lei-valor-sera-de-r- -1697&catid=211&Itemid=86>. Acesso em: 10 set. 2014.

A segunda refere-se à constatação de que os fatores de ponderação atribuídos genericamente a determinadas categorias de escola não conseguem abranger a diversidade de condições educacionais de todas as instituições enquadradas em tais categorias, pois existem escolas – e sistemas de ensino – em que os padrões de gestão e de administração do espaço apresentam características compósitas[19] e/ou complexas, e que, em razão disso, encontram problemas para operacionalizar a gestão dos recursos do Fundeb que lhes são direcionados, pois eles são desembolsados a partir de características diferentes daquelas existentes em nível concreto.

A terceira está ligada à transparência dos mecanismos de repasse do fundo. A respeito disso, vale citar que a legislação pertinente ao fundo não especifica como deve ser feita a divulgação da aplicação dos recursos. Assim, muitos professores não sabem quanto do Fundeb foi incorporado ao seu salário, pois nem todos os sistemas de ensino divulgam essa informação nos contracheques dos profissionais da educação, prejudicando a fiscalização por parte da sociedade civil e, portanto, o controle social.

Há ainda outros elementos que poderiam ser destacados, porém, para as finalidades deste capítulo, os que foram discutidos atendem ao objetivo. A seguir, veremos como se dá o funcionamento de outro fundo que financia a educação no Brasil: o FNDE.

2.4.2 O Fundo Nacional de Desenvolvimento da Educação – FNDE

A ideia de criar um fundo para financiar a infraestrutura educacional no Brasil é antiga. Pelo menos desde os anos 1930, e com mais ênfase entre os anos 1950 e 1960, já existem registros a respeito da adoção de políticas similares por parte do MEC/Inep (Santos e Leite Filho, 2005). Foi com base nisso que se criou e instituiu o FNDE, um fundo cujo principal objetivo é fornecer as condições concretas para o desenvolvimento de ações, planos e programas destinados a subsidiar instituições e sistemas de ensino, especialmente em despesas como as envolvidas em construção de escolas e fornecimento de merenda escolar, entre outras. Assim, o FNDE atua por meio de diversos programas que gerenciam parte de seus recursos, direcionando-os para as respectivas demandas.

---

19. "Elemento compósito" é uma expressão da metalurgia referente ao processo em que ligas metálicas de diversos tipos são fundidas em alta temperatura para compor um novo elemento, o qual possui propriedades dos vários metais fundidos, além de apresentar propriedades novas. O termo "compósito" foi utilizado em alusão ao processo de composição dos sistemas/redes de ensino no Brasil, que apresentam elevada quantidade de casos, escolas com padrões de administração extremamente variados, além de um hibridismo de práticas que vão da legalidade estrita até o desvio consentido, gerando novos padrões de administração compósitos.

Para abordar essa política pública – em parte regulatória e em parte redistributiva – de financiamento, pautaremos a análise com base nos mesmos pontos utilizados no exame do Fundeb:

a. A origem e fundamentos legais.
b. As características gerais do FNDE.
c. As implicações políticas do FNDE: análise crítica.

2.4.2.1 Origem e fundamentos legais do FNDE

Como já foi dito, o FNDE vai ao encontro das políticas de gerenciamento de recursos para a educação em todo o país. Mais do que um fundo, essa política pode ser definida como um grande sistema contabilizador e aplicador de recursos financeiros nacional.

Ao contrário do Fundeb, o FNDE encontra-se materializado na forma de uma autarquia, no plano das estruturas do Estado, que, de acordo com sua página eletrônica institucional, tem a missão de "prover recursos e executar ações para o desenvolvimento da educação, visando garantir ensino de qualidade a todos os brasileiros".[20] Sua estrutura é deveras complexa e abarca uma miríade de órgãos administrativos que promovem uma gestão integrada de recursos governamentais destinados à educação. No plano da legislação, o Fundo é regulamentado pela Lei nº 11.494/07, que lhe atribui competências para o gerenciamento de diversos programas de apoio a escolas e sistemas de ensino públicos. Além dessa regulamentação legal externa, o FNDE possui um regimento interno definido pela Portaria do MEC nº 851, de 4 de setembro de 2009, que dispõe sobre os componentes da estrutura do órgão, estabelece os procedimentos que devem ser adotados no desembolso dos recursos destinados às ações e, também, organiza a verificação da eficiência dos programas abrangidos pelo Fundo.

2.4.2.2 Características gerais do FNDE

O montante de recursos gerenciados pelo fundo provém essencialmente do salário-educação: uma contribuição social que incide sobre 2,5% de todas as remunerações pagas ou creditadas pelas empresas. O salário-educação, recolhido desde 1964, perfaz um montante significativo de recursos que é redistribuído pela autarquia para escolas e sistemas de ensino, por meio de diversos programas.

---

20. Disponível em: <www.fnde.gov.br/index.php/inst-missao-e-objetivos>. Acesso em: 2 ago. 2010.

Atualmente, os programas que integram o FNDE são agrupados de acordo com as seguintes ações:[21]

- Alimentação escolar.
- Biblioteca na escola.
- Brasil profissionalizado.
- Caminho da escola.
- Dinheiro direto na escola.
- Formação pela escola.
- Livro didático (Programa Nacional do Livro Didático – PNLD).
- Livros em braille.
- Plano de ações articuladas (PAR).
- Proinfância.
- Transporte escolar.

Por conduzir, ou ao menos condicionar, o estabelecimento de programas destinados a todas as esferas públicas, pode-se perceber que, em razão de seus objetivos primordiais, o FNDE atua como uma central nacional de financiamento às instituições e aos sistemas públicos de ensino, denotando assim uma visão centralizadora da gestão financeira de seus órgãos por parte do Estado brasileiro.

A seguir, discutiremos alguns aspectos relativos às implicações políticas do FNDE para o campo da política educacional no Brasil.

2.4.2.3 Implicações políticas do FNDE: análise crítica

O FNDE possui uma diretriz de centralização de recursos e distribuição estratégica de investimentos, como vimos anteriormente. Isso posto, percebe-se que a primeira e mais evidente consequência de tal política é a aparente centralização promovida por essa autarquia no que se refere à sua competência. Porém, é preciso considerar que boa parte dos programas administrados por ela, senão todos, apresenta margem de manobra no que se refere aos investimentos a ser efetuados pelos gestores locais da educação, o que vai além da simples centralização administrativa, mas caracteriza o estabelecimento de uma unidade de segundo plano,[22] em que os gestores locais têm autonomia para solicitar os recursos, des-

---

21. Disponível em: <www.fnde.mec.gov.br>. Acesso em: 2 ago. 2010.
22. Cabe lembrar a noção kantiana de "unidade na diversidade", que dá conta de elementos diversificados em sua forma, mas que, em essência, possuem ligação transcendental em que lhes confere a unidade necessária para sua compreensão no sistema filosófico em que estão inscritos (Kant, 1999).

de que enquadrados a determinados padrões estruturais previstos pelo FNDE. Com isso, o FNDE acaba por configurar um sistema integrado de financiamento da educação nacional que respeita a autonomia de gestores, sistemas e instituições de ensino previstos no âmbito da legislação educacional.

O FNDE depara, entretanto, com um sério problema no que tange à sua efetivação e interação com administrações locais. Sua estrutura é detalhada, e, em determinados aspectos, bastante avançada – por exemplo, utiliza-se de bancos de dados informatizados para registro e controle de informações –, mas muitos dos gestores, notadamente gestores escolares, não possuem formação nem treinamento adequado para operar a mecânica do fundo. Resultado: milhões de reais são anualmente desperdiçados em razão da má gestão desses recursos, sem contar os atos de improbidade administrativa, o que reduz significativamente o alcance e as possibilidades de realização dessa política redistributiva de recursos.

É correto, ainda, afirmar que o FNDE subsidia uma política de padronização de investimentos e ações voltadas para a educação nacional, a qual está por trás do financiamento das ações do PDE/PAR, como veremos adiante. Isso, indiretamente, reforça o componente centralizador de sua matriz, ainda que, no que se refere à sua gestão direta, a autonomia dos gestores seja preservada.

2.5 O Sistema Nacional de Avaliação Educacional: Saeb, Enem, Prova Brasil e Sinaes

Conforme foi visto anteriormente, a LDB parte da premissa de que a avaliação é um importante elemento das políticas regulatórias aplicadas à educação. Por isso desenvolveu-se um sistema nacional de avaliação subdividido em Saeb/Prova Brasil e Sinaes, incidindo respectivamente sobre a educação básica e a educação superior. Tal ação política acaba gerando grande volume de dados armazenados e modelados pelo MEC, por meio do Inep, o seu instituto de pesquisas. Tais dados compõem sínteses relativamente precisas sobre a situação educacional brasileira, apesar de sua utilização pelos gestores de ensino e formuladores de políticas educacionais ainda estar distante do aproveitamento satisfatório de todo o capital informacional presente nessas sínteses. Adiante, veremos uma análise dessas políticas educacionais.

2.5.1 A avaliação em perspectiva nacional aplicada à educação básica: Enem, Saeb e Prova Brasil

Os padrões de qualidade propostos pelo Saeb/Prova Brasil, e também pelo Sinaes, vão além de sua função, compondo moldes estruturais que organizam externamente o cotidiano de sistemas e instituições de ensino em diversos níveis. Esse é um papel de avaliador externo cumprido à risca pelo MEC desde 1990. O que se pretende com a adoção de tais práticas é condicionar, por meio de avaliações sucessivas – e de modo inverso, quando se considera que a avaliação geralmente é o componente terminal de um processo –, os sistemas de ensino e as instituições no que tange à adoção do padrão de qualidade instaurado pelo MEC.

A seguir, veremos como se configuram esses mecanismos quando aplicados à educação básica no Brasil.

2.5.1.1 O Saeb/Prova Brasil

O Saeb caracteriza-se por avaliar o fim de cada segmento da educação básica (do 5º ano ao 9º ano do ensino fundamental e 3º ano do ensino médio), enquanto a Prova Brasil avalia somente o 5º ano e o 9º anos em escolas públicas. A justificativa para a aplicação das provas mediante esses pontos de corte repousa sobre a Teoria Construtivista (um dos elementos de referência na elaboração desses instrumentos), que parte do princípio de que a ação escolar promove a consolidação de determinadas estruturas mentais imbricadas nas competências que se desejam desenvolver. Assim, entende-se que uma avaliação composta de testes elaborados com conteúdos similares, mas colocados em diferentes graus de complexidade, poderia ser eficiente para verificar quanto as escolas e os sistemas de ensino têm feito no sentido de levar os estudantes a tal consolidação de estruturas esperadas para cada segmento.

Quanto à abrangência, cabe salientar que o Saeb avalia 21% de todas as escolas brasileiras e que a Prova Brasil trabalha com todas as escolas públicas que não foram avaliadas pelo Saeb. As avaliações são aplicadas a cada dois anos, mas, em 2009, a Prova Brasil passou a ser aplicada a alunos do 2º ano do ensino fundamental.

Ambos os instrumentos são elaborados com base em uma metodologia que leva em consideração os seguintes elementos:

- Matrizes de competências, divididas por disciplinas.
- Tópicos correspondentes a cada competência exigida.
- Descritores relativos às habilidades que compõem as competências.

As matrizes são compostas por vários tópicos, que, por sua vez, agregam certo número de descritores. Ao final, há blocos de matrizes que possibilitam o desenvolvimento de um imenso elenco de itens de prova, organizados com base em tal estrutura. A unidade, nesse caso, é o descritor, que vem a ser uma habilidade específica, componente da competência que a avaliação se dispõe a verificar.[23]

Para compor índices que permitam a aferição da aprendizagem pretendida, as provas são corrigidas de acordo com escalas de proficiência, que vão de 0 a 500 pontos, atribuindo-se pontos aos itens de prova de acordo com sua complexidade, de maneira que os valores das questões são diferentes. Esse tipo de avaliação permite medir a consolidação diferencial das competências das diferentes populações de alunos, de acordo com o nível de ensino em que são aplicadas tais provas.

Do ponto de vista do tipo do conteúdo abordado, as referências são os PCN de cada disciplina, além dos temas transversais, que servem como guias para a elaboração das questões de prova do Saeb e da Prova Brasil. Atualmente, existe também a Provinha Brasil, que afere a proficiência em leitura de crianças do 2º ano do ensino fundamental.

Além dos aspectos puramente pedagógicos, pode-se perceber duas estratégias políticas no bojo dessas aplicações sistemáticas de avaliação:

- A criação de uma crescente uniformização de currículos escolares. Mediadas pelo padrão único de avaliação implicado na estrutura do Saeb, as sucessivas provas aplicadas a escolas e sistemas de ensino têm contribuído para criar um esforço em direção ao atingimento, na esfera concreta, da unidade que já existe no plano da legislação. Ainda sobre essa questão, é preciso destacar que, na atualidade – na verdade, desde 2005 –, existe um índice, o Ideb, que afere quanto

---

23. A Pedagogia das Competências consiste em uma teoria muito em voga desde os anos 1990, que parte do princípio de que, muito mais do que memorizar conteúdos, os alunos devem ser capazes de mobilizar por si próprios conhecimentos e atitudes necessários para sua vida em sociedade. Tais competências possuem, por um lado, a referência a algum conteúdo escolar e, por outro, a referência ao aprendizado de esquemas operatórios (habilidades) necessários ao bom desempenho de sua vida social. Assim, *grosso modo*, pode-se dizer que uma competência é composta de um conteúdo acompanhado de uma atitude, sendo esta desenvolvida mediante o processo de desenvolvimento das estruturas mentais do indivíduo, processo este que tem na escola um importante elemento indutor (Perrenoud, 2001). Em 1985, Jacques Delors já apontava para uma tendência mundial na adoção de competências como padrões estruturais da educação no século XXI, ao indicar "os quatro pilares da educação", que vêm a ser: a) aprender a ser; b) aprender a conhecer; c) aprender a fazer; e d) aprender a conviver (Delors, 1998). Constatamos que a adoção de políticas que conformem os sistemas de ensino nesse sentido não é novidade em países como o Brasil.

escolas e sistemas de ensino se ajustam ao padrão de qualidade presente na estrutura do Saeb/Prova Brasil (voltaremos a esse assunto quando estivermos tratando do PDE e do PAR), de modo que há uma pressão exercida pelo poder central para conformar e uniformizar a educação básica, examinada, por sua vez, pelos instrumentos avaliativos gerenciados pelo Inep.

- O estabelecimento de um parâmetro avaliativo que incide sobre algo que não existe, qual seja, um currículo nacional. A respeito disso, cabe indicar que, como há uma grande diversidade de currículos e programas de ensino, e a avaliação possui um padrão único, é impossível não ver distorções em tal avaliação, observadas pela diferença brutal entre o objeto da avaliação – os sistemas de ensino e as unidades escolares brasileiras – e o parâmetro referencial – os padrões nacionais de currículo presentes nos PCN. Com isso, sem a menor sombra de dúvida, cabe questionar até que ponto o Saeb e a Prova Brasil compõem, de fato, instrumentos avaliativos de algo que ainda não existe e que se projeta para um possível futuro, qual seja, a criação de um currículo nacional, implicado em um sistema nacional de ensino. Temos, assim, um instrumento metodológico que pode até beirar a perfeição, mas que, ao que parece, está sendo empregado na época errada e, por isso, contém limitações que o impedem de captar de maneira precisa o presente de nossa realidade educacional.

Essas são as principais características do sistema de avaliação da educação básica, cujo caráter diagnóstico proeminente, porém, não é comparável ao seu caráter indutor de políticas públicas, como veremos adiante, ao abordar o Ideb.

2.5.1.2 O Exame Nacional do Ensino Médio (Enem)

O Enem surgiu em 1998 com a ambiciosa visão de se tornar uma avaliação nacional para esse nível de ensino. Alguns fatores, porém, como a baixa adesão dos alunos nos primeiros anos da prova, sua estrutura organizacional e seu foco investigativo, concorrem para que, mesmo tendo passado por diversas modificações – atualmente existe um sistema nacional de informações que permite às universidades conhecer os dados dos alunos que fizeram as provas –, esse instrumento avaliativo ainda não tenha se configurado em exame nacional nem tenha conseguido substituir totalmente o vestibular como porta de acesso privilegiado às universidades.

A seguir, relacionamos e comentamos algumas diferenças do Enem em relação à Prova Brasil:

a. Elaboração com base na perspectiva interdisciplinar presente nos PCN do ensino médio. Percebe-se, com isso, que há uma diferença – e, eu diria, uma assincronia – entre tal formulação de prova e as atuais estruturas curriculares de muitas escolas brasileiras, notadamente as escolas públicas, pois se compõe de um exame em perspectiva interdisciplinar para alunos que, em sua grande maioria, foram submetidos à ação pedagógica de escolas dedicadas a trabalhar com disciplinas. Em razão disso, o Enem possui um impedimento do ponto de vista estrutural para avaliar com precisão o ensino médio.
b. Adesão voluntária. Isso pode levar a uma oscilação das amostras necessárias para calcular a variação dos indicadores registrados ao longo do tempo, pois não há como controlar o percentual de alunos que fazem a prova, o que invalida todo e qualquer processo de estratificação das amostras estatísticas necessárias à tarefa de acompanhamento dos resultados.
c. Foco avaliativo no aluno. Focar a avaliação no aluno é perfeitamente justificável em um instrumento entre cujas pretensões se inclui a de substituir o vestibular. Porém, justamente nessa característica metodológica – verificar individualmente o desenvolvimento de competências cognitivas – reside outro fator impeditivo para que os resultados do Enem sirvam para caracterizar ou avaliar populações, sejam as de sistemas de ensino, sejam as de escolas de ensino médio. Vale, inclusive, destacar que muitos sistemas e unidades de ensino, cujos alunos foram bem-sucedidos no exame do Enem, alardeiam na mídia uma suposta excelência sem se dar conta de que o Enem, na verdade, avaliou foi o aluno, e não a instituição.

Com base nessas características, conclui-se que o Enem, no atual estado em que se encontra, não possui condições de realizar sua missão como Exame Nacional do Ensino Médio, em que pese o fato de o Saeb já realizar (com o foco correto) avaliações nacionais do ensino médio com um maior índice de precisão.

2.5.2 O Sistema Nacional de Avaliação da Educação Superior (Sinaes)

O Sinaes é a parte do Sistema Nacional de Avaliação da Educação que incide sobre a educação superior. Sua estrutura é complexa e seu funcionamento possibilita, por meio da aplicação simultânea de seus diferentes instrumentos, o levantamento de um volume considerável de dados, permitindo que o MEC – e, de certo modo, os gestores universitários – faça um acompanhamento sistemático desse nível de ensino, no que se refere a seus indicadores de qualidade.

A fim de possibilitar uma compreensão melhor do funcionamento desse sistema avaliativo, esta seção compõe-se de três subseções:

a. Fundamentos legais e políticos do Sinaes.
b. Estrutura de composição.
c. Implicações do Sinaes para a política educacional brasileira.

2.5.2.1 Fundamentos legais e políticos do Sinaes

O Sinaes foi instituído pela Lei nº 10.861, de abril de 2004, inserindo-se no panorama das políticas nacionais de avaliação desenvolvidas em países como o Brasil a partir de 1990. O funcionamento do Sinaes é regulamentado pela Portaria nº 2.051, de julho de 2004, que define os procedimentos avaliativos utilizados pelo sistema.

Do ponto de vista político, o Sinaes configura-se como um elemento técnico de apoio à ação dos órgãos do MEC ligados à educação superior, especialmente a Secretaria de Ensino Superior do MEC e o Conselho Nacional de Educação, que fornece suporte técnico a decisões políticas, bem como legitima ações políticas empreendidas pelo MEC, que, assim, se revestem de uma validação técnica derivada da estrutura do Sinaes.

Assim como é elemento de validação técnica de ações políticas tomadas pelo MEC no que tange à educação superior, os resultados do Sinaes subsidiam a ação de gestores institucionais – embora nem sempre os dados sejam interpretados de maneira correta – em suas IES, dotando-os de justificativa técnica para suas decisões institucionais, o que reforça, assim, de modo indireto, o poder desses gestores.

Desse modo, é possível perceber no Sinaes uma função de integração entre a dimensão técnica e a política no âmbito da educação superior e isso, naturalmente, redunda em impactos sobre a autonomia universitária, os quais serão discutidos mais adiante, na última das subseções que tratam do Sinaes. A seguir, veremos como se apresenta a estrutura de composição do sistema, detalhando seus instrumentos analíticos e sua organização das informações.

2.5.2.2 O Sinaes e sua estrutura de composição

O Sinaes é dirigido pela Comissão Nacional de Avaliação da Educação Superior (Conaes), a qual é composta por especialistas em educação superior nomeados pelo Conselho Nacional de Educação. Suas principais atribuições são:

a. Coordenação das equipes de avaliadores externos que desenvolverão visitas *in loco* nas IES.
b. Sistematização de dados oriundos das comissões próprias de avaliação, bem como de avaliações externas relativas ao conceito preliminar de cursos.

A Conaes, como se pode observar, possui um caráter conformador no que diz respeito à observância dos padrões de qualidade definidos pelo MEC e aplicados, pela via do Sinaes, à educação superior no Brasil.

Como já foi dito, o Sinaes constitui um sistema complexo de avaliação; tal complexidade é resultante do fato de que, além de esse sistema possuir diversas partes organicamente conectadas, estas vêm a fornecer indicadores que levam em conta fatores ponderativos relacionados à interação das partes do Sinaes.

Os instrumentos que integram o Sinaes estão presentes em dois níveis de avaliação: interno e externo. No nível da avaliação institucional interna, o instrumento é a Comissão Própria de Avaliação (CPA), presente em todas as IES desde 2004, conforme disposto na Lei nº 10.861/04. No nível da avaliação externa, os instrumentos do Sinaes são:

a. Conceito Preliminar de Cursos (CPC) para a graduação.
b. Avaliações globais da Capes, direcionadas aos programas de pós-graduação que contêm cursos *stricto sensu* (mestrado e doutorado).

As CPA compõem-se de representantes dos diversos setores que integram as IES, além de representantes da sociedade civil vinculados a cada instituição de ensino superior, e os parâmetros de escolha desses representantes, de acordo com o regulamento do Sinaes (Portaria do MEC nº 2.051/04), obedece a normas que cabe a cada IES instituir.

Ao realizar sua avaliação interna, as CPA produzem grande volume de informações, as quais, muitas vezes, se transformam em dados[24] que visam a uma dupla finalidade:

a. Indicar ao MEC qual é a situação da IES relativamente a clima institucional, parâmetros de gestão e condições de infraestrutura.

---

24. Nesse sentido, torna-se importante indicar que um dado sempre é construído, e que tal construção nada mais é que o ordenamento lógico de uma informação captada durante o momento de uma investigação. Assim, subentende-se que, na perspectiva de trabalho epistemológico adotada, um dado nunca "fala por si", mas, antes, necessita de uma organização racional que o coloque em sintonia com o escopo da investigação de que ele vem a ser produto, além, é claro, de uma interpretação que permita compreender como as informações reunidas no dado podem ser úteis à ação investigativa de quem o construiu.

b. Comprometer os gestores institucionais com o acompanhamento das metas assumidas em seus Planos de Desenvolvimento Institucional (PDI).

Vale citar que os dados reunidos pelas CPA possuem um caráter indutor de mudanças qualitativas, as quais, para atingir seus objetivos, devem ser compatíveis com as que se apresentam nos pontos do PDI; assim, ao ser informados pelas CPA acerca da situação das IES, por meio do sistema informatizado e-mec, os representantes da Conaes acabam por verificar em tempo real o estado de desenvolvimento do PDI, bem como as discrepâncias existentes entre este e as metas assumidas e entre o PDI e as recomendações suscitadas pela avaliação externa referente ao CPC e aos conceitos da Capes.

Sobre a parte do Sinaes que se destina à realização da avaliação externa das IES, nota-se que há uma subdivisão, em que os cursos de graduação vêm a ser alvo do CPC, enquanto os de pós-graduação *stricto sensu* são avaliados mediante conceitos obtidos a cada dois anos nas visitas periódicas de especialistas de cada área de conhecimento.

Em relação ao CPC, cabe indicar que este é um instrumento que gera um conceito numérico, que vai de 1 a 5, e afere a qualidade de cada curso de graduação com base nessa escala. Para a construção de tal escala, são levados em conta os seguintes indicadores:

a. Nota dos estudantes no Enade:[25] 40%.
b. Insumos: 30%.
c. IDD:[26] 30%.

O CPC possui importância cabal para os cursos de graduação, pois é com base nesse conceito que tais cursos podem ser credenciados e/ou recre-

---

25. O Exame Nacional de Desempenho dos Estudantes (Enade) passa a ser empregado pelo MEC a partir de 2004, em substituição a outro exame nacional: o Provão. O Enade possui as seguintes características: trabalha com uma amostra de estudantes ingressantes e concluintes do curso avaliado, examina a cada ano diversos cursos de cada área de conhecimento (nenhum curso é avaliado por dois anos seguidos) e, por último, sua realização é obrigatória para o estudante, estando este sujeito a não receber seu diploma ao fim do curso caso não preste a prova do Enade. Após a realização do Enade, é atribuída uma nota a cada curso de cada IES que participa da prova, sendo esta um dos componentes do CPC.
26. O Índice Diferencial de Desempenho (IDD) é um indicador criado para aferir quanto uma instituição progride entre duas avaliações externas do Sinaes. Seu cálculo é feito a partir da diferença entre o conceito esperado (projetado pelo MEC) para a próxima avaliação e o efetivamente obtido em tal avaliação. Aplicando-se um fator ponderativo de 30%, esse índice permite que sejam captadas melhorias em um intervalo que vai de 0,3 no CPC até 1,2 no CPC final. Fonte: *Nota técnica para o Cálculo do CPC*. Brasília: MEC, 2009.

denciados. Os processos envolvidos na validação dos cursos de graduação estão intimamente ligados ao Sinaes e correspondem às etapas de credenciamento e recredenciamento de cursos obtidos pelas IES. Quanto ao credenciamento, este diz respeito à primeira avaliação a que um curso se submete para poder iniciar suas atividades. Em geral, ao se credenciar, o curso recebe um conceito provisório 1 ou 2, o qual deve ser mantido caso deseje se recredenciar. O recredenciamento, por sua vez, ocorre a cada dois anos e obedece aos seguintes parâmetros:

- Cursos com CPC 1 ou 2. Estes recebem visitas *in loco* de especialistas do MEC, que propõem recomendações (obrigatórias) referentes à reestruturação do curso avaliado. Saliente-se que cursos que obtêm CPC 1 em duas avaliações seguidas são descredenciados e, já no ano seguinte, não podem realizar processos seletivos para a admissão de novos alunos.
- Cursos com CPC 3 ou 4. Para o processo de recredenciamento, esses cursos podem receber facultativamente visitas *in loco* de especialistas do MEC; mas, mesmo que optem por não receber tais visitas, devem seguir as recomendações do Sinaes recebidas pelos gestores dessas IES.
- Cursos com CPC 5. Nesses casos, o processo de recredenciamento é automático, não sendo necessária a visita *in loco* de especialistas.

Além do CPC, que afere os parâmetros de qualidade dos cursos de graduação, existe a avaliação periódica da Capes, que incide a cada dois anos sobre os cursos de pós-graduação *stricto sensu*, na qual os referidos cursos recebem uma nota que vai de 1 a 7, sendo 3 a nota mínima para o credenciamento. Os critérios para a aferição desses conceitos referem-se à produção acadêmica de discentes e docentes, à infraestrutura física dos programas, à quantidade de linhas e grupos de pesquisa, bem como à articulação entre estes e os processos formativos de novos pesquisadores desenvolvidos no âmbito do programa, por intermédio das disciplinas referentes aos cursos de mestrado e doutorado.

Em relação à nota obtida nas avaliações periódicas, cabe salientar que programas de pós-graduação com nota 3 não estão habilitados a receber financiamento das agências de fomento à pesquisa para os grupos de estudo nele alocados, tampouco podem auferir bolsas de estudos a seus discentes. Vale observar que até 2010 nenhum programa de pós-graduação obteve nota 7.

Esses são os elementos que compõem o Sinaes, que, como vimos na "Área de Educação", possuem, grande potencial de captação de informações e de conversibilidade de tais informações em dados. Adiante, veremos como as ações desenvolvidas no âmbito do Sinaes (técnicas e políticas simultaneamente) produzem impacto na política educacional no Brasil.

2.5.2.3 Implicações do Sinaes para a política educacional brasileira

Dentro das políticas educacionais referentes à avaliação, como vimos anteriormente, o Sinaes, a princípio, se apresenta como um elemento de aferição de qualidade em nível nacional. Além dos fins propostos pela esfera oficial, responsável pela implantação do sistema, cabe verificar os impactos desse sistema no âmbito político.

O Sinaes, enquanto elemento indutor de políticas educacionais para a educação superior, enquadra-se em uma política de conformação do campo educacional a nível nacional. Assim como acontece no Saeb/Prova Brasil, a inversão da ordem lógica da avaliação – avaliação como momento terminal de todo o processo de instituição e desenvolvimento de dado elemento da realidade –, que vem a ser o primeiro elemento do processo de estabelecimento de políticas, acaba por objetivar a criação de uma unidade de segunda instância, cujo referencial unificador é o padrão avaliativo de qualidade proposto pelo MEC e implantado mediante a aplicação da avaliação externa do Sinaes.

Cumpre destacar que, ainda que a capilaridade das informações sobre as IES obtidas pelo Sinaes leve a um volume considerável de dados – especialmente se a esses dados forem somados os colhidos pelas CPA –, não se pode dizer que a indução de decisões institucionais relativas aos gestores das IES pode apoiar-se com a mesma propriedade em tais dados. Com isso, o caráter centralizador e conformador dessa política avaliativa evidencia-se sobre a prerrogativa de que o Sinaes seria um sistema que fomentaria o desenvolvimento de padrões de melhoria de qualidade e práticas institucionais de avaliação (e ação) pautadas por parâmetros de excelência desenvolvidos localmente.

Por último, ressalte-se que o Sinaes reforça o papel do Inep como grande sistematizador de dados sobre a situação educacional brasileira, papel, por sinal, muito mais forte que o de indutor de políticas educacionais. Com isso, há nesse sistema avaliativo mais um elemento de conformação da realidade educacional nacional que leva a política educacional no Brasil a assumir cada vez mais uma diretriz monolítica e centralizadora, a qual vem a configurar, pela via da avaliação, a matéria e a forma das instituições educacionais no Brasil, e, nesse caso, isso atinge diretamente as IES.

2.6 Os elementos integradores da política educacional nacional: o CTE, o PDE e o PAR

Além do Sistema Nacional de Avaliação, que atua no nível das instituições, existem outros mecanismos que atuam tanto nesse nível quando no dos sistemas/redes de ensino.

Hoje, três mecanismos realizam essa função:

a. O Compromisso Todos pela Educação (CTE).
b. O Plano de Desenvolvimento Educacional (PDE).
c. O Plano de Ações Articuladas (PAR).

Vejamos, então, de que modo esses mecanismo vieram a se instituir, bem como a maneira pela qual influenciam a política educacional brasileira.

2.6.1 O Decreto nº 6.094/07: Compromisso Todos pela Educação (CTE)

Esse decreto, publicado em 24 de abril de 2007, possui uma visão muito ambiciosa acerca das relações entre a União e os entes federativos, bem como a respeito das relações entre Estado, sociedade civil e instituições escolares. A nomenclatura utilizada para definir o escopo do decreto (Compromisso Todos pela Educação) já aponta para um elogio por amplificação, figura de retórica observada em outros momentos da política educacional nacional (Santos, 2005; 2010).

O CTE consiste em um plano de metas composto por 28 diretrizes de ações políticas, elencadas sob a forma de metas[27] a serem cumpridas por todos os signatários do documento; e como previa a parceria entre os municípios e o governo federal, o CTE acabou sendo assinado por todos os municípios brasileiros. Nessa parceria, o governo federal, por meio do MEC e do FNDE, compromete-se a repassar recursos financeiros e assistência técnica aos municípios, enquanto estes se comprometem a cumprir as metas presentes no CTE.

No que compete à sua estrutura de execução, o CTE prevê o estabelecimento de um mecanismo de acompanhamento do cumprimento das metas anteriormente mencionadas, o qual se denominou Índice de Desenvolvimento da Educação Básica (Ideb). O Ideb consiste na seguinte fórmula: divisão da nota obtida no Saeb/Prova Brasil pela taxa de aprovação do município ou escola. Todos os municípios comprometeram-se, a partir do CTE, a obter o mínimo de 6,0 no Ideb até 2020, assim como a melhorar progressivamente suas notas, sendo este o principal parâmetro de aferição do cumprimento das metas do CTE. Cabe ainda indicar que o CTE prevê assistência técnica e financeira a cada um dos entes signatários, mediante a elaboração de um Plano de Ações Articuladas (PAR), subsidiado financeiramente pelo FNDE, que será detalhado adiante.

---

27. A esse respeito, ver o documento do Decreto nº 6.094/07, no *Anexo*.

Sob o aspecto político, constata-se que o CTE é uma política de mobilização nacional em torno de objetivos comuns relacionados à qualidade de educação. Os municípios, ao assinar o documento, comprometem-se com a execução das já mencionadas metas, aceitando a coordenação de ações e os parâmetros decisórios fornecidos pelo governo federal. Devem ser questionados, no entanto, dois aspectos relativos a essa política:

a. Será que todos os gestores educacionais dos municípios, à época da assinatura do CTE, possuíam plena consciência do alcance de tal política em suas redes/sistemas de ensino, no que tange aos esforços a serem empreendidos?
b. O Ideb realmente conseguirá aferir as melhorias qualitativas em todas as dimensões do CTE?

Esses questionamentos se colocam em razão de o governo federal, no Decreto nº 6.094/07, ter assumido metas muito ambiciosas, projetadas para um plano de longo prazo – de 2007 a 2020 são quase 14 anos – e, que, portanto, requerem todo um arcabouço de ações e planejamentos setoriais e de curto prazo, que, ao que tudo indica, não serão desenvolvidos igualmente em todos os municípios do país, já que estes se encontram em diferentes níveis de organização no tocante à educação, e nem todos possuem gestores que trabalhem no nível de eficiência necessário para a implantação dessa empreitada.

Após essa breve análise, sigamos em direção ao exame de uma das políticas derivadas do CTE: o PAR.

2.6.2 O Plano de Ações Articuladas (PAR)

No âmbito da política educacional, o PAR representa a estrutura material que concretiza as metas assumidas no CTE. Se, no Decreto nº 6.094/07, são definidas 28 metas para a melhoria da educação brasileira, as quais definem o que será feito pelos municípios e pelo governo federal em relação a esse compromisso, o PAR, por sua vez, define como isso será realizado.

Em termos de ação pública, os planos desenvolvidos em parceria entre municípios e União possuem algumas matrizes comuns, de modo que todas as ações planejadas contêm os seguintes elementos comuns:

a. Os recursos são desembolsados pelo FNDE e a prestação de contas obedece aos modelos desse órgão.
b. Todas as ações desenvolvidas em parceria necessitam de um cronograma de atividades, com prazos que vão de um a quatro anos para o cumprimento das metas estabelecidas.

c. O PAR, em geral, articula mais de uma área da administração pública do município aonde a ação se desenvolverá. Nesse sentido, a articulação é dupla: município-União e várias secretarias do mesmo município.

As ações do PAR, antes de serem desenvolvidas, pautam-se por um diagnóstico da situação educacional do município em que serão aplicadas, a partir de dados referentes a diferentes dimensões da educação no município. Esses dados são reunidos por meio de levantamentos realizados junto aos gestores educacionais locais – diretores escolares e secretários de Educação – e que reúnem os dados aferidos junto às escolas, especialmente os do PDE-Escola (adiante, veremos como funcionam). Tais levantamentos obedecem a um modelo de questionário bastante complexo, no qual são reunidas informações com base em dimensões (que correspondem a itens gerais), áreas (nas quais essas dimensões se subdividem) e indicadores (elementos pontuais avaliados com nota de 1 a 5 e que caracterizam tais áreas). Para maior clareza, apresentamos a seguir um esquema descritivo das dimensões, das áreas e dos indicadores do PAR, lembrando que cada dimensão se divide em áreas e que cada área tem seus indicadores:

- Dimensão 1 – Gestão Educacional.
- Dimensão 2 – Formação de Professores e dos Profissionais de Serviço e Apoio Escolar.
- Dimensão 3 – Práticas Pedagógicas e Avaliação.
- Dimensão 4 – Infraestrutura Física e Recursos Pedagógicos.

2.6.2.1 Dimensão 1 – Gestão educacional

Área 1 – Gestão democrática: articulação e desenvolvimento dos sistemas de ensino
Indicadores:

1. Existência de Conselhos Escolares (CE).
2. Existência, composição e atuação do Conselho Municipal de Educação.
3. Composição e atuação do Conselho de Alimentação Escolar (CAE).
4. Existência de Projeto Pedagógico (PP) nas escolas e grau de participação dos professores e do CE na elaboração do PP; de orientação da SME, e de consideração das especificidades de cada escola. Critérios para escolha da direção escolar.
5. Existência, acompanhamento e avaliação do Plano Municipal de Educação (PME), desenvolvido com base no Plano Nacional de Educação (PNE).

6. Plano de Carreira para o Magistério.
7. Estágio probatório efetivando os professores e outros profissionais da educação;
8. Plano de Carreira dos Profissionais de Serviço e Apoio Escolar.

Área 2 – Desenvolvimento da educação básica: ações que visem à sua universalização, à melhoria das condições de qualidade da educação, assegurando a equidade nas condições de acesso e permanência, e conclusão na idade adequada.

Indicadores:

1. Implantação e organização do ensino fundamental com duração de nove anos.
2. Existência de atividades no contraturno.
3. Divulgação e análise dos resultados das avaliações oficiais do MEC.

Área 3 – Comunicação com a sociedade

Indicadores:

1. Existência de parcerias externas para a realização de atividades complementares.
2. Existência de parcerias externas para a execução/adoção de metodologias específicas.
3. Relação com a comunidade/promoção de atividades e utilização da escola como espaço comunitário.
4. Manutenção ou recuperação de espaços e equipamentos públicos da cidade, os quais podem ser utilizados pela comunidade escolar.

Área 4 – Suficiência e estabilidade da equipe escolar

Indicadores:

1. Quantidade suficiente de professores.
2. Cálculo anual/semestral do número de remoções e substituições de professor.

Área 5 – Gestão de finanças

Indicadores:

1. Cumprimento do dispositivo constitucional de vinculação dos recursos da educação.
2. Aplicação dos recursos de redistribuição e complementação do Fundeb.

2.6.2.2 Dimensão 2 – Formação de professores e dos profissionais de serviço e apoio escolar

Área 1 – Formação inicial de professores da educação básica

Indicadores:

1. Qualificação dos professores que atuam nas creches.
2. Qualificação dos professores que atuam na pré-escola.
3. Qualificação dos professores que atuam nas séries iniciais do ensino fundamental.
4. Qualificação dos professores que atuam nos anos/séries finais do ensino fundamental.

Área 2 – Formação continuada de professores da educação básica

Indicadores:

1. Existência e implementação de políticas para a formação continuada de professores que atuam na educação infantil.
2. Existência e implementação de políticas para a formação continuada de professores que visem à melhoria da qualidade de aprendizagem da leitura/escrita e matemática nos anos/séries iniciais do ensino fundamental.
4. Existência e implementação de políticas para a formação continuada de professores que visem à melhoria da qualidade de aprendizagem da leitura/escrita e matemática nos anos/séries finais do ensino fundamental.

Área 3 – Formação de professores da educação básica para atuação em educação especial, escolas do campo, comunidades quilombolas ou indígenas

Indicadores:

1. Qualificação dos professores que atuam em educação especial, escolas do campo, comunidades quilombolas ou indígenas.

Área 4 – Formação inicial e continuada de professores da educação básica para cumprimento da Lei nº 10.639/03

Indicadores:

1. Existência e implementação de políticas para a formação inicial e continuada de professores que visem à implementação da Lei nº 10.639, de 9 de janeiro de 2003.

Área 5 – Formação do profissional de serviços e apoio escolar

Indicadores:

1. Grau de participação dos profissionais de serviços e apoio escolar em programas de qualificação específicos.

2.6.2.3 Dimensão 3 – Práticas pedagógicas e avaliação

Área 1 – Elaboração e organização das práticas pedagógicas

Indicadores:

1. Presença de coordenadores ou supervisores pedagógicos nas escolas.
2. Reuniões e horários de trabalhos pedagógicos para discussão dos conteúdos e metodologias de ensino.
3. Estímulo às práticas pedagógicas fora do espaço escolar.
4. Existência de programas de incentivo à leitura para o professor e o aluno.

Área 2 – Avaliação da aprendizagem dos alunos e tempo para assistência individual/coletiva aos alunos que apresentam dificuldade de aprendizagem

Indicadores:

1. Formas de avaliação da aprendizagem dos alunos.
2. Utilização do tempo para assistência individual/coletiva aos alunos que apresentam dificuldade de aprendizagem.
3. Formas de registro da frequência.
4. Política específica de correção de fluxo.

2.6.2.4 Dimensão 4 – Infraestrutura física e recursos pedagógicos

Área 1 – Instalações físicas gerais

Indicadores:

1. Biblioteca: instalações e espaço físico.
2. Existência e funcionalidade de laboratórios (informática e ciências).
3. Existência e conservação de quadra de esportes.
4. Existência e condições de funcionamento da cozinha e do refeitório.
5. Salas de aula: instalações físicas gerais e mobiliário.
6. Condições de acesso para pessoas com deficiência física.
7. Adequação, manutenção e conservação geral das instalações e equipamentos.

Área 2 – Integração e expansão do uso de tecnologias da informação e comunicação na educação pública

Indicadores:
1. Existência de computadores ligados à internet e utilização de recursos de informática para atualização de conteúdos e realização de pesquisas.
2. Existência de recursos audiovisuais.

Área 3 – Recursos pedagógicos para o desenvolvimento de práticas pedagógicas que considerem a diversidade das demandas educacionais

Indicadores:
1. Suficiência e diversidade do acervo bibliográfico.
2. Existência, suficiência e diversidade de materiais pedagógicos (mapas, jogos, dicionários, brinquedos).
3. Suficiência e diversidade de equipamentos esportivos.
4. Existência e utilização de recursos pedagógicos que considerem a diversidade racial, cultural e as pessoas com deficiência.
5. Confecção de materiais didáticos diversos.

Como se observa na leitura do sistema de diagnóstico do PAR, a capilaridade das informações é palavra-chave para a compreensão dessa política educacional, de modo que tais questionários procuram captar o maior volume possível de dados sobre a realidade educacional. No momento do preenchimento dos questionários pelos gestores municipais responsáveis pela elaboração do PAR, os indicadores são aferidos a partir de uma escala graduada que vai de 1 a 5, e no caso de indicadores com nível 1 e 2, o MEC necessariamente intervirá por meio de ações de assistência técnica. Depois de elaborado, o PAR segue em direção ao MEC/FNDE e é objeto de análise desse órgão. Caso seja aprovado, o governo federal encaminha as ações a ser realizadas no município em questão, as quais, como já vimos, têm duração de um a quatro anos. Cabe ainda registrar que as ações podem envolver a utilização de recursos financeiros ou de ações de assistência técnica do MEC, que são escolhidas de acordo com a necessidade detectada no município, mediante a aplicação do instrumento diagnóstico do PAR.

A respeito das implicações políticas do PAR, cumpre salientar que tal plano se insere no contexto das políticas de responsabilização, dado que os gestores dos sistemas de ensino, em especial os secretários municipais de Educação, acabam por se comprometer com o desenrolar da política educacional conduzida nacionalmente pelo MEC. Com isso, é possível perceber não apenas que o PAR é um elemento padronizador da realidade educacional nacional, pois uniformiza o desenvolvimento das políticas educacionais locais, mas que é mais um elemento que faz a política educacional nacional caminhar rumo a uma centralização administrativa, financeira e pedagógica.

Sigamos, agora, rumo ao entendimento do PDE, outro elemento componente do CTE, que se liga de maneira paralela, mas muito próxima, ao escopo de ações implantadas pela União por meio do Decreto nº 6.094/07.

2.6.3 O Plano de Desenvolvimento Educacional (PDE)

Essa é uma política educacional com alcance nacional e que, assim como o PAR, integra o escopo das ações definidas no CTE. Cabe ressaltar que, da mesma maneira que o PAR propõe ações políticas que se ligam a recursos financeiros e a aspectos relativos à administração de redes/sistemas de ensino municipais, o PDE liga-se diretamente ao cotidiano das escolas, e seu privilegiado foco de atuação se coloca na esfera pedagógica.

O PDE consiste em um plano educacional de longo alcance, elaborado com base em metas (não cumpridas) do Plano Nacional de Educação (1997-2007). Com muita propriedade, Fernando Haddad, quando à frente do Ministério da Educação, disse que o PDE é "o PAC da educação", pois sua estrutura é similar à desse plano, ou seja, reúne sob a sua sigla um considerável número de ações de mobilização educacional, da mesma maneira que o Programa de Aceleração do Crescimento (PAC) reúne sob sua égide diversos planos e ações ligados ao desenvolvimento econômico e à criação de infraestrutura, os quais são desenvolvidos em parceria com os municípios, a iniciativa privada e a sociedade civil (Brasil, 2014).

O PDE reúne dados da realidade educacional de escolas públicas, especialmente das escolas municipais, e os modela, de modo que os gestores educacionais locais possam elaborar o PAR com base em tais informações. E ainda inclui a construção de Institutos Federais de Educação Tecnológica (Ifet), bem como programas de apoio aos portadores de necessidades especiais, como a Política Nacional de Educação Especial (PNEE).

No que tange a implicações políticas, é possível identificar no PDE não só a tentativa de atingir metas não cumpridas do Plano Nacional de Educação que se encerrou em 2007, como também um esforço para trazer às escolas, aos sistemas de ensino e às universidades ações com o foco principal na dimensão pedagógica e modeladas de acordo com o formato desse plano educacional.

Ainda sobre as implicações políticas do PDE, vale salientar que esse Plano visa fornecer às escolas locais parâmetros avaliativos pautados nos padrões definidos pelo MEC e, com isso, percebem-se duas consequências:

a. A política educacional no Brasil passa a ter a possibilidade de ser coordenada nacionalmente a partir de planos que integram os diferentes níveis da educação nacional, como vimos no que diz respeito ao PDE e ao PAR.
b. Amplia-se a centralização, observada como característica da política educacional no Brasil, posto que a gestão escolar, a formação de professores e as políticas educacionais dos municípios passam a ser condicionadas pelo PDE/PAR.

Por último, mas não menos importante, é o fato de a leitura do documento introdutório do PDE revelar uma perspectiva crítico-dialética – marxista? – como elemento norteador das ações a ser desenvolvidas por esse plano. Cabe, no entanto, salientar que tal perspectiva pressupõe um confronto de contrários, ou, ao menos, o enfrentamento da teoria com a realidade, de modo a operar sínteses resultantes desses confrontos. Ocorre, porém, que a maneira como o PDE é assimilado pelas realidades educacionais locais dá conta de uma perspectiva monolítica, em que o poder central da União subordina as ações das escolas e dos sistemas de ensino sob sua égide, em vez de promover transformações qualitativas simultâneas na estrutura do plano e nas instituições e nos sistemas de ensino em que vem a ser aplicado. Em suma, o PDE não pode se pretender dialético, pois não há dialética em que somente um dos elementos se altera ao ser confrontado com outro.

2.6.4 A Conferência Nacional de Educação (Conae) e o Plano Nacional de Educação (PNE)

A educação no Brasil atravessa um momento de modificações e de intensa (re)estruturação em seus fundamentos jurídico-políticos e de infraestrutura. Por ocasião da promulgação do atual Plano Nacional de Educação (PNE), com vigência relativa a toda a atual década (2011-2020)[28], diversas questões relevantes para a qualidade da educação do Brasil foram discutidas e passaram a integrar temas centrais, dispostos sob a forma de metas (o documento concernente ao PNE possui 20 metas, que preveem suas respectivas estratégias de implementação), muitas das quais se referem indiretamente à constituição de um Sistema Nacional de Educação, articulado e integrado nos níveis administrativo, financeiro e pedagógico. Tal integração é um dos eixos temáticos da Conferência Nacional de Educação (Conae) que se realiza

---

28. O atual Plano Nacional de Educação foi aprovado tardiamente, vindo a ter sua vigência alterada para o período 2014-2023.

em 2014. A composição de um Sistema Nacional de Educação é elemento da Política Educacional que merece especial consideração, pois a integração sistêmica é algo que ainda não ocorreu no Brasi; logo, sua criação representará modificação de largo espectro na Política Educacional Brasileira.

2.6.4.1 Principais caraterísticas do atual PNE e da Conae

O art. 214 da Constituição Federal brasileira, modificado pela Emenda Constitucional nº 59/2009 (EC 59/09), institui a periodicidade decenal de planos nacionais de educação. Tal periodicidade visa trazer para a esfera do Planejamento Educacional sistêmico a discussão e o enfrentamento de problemas educacionais diversos nos níveis local e nacional. Esta vinculação legal torna-se necessária na medida em que introduz, pela via legislativa,[29] o Planejamento Educacional como matriz ordenadora da Política Educacional no Brasil.

Planejamento e Plano são elementos que guardam entre si uma relação muito estreita: enquanto o primeiro corresponde a uma ação humana que visa antecipar e, ao menos em parte, atuar sobre o futuro e suas múltiplas determinações no sentido de controlá-lo, o segundo consiste na materialização desse planejamento. Assim, um Plano possui, ao menos, três dimensões:

a. Documental/axiológica. Corresponde ao registro formal das necessidades e elementos motivadores do planejamento; sua gênese decorre necessariamente de elementos axiológicos (princípios gerais) que norteiam a implantação do planejamento e do plano.
b. Material. Relativa às condições de execução do plano quanto ao tempo (prazos) e espaço (recursos de infraestrutura, humanos e materiais) necessários para o seu desenvolvimento.
c. Estratégica. Relativa ao controle de metas, prazo e avaliação dos resultados, além de referir-se à organização das ações necessárias para induzir alterações cuja finalidade seja o atingimento dos resultados esposados no planejamento.

Esse breve introito tornou-se necessário a fim de que o PNE possa ser compreendido como um esforço do Estado para embutir a prática do Planejamento a partir das etapas de um Plano com duração referente a toda a atual década (2014-2023) e cujo cerne é desdobrado nos seguintes elementos, a seguir dispostos em ordem hierárquica.

---

29. Deve-se mencionar que o atual PNE foi aprovado em 25 de junho de 2014 e se apresenta como a Lei nº 13.005/14 (ver no *Anexo* a lei na íntegra, além de todas as metas e estratégias envolvidas na constituição do PNE).

Diretrizes – dez, ao todo:

I – erradicação do analfabetismo;
II – universalização do atendimento escolar;
III – superação das desigualdades educacionais;
IV – melhoria da qualidade do ensino;
V – formação para o trabalho;
VI – promoção da sustentabilidade socioambiental;
VII – promoção humanística, científica e tecnológica do país;
VIII – estabelecimento de meta de aplicação de recursos públicos em educação como proporção do produto interno bruto;
IX – valorização dos profissionais da educação;
X – difusão dos princípios da equidade, do respeito à diversidade e a gestão democrática da educação.

Metas – 20, ao todo:
Elaboradas para implementar as diretrizes fixadas e estabelecer parâmetros de atingimento dos objetivos nelas presentes, as 20 metas do PNE correspondem a um horizonte projetivo dentro do escopo dos prazos. Um exemplo disso é a meta de número 3:

> Universalizar, até 2016, o atendimento escolar para toda a população de 15 (quinze) a 17 (dezessete) anos e elevar, até o final do período de vigência deste PNE, a taxa líquida de matrículas no ensino médio para 85% (oitenta e cinco por cento).

Como se pode perceber no exemplo citado, há uma menção explícita ao prazo de vigência do PNE além do objetivo referente ao incremento da taxa de atendimento escolar no nível do Ensino Médio. Em todas as metas há a menção direta, ou indireta, quando não há a referência explícita ao período compreendido entre os anos 2011-2020, a prazos que são coincidentes com a vigência do PNE ou anteriores a ele.

Estratégias – 159, ao todo:
As estratégias do PNE não somente detalham a execução das metas, mas também informam quais ações devem ser tomadas no sentido de implementar suas diretrizes. Elas são dispostas em um quantitativo elevado, mas que, no âmbito da sua execução, podem se desdobrar ainda em muitas ações menores, como parte de cada estratégia, especialmente nos níveis local e institucional. Enquanto as diretrizes fixam os princípios e as metas projetam o horizonte de execução dos objetivos implicados nas diretrizes, as estratégias, por seu turno, visam a fornecer orientações que permitam uma orientação das ações concretas e cotidianas envolvidas na dimensão

prática dessa Política Pública Educacional, que se ressalte, com forte caráter regulatório. Um exemplo disso se apresenta na estratégia 4.3:

> Implantar, ao longo deste PNE, salas de recursos multifuncionais e fomentar a formação continuada de professores e professoras para o atendimento educacional especializado nas escolas urbanas, do campo, indígenas e de comunidades quilombolas.

Neste exemplo surge claramente a indicação espacial "escolas urbanas, do campo, indígenas e das comunidades quilombolas", a temporal "ao longo deste PNE", e o *modus operandi* "implantar [...] salas de recursos multifuncionais e fomentar a formação continuada de professores e professoras [...]" – da execução deste elemento integrante da Meta número 4, relativa, conforme foi visto, ao atendimento escolar para a população de 15 a 17 anos. As 159 estratégias seguem uma estrutura similar do ponto de vista do Planejamento Educacional, compondo um bloco de ações destinadas a introduzir também no plano concreto a prática do Planejamento Educacional por intermédio das estratégias.

Após analisar todos esses componentes do atual PNE, é possível perceber que o Planejamento Educacional implicado nessa política pública procura atender às três dimensões básicas de um plano, anteriormente mencionadas, mas também as dimensões do planejamento.

A primeira dimensão, documental/axiológica, é facilmente identificável nas Diretrizes do PNE, na medida em que estabelece princípios gerais como a erradicação do analfabetismo.

A segunda, material, surge a partir das metas, as quais procuram posicionar em termos de tempo e espaço os referidos princípios, além de dividi-los em parâmetros de aferição do seu cumprimento, como foi apresentado no exemplo concernente à Meta 4.

A terceira, estratégica, encontra-se representada nas 159 ações – que são inclusive denominadas estratégias – e traz orientações e prescrições referentes ao atingimento de cada uma das metas.

Desse modo, torna-se claramente perceptível o caráter indutor do Planejamento Estratégico presente no PNE.

Por último, cabe indicar que o PNE, na forma legal, torna-se um elemento ordenador em nível nomotético, mas que, para poder captar o dinamismo da Educação Brasileira nas esferas locais e em nível nacional, carece de um elemento praxiológico de apoio, que é o papel das Conae e do Fórum de Educação, que examinaremos a seguir.

O Art. 6º da Lei nº 13.005/14 indica que:

A União promoverá a realização de pelo menos 2 (duas) conferências nacionais de educação até o final do decênio, precedidas de conferências distrital, municipais e estaduais, articuladas e coordenadas pelo Fórum Nacional de Educação, instituído nesta Lei, no âmbito do Ministério da Educação.

Tal artigo, como se nota, traz à baila o *modus operandi* a partir do qual o PNE passa a ser implantado e avaliado em consonância com o princípio da Gestão Democrática presente na CF/88 e na LDB nº 9.394/96, já discutidos em capítulo anterior deste livro. É indissociável a ligação entre participação e democracia, e a decorrência fundamental dessa ligação é que não pode haver Gestão Democrática sem participação política, em que pese o fato de a participação popular ser condição *sine qua non* da existência de um Estado Democrático de Direito. Com base nessas assertivas, o papel deste artigo da Lei nº 13.005/14 torna-se claro: trazer a Gestão Democrática como eixo fundamental da Política Educacional presente no PNE.

Ao identificar não somente os espaços de participação da sociedade civil organizada – a Conae –, mas também o elemento de liderança desse processo participativo – o Fórum Nacional de Educação –, o Plano Nacional de Educação permite entrever uma continuidade da ampliação da participação popular e das políticas de acompanhamento e controle social que vêm sendo implantadas com maior ênfase nos últimos 12 anos,[30] representada pela discussão ampliada e articulada com os diferentes atores educacionais das diretrizes, metas e estratégias que integram o PNE. Com isso, o princípio da Gestão Democrática se amplia significativamente e caminha a passos largos no sentido de tornar-se prática corrente na Política Educacional no Brasil. Assim, a atual Conae, realizada em 2014, tratou, entre outros temas, dos desafios implicados na construção de um Sistema Nacional de Educação.[31] Caberá ao Fórum Nacional de Educação, cuja composição é integrada por diversos segmentos da sociedade civil, governos e representantes de entidades de classe, a definição dos critérios e normas para as próximas Conae, respeitando-se, no entanto, as decisões tomadas nas plenárias da Conae 2014.

Com a análise do atual PNE, encerramos este capítulo. No próximo, abordaremos as características estruturais do campo da política educacional brasileira.

---

30. Este período coincide com os dois mandatos do presidente Luis Inácio Lula da Silva e com o mandato da atual presidente Dilma Roussef. Há que reconhecer como uma das marcas positivas desses governos a ampliação da participação popular nas decisões tomadas em nível de Políticas de Estado.

31. Cabe especial menção o esforço realizado por organizações acadêmico-científicas, como a Anped, e sindicais, como a CUT e a CNTE, no sentido de auxiliar na organização das prévias locais da Conae.

3

Características estruturais do campo da política educacional brasileira

> O real não é nunca aquilo em que se poderia acreditar, mas é sempre aquilo em que deveríamos ter pensado.
>
> *Gaston Bachelard (2001)*

Neste capítulo, após um esforço de análise no qual procuramos descrever e interpretar os movimentos e as tendências políticas dos planos, ações e programas da política educacional brasileira, procuraremos agora sintetizar em vez de analisar. Assim, neste capítulo faremos uma síntese de vários elementos que nos permitem caracterizar a política educacional brasileira como um campo de forças em conflito e um local de contradições diversas entre a "forma", o "conteúdo" e as "consequências" de ações, programas e planos gestados nesse campo.

Antes de iniciarmos nosso estudo, cabe explicitar um pouco a perspectiva teórica que embasa o tipo de análise e a forma como serão reunidos e tratados os elementos caracterizadores a que nos referimos. Em primeiro lugar, serão apresentadas algumas noções, como a de "campo", bem como a perspectiva teórica em que as utilizaremos. Em seguida, faremos uma análise com base em tensões, conflitos e acordos relativos à política educacional nacional, buscando caracterizar quais os grupos, as forças políticas e as estruturas que se relacionam no campo em questão. Por último, esboçaremos uma análise dessas relações e faremos uma prospecção de tendências para possíveis futuros estados desse campo.

3.1 Sobre os conceitos norteadores: a noção de "campo" e seus termos acessórios

Para que possamos compreender e caracterizar as ocorrências da política educacional brasileira, é fundamental a noção de "campo". Trabalharemos com a noção de "campo" a partir do que um dos maiores especialistas mundiais no assunto, o sociólogo francês Pierre Bourdieu, promoveu a respeito de sua aplicação.

Para Bourdieu (2001), "campo" configura o espaço – delimitação geográfica, social e política – em que ocorrem as relações entre indivíduos, grupos e estruturas sociais, o qual é sempre dinâmico e cujo dinamismo obedece a leis próprias, animada sempre por disputas ocorridas em seu interior, disputas essas invariavelmente motivadas pelo interesse em ser bem-sucedido nas relações estabelecidas entre seus componentes. A esse interesse, Bourdieu dá o nome de *illusio*.[1] Outro conceito fundamental para justificar o aporte teórico a que recorremos para compor este estudo é o de *habitus*. Em estudo anterior, trabalhamos esse conceito:

> O *habitus* consiste em uma matriz geradora de comportamentos, visões de mundo e sistemas de classificação da realidade que se incorpora aos indivíduos (ao mesmo tempo em que se desenvolve nestes), seja no nível das práticas, seja no nível da postura corporal (*hexis*) desses mesmos indivíduos. Assim, o *habitus* é apreendido e gerado na sociedade e incorporado nos indivíduos. O *habitus* é um grande organizador de nossos hábitos, é o que dá sentido às nossas ações quando estamos em sociedade. (Santos, 2010)

Desse modo, o *habitus* é conformado pelo campo, mesmo sendo algo incorporado ao indivíduo. Ele influencia a estrutura do campo, considerando-se os indivíduos nele presentes, do mesmo modo que o campo influencia a conformação dos *habitus* individuais, por meio da assimilação das regras do campo e do desenvolvimento de estratégias para agir em conformidade com elas. Assim, no âmbito dessa teoria, verificamos as relações entre o *habitus* e o campo. Mas, antes de prosseguirmos na análise dessa noção de "campo", veremos o conceito de "mundo social", ao qual iremos recorrer.

A noção de "sociedade" presente na obra de Pierre Bourdieu é diferente da que muitos sociólogos utilizaram ao longo do tempo. Contraposta a

---

1. *Illusio* é uma expressão latina que, traduzida grosseiramente, significa "sentido do jogo". No caso da obra de Bourdieu, por jogo se entende todo tipo de relação social entre os agentes, sejam eles grupos ou estruturas sociais. A *illusio* é, em grande parte, o próprio interesse que os participantes de um campo, sempre concorrencial, têm nas disputas internas a ele.

visões lineares, como a da sociologia marxista, a noção de "sociedade" em Bourdieu é substituída pela de "mundo social", fundamental para a compreensão da noção de "campo", que passa a ser a unidade explicativa das relações entre agentes e estruturas em determinados contextos.

Para compreendermos o que Bourdieu chama de "mundo social", e que compreende estruturas, indivíduos, grupos, *habitus*, campos e diversas modalidades de capital,[2] devemos entender que, para esse autor, o espaço social é formado por campos que se compõem de diversas forças sociais atuantes e encarnadas nas estruturas e nos agentes. A posição dos elementos do campo, ao contrário das teorias que pressupõem uma linearidade estrutural, como a marxista, que pressupõe a existência de classes sociais, apresenta-se definida pelo modo como tais elementos se relacionam, variando de acordo com o volume global e a estrutura dos diversos tipos de capital – capital cultural, econômico, simbólico, informacional etc. –, conforme a natureza do campo em que tais relações se desenvolvem. Por exemplo, no campo acadêmico, as regras de valorização dos indivíduos e das estruturas têm origem na posse de capital cultural, como os conhecimentos acadêmicos dos indivíduos, em detrimento, por exemplo, da posse de outro tipo específico de capital, como o econômico. Para Bourdieu, grosseiramente, o campo é o local em que as coisas acontecem. Cada campo possui um tipo diferente de luta pelo poder; no campo do esporte, por exemplo, o tipo de luta entre os atletas para se afirmar não é o mesmo que o professor deve realizar para se afirmar no campo acadêmico – tais lutas seguem regras diferentes por se desenvolverem em campos distintos.

Adiante, aplicaremos o conceito de "campo" à política educacional brasileira, para verificar quais são seus agentes, suas estruturas e as relações

---

2. A noção de capital tornou-se célebre com a teoria marxista. Até hoje, muitas das análises em sociologia têm como referência a noção de capital cunhada por Karl Marx; porém, o poder explicativo dessa noção, se é que já era tão grande em seu início, não serve para a compreensão de muitos fenômenos sociais. Visando a resolução desse problema teórico, Bourdieu amplia a noção de capital e, assim, faz que possamos compreender trocas simbólicas ocorridas em outros campos, guardando algum tipo de analogia com a economia, visto que o capital é definido, de forma genérica, como um recurso (estrutura estruturante) que rende lucros para quem o possui. Para Bourdieu, existem diversos tipos de capital (cultural, econômico, simbólico etc.), e eles têm valor relacionado ao campo a que esteja referido. Por exemplo, quando falamos das relações entre os indivíduos do campo econômico e das disputas ocorridas no mundo dos negócios, o capital econômico obtém prevalência nas estratégias de distinção e nas disputas entre estruturas e agentes. Em um campo dominado pelas leis da transmissão cultural, como o literário ou o acadêmico, no entanto, o capital econômico não possui a mesma prevalência do capital relativo à *illusio* desse campo, que é o capital cultural. Assim, podemos entender de maneira mais direta o modo como os sujeitos se relacionam com o mundo social e, mais particularmente, com os campos em que transitam.

desenvolvidas no âmbito desse setor da política e, por conseguinte, no espaço concreto ocupado pela Educação no Brasil.

3.2 Agentes, estruturas, direção, matéria e forma do campo da política educacional brasileira: mapeando os elementos constitutivos

Aqui, o objetivo é mapear os componentes do atual campo da política educacional brasileira, referente à primeira década do século XXI. Para tanto, dividiremos este estudo em três instâncias:

a. Análise das estruturas, que se compõem de formas simbólicas[3] e de instituições.[4]
b. Análise dos agentes, isto é, dos grupos e forças envolvidos na política educacional brasileira.
c. A lógica estrutural do campo da política educacional brasileira.

Antes de iniciarmos uma análise mais densa, destaque-se que, apesar de ter algumas virtudes e possibilidades de ampliar a compreensão teórica do tema, este estudo também possui as seguintes fraquezas:

1. Em grande parte, um campo deriva sua estrutura material e simbólica, assim como sua lógica – a *illusio*, as regras de conversão dos capitais etc.[5] – dos fatores históricos e do momento em que se situa. Desse

---

3. De acordo com Cassirer (2001), uma forma simbólica é um componente que transcende a materialidade concreta, mas, ainda assim, condiciona e estrutura o que acontece concretamente. Das muitas formas simbólicas, esse autor identifica: a Linguagem, a Religião e o Direito. Ao mesmo tempo que o Direito é uma forma simbólica, a Legislação, ou, mais propriamente, o espírito da lei, possui forte ligação com as formas simbólicas. Assim, procuraremos relacionar neste livro o "espírito das leis" educacionais do Brasil à noção de forma simbólica, como elemento constitutivo de uma análise do campo.
4. Uma instituição caracteriza-se por ter dupla gênese: por um lado, necessita de suporte material e concreto dos indivíduos e grupos que a criam e a impregnam de sentido; por outro, necessita de legitimação social, muitas vezes auferida pelo Estado, para que possa ter reconhecida sua existência social. Neste livro, entendemos as instituições como estruturas pertinentes ao campo da política educacional brasileira. Portanto, cabe indicar que tais instituições correspondem a órgãos da administração pública, escolas e universidades.
5. Um capital possui eficácia específica em seu campo de origem. Quando um indivíduo deseja mobilizar seu capital para atuar em um campo diferente daquele no qual seu capital originariamente seria dominante, ele o converte no tipo requerido para determinado campo. Por exemplo, um grande empresário que deseje se lançar no campo da política partidária poderá mobilizar vultosas somas de dinheiro para converter seu capital econômico em capital político, mediante a aquisição de serviços especializados e investimentos em propaganda e marketing político.

modo, um estudo sobre o presente de um campo particular, por mais atualizado que seja, corresponderá sempre a uma visão defasada, pois, em alguns casos, mesmo que lentamente, as regularidades históricas e as interações entre os agentes e as estruturas promovem mudanças estruturais que podem ser bastante significativas tanto na forma quanto na lógica matricial de um campo, em uma espécie de *continuum*, impossibilitando o mapeamento de sua totalidade e em tempo real.
2. O estudo apresentado neste capítulo não provém de uma vasta e intensiva consulta bibliográfica, embora tenham sido consultadas algumas obras basilares sobre o assunto. Tampouco de uma análise conjuntural pautada por grande número de estudos empíricos. Isso poderia ser visto como uma limitação, pois tais métodos viriam a enriquecer e trazer mais precisão ao estudo aqui encetado, mas o objetivo que esposamos é o de esboçar a aplicação do conceito de "campo" à política educacional brasileira para, justamente, subsidiar futuros empreendimentos de pesquisa que possam realizar ao menos uma das duas referidas tarefas.
3. Como este livro pretende ser uma obra introdutória e referencial acerca da política educacional, algumas simplificações se fazem necessárias para torná-la mais acessível a um público que, não necessariamente, é especialista no assunto. Assim, explicações, em especial as relacionadas a minúcias referentes à noção de "campo", são mais superficiais. Em suma, ao escolher entre aprofundar o conhecimento teórico presente no livro e direcioná-lo a especialistas na área, e tornar o conhecimento de política educacional acessível aos "neófitos" da área, optei pela segunda alternativa.

Após essas explicações, longas, mas necessárias, vamos à proposta de caracterizar o campo da política educacional brasileira.

3.2.1 Análise das estruturas do campo da política educacional brasileira: gênese e composição matricial

Nesta seção, veremos quais são as estruturas componentes do campo, bem como delimitaremos seu *modus operandi* no que tange à sua interação com os agentes e à sua influência no campo.

3.2.1.1 As formas simbólicas da política educacional brasileira

Quanto às formas simbólicas que dão o suporte ideológico e, de certo modo, vêm a ser o próprio sentido de ações, planos e programas políticos da educação brasileira, é correto afirmar que, quanto à sua natureza, estas se dividem em dois tipos:

a. *Normas e regras "não oficiais"*. Referem-se às noções orientadoras das práticas observadas no campo, mas que não se encontram instituídas ou registradas na documentação oficial, às vezes contrapondo-se a ela.
b. *Espíritos de lei*.[6] São formados por ideias-força, isto é, por aquelas que permeiam todos os documentos e acabam por compor sua intencionalidade, seus objetivos e suas diretrizes. Ao contrário do item anterior, as ideias-força podem ser depreendidas mediante análise documental, e não se contrapõem aos documentos, pois são os eixos de sentido destes.

É correto indicar que ambos os elementos anteriores possuem uma relação dialética, na medida em que, diversas vezes, um Espírito de lei se converte em uma norma e/ou regra não oficial,[7] ao mesmo tempo que uma norma não oficial se converte em espírito de lei.[8] Analisaremos, a seguir, algumas das normas não oficiais mais recorrentes no campo da política educacional brasileira.

Normas não oficiais exemplares

A. Confusão entre as dimensões do público e do privado no âmbito da gestão dos recursos direcionados a sistemas e unidades de ensino. Isso ocor-

---

6. Esse termo encontra inspiração na obra de Charles de Secondat (barão de Montesquieu), chamada *O espírito das leis* (Montesquieu, 2000). Nesse livro, o autor procura realizar uma análise metafísica acerca do modo como uma lei se constitui, procurando relacionar esse processo de constituição com fatores de caráter cultural, geográfico e social. Assim, com base nessa primeira iniciativa encetada por Montesquieu, para perscrutar os fatores abstratos que condicionam a forma material da lei, cunho outro conceito, qual seja, o de "espíritos de lei".
7. Como exemplo, podemos citar a seguinte ocorrência: a LDB nº 9.394/96 revoga a Lei nº 5.692/71, que estabelecia o ensino de primeiro e segundo graus. Porém, mesmo após vários anos desde essa ação legal, a "Estrutura e o Funcionamento do Ensino" ainda são vistos por muitas pessoas como correspondentes aos previstos na Lei nº 5.692/71. Até mesmo gestores educacionais experientes ainda se referem a esses níveis de ensino de acordo com a nomenclatura anterior, dado o poder estruturante do antigo espírito de lei.
8. Antes do Decreto nº 6.094/07, já havia a tentativa de estabelecer parcerias entre os municípios e o governo federal no que diz respeito à educação, o que se dava mediante a instituição de convênios entre essas duas esferas. Assim, o que antes era uma norma não oficial, dado o seu caráter episódico e não sistematizado, com a instituição do Decreto nº 6.094/07 converteu-se em espírito de lei, bem como encarna no próprio decreto em questão.

re quando recursos públicos são tratados como propriedade individual de quem os gere, da mesma maneira que, no imaginário de muitos dos agentes da política educacional brasileira, há uma tendência cristalizada, a referir-se a instituições ou sistemas de ensino como se fossem propriedade privada. É o caso da diretora que fala da "sua escola" ou do gestor de sistemas que se refere à "sua rede". Muito mais do que uma expressão discursiva, está em jogo a noção, ainda que subliminar, de que o bem público é propriedade de quem, ainda que momentaneamente, ocupa a função relativa à sua gestão.

Por essa razão, vemos a dificuldade que diretores escolares encontram em fazer suas prestações de conta no prazo, pois muitos não conseguem diferenciar corretamente os orçamentos escolares de seus próprios orçamentos, chegando, em alguns casos, a injetar dinheiro próprio nas despesas escolares.

B. Noção de ausência de limites dos cargos eletivos. Essa norma não oficial se apresenta de duas maneiras:

a. Confusão quanto ao espectro de atuação permitido em razão do cargo ocupado.
b. Dificuldade no entendimento da noção de mandato, que sempre pressupõe um prazo.

Quanto à primeira norma não oficial, é possível afirmar que ela explica muitos dos abusos de poder cometidos por gestores e políticos em escalões inferiores da administração, como vereadores que atribuem a si mesmos tarefas que seriam dos conselhos municipais de educação e elementos da gestão de escolas que ignoram os princípios da gestão democrática e elaboram propostas pedagógicas de maneira pessoal, sem discussão coletiva com todos os elementos da comunidade escolar.

Quanto à segunda forma de apresentação de tal norma, entende-se que é em razão dela que observamos a situação de portadores de cargo eletivo que se prolonga *ad aeternum*, como diretores de escola cujo mandato é maior que uma década, sem nenhuma perspectiva de eleição. Essa norma não oficial é, certamente, um dos elementos que explicam por que o princípio da gestão democrática, mesmo presente na letra da lei, não é suficiente, por exemplo, para fazer que todos os diretores de escolas estaduais ou municipais sejam eleitos, em vez de simplesmente indicados pelos secretários de educação.

C. Hiato demasiadamente longo entre a letra da lei e as práticas usuais

No que tange a essa norma não oficial, devemos destacar que é uma das que mais condicionam o campo. Tal hiato faz que, muitas vezes, ocorram dois fenômenos:

a. Demora – às vezes superior a uma década – entre a promulgação de uma lei e a respectiva reação de sistemas e instituições educacionais públicas e privadas.
b. Descumprimento flagrante da lei, com a implantação de práticas ilegais no trabalho cotidiano de professores, gestores educacionais e políticos ligados à educação.

Como exemplo desses fenômenos, podemos destacar:

1. Demora na adequação das escolas públicas aos PCN, o que, mesmo depois de mais de 15 anos – conforme sabemos, os PCN foram elaborados e implantados em 1997 –, ainda não veio a ocorrer em grande parte dos casos, algo que se comprova pelos baixos índices educacionais mensurados pelo Ideb.
2. Modo como a gestão dos recursos do Fundeb nem sempre é divulgada para os profissionais de educação dos municípios, o que fere o princípio da transparência, elemento indissociável da gestão democrática, tal como vista na LDB e na CF/1988.

É sabido que muitas outras normas não oficiais poderiam ser elencadas, a título de demonstração; porém, entendemos que, em um ensaio como este, de caráter introdutório à problematização do conceito de "campo" relacionado à política educacional brasileira, essas normas oficiais fundamentais são suficientes. Sigamos, pois, em direção aos espíritos de lei que atuam como formas simbólicas componentes do referido campo.

Os espíritos de lei mais influentes

Assim como em relação às normas não oficiais, procuro aqui identificar alguns dos espíritos de lei mais influentes no campo da política educacional brasileira.

A. Leis formuladas de modo ambíguo. A atual LDB, a maior das políticas públicas regulatórias da educação brasileira, constitui, inequivocamente, uma "estrutura estruturada e estruturante", conforme veremos adiante, que influencia toda e qualquer lei que se refira à educação no Brasil. Tal como apontado por Cury (2001), entendemos que essa lei se caracteriza por sua ambiguidade, de modo que, em questões cruciais, peca por não definir claramente os sentidos e significados embutidos em seu texto. Em seu §5º, inciso I, art. 87, por exemplo, é dito que: "Serão conjugados todos os esforços objetivando a progressão das redes escolares públicas urbanas de ensino fundamental para o regime de escolas de tempo integral". Aparentemente, esse é um artigo com redação clara e coesa. Um detalhe, porém, faz que se torne indefinido e ambíguo: a ausência de um prazo para que todas as escolas de ensino fundamental adotem o regime integral, sem o qual, objetivamente, não há como garantir que tal medida venha a ocorrer, pois o ritmo em que essas escolas sofrerão a referida conversão não está especificado.

Em razão do caráter matricial da LDB, entendemos que toda uma sucessão de leis, decretos e regulamentos acaba por ser influenciada por essa característica, gerando então ambiguidade no âmbito dos espíritos de lei da educação brasileira.

B. Legislação contraditória com a CF/1988 no que tange a instituições educacionais e entes federativos. Conforme vimos no capítulo inicial, a CF/1988 é a política pública instituinte por excelência, e, nesse sentido, é a maior referência quanto à formulação de leis que venham a atingir todos os setores da sociedade e do Estado brasileiro. Ocorre, porém, que há um número considerável de casos em que os espíritos de lei se chocam com a CF/1988. Um exemplo disso pode ser visto facilmente na política de cotas raciais no ensino superior, iniciada na Universidade Estadual do Rio de Janeiro.[9] Em seu art. 5º, a CF/1988 afirma categoricamente que não pode haver distinções de credo, raça, gênero e religião para o acesso a qualquer direito. A política de cotas, porém, sem discutir o mérito dos argumentos desenvolvidos pelos defensores de tal política, choca-se frontalmente com a CF/1988 ao destinar 20% das vagas existentes na universidade para estudantes que se declarem negros, criando uma categoria especial de sujeitos a partir de um critério racial.

Vários outros exemplos poderiam ser arrolados, porém os dois supracitados já são suficientes para a meta estabelecida no início deste capítulo.

C. Confronto entre centralização administrativa e autonomia de instituições e sistemas de ensino. A CF/1988 e a LDB estabelecem o princípio da gestão democrática de instituições e sistemas de ensino. Igualmente, vemos na LDB a descentralização administrativa despontar como uma de suas atribuições. No entanto, observa-se um conflito entre tal atribuição e as medidas homogeneizadoras no que se refere à avaliação institucional, im-

---

9. Torna-se necessário passar ao largo das controvérsias geradas pelo debate desse tema polêmico, de modo que se possa fixar o que está em pauta no âmbito do estudo proposto neste capítulo: o enfrentamento à CF/1988 presente no interior da legislação educacional brasileira.

plantada em âmbito nacional, como vimos no capítulo anterior, com base nos dois sistemas de avaliação vistos anteriormente.

É importante ressaltar que, assim como a avaliação condiciona e estrutura o campo em termos pedagógicos e administrativos, o PDE/PAR homogeneíza os procedimentos de aplicação de recursos financeiros e, de certo modo, o cotidiano das escolas. Essa contradição é algo que se observa na leitura dos documentos oficiais e que possui grande influência no campo da política educacional, conforme veremos adiante.

D. Leis prevendo a gestão democrática mediada pela participação em instituições colegiadas, apresentando, no entanto, limitações do ponto de vista da composição de tais instituições. Este é um espírito de lei presente na regulamentação de órgãos colegiados, isto é, daqueles que fazem a mediação entre o Estado e a sociedade civil no que compete à implantação das políticas de responsabilização.

A principal característica dessa forma simbólica refere-se à previsão de ampla participação popular na gestão de recursos e administração de sistemas e instituições, sem, no entanto, criar mecanismos para que isso ocorra de fato. Vemos isso claramente na Lei nº 11.494/07, que institui o Fundeb (como vimos no capítulo anterior), a qual prevê a criação de conselhos do Fundeb, mas não dispõe sobre a forma como a composição de tais conselhos deve ser divulgada, o que faz que, em diversos casos, a má divulgação seja um obstáculo à transparência necessária para que o princípio da gestão democrática venha a se efetivar de fato. Com isso, constata-se a existência de uma forma simbólica que limita o princípio do controle social a um elemento presente na letra da lei, mas que, em boa parte dos casos, não passa de um mero princípio formal.

3.2.1.2 Instituições influentes no campo da política educacional brasileira

Uma instituição é mais que um simples órgão oficial ou da sociedade civil. Antes de tudo, ela é um ente que se afirma em uma sociedade e que goza de um reconhecimento, o qual dá origem a uma quantidade variável de valoração positiva ou negativa e lhe permite ser legitimada por essa mesma sociedade. Ainda sobre instituições, é conveniente notar que possuem uma parte concreta e uma contraparte simbólica, ou seja, em uma sociedade, é impossível existir uma instituição que seja puramente abstrata ou que exista somente com base na arquitetura de seus prédios e dos recursos humanos neles existentes. É precisamente a interação permanente entre fatores materiais e simbólicos que nos permite caracterizar uma instituição, pois todas possuem "microcampos" de forças que respondem pelas propriedades de tais forças, as quais se expressam em sua atuação em relação aos indivíduos e ao campo ao qual pertencem.

Assim como as formas simbólicas precisam de espaços concretos em que possam se materializar, as instituições precisam dessas formas simbólicas para emprestar sentido às suas ações e, assim, conduzir sua existência, no que se refere à configuração material e aos *habitus*[10] dos agentes nela presentes.

A seguir, faremos uma breve descrição das propriedades e capacidades das instituições em relação à política educacional no Brasil.

Instituições diretamente ligadas à estrutura do Estado

Diante do que foi exposto, vamos a uma breve caracterização das instituições diretamente ligadas à estrutura do Estado, focando nas mais influentes no campo que é objeto de nosso estudo. Faremos uma descrição sucinta da estrutura e do funcionamento das referidas instituições, bem como de seu papel na constituição do campo da política educacional brasileira.

A. O Ministério da Educação e Cultura (MEC). O Ministério da Educação e Cultura é o órgão responsável pela coordenação das políticas desenvolvidas na área de Educação. Sua atuação vai além dos aspectos pedagógico-educacionais, estendendo-se ao planejamento e à avaliação de planos, programas e propostas para essa área. Destaque-se que o MEC também gerencia vultosas somas de recursos, distribuídas aos sistemas e às instituições de ensino ligados à sua estrutura; em 2010, por exemplo, o Fundeb contou com dezenas de bilhões de reais captados. Em outras palavras, é possível associar o MEC a um materializador das políticas de Estado e de governo em todo o país.

---

10. É importante destacar que neste estudo, de forte teor ensaístico, é grande o risco de emprestar aos agentes uma visão que resulta de minha própria posição no campo estudado. Há, no entanto, de minha parte, consciência de dois fatores que me auxiliam a manter tal tendência sob controle: 1) a admissão da impossibilidade de um distanciamento completo entre o observador e o objeto como pressuposto metodológico; 2) a garantia de que a ruptura epistemológica a ser operada (Bourdieu, 2001) repousa sobre o esforço realizado no sentido de procurar compor o modelo analítico mediante uma reconstrução multidimensional dos espaços sociais elencados. Além desses fatores, é preciso ter em mente que este é um esforço pioneiro de caracterização, situado muito mais em uma perspectiva de definição de proposições genéricas para futuros estudos do que no recolhimento empírico e sistematizado de elementos concretos do campo em tempo real. Isso se dá especialmente após a adoção do olhar analítico, que privilegia o cotejamento de formas simbólicas e a análise de instituições e agentes, os quais, acredito, possam informar um novo vetor analítico da política educacional, em uma perspectiva de racionalismo aplicado (Bachelard, 1974).

Sua ação no campo que lhe compete é de integração de políticas e de estabelecimento de padrões que devem ser seguidos por instituições e sistemas de ensino do Brasil, constituindo, então, uma estrutura conformadora da política educacional brasileira para condicionar o campo mediante o estabelecimento de parâmetros e diretrizes, como os PCN e os DCN, pautados pela avaliação institucional e pedagógica.

B. O Conselho Nacional de Educação (CNE). O CNE, cuja composição apresenta duas seções – Câmara de Educação Básica e Câmara de Educação Superior –, possui uma função que é, ao mesmo tempo, normativa e deliberativa. Todas as alterações a serem realizadas nas instituições públicas e privadas, do ponto de vista de sua lógica estrutural e de sua organização pedagógica, precisam ser aprovadas pelo CNE, cujas decisões podem, entre outras coisas, sobrepor-se às ações desenvolvidas pelo MEC. É comum encontrar na LDB, por exemplo, diversas alterações ocorridas com base em resoluções e pareceres do CNE.

No que se refere à influência no campo tomado como objeto de estudo, é possível caracterizar sua ação com base em uma analogia com o antigo poder moderador, ou seja, o CNE impõe-se como uma instância capaz de irradiar sua influência sobre toda a política educacional, quanto à sua matéria e forma, agindo como uma instituição que emite juízos que devem ser imediatamente cumpridos por todos os elementos do campo relacionado a essa instituição. Do mesmo modo que o MEC se destaca pelo trabalho técnico de criação e manutenção de padrões de referência em termos de qualidade, ao CNE cabe uma ação que incide prioritariamente sobre a dimensão jurídica das políticas formuladas e das instituições sob sua égide. Destaque-se, ainda, que o funcionamento do CNE serve como base para estruturas análogas – mas não homólogas – existentes nos estados, os conselhos estaduais de educação, conforme será visto adiante.

C. O Fundo Nacional de Desenvolvimento da Educação (FNDE). Essa instituição é *sui generis*, pois se apresenta como estrutura estruturada e estruturante de parte das políticas de financiamento da educação e, ao mesmo tempo, possui uma denominação que sugere uma ligação indireta com a estrutura do Estado, assim como o Fundeb, que é um fundo e se apresenta como tal. O caráter híbrido confere a esse órgão uma dinâmica de atuação profundamente capilar, na medida em que penetra em todas as esferas da União, assim como possui uma autonomia administrativa que lhe permite gerir outras políticas públicas em educação que envolvam financiamento, tal como vimos na seção sobre o PDE/PAR.

D. O Instituto Nacional de Estudos e Pesquisas Anísio Teixeira (Inep). Dentro da estrutura do MEC, o Inep é o órgão técnico que responde pela organização do sistema nacional de avaliação da educação básica e superior, tal como visto na LDB. Quanto à sua ação do ponto de vista técnico, é conveniente salientar que sua principal atribuição é produzir e contabilizar indicadores educacionais, o que é feito por duas instituições: a Agência Nacional de Avaliação da Educação Básica (Aneb) e a Comissão Nacional de Avaliação da Educação Superior (Conaes). Antes de detalharmos a ação do órgão, do ponto de vista da influência no campo da política educacional brasileira, vejamos alguns detalhes referentes a essas seções do Inep.

Aneb

Essa agência é responsável pelo gerenciamento do Sistema de Avaliação da Educação Básica (Saeb) e da Prova Brasil, como vimos anteriormente. Também é com base nela que são produzidos os indicadores expressos no Índice de Desenvolvimento da Educação Básica (Ideb).

A ação da Aneb caracteriza-se pela composição e modelagem dos dados de desempenho das escolas recolhidos nacionalmente. No entanto, ainda que exista grandes progressos do ponto de vista técnico, no que diz respeito à coleta e ao tratamento dos dados, que inclui, por exemplo, relações com dados demográficos recolhidos junto ao IBGE, a divulgação dos resultados deixa a desejar, pois não há um trabalho de apresentação dos dados que permita aos gestores, e principalmente aos professores, compreender de maneira apropriada os significados expressos nos resultados da avaliação de desempenho.

Conaes

Essa comissão é responsável por coordenar os resultados da avaliação encetada pelo Sistema Nacional de Avaliação da Educação Superior (Sinaes). Apesar de seu corpo diretivo ser reduzido, essa comissão dispõe de um amplo quadro de avaliadores, mobilizados diversas vezes para realizar visitas e verificar as condições de funcionamento das instituições de ensino superior.

A Conaes possui uma tarefa importante ao imprimir um padrão único de qualidade na educação superior brasileira, e cumpre essa prerrogativa ao observar a implantação das diretrizes curriculares dos cursos e as condições de funcionamento das instituições de ensino superior.

É basicamente por meio dessas agências que o Inep exerce sua função como elemento definidor de padrões de desempenho. Nota-se que a criação de padrões centralizados de credenciamento e certificação são elementos de estruturação monolítica de sistemas e instituições de ensino. Em países como os

Estados Unidos, por exemplo, isso não ocorre; lá existem órgãos que, por meio de demandas expressas pela sociedade civil, credenciam e reconhecem a qualidade das instituições desenvolvidas. Enquanto no Brasil a avaliação e a aferição de indicadores são demandas do Estado, chegando, em alguns casos, a causar temor em gestores e professores implicados em tais avaliações, em outros países, como o já mencionado, a aferição de indicadores é vista como algo desejável, pois o bom desempenho traz visibilidade à instituição quando esta realiza bom trabalho pedagógico e administrativo.

E. As agências de fomento à pesquisa. Nessa categoria há diversas agências, como o Conselho Nacional de Pesquisa (CNPq), a Comissão de Aperfeiçoamento Permanente de Pessoal da Educação Superior (Capes) e as fundações estaduais de amparo à pesquisa.

Essas agências estruturam-se em eixos pautados por critérios de elegibilidade de pesquisa. Em geral, o apoio a projetos de pesquisa está vinculado a critérios como titulação, experiência em pesquisa, produção acadêmico-científica e aderência à área de conhecimento. Os critérios de elegibilidade de pesquisa variam de acordo com o edital de fomento disponibilizado, assim como a ênfase das agências varia no que diz respeito ao financiamento e às exigências, em termos de contrapartida. Porém, ressalte-se que o estímulo à pesquisa em nível de pós-graduação e graduação é muito maior que o estímulo à pesquisa na educação básica.

Sobre o papel das agências de fomento no campo da política educacional brasileira, é correto afirmar que se apresentam como estruturas estruturantes da produção de pesquisa, atrelando, em boa parte, os esforços dos pesquisadores – e, em certa medida, a criatividade individual – aos critérios de elegibilidade das agências, no que se refere aos recursos financeiros por elas desembolsados.

F. Os Conselhos Estaduais de Educação (CEE). Os CEE possuem, no âmbito estadual, prerrogativas similares às do CNE, estando, porém, limitados à esfera de abrangência dos entes federativos em que se inscrevem. Aos CEE cabe definir quais são as normas e os procedimentos de reconhecimento das escolas de ensino médio e fundamental privadas, bem como zelar pela qualidade das escolas estaduais de ensino fundamental e médio.

Cabe ainda aos CEE estabelecer os procedimentos necessários para a abertura e o encerramento das atividades de escolas privadas, bem como aferir suas condições de funcionamento. A composição desses conselhos, apesar de não ser dividido em câmaras como o CNE, possui igualmente uma administração colegiada.

De certo modo, pode-se afirmar que os CEE respondem, em boa medida, pelas "cores locais" dos sistemas de ensino estadual. Apesar das analogias estruturais e das competências atribuídas a esses diferentes conselhos, também se pode afirmar que sua ação se contrapõe, ainda que timidamente, à tendência centralizadora observada em outros órgãos ligados à estrutura do Estado, pois definem normas e regras particulares aos sistemas de ensino e às instituições localizadas nos referidos estados.

G. Os Conselhos Municipais de Educação (CME). Esses conselhos possuem uma função que não guarda analogias nem homologias em relação aos demais. Sua composição é caracterizada por diversos membros da comunidade local dos municípios, contando com representantes de escolas, associações da sociedade civil e representantes da secretaria municipal de educação. Quanto ao seu *modus operandi*, sua ação está pautada por dois eixos:

a. Elaboração do Plano Municipal de Educação (PME), que deve conter todas as diretrizes de implantação das políticas educacionais locais.
b. Auxílio à integração entre o PME e o PDE por meio do PAR, como vimos anteriormente.

Essas características permitem depreender que os CME servem como estruturas de ancoragem das políticas educacionais em todo o país, adaptando-as à realidade dos municípios e cuidando para que tais diretrizes sejam seguidas e divulgadas para a comunidade, por meio das conferências municipais de educação.

H. As Secretarias Estaduais de Educação (SEE). As SEE são órgãos executivos relacionados às políticas educacionais na esfera dos entes federativos que lhes dão origem, nas quais os recursos nos estados, bem como a ação colaborativa com os municípios, são gestados. As SEE possuem estrutura variada, mas todas têm em comum a existência de um responsável direto por suas ações executivas, de modo que os CEE, em relação a esse órgão, exercem uma função análoga à do CNE em relação ao MEC.

No que compete à atuação das SEE, cabe indicar que são responsáveis por coordenar políticas estaduais e conectá-las à política educacional central determinada pelo MEC, embora os estados, na figura de seus CEE e suas secretarias, muitas vezes tenham entendimento distinto no que diz respeito à LDB e à sua aplicação (Cury, 2001b).

I. As Secretarias Municipais de Educação (SME). De modo análogo ao que acontece com os Conselhos Municipais de Educação, a ação das SME está diretamente ligada ao desenvolvimento e à implantação de políticas educacionais locais, tendo como principal característica corresponder à resultante das forças políticas que atuam na esfera dos municípios. Desde 2007, do ponto de vista pedagógico, as SME têm constituído um dos "polos do PDE/PAR", ou seja, um dos eixos de articulação da política educacional nacional com as políticas locais para a educação.

Quanto às influências das SME no campo que lhe compete, elas constituem o local privilegiado para o ganho de capital político dos agentes envolvidos em suas estruturas, além de possuírem a prerrogativa de "refratar" a política educacional nacional com base nas características locais de suas redes e de seus sistemas de ensino.

Instituições indiretamente ligadas à estrutura do Estado

É em tais instituições, que se caracterizam por ter uma composição diferente daquelas que se ligam à estrutura do Estado, que os princípios da participação popular e da gestão democrática se manifestam. Elas correspondem a conselhos, aos quais a sociedade civil é chamada para compartilhar responsabilidades com o Estado, com o fim de auxiliar no controle, na fiscalização e na gestão de algumas das ações políticas desenvolvidas pelo Estado. Analisemos, então, a influência dessas instituições na dinâmica do campo da política educacional no Brasil.

A. Os conselhos do Fundeb. Esses conselhos são responsáveis por verificar nos estados e municípios a aplicação dos repasses financeiros correspondentes ao Fundeb. Sua composição é mista, com representantes de diversos segmentos da sociedade, além daqueles das redes e dos sistemas de ensino municipais. No entanto, embora sua composição enseje uma participação popular relativamente ampla e um controle social que leve à efetividade, ainda assim há um problema concernente ao modo como são criados esses conselhos, pois, em muitos casos, as assembleias para o estabelecimento destes não são divulgadas com amplitude, sendo comum haver componentes dos conselhos que, "coincidentemente", já seriam aliados de setores representantes das forças políticas locais.

Quanto à atuação desses conselhos em relação ao campo, é necessário afirmar que são estruturas de materialização das políticas educacionais de financiamento local. Ocorre, porém, que em muitos casos, em razão das características de sua composição elencadas anteriormente, os conselhos passam a ser muito mais elementos de legitimação do jogo de forças locais do que de participação popular e controle social.

B. Os comitês locais do PAR. Como vimos no Capítulo 2, o PDE possui ação conjunta com outro plano de articulação de políticas, o PAR. Seus comitês gestores também são articulados em nível local, possuindo uma composição ainda mais variada que a dos conselhos do Fundeb, deles participando representantes do Tribunal de Contas, do Ministério Público, Conselho Tutelar, das Associações Comerciais e Associações Sindicais. Desse modo, torna-se claro que participam elementos de outras áreas, que não a Educação, na gestão de um plano que articula diversas áreas, mas cujo foco é a educação.

No que diz respeito à sua ação, é possível perceber que esses comitês sofrem a influência dos elementos que entram em sua composição, mas deve-se destacar que, enquanto nos conselhos do Fundeb as disputas internas ocorrem prioritariamente no âmbito da educação, nos comitês do PAR o enfrentamento das forças políticas é muito mais complexo. Sobre sua influência no campo, cabe indicar que os comitês do PAR são elementos estruturais de ajustamento das políticas locais às nacionais, em termos de educação, e também servem de elo entre as políticas educacionais e as desenvolvidas em outros setores do Estado. Com isso, vemos em tais comitês mais elementos de "refração" da política educacional nacional, integrada assim aos estados e municípios.

C. Os conselhos escolares. Os conselhos escolares são órgãos inspirados no movimento anarquista francês (Hora, 2009), especialmente no que tange às decisões tomadas em assembleia. A ideia de trazer todas as questões inerentes à escola para discussão na comunidade escolar, especialmente no que alude a pais, funcionários e professores, liga-se diretamente à ideia de participação democrática; porém, assim como vimos em relação a outras estruturas de administração colegiada, há problemas sérios quanto à sua composição estrutural: um deles é o fato de nem todos os municípios – e, consequentemente, nem todas as escolas – possuírem conselhos escolares, e o outro é o desconhecimento das funções dos referidos conselhos por parte de seus componentes, incluindo os gestores escolares.

Em relação à influência desses conselhos no campo que lhes compete, é possível associá-los a uma estrutura de conformação das escolas às políticas educacionais, seja no âmbito local ou nacional.

O papel dos Movimentos Sociais

Os movimentos sociais e as organizações da Sociedade Civil representam um importante papel no âmbito da Política Educacional Brasileira. Malgrado algumas formas de organização que, por vezes, ferem a Ordem

Jurídica e os Direitos Civis, como manifestações violentas ou depredações do patrimônio público, os chamados Movimentos Sociais possuem, em sua essência, a possibilidade de realizar a crítica da Política e da Legislação como um todo e, a partir daí, representando a sociedade de modo eventual ou constante, reformar os pilares Nomotético e Praxiológico da Política.[11]

Em matéria de Educação, os movimentos sociais, na maioria dos casos, trazem à baila pautas de reivindicação que, por vezes, acabam se consolidando em Políticas Públicas ou em alterações no Ordenamento Jurídico. Um exemplo claro disso se vê na criação de um Piso Salarial Nacional para os professores, bem como na Meta do Plano Nacional de Educação relativa a construção de um Sistema Nacional de Educação. Nesse sentido, os movimentos sociais, quando utilizam os canais instituídos pelas normas do Ordenamento Jurídico-Político da Educação Nacional, constituem importante elemento de contraponto ou de apoio à dinâmica de (re)elaboração e concretização das políticas como um todo, e da Política Educacional, em particular.

Em razão dos fatores elencados, é possível afirmar que os movimentos sociais não possuem um caráter demiúrgico – ou instituinte, como preferem alguns autores –, mas que participam, juntamente com o Estado e suas estruturas, os partidos políticos e os indivíduos, de modo isolado, da dinâmica de relações envolvidas na Política Educacional. Assim sendo, faz-se mister pensar essa dinâmica de modo plural e analisar caso a caso os fatores que interferem de modo decisivo na (re)construção e na consolidação de uma Política Educacional. Dizer isto não significa, de forma alguma, reduzir ou desmerecer os movimentos sociais, mas sim compreendê-los como participantes do pluralismo político característico da Política e da Política Educacional Brasileira.

3.2.2 Análise dos agentes que influenciam o campo da política educacional brasileira

Assim como as instituições possuem um *modus operandi* que contribui para a configuração do campo, os agentes que nelas transitam influenciam não apenas a sua dinâmica, mas também a configuração das relações de poder envolvidas na trajetória desses agentes, assim como a interação entre tais agentes e os demais elementos constituintes do campo.

Nesta seção, nosso foco será nas principais características do *habitus* inscrito em tais agentes.

---

11. Para referências adicionais, rever a parte do livro dedicada ao estudo do Ordenamento Jurídico-Político da Educação Brasileira.

A. Membros dos conselhos. Os membros dos diferentes conselhos que participam da política educacional no Brasil possuem muitas diferenças entre si, as quais deixam entrever alguns elementos comuns, inerentes a essa posição ocupada no campo. Veremos a seguir algumas dessas características comuns.

1. A atuação dos membros desses conselhos sempre produz refrações[12] oriundas da perspectiva política e dos interesses em que o agente se envolve por ocasião da luta engendrada no campo. É por isso que não se pode dizer que a ação de um agente é absolutamente redutível à diretriz política e à matriz estrutural do(s) órgão(s) em que este transita, ainda que esses fatores sejam elementos importantes de conformação de atitude e estratégica.
2. Há uma hierarquia simbólica entre os membros desses conselhos, pois agentes oriundos de instituições ligadas à estrutura do Estado, como o CNE, tendem a ser mais reconhecidos como especialistas, não somente quanto à estratégia política, mas também quanto ao conhecimento teórico relativo à política educacional. Há uma dupla gênese nesse processo:
   a. Os processos de seleção engendrados pelos conselheiros incluem, especialmente no caso do CNE e dos CEE, uma valorização da trajetória acadêmico-profissional do conselheiro, além do destaque dado à sua atuação política.
   b. Quanto mais a esfera de influência dos interesses das políticas locais, especialmente no âmbito municipal, se aproxima dos agentes, mais eles tendem a ser influenciados por essa esfera; assim, pelos motivos arrolados na descrição do quarto espírito de lei influenciador do campo, é nos conselhos com participação mais ampla da sociedade civil que veremos uma quantidade maior de elementos da política local entre os indicados.

Sendo assim, com base no que foi descrito anteriormente, atribui-se a esses agentes a característica de elementos de refração das forças políticas

---

12. Utilizo, para efeito explicativo, uma analogia com o conceito físico de refração, de maneira a enquadrar em termos sintéticos elementos da atuação dos agentes no campo da política educacional no Brasil. Desse modo, conforme ocorre com a luz quando passa de um meio para outro e tem seu espectro decomposto e a direção de seus raios desviada, as formas simbólicas e os espíritos de lei implicados na política educacional do campo sofrem distorções e/ou alterações quando se observa a interação de determinados agentes/instituições com o conjunto dos elementos presentes no campo supracitado.

do campo, aumentando a intensidade da refração à medida que tais conselhos se afastam da estrutura do Estado e se vinculam à sociedade civil.

B. Representantes da sociedade civil e de movimentos sociais. Esses são os agentes que, em muitos casos, exercem ação contrária à direção que a política educacional toma em termos gerais. Muitos desses representantes estão ligados a sindicatos e partidos políticos, e, em muitos casos, integram posições nos conselhos destinados ao controle social de programas e ações políticas gestadas na área educacional – e também em outras áreas, como no caso de representantes do Conselho Tutelar –, e nem sempre o que move a ação social tem ligação direta com estrutura e a forma do campo. Em razão dessa diversidade no que se refere à *illusio* relacionada a tais agentes, nem sempre é possível perceber movimentos estratégicos que se liguem às disputas colocadas no campo.

Nas últimas décadas, esses elementos têm atuado de modo a apresentar uma cisão entre o papel social que se espera deles formalmente – conectar, pela via do controle social, as políticas educacionais nacionais à realidade local – e aquele que às vezes desempenham quando atuam como elementos de legitimação de projetos de grupos políticos cujo móvel de interesse está além do campo da política educacional no Brasil. Assim, a partir desse *habitus* dividido, é possível caracterizar a ação desses agentes, devendo-se, porém, dar atenção especial à influência que grupos políticos – e, algumas vezes, partidos políticos – exercem sobre tais elementos, fazendo que estes "gravitem" na esfera de suas proposições e, desse modo, venham a apresentar uma ação de controle social "refratada" a partir dos interesses de tais grupos políticos, muitas vezes opostos às regras do campo presentemente analisado.

C. Intelectuais, acadêmicos e educadores. No que se refere a esses elementos, que também participam na dinâmica do campo, é correto afirmar que possuem origens muito variadas e se engajam em muitos grupos políticos, mas também há aqueles que optam por não participar diretamente da política partidária nem da que é desenvolvida no âmbito das organizações da sociedade civil.

Esses agentes, dado o engajamento em diversas posições do campo, apresentam *modus operandi* igualmente diferenciado, mediado não somente por sua pertença a determinadas instituições e/ou matrizes políticas, mas também por sua formação teórica.

Quanto à atuação, deve-se observar que esses agentes, além, é claro, de suas ações tomadas no âmbito dos cargos que porventura exerçam, atuam como elementos de legitimação/deslegitimação simbólica das ideias-força e demais formas simbólicas imbricadas na estrutura do campo. Por um lado, tal efeito, ligado diretamente aos móveis de interesse concernentes à *illusio* do campo, impacta o volume de capital simbólico haurido por esses agentes nos grupos em que se inscrevem – e que, assim, lhes possibilitam maior influência no campo em questão –, e, por outro, contribui para condicionar as possibilidades de conformação ou discussão dos espíritos de lei e das normas não oficiais presentes no campo.

3.2.3 A dinâmica do campo: direção, matéria e forma da política educacional brasileira

Após o esforço de elaboração do constructo que pretende abarcar a dinâmica do campo da política educacional no Brasil, vamos à análise de tal dinâmica, que somente pode ser captada à medida que os múltiplos elementos e dimensões de análise implicados em tais dimensões sejam colocados em interação. Sobre isso, torna-se necessário destacar que o presente estudo não pretende esgotar todas as possibilidades de interação entre os elementos do campo, mas sim oferecer elementos para a compreensão de como a política educacional brasileira pode ser analisada mediante a aplicação dos conceitos de *habitus* e campo.

3.2.3.1 A direção do campo da política educacional no Brasil

No que tange à direção da política educacional brasileira, mediante a análise da influência das instituições, é possível perceber que estas caminham rumo a uma homogeneidade definida do centro para a periferia – capilar, eu diria – do campo ou do governo federal para os governos locais e as instituições privadas. Considerando que vários elementos relativos à dinâmica de tais instituições são ditados externamente, por meio de recomendações de organismos internacionais e de compromissos internacionais assumidos pelo Brasil e mediados pela LDB, percebemos que a dinâmica das instituições quanto a tal homogeneização é determinada internacionalmente; assim, esse campo acaba por ser influenciado por elementos que vão além da política educacional brasileira.

Em relação aos espíritos de lei e às normas não oficiais destacadas anteriormente, saliente-se que a composição ambígua, as controvérsias e as contradições encontradas em suas estruturas e formas, bem como o caráter – percebido quase que de maneira global – transgressor de tais espíritos de lei acabam por influenciar, em conjunto, o campo no sentido de diminuir o peso e a "força de atração" que as determinações supracitadas possuem. Desse modo, se não modificam ou impedem o processo de homogeneização da política nacional,[13] ao menos retardam esse processo e/ou possibilitam modificações que, em muitos casos, espelham as características locais em termos de política educacional, confrontando esse viés monolítico de transformação do campo.

No que concerne à influência dos agentes nesse processo, vale explicitar que, pelo fato de pautarem suas ações muito mais por aquilo que os liga às formas simbólicas presentes no campo do que à dinâmica formal das instituições,[14] eles acabam por desenvolver práticas que "refratam" as influências da tendência homogeneizadora anteriormente referida. Sobre isso, é conveniente mencionar que, quanto mais o agente se afasta da esfera de poder que constitui o núcleo do Estado, em especial no que tange aos grandes órgãos de formulação da política educacional, mais se percebe que as práticas e posturas individuais tendem a expressar disposição para "adaptar" a política oficial às estruturas locais de poder ou aos interesses próprios do agente em luta por posições e capitais presentes no campo.

Ao levar em consideração os fatores arrolados, depreende-se que o campo é direcionado por uma forte atração para uma crescente padronização monolítica, seja na esfera pedagógica, seja na administrativa, o que, seguramente, se relaciona com uma diretriz política na qual está em curso um fortalecimento do poder do Estado quanto às decisões sobre educação. Ao contrário do que se pode pensar, isso não implica um fortalecimento da di-

---

13. A respeito de tal processo, é importante destacar que ele se torna claro quando observamos, desde 1990, a implantação de políticas referidas a padrões únicos em todo país, seja em relação à organização de currículos e programas de ensino (mediante a adoção de parâmetros curriculares nacionais e diretrizes curriculares nacionais), seja no que se refere à relação entre avaliação da aprendizagem e avaliação institucional, tal como é demonstrado na análise do Saeb e do Sinaes, os quais, como sabemos, focam, respectivamente, a educação básica e a educação superior. Nesse sentido, cabe retomar o raciocínio que foi desenvolvido em outro estudo (Santos e Nery, 2003), no qual se observava, já há alguns anos, a avaliação institucional assumindo importante papel no campo da política educacional brasileira.

14. Nesse sentido, é de suma importância lembrar que uma instituição, apesar de ser sempre "ocupada e operada" pelos agentes a ela ligados, possui uma parte simbólica que acaba por instituir o que ela representa, não possuindo, nesse aspecto, a mesma liberdade experimentada pelos agentes no plano simbólico, qual seja, a de aderir totalmente ao *modus operandi* da instituição, aderir parcialmente ou não aderir, ainda que esteja ligado à instituição. Assim, sempre que uma transformação ocorre na estrutura, na matéria ou na forma simbólica que anima uma instituição, isso se dá em razão de ocorrências que, em sua origem, partem da esfera do agente, mas que não necessariamente representam "escolhas" de uma instituição, pois estas existem de maneira indissociável dos papéis sociais reconhecidos pela sociedade e a elas designados. Por isso, é possível haver comentários como "a instituição escola está em crise", os quais apontam para uma perda do sentido de escola quando a situamos no padrão societário mutável, apresentado por algumas sociedades contemporâneas (Derouet, 1995).

mensão pública, visto que, paralelamente a isso, ainda há fortes movimentos de apropriação do público pela dimensão privada, tanto no que tange a episódios de corrupção e desvio de verba como a transferências de recursos públicos para instituições privadas, ainda que sancionadas por lei. Assim, é possível afirmar com enorme segurança que, dentro da esfera pública, os interesses privados subsistem fortemente.

Apesar dessa força de atração exercida pelas instituições – lembrando que, quanto mais próxima da esfera do Estado, mais a instituição apresenta essa matriz estruturante –, é possível perceber que as forças em conflito no campo e as formas simbólicas retificadas nas instituições trazem a ideia de que esta é uma tendência que gera uma resultante[15] que, mesmo mantendo o sentido inicial, aponta para uma direção diferente, pois, na mesma medida em que se apresenta celeremente no plano da legislação, na dimensão prática acaba por possuir outra escala de tempo, até que as finalidades precípuas de tal processo de homogeneização – e, portanto, supressão total da dialética local-nacional – possam ser materializadas.[16]

3.2.3.2 Matéria e forma do campo da política educacional no Brasil

Assim como a dinâmica do campo permite aferir sua direção, permite também, mediante observação de suas estruturas e agentes constituintes, compreender a sua matéria – aquela referente ao seu estado atual em nível concreto – e a sua forma – aquela relacionada ao devir do campo expresso nas tendências. Assim, analisaremos esses dois fatores, mediante o emprego da perspectiva relacional.

Como se pode observar, o campo da política educacional no Brasil é atravessado por elementos assaz conflitantes, mesmo considerando-se a noção de que um campo é sempre um espaço de forças em conflito (Bourdieu, 2001). Nesse sentido, tornam-se claros alguns elementos que caracterizam a matéria e a forma do já mencionado campo, a saber:

a. A homogeneização formal, expressa especialmente nos documentos oficiais, é refratada na direção de distintos modos de apropriação dos movimentos encetados pelas forças políticas ligadas à esfera oficial. Há, assim, padrões únicos de avaliação, currículo, financiamento e

---

15. Cabe, a esse respeito, fazer uma analogia com o conceito físico de resultante, o qual corresponde à direção que um elemento toma após serem somados todos os vetores de força incidentes sobre ele.
16. Nesse sentido, uma finalidade que salta aos olhos seria a de tornar os sistemas de ensino e os indicadores educacionais do Brasil comparáveis aos de todos os demais países que utilizam como cerne de suas reformas educacionais as recomendações da Unesco e do Banco Mundial.

administração convivem com práticas, desenvolvidas dentro e fora da instituição, que vão ao encontro do casualismo, do improviso e dos interesses pragmáticos dos agentes que as animam.
b. A dinâmica das políticas oficiais expressa uma homogeneização, mas esta é apresentada em um processo que não é estanque, dado que há toda uma série de dispositivos legais[17] e práticas instituídas,[18] cuja abrangência e cujos efeitos se tornam progressivamente mais articulados em uma dimensão processual de conformação do campo.
c. Os agentes que circulam entre as instituições – e dentro delas – possuem, como forma de adquirir maior poder e realizar suas aspirações pessoais, as seguintes possibilidades estratégicas:
- Mobilizar capitais para acompanhar o sentido das forças da política oficial, apoiando as premissas vinculadas à homogeneização (inter)nacional da política educacional.
- Colocar-se criticamente a esse movimento, procurando amealhar recursos para retardar o desenrolar deste no âmbito de sua esfera de influência (concreta e simbólica).
- Utilizar a disposição estratégica que faz que, em razão de experiências anteriores e do desenvolvimento de um *habitus* profundamente conectado ao conhecimento da história do campo, se possam apreender as possibilidades contidas na correlação parcial de forças envolvidas na posição do campo ocupada pelo referido agente, e, assim, adotar uma postura que, momentaneamente, o posicione no sentido e na direção que o poder envolvido nessa parte do campo indique presença pelo "fluir do movimento político temporário".[19]

---

17. Como vimos anteriormente, um exemplo disso está colocado de modo evidente na Emenda Constitucional nº 59/09, que institui planos nacionais de educação a cada dez anos.
18. No que tange à avaliação, isso se mostra ainda mais evidente quando, além das avaliações nacionais, diversas instituições – públicas e privadas –, municípios e estados têm utilizado as matrizes de competência e a estrutura organizacional do Saeb/Prova Brasil, Enem e Enade para o desenvolvimento de testes periódicos em seus respectivos âmbitos. Um exemplo claro disso pode ser visto na adoção, pela Prefeitura Municipal do Rio de Janeiro, de uma avaliação "preparatória" para a Prova Brasil, assim como sobejam em universidades privadas cursos que utilizam parte de sua carga horária para "preparar os estudantes para o Enade".
19. Essa disposição estratégica anima muitos de nossos políticos, caracterizados pelo que se convencionou chamar de "fisiologismo", ou seja, a tendência demonstrada por determinados políticos para estabelecer alianças que extrapolam os interesses ideológicos, fundadas antes em oportunidades e necessidades que o momento traz ao referido agente. Como parte considerável de nossos políticos possui essa atitude inscrita em seu *habitus*, é possível indicar que, quanto mais próximo o agente estiver do campo da política em sentido estrito, mais terá em seu *habitus* tal característica, no que compete a suas estratégias de engajamento nas lutas do campo da política educacional brasileira.

d. O desenho formal desse campo pode ser esboçado da seguinte maneira:
- Tridimensional, tendendo à esfericidade.
- No interior do campo, uma coordenada horizontal dispõe, do centro para a periferia do sistema, as instituições de acordo com sua proximidade em relação à esfera do Estado.
- De maneira perpendicular, as instituições são atravessadas por uma linha curva, representativa da direção da política educacional em nível internacional. Tal linha possui um potencial de atração forte, de modo que boa parte dos agentes se encontram dispostos em nuvem no entorno do movimento descrito por essa linha, que se torna curva à medida que se aproxima da periferia do sistema, após sofrer influência das forças políticas locais, detidas especialmente por agentes com grande volume de capital político.
- No campo, a orientação dos agentes no campo é definida por uma conjunção de posições, como um gráfico cartesiano, em que o eixo X (horizontal) representa o pertencimento do agente à esfera de influência das estruturas (órgãos, instituições) da política educacional brasileira, e o eixo Y (vertical) representa o quantitativo de influência e poder detido pelo agente, de modo que as posições mais relevantes são as que se aproximam do ponto máximo no eixo Y e do ponto zero no eixo X. Desse modo, a posição dos agentes varia de acordo com o tempo em que estiver inserido, necessário para acompanhar o devir da política educacional, com o capital social, que lhe permite associar-se às estruturas/instituições do campo, e com o volume de capital cultural, convertido em capital político, que lhe possibilite utilizar estratégias de influência que se harmonizem com as especificidades do campo.
- Os limites do campo são definidos pela legislação, que o atravessa em diversos pontos como se fossem linhas curvas verticais e horizontais (dispostas na forma de semicírculos concêntricos), em que a força necessária para transgredir, ao romper perpendicularmente tais limites, aumenta na medida em que se aproximam dos limites do campo. Perpendicularmente a essas linhas, há sistemas de linhas de força que também condicionam os deslocamentos, as atrações e as repulsões no campo. Trata-se das normas não oficiais que, ao contrário das linhas de força projetadas pela legislação oficial, ganham força à medida que se afastam dos limites do campo.

É claro que esse é um modelo analítico, que contém ainda um esboço que auxilia e enceta novos estudos sobre o tema, devendo-se esclarecer que ele pode – e deve – ser "deformado" a partir de sua aplicação sistemática a este e a outros objetos, a fim de promover as retificações necessárias ao seu contínuo aperfeiçoamento, para que possa aproximar-se sucessivamente do real (Bachelard, 2004), mesmo estando consciente de que tal aproximação obedece a um esquema de progresso, comparável ao da "aporia da flecha",[20] proposta por Zenon, o sofista.

Ao destacar e trazer à tona tais elementos em conjunto, resta ainda a tarefa de procurar compreender em que medida o campo da política educacional, que se encontra posicionado de maneira subalterna em relação aos outros campos, como os da economia e da política, conecta-se com outras instâncias sociais, como a economia e a cultura, tomados em uma perspectiva relacional correlata à noção de campo utilizada para analisar a política educacional no Brasil.[21] Essa é uma tarefa profundamente necessária, e, sem dúvida alguma, complementar ao presente estudo; porém, no âmbito deste livro, limitarei a análise a essas primeiras e pioneiras linhas.

---

20. A "aporia da flecha" consiste em um texto atribuído a Zenon, no qual esse sofista "prova" a Aristóteles, por indução discursiva, que o movimento não existe. Parafraseando o diálogo, vemos essa noção colocada quando Aristóteles pergunta a Zenon por qual motivo o movimento não existiria, e Zenon propõe um problema em que uma flecha deve percorrer um estádio (aproximadamente 100 metros); então, Zenon pergunta a Aristóteles se, antes de percorrer essa distância, a flecha não precisaria primeiro percorrer 50 metros (a metade do percurso), e Aristóteles concorda. Zenon, então, continua: na metade restante, antes de chegar ao final, não deve o objeto percorrer primeiro 25 metros (metade da metade)? Aristóteles concorda outra vez. Após repetir milhares de vezes esse processo, Aristóteles teria se dado por vencido e admitido que a flecha não completava a trajetória, pois sempre restava uma distância que era metade da anterior para ser percorrida (Chauí, 2000). De maneira análoga, o progresso da ciência sempre produz aproximações sucessivas em relação ao real, sem, no entanto, chegar ao seu pleno conhecimento, por sempre faltar algum fator a ser investigado.

21. No primeiro capítulo deste livro, afirmamos que a educação no Brasil é vista muito mais como elemento de propaganda do que como área fundamental do Estado brasileiro. Partindo dessa premissa, entendemos que a *illusio* envolvida na luta dos dominantes desse campo teria como uma de suas principais características promover, de maneira concreta, a definição de atitudes e estratégias desenvolvidas baseada na imagem projetada pela política educacional em outros campos (como os da política, da economia e da opinião pública). Nesse sentido, cabe aqui trazer uma metáfora que nos auxilia a ver esse processo, comparando as ações tomadas no "polo do poder" ao processo de formação cultural do gênero feminino, que constitui sua identidade como "ser percebido", destinado a ser visto pelos demais e a estruturar-se pelo olhar que os outros lhe direcionam (Bourdieu, 1999a).

3.2.3.3 O devir do campo: tendências e perspectivas para a década atual

A ciência, de modo geral, não trabalha com verdades absolutas, tampouco pode ser comparada a uma atividade profética. Pensando nisso, deixo registrado que trabalho com tendências, observadas a partir do modelo analítico que expus anteriormente, e também com a observação das ocorrências concretas relativas à Política Educacional Brasileira. A seguir, faço um exercício analítico de projeção de dois dos desdobramentos referentes à atualidade, visando, com um esforço de caráter ensaístico, a construção de um traçado prospectivo a respeito do tema. Vamos então ao exercício projetivo e prospectivo.

Refinamento do Ideb e ampliação do seu espectro de utilização

Como já vimos, o Ideb é um indicador de qualidade; porém, a noção de qualidade é assaz complexa, e pode referir-se a muitos elementos conjuntamente. No caso específico das escolas, esta qualidade se compõe de diversos aspectos – pedagógicos, infraestrutura, formação docente e outros – que resultam em escores de rendimento escolar expressos no referido indicador.

Dada a importância do Ideb para o acompanhamento e monitoramento das metas – tanto as existentes no PDE quanto as que compõem o PNE – no tocante a rendimento escolar e mensuração da eficácia e eficiência das redes e sistemas de ensino, há uma tendência de se realizar duas modificações quanto ao referido indicador. A primeira consistiria em torná-lo mais amplo quanto ao seu escopo, passando a incidir também sobre o terceiro, o quarto, o sexto, o sétimo e o oitavo anos do ensino fundamental, bem como sobre o primeiro e o segundo anos do ensino médio. Isso viria a ocorrer em razão da necessidade cada vez maior de monitoramento do rendimento escolar (nos níveis local e nacional), com vistas à ampliação progressiva da eficácia e da eficiência das redes e sistemas de ensino, cujo indicador principal, conforme sabemos, é o Ideb, que até 2020, de acordo com as metas, deve atingir um escore de 6,0. A segunda modificação refere-se à complexificação da análise dos fatores correlatos à qualidade educacional e ao seu progressivo desenvolvimento, dado como pressuposto desde 2007, quando o Ideb foi adotado. Desde 2007, o Inep mantém disponíveis em seu site na web os indicadores demográficos e educacionais (IDE), mas estes ainda não foram incorporados de modo direto a este indicador. Partindo do pressuposto de que a qualidade consiste, ao mesmo tempo, em termo polissêmico e de estrutura multidimensional, entendo que existe aí uma tendência de agregar ao Ideb, ao menos em parte, os IDE como elementos paramétricos de qualidade do já mencionado indicador de desenvolvimento educacional, permitindo melhor precisão e acuidade na mensuração dos componentes imbricados na qualidade educacional e consubstanciados no Ideb, pois a influência de fatores como os econômicos e demográficos viria a permitir a relativização dos escores em cada caso pontual, de acordo com a realidade demográfica, econômica e educacional, possibilitando, assim, apoiar o alcance das metas do PDE e PNE.

Assincronia entre o Planejamento Educacional dos sistemas de educação e o implicado no Sistema Nacional de Educação

O grande educador Paschoal Lemme já asseverava, nos anos 1930, que "uma educação democrática somente pode existir em uma sociedade democrática". Esta citação ajuda a compreender um pouco da assincronia fundamental entre os níveis local e nacional do planejamento educacional, tal como proposto pelo PNE.

O Planejamento Educacional, como toda e qualquer modalidade de planejamento, possui uma característica fundamental: a necessidade de ser feito antes de os eventos acontecerem. Em nível local, na grande maioria dos casos, isso não ocorreu nem com a celeridade, nem com a dedicação necessária, pois isso envolveria um esforço de organização no nível institucional (escolar) e no da administração de sistemas de ensino que não foi levado a termo, e que deveria tornar as instituições e os sistemas de ensino nacionalmente compatíveis e comparáveis. Não obstante todo o esforço de discussão implicado na Conae, como visto anteriormente, a Meta de criação de um Sistema Nacional de Educação encontrará alguns problemas graves para ser implementados, especialmente no que diz respeito à estruturação sistêmica das redes de ensino. Assim, como esse esforço não foi realizado previamente, é preciso tentar recuperar os atrasos, o que não se coaduna com o planejamento educacional traçado nacionalmente a partir do governo federal. Nesse sentido, há que apontar duas assincronias estruturais, que estão embutidas na dinâmica das redes escolares locais, municipais e estaduais:

a. Ausência de planejamento decisório compartilhado nas escolas.
b. Fragmentação administrativa no interior das redes.

A Política Educacional caminha no sentido da efetivação do conceito de Gestão Democrática, consagrado pela CF/1988 e reforçado pela LDB nº 9.394/96. Porém, em muitas escolas, as decisões estão ainda centradas quase que exclusivamente na figura do diretor, o que gera um hiato entre participação formal – em especial no que se refere aos atores implicados na construção do Projeto Político Pedagógico – e participação real – quando esses atores, muitas vezes, adotam um papel figurativo. Por conta disso, ao longo desta década, teremos um aprofundamento das discussões sobre Gestão Democrática, com a consequente exposição das contradições entre o modelo previsto no PNE e as práticas escolares. Com este embate, é bem possível que, até 2020, ainda não tenhamos todas as escolas operando de modo de gestão democrático, o que vai muito além da eleição de diretores escolares, por exemplo, e que pressupõe um grau de participação ativa de todos os integrantes do ambiente escolar. Como as mudanças culturais têm uma lógica e um tempo distinto daquele colocado pelos prazos legais, entendo que, em 2020, a mudança de mentalidade que dá suporte à transformação necessária no âmbito escolar para a efetivação da Gestão Democrática ainda não terá se concretizado, o que oferecerá impedimentos para que, então, haja harmonia entre a letra da lei (presente no PNE) e as práticas dos gestores escolares quanto à Gestão Democrática.

Quanto à fragmentação administrativa e pedagógica no interior das redes escolares locais, cabe indicar que, em muitos casos, elas ocorrem por dois motivos:

a. Ausência de uniformidade administrativa quanto a documentos e procedimentos.
b. Brutal divergência entre o Currículo Oficial, proposto nas políticas locais de currículo e nas Diretrizes e Parâmetros Curriculares Nacionais, e as práticas docentes.

Ao longo dos próximos anos, tais contradições serão expostas, o que pode fazer que, nacionalmente, esse aspecto de integração curricular nacional necessite de mais tempo para ser efetivado.

Nesse âmbito, a tendência é que os aspectos curriculares, administrativos e políticos implicados na construção de um Sistema Nacional de Educação até 2020 sejam fatores de interferência na construção do referido sistema, tamanha a assincronia entre a Política Educacional Nacional, representada pelo PNE, e as práticas administrativas, pedagógicas e políticas, desenvolvidas por boa parte dos gestores locais.

Longe de esgotar as possibilidades envolvidas na dinâmica da Política Educacional Brasileira, este esforço para projetar o devir do Campo apoia-se no modelo construído e apresentado neste livro, cuja finalidade é contribuir para o entendimento das múltiplas determinações envolvidas no Ordenamento Jurídico-Político da Educação Nacional.

Considerações finais

Ao longo deste livro, foi possível abordar diversos pontos outrora nebulosos da Política Educacional no Brasil. A preocupação central, motivadora deste estudo, foi a de analisar planos, programas e ações políticas relativos ao tema deste livro; também houve um esforço para compreender algumas de suas matrizes legais e políticas, a partir da análise dos elementos constituintes do campo da política educacional no Brasil.

Como observamos, foram levantadas diversas ocorrências que contribuem para um entendimento mais profundo da matéria. Ainda assim, como em todo estudo, restam elementos a ser aprofundados, visando aos aperfeiçoamentos necessários a um olhar cada vez mais próximo no que se refere à captação do devir do real. Assim, a seguir, são apresentados alguns elementos analíticos não abordados neste estudo e que carecem de investigação sistemática:

a. No terceiro capítulo, foi desenvolvido um estudo de caráter ensaístico. Embora muitos elementos apresentados tenham grande correlação com o real, ainda assim é necessário realizar uma permanente comparação entre os elementos desvelados no ensaio e os resultados oriundos de pesquisas empíricas, cujo eixo principal seja a aplicação dos conceitos trabalhados neste ensaio à empiria do campo aqui delimitado.

b. É necessária uma permanente observação dos elementos empíricos trazidos no segundo capítulo deste estudo, para alimentar a tarefa elencada anteriormente com novos resultados concernentes à instância prática da Política Educacional no Brasil, sobretudo no que se refere aos elementos legais e políticos.

c. Para aprofundar os conhecimentos trazidos por este livro, é necessário unir o esforço de compilação de dados presentes – e, de certo modo, prospectivo – a uma retrospectiva histórica, de modo que a trajetória de agentes, instituições e formas simbólicas possa tornar-se destacada mediante uma "história estrutural e social" desse campo.

Além dos elementos supracitados, outros poderiam ser indicados, pois concordamos com Gaston Bachelard, quando afirma que "o racionalismo é uma filosofia que nunca começa, mas que sempre recomeça" (Bachelard, 2004). Como a necessidade de aperfeiçoamento é algo inerente à atividade científica, em algum momento os estudos devem ser abandonados ao crivo da reflexão racional que julga e critica todas as obras produzidas, mesmo considerando o zelo e o cuidado do autor em sua análise, e assim procedemos ao concluir esta obra, mesmo sabendo que há pontos em que pode ser aperfeiçoada.

Por último, cabe indicar que, apesar de suas limitações, e que se configuram mais como propostas para futuros estudos, esta obra traz contribuições ainda inéditas para o entendimento do campo da política educacional no Brasil.

Glossário

A

Absenteísmo: 1. D.C. Estado de anormalidade em que o profissional da educação se ausenta repetidamente do trabalho, vindo a apresentar frequência irregular e significativo número de atrasos. Em geral, o absenteísmo relaciona-se a más condições de trabalho nos estabelecimentos de ensino; **2. Sin.** Um dos sintomas que permitem a identificação do Mal Estar Docente.

Ação pedagógica: 1. D.C. Termo que designa os elementos concretos realizados por indivíduos ou grupos com o intuito de promover alguma forma de intervenção pedagógica. **2. Filosofia da educação (Fil. Edu.)** Termo que designa processos ativos implementados em algum cenário educacional e que são o objetivo final de toda ação na perspectiva da Práxis Pedagógica.

Ações afirmativas: 1. D.C. Corresponde à efetivação no plano concreto de reivindicações de grupos minoritários na sociedade. Como exemplo significativo dessa modalidade de ação política no que diz respeito à Educação é possível destacar o advento de cotas raciais para afrodescendentes em universidades públicas.

Acomodação: 1. D.C. Processo a partir do qual o aluno ou grupo de alunos estabelece relações duradouras e estáveis com a instituição educacional a que se vincula. **2. Psicologia do desenvolvimento (Psi. Des.).** Termo concernente à epistemologia genética de Jean Piaget e que alude ao processo a partir do qual, após a passagem de um a outro estágio do desenvolvimento cognitivo, o indivíduo conclui o processo de reestruturação de seus conteúdos mentais, estruturas de percepção e cognição.

Adaptação: 1. D.C. Processo a partir do qual indivíduos, grupos, redes e/ou sistemas de ensino se adaptam às novas necessidades demandadas pela configuração mais atual da realidade. **2. (Psi. Des.)** Processo a partir do qual o indivíduo ajusta seu organismo ao ambiente que o cerca (especialmente na perspectiva da epistemologia genética de Jean Piaget). **3. Sociologia da educação (Soc. Ed.)** Adequação do indivíduo ou grupo aos padrões, processos, e expectativas que a sociedade possui em relação a sua trajetória escolar.

Administração educacional: 1. D.C. A partir das teorias gerais da administração, tais como: a) Teoria Administrativa de Taylor, baseada no controle estrito do tempo e no acompanhamento estreito e preciso das tarefas desempenhadas, as quais se encontram setorizadas e compartimentadas; b) Teoria Administrativa de Fayol, relativa aos processos gerenciais a partir dos quais se advoga a ideia de uma totalidade no que diz respeito ao domínio dos processos administrativos envolvidos em qualquer processo de trabalho. De modo específico, deve ser ressaltado que esta é uma dimensão da administração adaptada à área educacional e que consiste em uma atividade caracterizada pela organização, desenvolvimento e execução dos processos envolvidos na condução dos assuntos referentes a instituições educacionais, sistemas e redes de ensino. **2. Sin.** Esta é uma dimensão da Administração que diz respeito, de modo global, e de certo modo ambíguo, aos processos administrativos relativos tanto a escolas quanto a sistemas de ensino. **3. Fil. Ed.** De acordo com Anísio Teixeira em *Educação para a democracia: introdução à administração educacional* (10), a administração educacional consiste no apoio necessário que deve ser dado às atividades pedagógicas, apoio este concernente às tarefas administrativas e burocráticas, as quais, embora não sejam as caracterizadoras dos processos de ensino, são elementos primordiais para que tais tarefas possam ser desenvolvidas em toda instituição de ensino.

Administração escolar: 1. D.C. De acordo com Anísio Teixeira (2003, p. 3), a administração escolar consiste em atividade intelectual, técnica e educacional a partir da qual são construídos e organizados processos, procedimentos e ocorrências relacionados ao ensino e à organização da escola em nível burocrático (documental), financeiro e de recursos humanos. **2. Sin.** De modo sintético, cabe identificar que este é um termo que se refere diretamente aos processos gerenciais, especialmente os que lidam com a dimensão procedimental técnica, ocorridos no âmbito da escola.

Administração pedagógica: 1. D.C. Processo administrativo relativo aos aspectos educacionais que envolvem as relações entre ensino e aprendizagem. **2. Did.** Organização em nível institucional dos objetivos de ensino e dos planos de curso.

Alfabetização: 1. D.C. Processo a partir do qual, em seu término, o indivíduo adquire o domínio do conhecimento dos símbolos implicados nos códigos da língua materna escrita. **2. Sin.** Conhecimento dos usos e práticas sociais implicadas no manejo da língua materna. **3. Política educacional (Pol. Ed.)** Ação composta de programas e ações políticas, mas também pedagógicas, de educação elementar com o intuito de dotar a população de conhecimentos mínimos no que tange ao conhecimento dos rudimentos da língua materna.

Alfabetização crítica: 1. D.C. Perspectiva de alfabetização baseada na metodologia de estudo desenvolvida por Paulo Freire e seus seguidores e que consiste em utilizar como elemento de apoio para a aquisição do domínio da língua escrita expressões presentes no Universo Vocabular do Educando. **2. Sin.** Leitura de mundo.

Alfabetizado: 1. D.C. Indivíduo ou grupo que domina o código linguístico escrito da língua materna. **2. Antônimo (Ant.).** Analfabeto: indivíduo que não domina ou desconhece o código linguístico escrito da língua materna. Analfabeto funcional: diz-se daquele que consegue decifrar mecanicamente os códigos escritos da língua materna mas que, mesmo assim, não consegue interpretar seu significado, tampouco estabelecer relações lógicas entre diversas assertivas, sentenças e/ou operações matemáticas.

Alimentação escolar: 1. Definição Corrente (D.C.). Toda e qualquer forma de alimentação ocorrida na escola, referente ou não a algum tipo de planejamento de segurança alimentar implantado com esta finalidade. **2. Sinônimo (Sin.).** Refeição oferecida em escolas públicas com o intuito de nutrir o alunado carente.

Aluno: 1. D.C. Designa aquele que se encontra matriculado em algum tipo de estabelecimento de ensino ou que se encontra submetido a algum processo educativo formal ou informal. **2. Sin.** Termo que designa o elemento da administração educacional que vem a ser o objeto da atividade-fim das instituições educacionais. **3. Administração educacional (Adm. Ed.).** Designa a unidade relativa ao quantitativo de atendimentos realizado por determinada rede ou sistema de ensino.

Analfabetismo: 1. D.C. Fenômeno educativo que alude a todos os que não dominam os rudimentos da Língua Materna no que se refere à leitura e escrita. **2. Teoria(s) de Alfabetização (T.A.).** Para a perspectiva da alfabetização crítica, não existe analfabetismo já que ninguém possui total domínio da língua materna. Assim sendo, ou se admite que todos são, em certa medida, analfabetos, ou então assume-se que, mesmo em nível mínimo, qualquer indivíduo possui um mínimo contato com o código linguístico (Smolka, 1999).

Analfabetismo funcional: 1. D.C. Modalidade de analfabetismo que implica o reconhecimento dos signos linguísticos mas que não implica a compreensão do sentido destes quando associados em textos. **2. T.A.** Analfabetismo funcional é uma expressão que designa uma condição na qual o indivíduo, além de não dominar as variantes linguísticas concernentes aos meios sociais em que circula (com especial relevo para a norma culta da língua), possui dificuldade no entendimento dos sentidos dos textos, o que, em maior ou em menor medida, o leva a ser reconhecido como iletrado nos espaços em que a leitura e a escrita são práticas sociais correntes e requerem fluência e correção gráfica e gramatical. Para aprofundar-se sobre o tema, recomendo a leitura de "Alfabetismo funcional: referências conceituais e metodológicas para a pesquisa" (Ribeiro, 1999).

Ano escolar: 1. D.C. Termo relativo ao período em que as atividades de ensino se desenvolvem em determina instituição escolar. **2. Sin.** Grau sequencial relativo ao ensino fundamental e ensino médio.

Ano letivo: D.C. Período estabelecido por lei para o desenvolvimento de atividades educacionais em todos os estabelecimentos de ensino de todos os níveis e modalidades de ensino presencial brasileiros, abrangendo um período mínimo de 200 dias ao longo de cada ano.

Antropologia educacional: 1. D.C. Campo da Antropologia destinado a investigar elementos envolvidos nos processos e fenômenos educativos. Guarda relações estreitas com a antropologia cultural. **2. Educação superior (Ed. Sup.)** Disciplina integrante de alguns cursos de graduação em pedagogia.

Apreensão: 1. (Psicologia Educacional) Ação implicada na aquisição de novos conhecimentos por via mnemônica. **2. Sin.** Memorização de conteúdos de aprendizagem, seja esta escolar ou extraescolar. **3. Did.** Objetivo de ensino perseguido na assim chamada Pedagogia Tradicional por meio das atividades escolares repetidas à exaustão.

Aprendizagem: 1. D.C. Processo a partir do qual, após ser submetido à ação pedagógica, o indivíduo passar a corresponder à expectativa prévia de quem o ensinou. **2 Psicologia (Psi.)** A aprendizagem é identificada em diversas correntes psicológicas como um processo em que, após ser submetido a nova vivência, especialmente no caso de uma pedagogicamente orientada, o indivíduo modifica seu comportamento em razão de tal vivência (este, em suma, é o conceito de aprendizagem da perspectiva behaviorista). **3 Did.** Objetivo precípuo de todo processo educativo. Se for levada em conta a perspectiva dialógica de aprendizagem, esta não pode ser separada de seu par binomial: o ensino. Nesse sentido, somente é possível existir ensino-aprendizagem, uma vez que, na relação entre professor e aluno, seria impossível que um dos polos fosse totalmente ativo, no sentido de ser um emissor de informações (o professor) e o outro totalmente passivo no sentido de receber tais informações (o aluno).

Aprendizagem mnemônica: 1. Psicologia da Educação (Psi. Ed.) Processo de aprendizagem no qual o sujeito é levado a aprender a partir da memorização de conteúdos previamente selecionados pelo educador. **2 Did.** Estilo de aprendizagem absolutamente fundamental para a perspectiva pedagógica dita tradicional. A aprendizagem mnemônica está vinculada a atividades que exercitam os sentidos individuais, especialmente a visão, de modo a fazer que o sujeito possa aprender a partir da exposição repetida aos conteúdos que se deseja que sejam assimilados pelo educando. Exemplos de atividades desse tipo são as cópias, os ditados e os exercícios de tabuada.

Aprendizagem significativa: 1. D.C. Conceito relacionado à utilidade existente em um conhecimento o grupo de conhecimentos aprendido (e apreendido) por um aluno, de sorte que tal novo conhecimento seria então de grande utilidade para este. **2. Psi. Ed.** Termo oriundo da Teoria de Ausubel (Pelizzari et al., 2001), que diz respeito à incorporação de um novo conhecimento à estrutura mental prévia do indivíduo, o qual, mediante sua interação, passa a produzir novos significados e a permitir que o mesmo indivíduo seja capaz de assimilar conhecimentos novos e mais complexos.

Arbitrário cultural: D.C. Elemento da Sociologia Educacional, de Pierre Bourdieu, que diz respeito à imposição arbitrária de visões de mundo, crenças e valores das classes dominantes por intermédio da mediação da cultura escolar. Como esta seleção não se dá mediante nenhum critério científico e sim em razão de uma afinidade entre elementos culturais, recebe tal denominação.

Arte-educação: 1. D.C. Designa o campo da Pedagogia relativo à Educação Estética. **2. Did.** Perspectiva que visa levar o educando ao aprendizado por meio do emprego de técnicas artísticas, despertando não somente o interesse pela arte e a sensibilidade estética, mas também facilitando a compreensão de conteúdos pedagógicos ao torná-los mais interessantes quanto à sua forma.

Assimilação: 1. Psi. Ed. Conceito presente na teoria piagetiana e que designa o processo a partir do qual as estruturas mentais do indivíduo se adaptam a novos níveis de complexidade requeridos para a compreensão dos elementos do mundo correto que se apresentam em novos estágios de desenvolvimento. **2. Sin.** Memorização de conteúdos escolares.

Associacionismo: 1. Psi. Ed. Corrente da Psicologia que parte do pressuposto de que a aprendizagem humana e seu desenvolvimento ocorrem basicamente a partir de mecanismos de associação de imagens, ideias e conceitos hauridos na experiência individual do sujeito, direcionada em nível educacional. Um dos autores mais destacados dessa corrente pedagógica é Ausúbel, que desenvolve uma formulação no campo da Psicologia do Desenvolvimento, segundo a qual o indivíduo, ao longo de seu processo de aprendizagem, realiza uma subsunção dos elementos particulares percebidos pelos sentidos a categorias lógicas ordenadoras, resultantes da interação entre as estruturas mentais internas e dos registros captados pelos sentidos (Ausúbel, 2003). **2. Fil. Edu.** Matriz de pensamento implicada na perspectiva do realismo pedagógico presente na obra de autores como Herbart.

Associativismo docente: 1. D.C. Termo relativo aos processos de associação da categoria docente; **2. Pesquisa educacional (Pesq. Ed.)** Conjunto de estudos referente à constituição da categoria docente e aos processos a partir dos quais se forma sua identidade profissional ou semiprofissional, de acordo com autores como Maurice Tardiff. Tal campo de investigação tem como foco a análise de conjuntura política, educacional e cultural implicada nos referidos processos, tomados a partir do contexto atual e internacionalmente. **3. História da educação (Hist. Ed.)** Linha de pesquisa situada no âmbito da História da Profissão Docente voltada para a investigação dos processos de integração dos docentes em corporações, bem como das lutas políticas levadas a cabo por representantes desta categoria, desde a Idade Média até os dias atuais.

Atitude: 1. Psi. Ed. Designa o processo de passagem da formulação mental, e consequente compreensão dos fundamentos da atividade, em nível cognitivo, à dimensão comportamental, perceptível em termos observáveis durante o processo pedagógico (Sawrey e Telford, 1971). **2. Av. Edu.** Elemento observável do comportamento subjetivo, que permite aferir a apreensão de competências cognitivas por parte do educando submetido a determinado processo educativo (Delors, 1988). **3. Cur.** Um dos elementos fundamentais da estruturação de um currículo por competências, objetivo final na aprendizagem implicada na Pedagogia das Competências (Perrenoud, 1999).

Atividade: 1. Did. Componente pedagógico implicado na aprendizagem e que envolve a participação ativa do educando. **2. Fil. Edu.** Integrante principal dos conteúdos pedagógicos na perspectiva do ensino ativo. **3. D.C.** Tarefa a ser desenvolvida pelo professor e executada pelo aluno.

Atividades lúdicas: 1. Educação infantil (E.I.). Atividades didáticas destinadas a desenvolver a criatividade e a interação social de modo a consolidar a aprendizagem de forma prazerosa para o educando. **2. Sin.** Jogos e/ou brincadeiras com finalidade pedagógica que visam ao desenvolvimento cognitivo do educando.

Aula: 1. D.C. Atividade primordial atribuída ao docente e realizada em instituições educacionais como forma de transmitir conhecimentos previamente ordenados e colocados em sequência. **2. Did.** Unidade de trabalho de um curso baseado na relação ensino-aprendizagem desenvolvida entre um aluno e um professor.

Aula expositiva: 1. D.C. Formato mais comum de uma aula. Consiste em um tipo de atividade de ensino no qual o professor durante boa parte do tempo destinado a esta expõe oralmente ou por escrito, empregando quadro de giz ou alguma espécie de mídia eletrônica, algum conteúdo previamente selecionado para essa finalidade. **2. Did.** Atividade educativa preferencial no que se convencionou chamar Pedagogia Tradicional, caracterizada especialmente pelo fato de o professor ser o centro do processo de ensino, monopolizando a atenção e fazendo que a participação dos alunos em tal atividade esteja limitada a acompanhar e registrar os conteúdos da referida aula.

Aula prática: 1. Didática (Did.). Modalidade de aula na qual os aspectos teóricos devem ser diretamente aplicados em experimentos e demais modalidades de demonstrações concretas com o fim de evidenciar o domínio de competências e habilidades implicadas no domínio dos conhecimentos referentes às atividades que são objeto de conhecimento da aula. **2. Cur.** Elemento integrante da carga horária e das atividades requeridas em parte das disciplinas dos currículos de cursos superiores, profissionalizantes e livres, em diferentes proporções de acordo com cada caso.

Aula-régia: Hist. Ed. Processo de ensino a partir do qual professores contratados pela Coroa Portuguesa no século XVIII ministravam instrução elementar em seus próprios domicílios (Gramática Latina, Retórica e Aritmética) a alunos existentes no Brasil-Colônia. Para tanto, deveriam ser selecionados em Concurso Público, no qual, após ministrar prova de aula, eram avaliados por uma banca nomeada pela Coroa Portuguesa para então obter a licença para ensinar nas colônias, chamada, à época, de Alvará-Régio. Para mais informações sobre esse tema pouco explorado na História da Educação Brasileira, consulte o artigo intitulado "Os professores régios de Gramática Latina" (Mendonça et al., 2006) publicado no IX Congresso Ibero-Americano de História da Educação Latino-Americana.

Aula teórica: 1. Did. Aula baseada na apresentação de fundamentos teóricos e/ou conceitos de aprofundamento relativos ao tema do curso de cuja matriz é componente. **2. Currículo (Cur.)** Elemento integrante e fundamental da carga horária de cursos superiores, profissionalizantes e cursos livres. **3. Sin.** Ver *Aula expositiva*.

Autonomia universitária: 1. D.C. Elemento relativo à organização da educação superior que permite às Instituições de Ensino Superior (IES) se organizarem administrativa, financeira e pedagogicamente de acordo com suas próprias necessidades, desde que obedecidas as disposições previstas em lei. **2. Legislação educacional (Leg. Ed.)** Elemento presente no Capítulo V, Título IV da Lei de Diretrizes e Bases da Educação Nacional e que garante às IES a garantia de que suas modalidades de organização possuem respaldo legal e proteção no nível dos direitos políticos e sociais enquanto instituições produtoras de conhecimento. **3. Pol. Ed.** Matéria polêmica no que tange às relações entre Estado, Sociedade e Educação, na medida em que diz respeito não somente a elementos da Educação Nacional mas também aos parâmetros de organização/estruturação produtiva, pois os processos regulatórios que incidem sobre as IES impactam diretamente os padrões de formação de mão de obra e de quadros técnicos que atuarão no mercado de trabalho. Nesse sentido, cabe indicar que toda e qualquer discussão sobre autonomia universitária, necessariamente passará sobre o debate acerca de quanto o Estado intervém ou deixa de intervir na Educação Nacional e, de modo mais ou menos indireto, na economia brasileira como um todo.

Autonomia: 1. D.C. Capacidade de ação dentro das normas e modalidades de cada nível, modalidade e sistema de ensino a que se acha submetida a instituição e/ou indivíduo. **2. Pol. Ed.** Prerrogativa legal atribuída ao gestor educacional no sentido de gerenciar livremente recursos financeiros, pedagógicos e humanos desde que obedecidas as disposições previstas na forma da lei. **3. Adm. Ed.** Termo relativo à capacidade de ação institucional do administrador em nível financeiro, pedagógico, político e administrativo, capacidade esta garantida por lei e tornada concreta quando sua ação é aplicada ao contexto da instituição ou sistema de ensino sob sua liderança.

Avaliação: 1. D.C. Processo implicado na definição de normas, estabelecimento de critérios e parâmetros que possibilitam analisar e emitir juízos relativos a processos e/ou produtos educacionais, bem como tornam possível a tomada de decisão acerca da terminalidade de estudos, aferição da qualidade do ensino e eficiência das ações pedagógicas e/ou administrativas adotadas em determinado curso/instituição. **2. Fil. Edu.** Ação implicada no estabelecimento de critérios, parâmetros e objetivos relativos ao ensino e ao desenvolvimento de processos gerenciais referentes à Didática, às Metodologias de Ensino e à Administração Educacional/Pedagógica.

Avaliação da aprendizagem: 1. Did. Campo de estudos da Didática, voltado a discutir e analisar as implicações das atividades avaliativas que incidem sobre a aprendizagem. **2. Sin.** Atividade realizada por todo aquele que conduz algum tipo de processo educacional e que deseja avaliar os resultados efetivos deste em seus alunos.

Avaliação diagnóstica: 1. Did. Modalidade avaliativa que tem o intuito de realizar um levantamento dos conhecimentos detidos por alunos antes do início das atividades pedagógicas de determinado curso ou antes da introdução de conteúdos novos. **2. Sin.** Sondagem inicial/Avaliação prévia de conhecimentos que antecede uma nova unidade de ensino.

Avaliação educacional: 1. Did. Campo da Didática que se volta para a investigação de processos, métodos e técnicas implicados na mensuração, análise e aferição dos processos e produtos da aprendizagem. **2. Cur.** Mecanismo que possibilita identificar e escalonar a passagem de etapas implicadas na organização dos objetivos e programas de ensino presentes na grade curricular de cada curso. Nesse sentido, a avaliação educacional vem a ser o elemento definidor de critérios e decisões acerca do percurso escolar do educando. **3. Pol. Ed.** Elemento de aferição do rendimento escolar em larga escala, componente central de decisões a serem tomadas no âmbito do Planejamento Educacional em escala internacional, nacional, estadual ou municipal. A partir de mecanismos complexos de avaliação educacional aplicado ao rendimento escolar são estruturados sistemas de aferição da Qualidade Educacional que permitem verificar a eficiência de ações, planos e programas.

Avaliação formativa: 1. Did. Modalidade de avaliação contínua e realizada ao longo de todo o percurso do educando em alguma disciplina ou curso. **2. Sin.** Denominada igualmente avaliação processual pelo fato de o foco da avaliação não ser o resultado final, mas sim o desempenho do estudante durante determinado curso.

Avaliação somativa: Sin. Avaliação terminal (Lucchesi, 2000). Recebe alternativamente esta definição pelo fato de sua conclusão dar-se após o somatório de todas as experiências educativas ocorridas no âmbito de determinado curso.

Avaliação terminal: 1. Did. Modalidade de avaliação educacional centrada nos resultados do processo de aprendizagem, que passam a ser aferidos após determinado período de curso. Tal avaliação pode ter seus parâmetros de aferição expressos em notas, conceitos ou simplesmente na indicação de retenção ou progresso em determinado curso. **2. Fil. Edu.** Elemento de debates acerca da possibilidade de aferir conhecimentos consolidados após determinado período de intervenções pedagógicas em determinado curso. A principal crítica que é feita diz respeito à consolidação dos resultados em relatórios, conceitos e, principalmente, em notas graduadas em uma escala numérica. Igualmente cabe ressaltar que existem autores, como Richard Lindeman, que elaboram métodos extremamente complexos com o intuito de tornar esse processo de aferição de resultados preciso o bastante para subsidiar a avaliação terminal com boa margem de segurança. Sobre este tema, para mais informações, consulte *Medidas educacionais* (Lindeman, 1979).

B

Bacharelado: Ed. Sup. Grau conferido ao estudante de graduação que concluiu o ciclo básico de sua graduação e que o habilita em alguns casos para o exercício profissional após exame ou novo período de estudos de seu órgão profissional. Exemplo: Bacharel em Direito torna-se habilitado a tentar a prova para registro profissional na Ordem dos Advogados do Brasil.

Behaviorismo: 1. Psi. Ed. Teoria psicológica que se dedica ao estudo do comportamento humano e advoga que os processos de aprendizagem são em grande parte dos casos derivados de mecanismos de estimulação e resposta neuronal. Os principais expoentes dessa perspectiva psicológica foram B. F. Skinner e Y. Pavlov. Pavlov, nos anos 1920, foi o responsável pela criação de métodos de condicionamento animal a partir de estímulos visuais, auditivos e olfativos, os quais, após serem suprimidos, geravam respostas duráveis no comportamento canino. Tornou-se célebre a experiência de Pavlov na qual eram oferecidas a cães porções de carne fresca acompanhadas de uma sineta. Posteriormente, tocava-se a sineta mas não era oferecida a carne, e, neste momento, Pavlov percebia que os cães salivavam. Skinner, por sua vez, foi o responsável por procurar adaptar os pressupostos da teoria behaviorista à educação ao desenvolver a "Máquina de Aprender", que consistia em mecanismo dotado de botões associados a respostas binárias, algo como "verdadeiro" e "falso". Tal máquina emite um sinal sonoro e luminoso toda vez que ocorre um erro, possibilitando que, após tal indução, o indivíduo reaja de maneira a marcar a questão correta por intermédio do comportamento reflexo adquirido a partir dos estímulos. Para saber mais, consulte *Ciência e comportamento humano* (Skinner, 2000). **2. Sin.** (ver *Comportamentalismo*).

Blocos lógicos: Educação infantil (Ed. Inf.). Brinquedo de encaixe em que diversos sólidos, como quadrados, triângulos, cilindros e losangos, devem ser colocados em espaços cujas formas lhes são correspondentes. Tal brinquedo é desenvolvido de modo a propiciar à criança o reconhecimento das formas geométricas a partir de sua interação com elementos do mundo material.

Bloqueio cognitivo: 1. Psi. Ed. Consiste em um fenômeno no qual a capacidade de compreensão do indivíduo se encontra, por razões várias, que vão desde traumas de infância a síndromes neurológicas, comprometida parcial ou totalmente. **2. Sin.** Distúrbio de aprendizagem.

Boletim escolar: 1. D.C. Documento informativo que contém os conceitos e/ou notas escolares atualizados do aluno em determinado período (parcial) do curso. **2. Adm. Edu.** Documento informativo da situação acadêmica e/ou administrativa de determinada turma ou instituição educacional.

Braille: 1. Educação especial (Ed. Esp.). Mecanismo de escrita destinado a alfabetizar deficientes visuais e propiciar-lhes a inserção no âmbito da escrita de língua materna. Consiste em um alfabeto composto por um sistema de pontos em relevo que correspondem às letras da língua materna. Tais pontos são igualmente agrupados em sequência, tal como na linguagem escrita comum, de modo a compor palavras, frases e textos. O instrumento utilizado para tal operação de escrita é denominado regrete e corresponde a uma máquina com espículas correspondentes aos pontos furados que integram as letras, permitindo assim uma escrita em relevo **2. D.C.** Alfabeto empregado pelos deficientes visuais.

Brincadeira: 1. Ed. Inf. Parte essencial do processo educativo de crianças, condicionante do desenvolvimento motor, cognitivo, linguístico e social. **2. Did.** Atividade lúdica na qual a criança, ao interagir com elementos do mundo concreto e/ou com outras crianças, desenvolve seu raciocínio lógico e suas capacidades de comunicação e habilidades motoras, o que condiciona globalmente a aquisição da aprendizagem. **3. Fil. Edu.** Emprego do tempo ocioso por parte da criança, o qual contribui para a formação da identidade e para a inserção do indivíduo no âmbito da cultura. A brincadeira existe quando há uma interação entre a memória e a imaginação do indivíduo e o elemento do mundo concreto, que se converte em brinquedo no momento da ação denominada brincadeira.

Brinquedo: 1. Ed. Inf. Objeto do mundo material ao qual se dirige a ação da brincadeira. Um brinquedo pode ser desenvolvido com a finalidade específica de atender a esse fim, assim como pode ser um objeto qualquer, que, pela imaginação infantil, se torna elemento componente da brincadeira imaginada pela criança. **2. Did.** Elemento componente das atividades lúdicas orientadas por finalidades pedagógicas.

Brinquedoteca: 1. D. C. Local em que os brinquedos são organizados e depositados em determinada instituição educacional. **2. Did.** Local pedagogicamente preparado, presente em escolas e instituições de ensino superior, de maneira a permitir a crianças o manejo de brinquedos e o desempenho de atividades pedagógicas desenvolvidas para esse fim. **3. Ed. Sup.** Espaço destinado a estudantes do Curso de Pedagogia, para que possam desenvolver atividades lúdicas e, ao mesmo tempo, aplicar conhecimentos pedagógicos na interação de crianças com os brinquedos existentes na referida Brinquedoteca (Huguet e Bassedas, 2003).

Bullying: **1. D.C.** Prática cristalizada em determinadas comunidades escolares, na qual grupos de alunos se juntam para provocar, humilhar e discriminar indivíduos (colegas destes) pelo fato de apresentarem alguma diferença visível em relação às características do grupo, podendo ocorrer em razão de diferenças físicas, ideológicas, religiosas, comportamentais e de orientação sexual, as quais passam então a ser pretexto para atos de preconceito praticados por tais grupos. **2. Psi. Ed.** Ação de violência grupal praticada contra indivíduos isolados e derivada do preconceito que se torna elemento traumático para quem sofre com sua ação. **3. Soc. Ed.** Evento de discriminação com origem no preconceito presente na sociedade e direcionado às minorias. Para saber mais, leia *Avaliação da aprendizagem em sociedades multiculturais* (Canen, 2001).

C

Caderneta escolar: D. C. Documento no qual são registradas individualmente as ocorrência diárias referentes à trajetória de determinado aluno na instituição escolar a que se vincula.

Capacitação em serviço: 1. Adm. Ed. Consiste na denominação utilizada até o início da década de 1990 para designar as ações de formação para profissionais da educação que estavam em exercício. **2. Sin.** Formação continuada (ver *Formação continuada*).

Capital/Capitais: Soc. Ed. De modo geral, o capital pode ser definido como uma estrutura que possui como principal característica a capacidade de se reproduzir, gerando réplicas de si mesmo e possibilitando a quem o possui um rendimento qualitativo. No âmbito da Sociologia da Educação, Pierre Bourdieu toma de empréstimo a noção de capital, central na teoria marxista, e amplia seu sentido e significado, estendendo-o para diversas modalidades, tais como: capital cultural (ver *Capital cultural*), capital social (ver *Capital social*), capital linguístico (ver *Capital linguístico*) e capital simbólico. Esta noção torna-se um dos elementos centrais de sua Teoria Social e é utilizada amplamente pelo autor para explicar algumas das causas das desigualdades sociais e culturais verificadas em sua relação com os sistemas de ensino.

Capital cultural: Capital cultural: Soc. Ed. Termo desenvolvido na Sociologia Educacional de Pierre Bourdieu (1999b), utilizado para designar desigualdades existentes na sociedade e que se projetam além da mera desigualdade econômica, ainda que possa guardar, em muitos casos, estreita relação com esta. Essas desigualdades seriam verificadas especialmente nas escolas e teriam que ver com a distribuição desigual dos bens culturais (elementos de prestígio e valorização social) entre indivíduos e grupos. A escola, por sua vez, ao verificar essas desigualdades, tenderia a atribuir as diferenças de desempenho a diferenças exclusivamente oriundas do mérito individual e não à identidade entre a cultura escolar e o que determinada sociedade considera como capital cultural. Deste modo, cabe indicar que o capital cultural consiste, por um lado, na posse de determinados saberes, informações e conhecimentos considerados valorizados por determinada sociedade (ver *Capital informacional*) e, por outro lado, na posse de determinadas posturas corporais, visões de mundo e regras de conduta. igualmente valorizadas em determinados espaços, como a dedicação aos estudos e a introspecção enquanto comportamentos valorizados pelas escolas ditas tradicionais. A partir dessa posse desigual de capital cultural, Bourdieu questiona a ideia de que a escola viria a ser a instituição libertadora por excelência, na medida em que, pelo simples fato de prover acesso aos estudantes, não eliminaria as desigualdades culturais existentes no momento de sua entrada. Para saber mais, consulte *A escola conservadora e as desigualdades frente à escola e à cultura* (Bourdieu, 2001b) e *Os três estados do capital cultural* (Bourdieu, 2001b).

Capital humano: D.C. Teoria desenvolvida por Theodor Schutz, nos anos 1950, surgida de uma grande pesquisa, em escala mundial, desenvolvida pela ONU/Unesco e coordenada por ele, a qual levanta a situação do ensino em países pobres e ricos de todos os continentes. Ao longo dessa pesquisa, Schutz constatou que quanto maior a riqueza de um país, maior o nível de instrução de sua população, e, consequentemente, melhor a sua situação de ensino (por exemplo: os índices de analfabetismo em países com melhor situação de ensino são sempre menores). A observação, conduzida de modo sistemático, confirmou este dado em todos os países investigados; assim, Schutz acabou por depreender que a Educação é um fator de diferenciação no que diz respeito à riqueza de um país, pois alguns dos países mais pobres possuíam grande volume de recursos e riquezas naturais (por exemplo: a África do Sul, nos anos 1950, era o país com maior produção mundial de diamantes e sua renda *per capita* era muito inferior à da Suíça, que não produz pedras preciosas em volume comparável). Com base nessas constatações, Schutz afirmou que existe, efetivamente, uma relação entre escolarização e riqueza. Anos mais tarde, a partir desses estudos, ele, juntamente com outros continuadores dessa linha de pesquisa, decidiu investigar também a relação entre escolarização e riqueza, e acabou por descobrir que, igualmente, em muitos países do mundo, quanto mais anos de estudo um sujeito tem, mais ele tende a acumular um patrimônio individual. Assim, por analogia ao capital econômico – conceito que pode ser definido simplesmente como algum elemento produtor de riqueza que rende lucros periódicos para quem o possui –, Schutz concluiu que haveria um outro tipo de capital – o capital humano –, que poderia ser definido como um tipo de somatório dos investimentos do indivíduo em aquisição de conhecimentos (capital este adquirido em sua quase totalidade nas escolas e universidades) e que, a qualquer momento, reverteria em benefícios econômicos para o próprio indivíduo, como na posse de melhores empregos e de vantagens na aquisição de novas aprendizagens para o mercado de trabalho). Esse capital, diferentemente do econômico, não poderia ser roubado ou transferido, constituindo um bem pessoal que acompanharia o sujeito durante toda a vida, e que, de alguma forma, influenciaria positivamente sua trajetória social e econômica. Essa teoria sofreu duras críticas em décadas posteriores, as quais discutiram e procuraram refutar o caráter supostamente universal dos processos de escolarização e aquisição do Capital Humano, bem como sua validade na explicação de todos os casos de fracasso ou de sucesso social. De seus críticos mais célebres, destacam-se Pierre Bourdieu, que constrói a noção de Capital Cultural (ao menos em parte) como um elemento teórico oposto ao conceito de Capital Humano. Para aprofundar-se no tema, consulte *Educação: um tesouro a descobrir* (Delors, 1998) e *Investindo no povo: o segredo econômico da qualidade da educação* (Schutz, 1987).

Capital informacional: 1. Soc. Ed. Modalidade de capital, associada ao capital cultural, que consiste tanto na posse de informações privilegiadas sobre o funcionamento de alguma instituição, sistema ou setor da sociedade, quanto diz respeito ao acúmulo de elementos teóricos valorizados no âmbito dos grupos pelos quais o capital cultural circula mais intensamente. De modo sintético – sintetizado a ponto de chegarmos ao tênue limite entre a simplificação e o erro –, é possível identificar o capital informacional com os aspectos teóricos e os saberes – muitas vezes ditos "clássicos" ou "fundamentais" –, que integram o capital cultural. **2. Adm. Ed.** Consiste na apropriação deste termo da Teoria Bourdieuniana, utilizada por certos gestores educacionais para designar o volume e o tipo de informações úteis detidas por determinada instituição, grupo ou indivíduo.

Capital intelectual: 1. D.C. Conjunto de conhecimentos detido por um indivíduo após se submeter a um dado processo formativo, geralmente escolar. **2. Adm. Ed.** Volume de conhecimento referente a determinado assunto detido pelo conjunto de profissionais ligados à docência ou gestão em alguma instituição ou rede de ensino. **3. Soc. Ed.** De acordo com a Teoria Sociológica, de Pierre Bourdieu, esta é uma modalidade de capital cultural intimamente relacionada com o capital simbólico detido pelo indivíduo e/ou grupo e que lhe permite ser conhecido e reconhecido em círculos detentores de conhecimentos, visões de mundo e sistemas de classificação da dita "alta cultura".

Capital linguístico: 1. D.C. Expressão relacionada à capacidade de fluência verbal e de proficiência escrita de um indivíduo. **2. Soc. Ed.** Desde os anos 1960, esta noção encontrava-se em "estado embrionário", especialmente com a publicação do Relatório Coleman, que correlacionou indicadores de proficiência escolar vinculados ao domínio do vocabulário culto (notas padronizadas em testes) com a pertinência à camada socioeconômica. Tal pesquisa foi realizada em escolas dos Estados Unidos, nos anos 1960, e serviu como base para a discussão dos padrões culturais incutidos no que se convencionou denominar "norma culta", que serve como referência na construção das avaliações escolares, que, assim, se tornariam excludentes em relação aos estudantes de classes sociais desfavorecidas economicamente (Bonamino, 1999). Indo em direção diversa, Pierre Bourdieu, ancorado em uma perspectiva linguística que utiliza como modelo as trocas de um "mercado linguístico", cujas regras se assemelhariam às da lei da oferta e da procura presentes no mercado financeiro, indica que o capital linguístico se refere a uma competência linguística detida pelo indivíduo e/ou grupo, que lhe permite mobilizar em seu escopo vocabular as expressões que são mais valorizadas e produzem os melhores efeitos em cada um dos espaços sociais em que se move. Para aprofundar-se no tema, consulte *A economia das trocas linguísticas* (Bourdieu, 2000).

Capital social: 1. D.C. Consiste no capital gerado pela capacidade de se relacionar bem com outros segmentos da sociedade, e pode relacionar-se com o trabalho de interesse público desenvolvido por organizações não governamentais e empresas com vocação para o atendimento a camadas sociais menos favorecidas. **2. Soc. Ed.** De acordo com Pierre Bourdieu (2001), consiste no capital decorrente de uma rede de relações importantes e úteis, desenvolvidas com indivíduos e/ou grupos com os quais o sujeito costuma se relacionar. Desse modo, o capital social seria um tipo de grandeza imensurável, de modo direto, mas facilmente perceptível, na medida em que o acúmulo de prestígio e a possibilidade de obtenção de favores ou de avaliações positivas, bem como sua correlata concretização em termos de oportunidades privilegiadas seriam elementos comuns a indivíduos que participam de círculos sociais frequentados por pessoas influentes, sem contar aqueles círculos de cuja rede de relacionamentos participam os amigos e parentes bem relacionados. Para aprofundar-se no tema, consulte "Sobre o Capital Social: notas introdutórias" (Bourdieu, apud Catani, 2001).

Carência cultural: 1. D.C. Termo relativo a estudantes que não possuem as maneiras ditas corretas e tampouco dominam os códigos escolares. **2. Soc. Ed.** Teoria desenvolvida nos anos 1950, nos Estados Unidos, que teve forte apelo no Brasil nos anos 1960 e início dos anos 1970. De acordo com esse modelo explicativo, crianças oriundas de famílias de baixa renda não se adaptariam à escola por faltar-lhes elementos culturais que lhes permitissem dar à instituição "escola" o sentido e o significado que as famílias de classes sociais favorecidas lhe atribuíam. Assim, duas teorias principais se desenvolveram: (1) teoria da deficiência cultural, que atribuía às já mencionadas famílias um déficit cultural proveniente de sua condição de classe, e (2) teoria da diferença cultural, a qual, por sua vez, identificava a existência de um "abismo cultural" ou de uma diferença absoluta entre a cultura escolar e a familiar, a qual explicaria as dificuldades escolares das famílias de classes sociais desfavorecidas. Para saber mais sobre essa teoria, consulte os trabalho de Silva e Mello (2008) e Patto (1990).

Cartografia escolar: 1. Pesq. Ed. Técnica de estudo/pesquisa que consiste em um mapeamento do ambiente escolar com base na cultura institucional, nas relações interpessoais e nas características físicas e arquitetônicas de instituições educacionais escolares. Esta técnica de estudo/pesquisa sofreu grande influência da Etnografia e consiste em um dos possíveis formatos de descrição densa dos ambientes escolares. **2. Did.** Metodologia didática voltada ao aprendizado da composição de mapas em escolas. Como referência relativa a esta metodologia didática, destaca-se o trabalho de Rosangela Doin de Almeida (2007), que rediscute as maneiras a partir das quais a cartografia pode ser trabalhada nas escolas.

Centro universitário: Educação superior. Instituição que congrega diversos cursos universitários, de diferentes áreas; normalmente possui trabalhos de extensão universitária, mas não desenvolve pesquisa. Pode-se dizer, igualmente, que é uma instituição cujas áreas do conhecimento ainda estão em consolidação, em especial no que diz respeito à sua interação em nível epistemológico.

Certificação escolar: 1. Leg. Ed. Corresponde ao processo a partir do qual a validade de determinado curso é ratificada e reconhecida por lei. Esse processo decorre necessariamente da produção de um índice ou de um documento comprobatório dessa validação. **2. D.C.** Processo de produção de documento comprobatório de conclusão de determinado curso livre, escolar ou universitário.

Ciclos de aprendizagem: 1. Av. Edu. Modalidade de aferição do desempenho escolar que se baseia em uma alternativa aos anos escolares, de modo que os educandos são avaliados ao final de períodos de dois anos, os quais seriam correspondentes a Estágios do Desenvolvimento infantil, divergentes da cronologia tradicional estabelecida nas escolas e concernente a um calendário anual de atividades. **2 Adm. Ed.** Estruturação de currículo permitida a escolas e redes e/ou sistemas de ensino que se coloca de modo alternativo à divisão dos Níveis de Ensino em Séries ou anos. Os ciclos foram introduzidos no Brasil no fim da década de 1980 e no início da de 1990, sendo implementados em muitas cidades brasileiras. Agrupam intervalos de dois anos, nos quais a retenção escolar ocorre somente ao final do segundo ano. Para aprofundar-se sobre o tema, consulte *LDB fácil*, de Moaci Carneiro (Alves, 2009).

Cidadania e educação: 1. D.C. Conteúdos presentes em escolas e IES que visam ao preparo do sujeito para convivência em sociedade. **2. Did.** Disciplina presente em diversas instituições educacionais e que possui, como origem epistemológica, o Tema Transversal Ética. **3. Cur.** Diretriz filosófica presente em boa parte dos currículos escolares, de modo expresso ou oculto.

Ciências da educação: 1. Fil. Ed. Perspectiva pedagógica que parte do pressuposto de que a Educação, e por extensão a Pedagogia, possui um estatuto científico, possuindo, integrada a tal campo de conhecimento, diversas ciências subsidiárias, como Filosofia da Educação, Psicologia da Educação e Sociologia da Educação. **2. Sin.** Subáreas de conhecimento da Pedagogia e da Área de Educação, que integram as Ciências Humanas.

Cientificismo: 1. FIL. EDU. Teoria pedagógica que parte do princípio de que toda e qualquer forma de conhecimento educacional deve se subordinar aos imperativos do método científico. **2. Did.** Base epistemológica que fundamenta a Pedagogia Experimental.

Classe: Did. Unidade mínima de trabalho pedagógico em nível coletivo, composta por um grupo de alunos de número variável, reunidos em um mesmo curso e sob o mesmo regime de organização espacial, em geral uma sala de aula, um laboratório ou um auditório.

Classe de aceleração: 1. Did. Classe criada para complementar os estudos de alunos que repetiram seguidamente os anos ou séries de sua trajetória escolar, em geral no âmbito do Ensino Fundamental. As classes de aceleração consistem em uma estratégia empregada de modo paralelo à que preconiza o aporte às turmas de EJA. **2 Pol. Ed.** Para efeito estatístico, diz respeito às turmas destinadas a um processo pedagógico diferenciado, de modo a corrigir o fluxo escolar em determinado sistema ou rede de ensino.

Classe de adaptação: Did. Turma especial, criada com o objetivo de promover a quem chega à escola, especialmente no que tange a alunos que iniciam a Educação Infantil, a familiarização com o novo espaço, tanto no aspecto cognitivo quanto naquele que envolve a socialização grupal.

Classes experimentais: 1. Did. Classes em que novas metodologias de ensino são introduzidas para que se comparem os resultados educacionais obtidos nestas com aqueles derivados de classes submetidas a métodos convencionais de ensino, em geral são aplicadas tais experiências na mesma escola ou no mesmo sistema ou rede de ensino. **2. Hist. Ed.** Movimento ocorrido no âmbito da Educação Brasileira nos anos 1950-1960 e que foi acompanhado da criação em larga escala de experiências educacionais, em que diversas escolas receberam classes experimentais para subsidiar o desenvolvimento de reformas educacionais a serem implantadas no ensino público brasileiro. Como exemplos de tais classes, podemos apontar a campanha de criação e consolidação de Ginásios Experimentais, que teve à frente Gildásio Amado (1968). Embora tenha havido grande esforço por parte do governo federal a esta época, as classes e escolas experimentais não produziram os resultados almejados no que concerne a uma transformação qualitativa da Educação Nacional. Para mais informações, consulte *A educação secundária no Brasil* (Abreu, 1955).

Classicismo: Fil. Edu. Perspectiva teórica que parte do princípio de que a valorização dos clássicos da Literatura, da Filosofia e da Ciência vem a ser um caminho seguro para a obtenção de um ensino e de uma aprendizagem qualitativamente superior.

Clima de escola: 1. Soc. Ed. Expressão criada nos anos 1970 com vistas a compreender os fenômenos inerentes ao interior das escolas e das salas de aula, em especial os referentes às relações entre docentes e discentes e as que se dão entre docentes e direção, com foco privilegiado para a investigação das relações entre estes fatores e o rendimento escolar. **2. Adm. Ed.** Conjunto de fatores organizacionais que impactam a gestão escolar e possuem forte correlação com a estrutura organizacional e a circulação de poder que ocorre nos espaços escolares. Nesse sentido, importa considerar não somente as rotinas administrativas ocorridas na escola, mas também a maneira como o gerenciamento do tempo se associa a mecanismos de poder. A esse respeito, os estudos de Andy Hargreaves (2001) servem como referência no que compete à relação entre clima organizacional escolar e administração do tempo destinado às atividades docentes.

Coeducação: 1. Did. Proposta pedagógica na qual alunos e alunas recebem aulas e demais atividades educativas no mesmo espaço, vindo então a interagir independentemente do gênero. **2 Hist. Ed.** Uma das propostas mais defendidas pelos educadores liberais no Brasil, em especial os signatários do Manifesto dos Pioneiros da Educação Nova.

Coisas (lições de): 1. Did. Método de Ensino que consistia em expor ao educando exemplos concretos dos conceitos que se desejavam transmitir. Tal método, fortemente influenciado pelo empirismo inglês, sofreu diversas apropriações. Na Educação Infantil, por exemplo, o método preconizava a exposição dos alunos a figuras de animais, plantas e objetos como forma de fazê-los memorizar os conceitos gerais relativos a tais elementos a partir da observação **2. Hist. Ed.** Método de Ensino criado em fins do século XVIII e que se tornou muito popular ao longo do século XIX. No Brasil, até os anos 1920, era aceito de maneira indiscutível em boa parte das escolas brasileiras, tendo influenciado a criação dos manuais pedagógicos e enciclopédias da época.

Colegiado: 1. Adm. Ed. Estrutura modelar na administração de toda e qualquer instituição educacional, que corresponde ao cerne da Gestão Democrática, na medida em que determina uma espécie de descentralização administrativa pautada pela existência de decisões compartilhadas e tomadas em grupo, como no caso dos colegiados de curso. **2. Sin.** Órgão dirigido por um Conselho.

Colégio: 1. Hist. Ed. Modelo de associação surgido no Império Romano, destinado a promover a integração entre seus membros, bem como a formação pedagógica para os aspirantes a ocupar uma posição em seus quadros. **2. Sin.** Estabelecimento de ensino destinado à educação básica.

Competência cognitiva: 1. Psi. Ed. Elemento central da Pedagogia de Competências, desenvolvida por Phillippe Perrenoud nos anos 1980-1990. Consiste na resultante da aquisição de estruturas mentais por parte do indivíduo a partir da interação social e do conhecimento oriundo da apreensão de informações relativas a alguma capacidade operatória. Assim, nesta perspectiva, é possível situar, por exemplo, o domínio de procedimentos de leitura de textos e de resolução de problemas matemáticos como competências cognitivas adquiridas pelo sujeito durante sua escolarização, na medida em que estas pressupõem uma parte instrumental (psicológica) e um domínio de aquisições sociais, como a introjeção das normas do aprendizado escolar, para que possam se consolidar. **2. Cur.** Estruturas temáticas elementares (em termos didáticos) para a elaboração de um currículo por competências. **3. Adm. Ed.** Elemento componente das Matrizes de Competências utilizadas para mapear os padrões de aprendizagem em larga escala, por intermédio da mensuração do rendimento escolar de escolas e sistemas de ensino municipais e estaduais.

Comportamentalismo: 1. D.C. Tradução para a Língua Portuguesa do termo "behaviorismo" (ver *Behaviorismo*), referente à Psicologia Comportamentalista elemento teórico muito influente em diversas formulações pedagógicas, em especial no âmbito da Formação Técnica e Profissional. **2. Sinônimo.** Behaviorismo.

Conceitos: 1. D.C. Mecanismo de mensuração da aprendizagem "qualitativo", alternativo à expressão do desempenho escolar em termos de notas numéricas, podendo ou não corresponder a uma escala numérica de avaliação do desempenho escolar – exemplo: Nota 10 equivalente ao Conceito Excelente. **2. Filosofia (Fil).** Unidade de delimitação e diferenciação dos elementos do mundo físico a partir de categorias gerais nas quais tais elementos particulares se enquadram (Melendo, 2004). Por exemplo, o conceito de "homem" aplicado a todos os indivíduos humanos do gênero masculino.

Condicionamento: 1. Psi. Ed. Processo essencial para a aquisição da aprendizagem de acordo com a perspectiva behaviorista. Em tal processo, a reação controlada em razão da exposição prévia a estímulos é considerada uma demonstração irrefutável da ocorrência da aprendizagem **2. Soc. Ed.** Sistema de disposições permanentes que orientam indivíduos e/ou grupos em suas ações na sociedade. Segundo a Sociologia da Educação, de Pierre Bourdieu, existe uma estrutura internalizada no progresso da trajetória do indivíduo (ou grupo), no campo da sociedade em que se insere, a qual, denominada *habitus*, seria a geradora de disposições permanentes e duráveis, estruturadora de estratégias, visões de mundo e esquemas de ação prática semiconsciente, ou inconsciente, em alguns casos, mobilizada pelo indivíduo sempre que as condições sociais objetivas o demandam. Para saber mais sobre o tema, consulte o artigo "Aplicabilidade dos conceitos de *habitus* e campo à História da Educação (Santos, 2007). **3. D.C.** Ação de aquisição de comportamentos, habilidades e atitudes no que se refere à disciplina escolar.

Conhecimento: 1. Fil. Edu. Informações úteis para o processo de aprendizagem escolar e para a vida do sujeito, incorporadas e ele e com durabilidade permanente, permitindo-lhe adaptá-las a diversas situações de sua vida e de sua trajetória escolar. **2. Did.** Objeto de verificação das atividades pedagógicas. **3. Psi. Ed.** Aprendizagem resultante da interação entre as estruturas mentais do indivíduo e o ambiente físico e social em que este se insere, especialmente na perspectiva psicológica sociointeracionista.

Conselho de classe: Planejamento educacional. Elemento crucial do planejamento de ensino. Consiste em uma espécie de reunião, em que as posições, constatações e sugestões relativas aos processos pedagógicos ocorridos na escola são discutidas entre os docentes e os gestores da instituição educacional.

Conselho escolar: 1. Adm. Ed. Modalidade de conselho presente nas escolas e que integra elementos da sociedade civil, docentes, discentes e gestores para tratar das decisões a serem tomadas a respeito do Projeto Político Pedagógico . **2. Pol. Ed.** Estrutura prevista em lei, cujo objetivo é dotar de representatividade as decisões no nível da gestão escolar.

Construtivismo: Construtivismo pedagógico: 1. Fil. Edu. Perspectiva que parte do princípio de que o conhecimento humano (ver *Conhecimento*) resulta de uma permanente construção, ou reconstrução, dos saberes, a qual é mediada pela experiência do indivíduo em interação com o mundo. Nessa perspectiva, não existiria nenhum tipo de conhecimento inato ao indivíduo, tampouco se poderia afirmar que os processos pedagógicos mecânicos e repetitivos seriam o melhor caminho para que este aprendesse. Assim, do ponto de vista da epistemologia construtivista, tanto Racionalismo quanto Empirismo estariam necessariamente refutados, pois o processo de aprendizagem/conhecimento seria algo que decorreria necessariamente da interação entre as estruturas biopsicossociais do indivíduo e o ambiente físico-social. **2. Psi. Ed.** Construtivismo é um termo que diz respeito a diversas teorias psicológicas que comungam premissa básica de que o conhecimento humano resulta de uma construção, e não de uma assimilação de conteúdos memorizados. Os principais influenciadores dessa linha teórica foram Jean Piaget Lev Vygotski (ver *Zona de desenvolvimento proximal*) e Henri Wallon. No sentido que atualmente é dado ao termo, a partir desses primeiros estudos, houve uma aproximação intensa entre Pedagogia e Psicologia, originando o que se convencionou chamar Construtivismo Pedagógico, apoiado tanto em alguns aspectos da Psicologia do Desenvolvimento quanto em elementos concernentes à área da Didática. **3. Did.** Perspectiva pedagógica voltada para o processo de construção de saberes desenvolvido nos educandos. Recebe forte influência de determinados setores da Psicologia Interacionista e defende a ideia de que o desenvolvimento humano está intimamente associado à interação entre o indivíduo e o ambiente, além de postular que, nessa interação, o conhecimento humano se constrói. Nessa perspectiva pedagógica o professor ocupa um papel de "facilitador" ou "mediador" da relação do aluno com o ambiente, e, claro, com o conhecimento derivado da experiência psicológica obtida a partir desta relação. **4. História da educação brasileira (Hist. Ed. Bras.).** No Brasil, há diversas vertentes dessa "pedagogização" da Psicologia Educacional, que se convencionou chamar "construtivista". No Brasil, as adaptações mais célebres dessa visão epistemológica dos saberes educacionais sofreram forte influência dos seguintes autores: Emilia Ferreiro, com especial destaque para seu estudo relativo ao desenvolvimento da escrita em crianças; Henri Wallon, no que se refere principalmente à sua teoria do desenvolvimento emocional/moral da criança; e Lev Vygotski, consultado muitas vezes a partir de seu célebre estudo das relações entre pensamento e fala e pensamento e linguagem. Estas são as principais matrizes que, após serem mescladas em diferentes proporções e em diferentes casos, foram adaptadas, muitas vezes de forma errônea, à Educação por meio de transposições esquemáticas dos principais elementos teóricos hauridos na leitura desses autores. Durante os anos 1980, o cenário educacional brasileiro assistiu a um processo de afirmação dessa teoria, alçando-a, em determinado período das décadas de 1980 a 1990, ao patamar de teoria educacional hegemônica quando o assunto dizia respeito à aprendizagem. Para saber mais sobre o tema, consulte Cunha (1998), Boyko e Zamberlan (2001) e Sanchis e Mahfoud (2010), cujos artigos tratam de forma ampla as vertentes do construtivismo em seus aspectos pedagógicos, psicológicos e epistemológicos.

Contrato pedagógico: Did. Termo referente a documento firmado entre professores e alunos com o fim de regular as condutas permitidas no âmbito do espaço escolar. Esta medida insere-se no âmbito de propostas pedagógicas destinadas à promoção do desenvolvimento do autogoverno em estudantes, especialmente entre adolescentes e pré-adolescentes.

Coordenação-pedagógica: 1. D.C. Função que concerne ao profissional responsável pela administração da instituição escolar no que diz respeito aos aspectos relacionais entre o diretor, os professores e os alunos. **2. Adm. Ed.** Termo referente à mediação entre os diferentes elementos da administração, realizada por um profissional que possui conhecimento dos aspectos práticos ligados à docência, conhecimento alusivo às teorias educacionais utilizadas pela instituição, rede ou sistema de ensino, além de dominar competências de relacionamento interpessoal capazes de engajar todo o coletivo da instituição educacional na realização dos projetos educacionais previstos em seu Projeto Político Pedagógico.

Currículo: 1. Hist. Ed. Termo que, em sua origem, designa a organização das matérias em um determinado curso. Seu significado literal e etimológico remete a pista de obstáculos *(Curriculum)* e diz respeito ao modo como as escolas medievais organizavam seu ensino, de acordo com o que era entendido como relevante para seus estudantes. Nessa acepção, o currículo dizia respeito somente aos aspectos formais do ensino. Nos anos 1970, a Nova Sociologia da Educação trouxe novas luzes a essa temática, denunciando o enviesamento ideológico dos currículos escolares, os quais, sob uma aparência de universalidade, na verdade inseririam, de modo sub-reptício, conteúdos ideológicos e visões de mundo das classes dominantes (ver *Currículo oculto*). Na atualidade, as teorias de currículo referem-se a esse componente dos processos educativos como uma conjunção de fatores ligados à organização dos conteúdos e à orientação filosófico-política dos sujeitos que selecionam as matérias consideradas relevantes em dado curso/instituição educacional. **2. Did.** Constructo que se refere simultaneamente aos programas de ensino, à orientação política, às metodologias didáticas e às sequências de conteúdos de determinado curso/instituição educacional.

Currículo nacional: 1. D.C. Currículo válido para todas as escolas de determinado país. **2. Cur.** Corresponde ao resultado final da implantação de uma política de uniformidade de padrões de aprendizagem e programas de ensino, padronizada nacionalmente. Nessa perspectiva, o Currículo Nacional sempre comporta alguma espécie de tensão entre as dimensões do local e do global, entre as dimensões do regional e do nacional, com a prevalência dos aspectos gerias implicados na construção de um currículo válido em todo um país. Como suporte de projetos como este, temos normalmente algum nível de conexão/interconexão entre as escolas de uma rede ou de um sistema de ensino, bem como, entre os diversos sistemas de ensino, além de Diretrizes Curriculares Nacionais (ver *Diretrizes Curriculares Nacionais*) que conformam padrões de ensino/aprendizagem.

Currículo oculto: 1. D.C. Termo que se refere ao processo não aparente de elaboração dos currículos e programas de ensino. **2. Cur.** Expressão que se refere a todo e qualquer processo ideológico interveniente na seleção de conteúdos, organização dos programas de ensino e avaliação das atividades didáticas presentes no currículo. Ainda que não se apresente explícito, o currículo oculto teria um papel preponderante no que diz respeito à aprendizagem e ao ensino, pois, a partir do viés ideológico nele presente, as relações contraditórias entre as classes seriam reproduzidas no âmbito da escola (ver *Nova sociologia da educação*). Para saber mais sobre o tema, consulte *O currículo em mudança* (Goodson, 2001).

Currículo por disciplinas: 1. D.C. Corresponde à forma tradicional de organização dos currículos em escolas e redes ou sistemas de ensino. **2. Cur.** Modalidade de organização curricular que utiliza as disciplinas como principal nexo organizativo. Tal modelo pedagógico parte do princípio de que sua organização sequencial e estratificada reflete de modo otimizado a dinâmica a ser impressa no que concerne ao cotidiano escolar e aos programas de ensino.

Curso: 1. D.C. Trajetória do indivíduo no âmbito do sistema escolar, do sistema universitário ou das demais modalidades de formação educacional, como cursos livres ou profissionalizantes. **2. Did.** Conjunto de unidades educacionais orientadas ao cumprimento de objetivos específicos no que diz respeito à formação educacional, e que culmina com a atribuição de um grau expresso em certificado ou diploma.

Curso livre: 1. D.C. Curso oferecido por instituições ou indivíduos sem a necessidade de processos formais de credenciamento e recredenciamento. **2. Pol. Ed.** Curso oferecidos de modo alternativo, fora dos sistemas regulares de ensino, de modo a atender a necessidades do mercado e do público que os procura, como curso de operador de telemarketing.

Curso preparatório: 1. D.C. Curso que provê ao estudante a condição de ascender a uma carreira distinta ou a outra etapa formativa, como o Curso Preparatório para o Enem. **2. Leg. Ed.** Curso desvinculado dos sistemas e das redes de ensino, bem como isento de padrões regulatórios, como os que incidem sobre a educação básica e a educação superior. Para efeitos de Legislação Educacional, tais cursos enquadram-se como uma modalidade de curso livre (ver *Curso livre*).

Curso Superior: 1. D.C. Modalidade de curso oferecido nas IES. **2. Leg. Ed.** Diz respeito às modalidades de curso oferecidas em IES, desde que cumpridas as exigências de carga horária e de Diretrizes Curriculares Nacionais para o referido curso, bem como, sejam atendidos os padrões de avaliação do Sinaes para fins de autorização, credenciamento e recredenciamento.

D

Dados educacionais: 1. D.C. Termo que se refere tanto a informações sobre indicadores educacionais quanto a dados construídos a partir destes. Em geral, são confundidos com números relacionados a algum aspecto educacional em larga escala, como: "tal município possui 431 escolas". Porém, na realidade, o termo indica que a referida informação educacional já passou por algum tipo de tratamento científico, ou seja, foi analisada do ponto de vista do impacto no Financiamento da Educação, por exemplo. **2. (Av. Ed.)** Conjunto de informações relativas à aprendizagem (ver *Escalas de proficiência*) ou às condições de infraestrutura institucional de escolas e universidades. **3. Planejamento educacional Plan. Ed.** Corresponde a informações, normalmente em larga escala, referentes ao nível de planejamento que se pretende projetar, que já tenham sido submetidas a modelagem prévia em nível quantitativo (modelagem com alguma técnica estatística) ou qualitativo (precedidos de algum tipo de análise de conjuntura ou de processo). Por exemplo:

dados sobre evasão e repetência escolar podem ser usados como base para o planejamento de atividades pedagógicas de uma rede de ensino, desde que se compreenda que tabelas, gráficos ou quadros por si só não expressam os conhecimentos que se podem obter desses recursos, assim como a existência de uma mina de ouro não pressupõe que se possa ignorar o trabalho de mineração nela envolvido.

Defesa: 1. D.C. Ritual existente nas instituições educacionais desde a Idade Média, que consiste na apresentação de um trabalho escrito – tese, dissertação ou monografia/trabalho de conclusão de curso, segundo cada caso e/ou nível de ensino – para uma banca composta de professores, em geral autoridades no assunto a ser apresentado pelo postulante ao título que poderá ser obtido após a realização do ritual, de acordo com o parecer positivo ou negativo quanto à aprovação emitido pela banca. **2. Fil.** Modalidade de discurso, muito comum na área jurídica, em que os principais elementos são a persuasão e a eloquência argumentativa, utilizada com vistas a demonstrar determinadas premissas por parte do orador. **3. Ed. Sup.** As defesas no Brasil geralmente se dividem nas seguintes modalidades: a) No nível da Graduação: defesa de Monografia de Graduação ou de Trabalho de Conclusão de Curso (TCC); b) No nível da Pós-Graduação *Lato Sensu*: defesa de Monografia de Especialização ou de TCC; c) No Nível da Pós-Graduação *Stricto Sensu* (Mestrado e Doutorado): defesa de Dissertação de Mestrado (para os cursos de mestrado) e de Tese de Doutorado (para os cursos de doutorado).

Descritores: 1. D.C. Refere-se aos elementos discursivos que, de modo sintético, apontam para um sentido unívoco de determinada expressão ou elemento analítico; **2. Av. Ed.** Termo que designa o substrato mínimo para a identificação de competências e habilidades componentes de Matrizes de Referência curriculares. Ainda a esse respeito, cabe indicar que os descritores, quando referidos a tais matrizes, possuem quase sempre articulações entre si, o que faculta a aferição cruzada dos índices de proficiência implicados na consolidação de habilidades e competências que lhes são correlatas.

Desempenho escolar: 1. D.C. Termo normalmente entendido como correspondendo a notas e/ou conceitos obtidos por alunos ou turmas de alunos em escolas ou IES. **2. Av. Ed.** Expressão que diz respeito a, no mínimo, três elementos: (a) critério de avaliação; (b) medida de referência para esse critério (nota, conceito, relatório etc.); (c) medida esperada dentro de determinada escala de aferição de desempenho e que determina seu progresso em um curso (por exemplo, nota inferior a 6,0 significa que o aluno será reprovado em determinada disciplina). *Grosso modo*, pode-se dizer que o desempenho escolar se encontra no cerne de boa parte das políticas de regulação da Educação na atualidade, pois, ainda que tais medidas possam sempre ser questionadas quanto ao seu refinamento, quando chegamos ao Nível Macro – nível das redes, sistemas de ensino e da Política Educacional Nacional – do Planejamento Educacional, tais medidas permitem aferir minimamente o resultado da condução das ações desenvolvidas pelos estados e governos nelas implicados, mesmo quando os escores de desempenho estiverem associados a instituições de ensino privadas.

Desenvolvimento: 1. D.C. Diz respeito aos processos de crescimento e de aquisição de conhecimentos por parte de indivíduos e/ou grupos de alunos. **2. Psi. Ed.** Corresponde a um processo em que o indivíduo passa de um estado no qual ele ainda não interage com o mundo nem possui um aparato sensorial, especialmente no que se refere ao sistema nervoso, que lhe permita tal interação, até um estágio no qual ele possui processos psíquicos internos, como o raciocínio dedutivo, e estruturação das percepções a partir de sentidos derivados de suas visões de mundo. Há várias possibilidades de nomenclatura para este termo; porém, todas, em alguma medida, irão se referir ao processo individual que envolve, simultaneamente, o crescimento físico e o desenvolvimento da personalidade e da inteligência em suas mais variadas acepções. **3. Economia da educação (Econ. Ed.).** Diz respeito à relação entre investimentos destinados à educação e ao crescimento econômico, sobretudo no nível dos países e Estados nacionais. Uma das teorias que trabalham este conceito e que se valem largamente dessa sua acepção é a Teoria do Capital Humano (ver *Teoria do capital humano*).

Desenvolvimento infantil: 1. D.C. O significado dessa expressão, em seu sentido mais comum, coaduna-se com o processo de crescimento biológico experimentado por crianças; porém, há nesta definição dois problemas de ordem conceitual: a) Como definir até que idade um indivíduo é criança? b) Crescimento biológico pode ser interpretado como sinônimo de desenvolvimento? A resposta para essas perguntas é buscada na subárea da educação infantil. **2. Psi. Ed.** Refere-se ao processo correlativo de desenvolvimento das estruturas mentais e de crescimento biológico, cujos nexos principais são o desenvolvimento do cérebro e do sistema nervoso, bem como as mudanças de comportamento pelas quais o indivíduo passa até atingir a idade adulta, o que se daria por volta dos 21 anos.

Desigualdade educacional: 1. D.C. Expressão que se refere ao modo desigual como os indivíduos expressam diversos desempenhos no que tange aos indicadores escolares. **2. Soc. Ed.** Diz respeito às desigualdades em matéria de indicadores educacionais manifestadas em determinado contexto social por indivíduos de diversos estratos de tal sociedade. As desigualdades educacionais vão desde as desigualdades de aprendizagem vocabular até as globais, expressas nas avaliações escolares e que possuiriam quase sempre um fundo econômico, social e/ou cultural no que tange a esses indivíduos/grupos. **3. Av. Ed.** Termo que se refere tanto aos resultados discrepantes em termos de escores entre indivíduos, grupos ou sistemas/redes de ensino quanto a diferenças permanentes entre grandes coortes de estudantes avaliados de modo sistemático.

Diário escolar: 1. D.C. Documento no qual as ocorrências educacionais, graus e frequências são registrados pelo professor. **2. Adm. Esc.** Documento escolar responsável pela organização administrativa da instituição educacional, especialmente no que compete aos processos pedagógicos relativos a docentes e discentes.

Didática: 1. História da educação. Consiste na investigação dos processos de aprendizagem iniciada a partir dos estudos de Jean Amos Comenius, no final do século XVI. Em tais estudos, defendia-se a ideia de que a infância era uma etapa especial na vida do indivíduo e que caberia então uma educação diferenciada, levada a cabo em locais nos quais pudesse ser desenvolvida de forma própria. É possível ainda situar Comenius e sua obra *Didactica magna* como um marco fundacional da Didática Moderna. Posteriormente, muitas visões de Didática foram construídas, mas, de alguma forma, todas são tributárias desse empreendimento inicial desenvolvido no começo da Era Moderna. **2. Filosofia da educação.** Consiste em uma área, ou subárea, de conhecimento crucial para a Educação. A Didática mantém estreitas relações com a Psicologia, a Filosofia e as teorias de currículo, tendo sido originária das investigações que criariam esse campo da Pesquisa Educacional (ver *Currículo*). Em nível filosófico, o que caracteriza a Didática é a preocupação em investigar os processos de ensino e aprendizagem formais e informais a partir de um viés próprio, ainda que possa ser subsidiado por outras áreas de conhecimento.

Didática crítica: Did. Perspectiva da Didática que privilegia o deslindar de relações assimétricas de poder, que estariam calcadas principalmente nas diferenças sociais motivadas pela luta de classes. Embasada em um viés (neo)marxista, a Didática Crítica possui grande influência da então chamada Escola de Frankfurt.

Didática geral: 1. Ed. Sup. Disciplina existente nos cursos de Pedagogia e nas licenciaturas que, ainda que comporte diversas variações, consiste em uma introdução aos estudos da Didática, bem como aos aspectos técnicos e operacionais do ensino. **2. L.C.** Um dos elementos centrais na formação de professores e pedagogos, presente em toda e qualquer preparação para a docência.

Didática multicultural: 1. D.C. Campo teórico ligado à subárea de Didática. **2. Did.** Campo e estudos da Didática que levam em consideração a perspectiva multiculturalista (ver *Multiculturalismo*) resultante do entrecruzamento dos chamados Estudos Culturais com a Educação.

Didática pós-crítica: Did. Perspectiva da Didática que leva em consideração as questões relativas à pós-modernidade. Assim, a didática pós-crítica busca superar as contradições de classe apontadas pela chamada Teoria Crítica, sem negá-las, no entanto. Nessa perspectiva, ganham relevo as questões de gênero, cultura e discurso, que, assim como na perspectiva pós-moderna, passam a ser entendidas como determinantes nas novas tessituras sociais existentes na contemporaneidade.

Didática tradicional: 1. D.C. Diz respeito a métodos e técnicas de ensino ligadas à memorização e à suposta uniformidade dos padrões de aprendizagem dos alunos. **2. Did.** Perspectiva teórico-metodológica da Didática desenvolvida pela chamada Pedagogia Tradicional. Das principais características da Didática tradicional, merecem destaque a ênfase no desenvolvimento da dimensão mnemônica da aprendizagem dos alunos e nas atividades que privilegiam o desenvolvimento das noções de ordem e disciplina (ver *Disciplina escolar*).

Dificuldade de aprendizagem: D.C. Corresponde às diversas situações e/ou condições – culturais, sociais, psicológicas ou econômicas – que tornam menos eficaz, ou até mesmo ineficaz, o ensino desenvolvido em uma instituição educacional.

Diploma: 1. Legislação educacional (L.E). Documento garantidor da certificação obtida ao fim de um curso (ver *Curso*), seja este realizado no âmbito da educação básica ou da educação superior, ou seja um Curso Livre. **2. D.C.** Elemento de certificação que consiste em uma espécie de sinônimo de competência profissional, o qual, em razão de um tipo de raciocínio fetichista, ainda muito comum no Brasil, confunde-se com a competência profissional que deveria ter sido adquirida durante determinado curso, mas que nem sempre o é.

Direção: 1. D.C. Atividade desenvolvida por quem ocupa o cargo de dirigente em uma instituição escolar ou unidade universitária (Curso ou Departamento, conforme o caso). **2. Adm. Ed.** Cargo de gestão no qual seu ocupante é o dirigente responsável pelos processos administrativos e/ou pedagógicos de determinada instituição educacional.

Direito educacional: Ped. Área de Concentração que se volta para o estudo das relações entre Direito, Política, Legislação e Educação, possuindo forte ênfase nos elementos jurídico-políticos implicados nos processos educacionais (Santos, 2011).

Diretrizes Curriculares Nacionais: 1. D.C. Corresponde às regras que norteiam o Currículo Nacional (ver *Currículo nacional*). **2. Cur.** Refere-se à parte obrigatória e indiferenciada do currículo, prevista em lei e que orienta nacionalmente as políticas curriculares relativas a determinado nível e/ou modalidade de ensino.

Disciplina escolar: 1. D.C. Corresponde à normatização das condutas referentes à instituição de ensino, especialmente no que tange aos aspectos comportamental e moral. **2. Sin.** Diz respeito à delimitação de uma área de conhecimento, especialmente no que tange à educação formal. **3. Ped.** Diz respeito aos aspectos educacionais ligados à construção de hábitos e comportamentos correspondentes à "forma escolar", ou seja, ao modelo de enquadramento postural determinado pelas normas e regras previstos pelas instituições educacionais.

Distúrbios de aprendizagem: 1. D.C. Diz respeito à condição que obsta o estudante no sentido de atingir os patamares de desempenho estipulados pela instituição. **2. Psi. Ed.** Corresponde à condição temporária ou permanente que se instala no indivíduo e faz que ele passe a manifestar dificuldades quanto ao aprendizado. Tais distúrbios seriam, então, internalizados (quando já não compõem uma condição biológica) e passariam a trazer dificuldades diversas para o indivíduo. Cabe ressaltar que tanto a Psicologia Educacional quanto a Psicopedagogia possuem muitos métodos e técnicas de estudos e tratamentos dos referidos distúrbios, que têm, nessa perspectiva, sempre um componente interno do indivíduo, que pode ser neurológico, psicológico ou psicossociológico.

Divisão etária: 1. D.C. Mecanismo a partir do qual os alunos são segmentados no espaço escolar mediante uma estratificação dos grupos com ênfase na idade. **2. Psi. Ed.** Mecanismo a partir do qual são relacionadas etapas do desenvolvimento cognitivo/intelectual à idade do indivíduo, partindo do pressuposto que a cada idade corresponde uma etapa de maturação biopsicossocial. Um bom exemplo disso está na Teoria Piagetiana, que associa etapas do desenvolvimento cognitivo a faixas etárias supostamente universais para todos os seres humanos.

Domínio cognitivo: 1. Psi. Ed. Elemento pertinente à teoria psicológica de Benjamin Bloom e que diz respeito a uma taxonomia de comportamentos observáveis, graduados em uma escala que diria respeito ao tipo de aprendizagem efetuada neste domínio, e que, ao serem observados, forneceriam medidas confiáveis do desenvolvimento individual. Tal escala estaria associada aos objetivos a serem desenvolvidos por meio do professor, de modo a levar os alunos a alcançar a mestria em atividades do campo cognitivo (domínio). **2. Did.** Elemento teórico referencial para a avaliação da aprendizagem na perspectiva da Instrução Programada. Para saber mais sobre esse conceito, consulte *Taxonomia dos objetivos educacionais* (Bloom at al., 1988).

Domínio de turma: 1. D.C. Expressão utilizada para identificar os docentes que conseguem levar a termo as atividades educacionais sem que as dinâmicas concernentes às turmas de alunos interfiram nos programas de ensino e nos métodos utilizados pelo professor. **2. Did.** Elemento indispensável à consolidação da proficiência docente. Refere-se ao modo como o professor consegue intervir nas turmas de alunos e induzir-lhes o comportamento desejado durante as atividades educacionais.

Doutorado: Ed. Sup. Maior título obtido em instituições educacionais. O curso de doutorado possui uma duração média de quatro anos, ao longo dos quais, após cumprir todas as etapas do curso (ver *Pós-graduação stricto sensu*) o candidato realiza uma defesa de tese (ver *Defesa*) e, em caso de aprovação, estará habilitado a ostentar o título de doutor em alguma das áreas de conhecimento agrupadas nos programas de pós-graduação.

Dualismo escolar: 1. Fil. Ed. Expressão utilizada largamente por Anísio Teixeira para referir-se aos padrões de formação diferenciados da escola brasileira: (a) Educação Profissional para as classes populares; (b) Ensino propedêutico (preparatório para a universidade), verbalista e voltado para a cultura clássica quando se tratava da escola das elites econômicas brasileiras. Tal dualismo escolar, de acordo com os autores que utilizam esta categoria analítica, como Luiz Antonio Cunha (1999), teria de iniciado no século XVI, com os jesuítas, e prosseguido ao longo de toda a História da Educação Brasileira, até os dias atuais. **2. Soc. Ed.** Expressão utilizada para caracterizar a dicotomia entre dois padrões educacionais, relativos a modelos escolares destinados a formar de modo distinto as classes trabalhadoras e a elite econômica. Um exemplo disso pode ser visto na obra de Antonio Gramsci, intitulada *Os intelectuais e a organização da cultura* (Gramsci, 2000), na qual o autor sinaliza a ideia de construção de uma escola única para todas as classes, seja no nível dos saberes, seja no nível de seu acesso, já que seus alunos seriam de ambas as classes.

E

Educação: 1. D.C. Diz respeito ao processo a partir do qual o ser humano se desenvolve, consegue comunicar-se com outros, participa dos grupos sociais e culturais que o cercam, mesmo que opte por isolar-se, e aprende a manusear os signos e símbolos inerentes à esfera da cultura, dando-lhes significado e sentido no processo de apreensão e compreensão do mundo. Tal processo, de modo direto ou indireto, é guiado por instituições específicas para tal mister ou por aqueles que partilham com o indivíduo sua convivência. Ainda nesse âmbito, cabe mencionar que a educação consiste em um termo que se refere tanto à transmissão de conhecimentos quanto à aquisição, por parte do indivíduo, de valores morais. Assim, educação é um termo polissêmico e que deve sempre ser contextualizado espaço-temporalmente no que tange a seu uso, pois este se conforma ao contexto social, político, cultural e histórico em que ensino e aprendizagem acontecem. **2. Sin.** Formação humana aliada ao ensino (ver *Ensino*), ou seja, um processo de construção do sujeito nos aspectos cultural, moral, atitudinal e intelectual. **3. Soc. Ed.** Termo relacionado ao processo de construção dos padrões de conduta, ação social, visão e divisão do mundo operado pelos integrantes dos grupos sociais que possuem os códigos linguísticos, culturais e sociais valorizados socialmente e dirigem tal processo formativo para as gerações sucedentes. Esses processos podem ser agrupados sob duas denominações genéricas: Educação Formal e Educação Informal. **4. Fil. Ed.** Do ponto de vista da Filosofia da Educação, a educação possui muitas e variadas acepções possíveis, mas boa parte delas pode ser reduzida a dois caminhos de pensamento: (a) A Educação visa introduzir no sujeito, social ou individualmente, elementos formativos que viriam condicionar sua visão de mundo, conduta social e estrutura de apreensão de conhecimentos (do latim *Educare*, ou, "conformar", em tradução livre); (b) A Educação visa fazer que o indivíduo ou o grupo, por meio de um processo próprio de experiência do mundo, venha a conhecer esse mundo e a extrair deste conhecimento quase gnosiológico os elementos necessários para a vida em sociedade (do latim *ex ducere*, ou, "conduzir para fora", em tradução livre). A alternância entre as diversas encarnações dessas visões de educação comporiam, então, as distintas correntes pedagógicas. Para mais informações, consulte *História das correntes pedagógicas* (Gadotti, 1988).

Educação a distância (EAD): 1. D.C. Modalidade educacional na qual, a partir do uso de tecnologias informacionais computadorizadas, são conduzidos processos de ensino. **2. Leg. Ed.** Modalidade educacional caracterizada pela oferta de mais de 20% de ensino não presencial (quando desenvolvidos programas baseados nos níveis e modalidades regulares de ensino) e que se destina a atuar de modo suplementar no que compete ao ensino público. No âmbito do ensino privado, a EAD pode estar presente tanto em níveis e modalidades que caracterizariam o ensino regular quanto em cursos livres diversos.

Educação ambiental: 1. D.C. Modalidade ensino e aprendizagem de conteúdos ligados à ecologia e à preservação do "meio ambiente" e sustentabilidade. **2. Ped.** Área de estudos vinculada ao conhecimento da relação entre o meio ambiente e o homem, que utiliza os conteúdos escolares como mediadores das práticas sociais ligadas aos objetivos de preservação ambiental e desenvolvimento de relações harmônicas entre o homem e o meio em que vive. **3. Leg. Ed.** Trata-se de um dos Temas Transversais presentes nos Parâmetros Curriculares Nacionais e que passam a ser norteadores para todo o ensino escolar da educação básica, especialmente no que compete ao ensino fundamental.

Educação bancária: 1. D.C. Expressão pejorativa referente à Educação Tradicional. **2. Fil. Ed.** Perspectiva pedagógica, assim denominada por Paulo Freire, em que, à semelhança de uma operação bancária, o professor transmitiria um determinado conhecimento e, tal como em um banco, esperaria um determinado rendimento, expresso sob a forma de notas e respostas em testes padronizados.

Educação comparada: 1. D.C. Disciplina presente em alguns cursos de Pedagogia, que diz respeito a métodos e técnicas para a comparação entre sistemas de ensino e práticas escolares. **2. Pesq. Ed.** Subárea da pesquisa educacional que diz respeito à metodologia de análise, na qual o método comparativo possui proeminência. No âmbito desse tipo de estudo, são realizadas comparações entre sistemas de ensino nacionais e internacionais, entre escolas e entre currículos, programas e práticas pedagógicas. Dos objetivos desse tipo de metodologia de estudo, destaque-se o que se baseia na noção de que é possível aproveitar resultados de práticas bem-sucedidas empreendidas em outros tempos e/ou espaços.

Educação comunitária: 1. D.C. Consiste no desenvolvimento de instituições de ensino, currículos e/ou programas educacionais voltados para as comunidades ou desenvolvidos pelas comunidades, normalmente representadas por associações da sociedade civil ou mobilizadas por entidades como partidos políticos e organizações não governamentais. **2. Leg. Ed.** De acordo com o art. 20 da LDB 9394/96, as instituições educacionais comunitárias são aquelas que não possuem fins lucrativos e que incluem em sua mantenedora representantes das comunidades e/ou associações que as fundaram. Com isso, vemos que a educação comunitária se refere aos processos educativos e pedagógicos desenvolvidos no âmbito dessas instituições, bem como pode referir-se igualmente a modelos pedagógicos voltados ao desenvolvimento de lideranças comunitárias.

Educação conservadora: 1. D.C. Diz respeito à perspectiva pedagógica voltada para a manutenção de tradições, sejam estas morais, políticas, culturais e/ou religiosas. Em nível político, é possível associar essa perspectiva educacional à manutenção de regimes políticos e/ou ideologias partidárias vigentes na sociedade atual. **2. Sin.** Educação tradicional.

Educação cristã: 1. D.C. É entendida comumente como as práticas pedagógicas existentes na formação de religiosos, mas pode referir-se igualmente aos processos, métodos e técnicas de ensino desenvolvidos em escolas confessionais cristãs. **2. Sin.** Termo alusivo às correntes pedagógicas desenvolvidas por autores cristãos que trataram da temática do ensino, como Santo Tomás de Aquino, Jon Amos Commenius, Martin Buber e Peter Kreeft.

Educação crítica: 1. D.C. Termo entendido comumente como resultante dos estudos neomarxistas da então chamada Teoria Crítica, desenvolvida pela Escola de Frankfurt. Nessa perspectiva, os processos educativos deveriam ser desenvolvidos de modo a explicitar para todos as relações assimétricas de poder e de classe socioeconômica. **2. Fil. Ed.** Perspectiva educacional em que os fundamentos pedagógicos e os objetivos são dirigidos todos para o esforço de entendimento das origens dos elementos estudados, especialmente em termos ideológicos. Nesse sentido, o movimento da crítica vai na direção defendida por Aristóteles, no sentido de ir "às causas primeiras", ou, se preferirmos "à raiz" de cada objeto do conhecimento.

Educação das elites: 1. D.C. Educação destinada às camadas socialmente favorecidas em termos econômicos. **2. Did.** Perspectiva pedagógica que visa à preparação daqueles que, na sociedade, virão a ocupar postos de comando, sendo seus dirigentes. A escolarização das elites é tema investigado na literatura educacional contemporânea, por autores como Mandelert (2010), os quais observam que, mesmo em escolas de elite e com métodos de ensino prestigiados e consagrados, fenômenos como evasão e repetência ocorrem, o que implica dizer que estes não se constituem em apanágio das classes desfavorecidas economicamente.

Educação de jovens e adultos (EJA): 1. D.C. Expressão equivalente ao antigo Ensino Supletivo, existente em época anterior à LDB 9394/96, possuindo, atualmente, especificidade e amplitude muito maiores. **2. Leg. Ed.** Modalidade de ensino alternativa à escola regular, destinada a todos os que não puderam cursar a educação básica (ver *Educação básica*) na idade correta. Tal modalidade de ensino pressupõe tempos escolares diferenciados e métodos e técnicas de ensino adequados à realidade do educando.

Educação dialógica: 1. D.C. nomenclatura desenvolvida para designar a perspectiva educacional oriunda dos métodos de ensino construídos por Paulo Freire. **2. Fil. Ed.** Perspectiva pedagógica na qual o elemento mais importante em um método de ensino seria o diálogo. Para autores como Martin Buber, Karl Jaspers e Paulo Freire, tal perspectiva teria relação com uma vertente filosófica existencialista, a qual pressupõe que todo o conhecimento da realidade se baseia em um diálogo entre o sujeito e o mundo e entre o sujeito e os demais homens. Tal noção pressupõe ainda certa visão de transitoriedade da realidade, a qual seria mediada por um processo de conhecimento análogo ao da leitura, de modo que a realidade seria passível de ser lida. Outra premissa dessa perspectiva relativa à transitoriedade da realidade diz respeito ao mote de Paulo Freire: "O Mundo não é, está sendo". A partir desses pressupostos temos a perspectiva pedagógica, cuja aprendizagem se constrói em um diálogo e em uma recíproca troca de saberes entre professor e aluno, mediada pela experiência de ambos, sendo esta a principal característica da assim chamada Educação dialógica.

Educação laica: 1. D.C. Perspectiva pedagógica que defende a total dissociação entre ensino e religião. **2. Fil. Ed.** Um dos princípios comuns entre as tendências liberais e socialistas no que diz respeito à educação escolar, dado que ambas defendem o princípio de que a educação pública deve sempre ser mantida salvaguardada da influência de todas as confissões religiosas.

Educação patrimonial: Pedagogia. Perspectiva educacional/pedagógica voltada para a compreensão dos sentidos e significados do patrimônio histórico, cultural e social, seja este material ou imaterial. **2. Educação superior.** Disciplina componente do currículo de alguns cursos de Pedagogia brasileiros.

Educação popular: 1. D.C. Diz respeito a um termo que tem a ver com a perspectiva de educação das massas, comum a boa parte das correntes da chamada Educação progressista. **2. Did.** Perspectiva pedagógico-educacional, cujo objetivo é emancipar as massas populares da dominação sofrida a partir dos mecanismos de dominação econômica existentes na sociedade, especialmente se considerarmos a influência marxista sobre tal perspectiva. Deve-se destacar aqui o papel proeminente de Paulo Freire, especialmente em *Pedagogia do oprimido* (2010) e *Educação como prática de liberdade* (1959), obras em que o autor expõe os fundamentos do método de conscientização das classes populares, com a consequente organização de uma luta social, e igualmente apresenta os fundamentos de seu método de alfabetização. O mote principal dessa perspectiva freireana é: " Educar é um ato político".

Educação reacionária: 1. Pol. Ed. Diz-se da perspectiva educacional/pedagógica que se opõe politicamente aos movimentos revolucionários; **2. Did.** Sinônimo de Educação conservadora (Ver *Educação conservadora*).

Educação religiosa: 1. D.C. Nomenclatura referente ao ensino ofertado por instituições religiosas. **2. Sin.** Ensino confessional (ver *Ensino confessional*). **3. Did.** Perspectiva pedagógica relativa aos processos formativos implicados na instituição de novos sacerdotes das diversas confissões religiosas.

Educação superior: 1. Leg. Ed. Um dos segmentos em que se divide a Educação no Brasil e que se caracteriza pelo posicionamento, em termos de Estrutura e de Funcionamento do Ensino, como etapa imediatamente posterior à da educação básica. **2. Ed. Sup.** Nível estrutural da Educação Brasileira que abrange todos os Cursos de Graduação e Pós-graduação.

Ensino: 1. D.C. Diz respeito aos processos educacionais nos quais uma informação, ou um conjunto de informações, se transmite de um sujeito a outro. ou a um grupo de sujeitos. **2. Did.** Processos pedagógicos voltados à transmissão de conhecimentos. Relaciona-se com a visão de Educação característica da perspectiva pedagógica de Émile Durkheim, que situava a Educação como sinônimo de transmissão cultural de uma geração a outra (ver *Educação e Sociedade*). Desse modo, percebe-se que a definição de ensino tem a ver com o papel central do professor/mestre/tutor nos processos educativos, o qual viria até mesmo a se sobrepor à aprendizagem (ver *Ensino-aprendizagem*), ou seja, o foco apoiado unicamente no ensino tende a responsabilizar unicamente o educando pelo sucesso ou fracasso da sua trajetória escolar.

Ensino confessional: 1. D.C. Termo que se refere ao ensino ministrado por escolas religiosas e que possui conteúdos vinculados à confissão religiosa em que é ministrado. **2. Sin.** Educação religiosa (ver *Educação religiosa*).

Ensino fundamental: 1. D.C. Etapa inicial da Educação escolar, correspondente ao antigo primeiro grau, criado pela Lei nº 5.692/71 e revogado pela Lei 9.394/96. **2. Leg. Ed.** Corresponde à primeira etapa da educação básica, a qual consiste em nove anos de ensino escolar, divididos em dois segmentos: (1) do primeiro ao quinto ano; (2) do sexto ao nono anos) Esta é a etapa fundamental da Educação Escolar no

Brasil, e é considerada, com maior ênfase, ainda que toda a educação básica o seja, Direito Público Subjetivo.

Ensino semipresencial: D.C. Misto de Educação a Distância (EAD) e ensino regular. Nesta modalidade, muito comum em cursos de EJA, parte do Curso, em geral as provas e demais avaliações, é feita de modo presencial.

Ensino superior: 1. D.C. Equivalente a cursos de graduação ou pós-graduação. **2. Sin.** Educação superior. **3. Leg. Ed.** Ensino concernente à etapa posterior à educação básica (ver *Educação básica*), ministrada em Instituições de Educação Superior.

Ensino supletivo: 1. D.C. Equivalente à Educação de Jovens e Adultos (ver *Educação de jovens e adultos*). **2. Leg. Ed.** Modalidade educacional preexistente à EJA (ver *Educação de jovens e adultos*), que passou por profunda reestruturação formal após a promulgação da LDB nº 9.394/96.

Ensino-aprendizagem: 1. D.C. Diz respeito aos processos pedagógicos desenvolvidos formal ou informalmente e que visam levar os educandos a aprender algum conteúdo sistematizado sob a forma de proposta de ensino. **2. Did.** Perspectiva

Erudição: 1. D.C. Propriedade detida por um indivíduo ou grupo no sentido de tornar-se erudito (ver *Erudito*). **2. Did.** Objetivo educacional perseguido pela Educação Clássica no que compete ao padrão de formação humana.

Erudito: D.C. Termo que designa todo aquele que detém grande volume de saberes valorizados socialmente, em especial aqueles denominados "clássicos".

Escalas de proficiência: 1. Av. Ed. Elemento da Teoria das Competências que se refere à mensuração da aprendizagem consolidada de competências cognitivas, cujas habilidades foram previamente mapeadas por testes paramétricos com base em provas construídas a partir de descritores das referidas habilidades (ver *Descritores*). Tal elemento é então construído para hierarquizar os escores obtidos pelo estudantes a partir de níveis esperados de proficiência, dispostos em escalas, os quais servem de referência para a avaliação do programa educacional implantado anteriormente. **2. Pol. Ed.** Elementos referenciais para se avaliar de programas de avaliação externa aplicados a escolas e redes ou sistemas de ensino, como a Prova Brasil. A partir dos resultados dos alunos – aferidos em termos de escores – nas referidas escalas de proficiência, os gestores educacionais, em todos os níveis de ensino, podem tomar decisões que levem em conta a eficácia e a eficiência dos currículos e programas de ensino desenvolvidos em escolas e redes ou sistemas de ensino participantes dos testes de Avaliação Educacional Externa.

Escola: 1. História da educação. Instituição modelar das sociedades modernas, cuja origem formal data do século IX e que possui, como responsável em termos de sistematização e organização, a Igreja Católica (Cambi, 2001). **2. Sociologia da educação** Elemento material referente a uma das principais Estruturas da Sociedade (Igreja, Estado e Família) de acordo com a perspectiva sociológica de Émile Durkheim. **3. Filosofia da educação.** Agrupamento de teóricos unidos a partir de elementos comuns em termos filosóficos e epistemológicos, como a Escola de Frankfurt, apesar de sua distância temporal e/ou espacial. **4. Linguagem corrente.** Diz respeito a um sinônimo de instituição educativa voltada para a educação básica.

Escola primária: 1. D.C. Corresponde à escola responsável pelos primeiros anos do ensino fundamental. Mesmo que tal nomenclatura esteja fora de uso, ainda hoje é possível encontrar quem assim se refira a este nível de ensino. **2. Leg. Ed.** Nível de Ensino existente à época da Lei de Diretrizes e Bases de 1961 (Lei nº 4.024/61) e que dizia respeito aos quatro anos iniciais da Educação, correspondendo ao primeiro segmento do ensino. Nas escolas primárias, havia um misto de preparação para a etapa posterior do ensino – o ginásio – e o ensino de fundamentos das ciências, matemática, línguas estrangeiras, língua portuguesa, geografia e história. Para mais informações sobre o tema, consulte *História da educação no Brasil* (Romanelli, 2010).

Escola progressiva: Fil. Edu. Perspectiva de organização escolar desenvolvida por Anísio Teixeira, em sua Filosofia da Educação. Tal conceito consiste na defesa da ideia de que cabe à Escola adaptar-se às modificações ocorridas nas sociedades contemporâneas, de modo a preparar o indivíduo para adequar-se a estas, bem como caberia igualmente preparar o educando para o domínio tecnológico de uma civilização em permanente progresso e mudança econômica, material, tecnológica e histórica. Para saber mais sobre o tema, consulte: *Vida e educação* (Dewey, 1954), *Educação para uma civilização em mudança* (Kilpatrick, 1973) e *Pequena introdução à filosofia da educação* (Teixeira, 2001).

Escola rural: 1. D.C. Escola localizada na Zona Rural. **2. Sin.** Escola do Campo. **3. Pol. Ed.** Corresponde às escolas que se situam em zonas rurais e que, em razão de suas especificidades, possuem métodos pedagógicos, infraestrutura e características administrativas concernentes à realidade do campo, inclusive com calendário diferenciado e matérias curriculares próprias.

Exame de qualificação: 1. Educação superior. Exame destinado a aferir a competência do candidato postulante aos títulos de mestre ou doutor. Normalmente, diz respeito à leitura e emissão de parecer – também por uma banca de professores – sobre uma parte do trabalho escrito que virá a compor a versão final a ser encaminhada para avaliação do candidato aos títulos de mestre ou doutor. **2. Adm. Edu.** Exigência curricular relativa aos cursos de pós-graduação *stricto sensu* (ver *Pós-graduação stricto sensu*), que deve ser cumprida antes que o candidato esteja habilitado a realizar sua defesa (ver *Defesa*).

F

Feminização: Hist. Ed. Processo de mudança ocupacional envolvendo gênero, em que as mulheres passam a substituir os homens no exercício de funções no magistério, em especial na educação infantil e no ensino fundamental, ocorrido a partir do século XIX – nos países europeus –, e a partir do século XX no Brasil.

Formação continuada: 1. D.C. Processo pedagógico ininterrupto que ocorre durante toda a vida do indivíduo. **2. Sin.** Processo de aprendizagem que complementa e aperfeiçoa a formação obtida em um curso formativo dentro da estrutura dos níveis de ensino (educação básica e educação superior), podendo ou não estar relacionado à obtenção de um certificado ao fim deste processo.

Formação de professores: 1. D.C. Diz respeito aos itinerários formativos direcionados para a docência, seja no nível de ensino médio, seja no de graduação ou de pós-graduação. **2. Ped.** Área de conhecimentos que se dispõe a estudar a formação docente em seus multivariados aspectos, tanto no que compete a seus saberes quanto às suas características profissionais e à história implicada em tais processos formativos, individual e coletivamente.

Formação inicial: D.C. Diz respeito à aquisição de um grau mínimo necessário para o exercício profissional. Expressão geralmente utilizada no que se refere à docência. O termo abrange qualquer nível formativo. Na atualidade, esta é entendida como mais uma etapa formativa, que deverá ser complementada com estudos posteriores, em nível de formação continuada.

G

Gestão democrática: 1. L.E. Princípio consagrado pela Constituição Federal de 1988 e pela Lei de Diretrizes e Bases da Educação Nacional, que serve de base para a estrutura de administração das instituições educacionais como um todo. **2. A.E.** Modelo de Gestão Educacional (ver *Gestão educacional*) referente à administração colegiada das instituições educacionais, o qual pressupõe um compartilhamento de responsabilidades e uma participação ativa de todos os elementos existentes nas escolas e redes de ensino, participação esta viabilizada por conselhos e também pelo engajamento em projetos coletivos, cujo maior exemplo é o Projeto Político-Pedagógico. **3. P.E.** A Gestão Democrática é um dos pilares da Política Educacional Nacional e visa converter escolas, redes e sistemas de ensino em unidades autônomas e participativas dos processos de progressiva democratização da sociedade brasileira. Para saber sobre o tema, consulte o documento-base do Plano de Desenvolvimento da Educação (Brasil, 2009).

Gestão educacional: 1. D.C. Termo equivalente a Administração Educacional. **2. Adm. Educ.** Diz respeito à ação de comando, gerência e execução de diretrizes previamente definidas e concernentes aos aspectos administrativos das instituições educacionais. A Gestão Educacional pode ser entendida como uma síntese entre Planejamento Educacional (no sentido da ação de procurar antecipar o futuro, atender a anseios e solucionar problemas educacionais mediante a elaboração de metas, projetos e planos) e Administração Educacional (entendida no seu aspecto gerencial, relativo ao atendimento das necessidades atuais envolvidas na condução das instituições educativas) à qual deve ser acrescido um aspecto político, qual seja: a liderança dos integrantes da instituição educacional (ou rede/sistema de ensino) a partir do engajamento destes nas dinâmicas administrativas e pedagógicas relativas ao funcionamento desta instituição, rede ou sistema de ensino. A Gestão Educacional é ainda uma atividade que consiste na criação de práticas cotidianas reflexivas, e que se consubstanciam tanto em acordos escritos (documentos como

Regimento Escolar e Projeto Político Pedagógico) como em acordos tácitos que se tornam presentes no âmbito das relações entre os atores envolvidos na dinâmica institucional. Assim, é possível afirmar que existem três modelos básicos de Gestão Educacional: a) Gestão Autocrática: cujas determinações, ordens e ações partem do líder da instituição e cujas ações dependem diretamente de suas diretrizes centrais e centralizadoras; b) Gestão Burocrática: modelo de gestão em que o que está disposto nos documentos possui prevalência no que se refere ao comando da instituição/rede de ensino. Nesta modalidade o gestor "delega" aos documentos a responsabilidade pela condução das condutas e/ou práticas; c) Gestão Democrática: nesta modalidade de Gestão Educacional o gestor se integra à equipe, coordena o trabalho e lidera todos os atores presentes na instituição/rede de ensino no que diz respeito ao cumprimento das metas e propostas estabelecidas coletivamente (bem como avaliadas coletivamente). Infelizmente, o primeiro dos modelos apresentados ainda é o mais presente na realidade educacional brasileira, muito embora importantes modificações tenham ocorrido neste sentido desde a implantação da LDB nº 9.394/96.

Graduação: 1. Ed. Sup. Seção inicial do Nível de Ensino da Educação Superior, imediatamente posterior à conclusão do ensino médio. **2. Adm. Ed.** Etapa sequencial da educação superior, que inicia este Nível de Ensino e se divide nas seguintes modalidades: (a) Quanto ao título obtido: Graduação tradicional, Graduação tecnológica; b) Quanto à modalidade de curso realizada: Bacharelado (ver *Bacharelado*) e Licenciatura (ver *Licenciatura*). Deve-se destacar que a Graduação, ao ser concluída, habilita o indivíduo ao ingresso na etapa seguinte da educação superior: a pós-graduação (ver *Pós-graduação*).

L

Laicidade: 1. Fil. Edu. Posição a partir da qual se defende a dissociação entre Estado e Religião; significa também que, nessa perspectiva, o Estado não adota a defesa de nenhuma confissão religiosa. Cabe destacar que defesa da laicidade não significa militância em prol do ateísmo nem combate a religiões de modo geral. **2. Leg. Ed.** Caráter ordenador do Estado, presente na Constituição Federal de 1988, de acordo com o qual, em matéria de Educação, o Estado não assumirá a defesa de nenhuma religião em particular, tampouco permitirá a prática do proselitismo no âmbito das escolas públicas (Santos, 2011).

Laicismo: 1. D. C. Equivalente a laicidade. **2. Pol. Ed.** Movimento organizado politicamente, cujo objetivo é eliminar toda e qualquer relação entre o Estado e as religiões, suprimindo a presença de quaisquer elementos religiosos no âmbito educacional e de outras áreas do Estado.

Legislação de ensino: 1. D. C. Conjuntos de leis, normas e regulamentos destinado a ordenar o ensino em seus diversos âmbitos (público e/ou privado) e espaços (instituições de ensino e outros contextos de aprendizagem). **2. Leg. Ed.** Parte da Legislação educacional (ver *Legislação educacional*) que se volta para o ensino, no que compete ao aspecto jurídico.

Legislação educacional: 1. D. C. Corpo de elementos normativos em nível jurídico – leis, normas, regras e regulamentos – que afetam o escopo educacional em determinado âmbito, que pode ser municipal, estadual, federal, público e privado, nacional e/ou internacional. **2. Sin.** Objeto de estudo pertinente à subárea do Direito educacional (ver *Direito educacional*).

Lei de Diretrizes e Bases (LDB): 1. Leg. Ed. Documento legal destinado a regulamentar as ocorrências relativas a todos os aspectos da Educação brasileira. Apresenta-se dividido em nove títulos: Título I: Da Educação; Título II: Dos Princípios e Fins da Educação Nacional; Título III: Do Direito à Educação e do Dever de Educar; Título IV: Da Organização da Educação Nacional; Título V: Dos Níveis e das Modalidades de Educação e Ensino; Título VI: Dos Profissionais da Educação; Título VII: Dos Recursos Financeiros; Título VIII; das Disposições Gerais; Título IX: Das Disposições Transitórias. Trata-se de referência obrigatória para todos os que desejam adentrar o campo da Educação brasileira. **2. Pol. Ed.** Política regulatória máxima da Educação brasileira, responsável pela estrutura e funcionamento de todos os níveis, modalidades, ações, planos e programas desse setor do Estado brasileiro (Santos, 2011).

Licenciatura: 1. Ed. Sup. Modalidade da educação superior (ver *Educação superior*) que habilita o estudante para ministrar aulas em determinados níveis e disciplinas específicas, como licenciatura em Química, por exemplo, que habilita o graduando a dar aulas de Química para o ensino fundamental e o médio. **2. Adm. Ed.** Exigência curricular mínima para a maioria dos concursos públicos em nível de docência, podendo ser complementada em nível de pós-graduação *lato sensu* (ver *Pós-graduação lato sensu*) mediante curso com carga horária de 360 horas e que incluirá as disciplinas pedagógicas concernentes à Licenciatura.

Língua Brasileira de Sinais (Libras): 1. Ed. Esp. Linguagem gestual alfabética criada para possibilitar a deficientes auditivos a continuação de seus processos de aprendizagem, bem como a comunicação entre si e com todos os demais que dominem tal linguagem. **2. Sin.** Código da linguagem dos deficientes auditivos.

M

Mestrado: 1. Ed. Sup. Ramo da pós-graduação *stricto sensu* que atribui a quem defende uma dissertação o título de mestre em determinada Área de Concentração. **2. Leg. Ed.** Grau necessário para todo aquele que deseje tornar-se Professor Assistente em Universidades Públicas.

Multiculturalismo: 1. D.C. Movimento teórico que parte do princípio de que existem diversas culturas na sociedade, as quais, necessariamente, interagem umas com as outras e correspondem aos diversos grupos, gêneros e classes organizados – ou não – e que se revestem de importância fundamental na medida em que suas relações em espaços sociais plurais, como as escolas, dizem respeito não somente a interações puras e simples mas a relações assimétricas de poder. **2. Soc. Ed.** Referencial teórico relativo a certo ativismo social que parte do princípio de que os grupos minoritários devem utilizar os espaços culturais para fazer valer suas reinvindicações, não somente quanto ao direito ao discurso e à discussão das relações entre culturas, mas também – e principalmente – no sentido de construir materialmente as melhorias de condição de acesso a bens, serviços e poder de tais grupos minoritários (ver *Ações afirmativas*).

Mundialização e educação: 1. D.C. Processo segundo o qual os procedimentos educativos passam a ser definidos mundialmente, a partir de indicadores e parâmetros de organização estrutural comparáveis no âmbito mundial. **2. Pol. Ed.** Processo de conformação mundial dos sistemas de ensino e das normas, dos regulamentos e das regras constantes da legislação educacional dos países. Tal processo se consolida a partir da ação de organismos multilaterais (como ONU, Unesco, OCDE), que elaboram e trazem a tais países uma série de ações modelares e conformadoras para os seus sistemas de ensino. Para mais informações sobre o tema, consulte *Mundialização e educação: o que os planejadores devem saber?* (Carnoy, 2000).

N

Nota: 1. Av. Edu. Elemento de consolidação da aprendizagem pelo qual o desempenho discente é enquadrado em uma escala numérica, geralmente graduada de 0 a 10 ou 0 a 100, em uma perspectiva de Avaliação Terminal. Este é um aspecto polêmico do ensino escolar, pois há, desde o século XIX (com Victor Noll e seus seguidores), uma séria discussão do caráter arbitrário e excludente implicado na redução dos resultados do processo pedagógico a um conceito numérico. Para mais detalhes acerca dessa discussão, consulte *Avaliar é buscar justiça* (Hoffman, 1997) e *Avaliação da aprendizagem escolar* (Lucchesi, 2000). **2. D.C.** Mecanismo primordial da avaliação da aprendizagem, responsável pela definição do progresso ou retenção do indivíduo presente em determinado curso.

Nova sociologia da educação (NSE): 1. Soc. Ed. Perspectiva da Sociologia da Educação desenvolvida nos anos 1960-1970, que visava analisar os fenômenos educativos a partir de métodos e técnicas contrapostos aos grandes levantamentos estatísticos. Igualmente, em nível teórico, sofre influência de formulações marxistas, introduzindo na reflexão a respeito da estrutura dos fenômenos educativos conceitos derivados da noção de classe social (Goodson, 2001). **2. Cur.** Perspectiva analítica que introduz nas teorizações curriculares debates relativos a gênero, raça, crença, cultura e desigualdade social. A partir da noção marxista de Ideologia, a NSE questiona os critérios técnicos e pedagógicos da elaboração e estruturação dos currículos escolares, denunciando um processo de exclusão social das classes populares dissimulado na organização curricular e disciplinar de escolas e universidades. Para mais informações sobre o tema, consulte *Documentos de identidade: uma introdução às Teorias de Currículo*, de Tomás Tadeu da Silva (1999).

P

Pós-graduação: 1. Ed. Sup. Setor da educação superior que constitui o mais alto nível de aprendizagem formal/escolar existente. Divide-se em dois ramos distintos quanto aos objetivos e características: pós-graduação *lato sensu* (ver *Pós graduação lato sensu*) ou pós-graduação *stricto sensu* (ver *Pós-graduação stricto sensu*). **2. D. C.** Etapa integrante da educação superior (ver *Educação superior*) imediatamente subsequente à Graduação.

Pós-graduação *lato sensu*: 1. Ed. Sup. Ramo da Pós-graduação que diz respeito à formação imediatamente posterior à Graduação e que possui o objetivo primário de qualificar o profissional egresso da Graduação para o exercício de uma atividade específica, em que se tornaria especialista, como pós-graduação *lato sensu* em Administração Escolar. Normalmente, sua duração total é menor que a dos cursos de pós-graduação *stricto sensu* (menos de dois anos) e, ao final, será exigido do estudante a entrega de uma Tese de Conclusão de Curso ou uma Monografia de Especialização (ver *Tese de conclusão de curso*). Esses cursos podem ser feitos de modo presencial, semipresencial ou na modalidade EAD (educação a distância). **2. Sin.** Curso de Especialização.

Pós-graduação *stricto sensu*: 1. Ed. Sup. Ramo da Pós-graduação que se refere aos títulos de mestre e doutor, os quais pressupõem não somente um preparo acadêmico avançado e diferenciado, mas também o desenvolvimento de competências de docência e de pesquisa, com ênfase nessas competências. Normalmente, pressupõem as seguintes etapas: (a) Obtenção de créditos – etapa em que os alunos assistem a aulas de diferentes disciplinas constantes do Programa de Pós-Graduação; (b) Exame(s) de qualificação – etapa em que o candidato demonstra estar ou não habilitado a prosseguir com a redação de sua dissertação, no caso do mestrado, ou tese, no caso do doutorado; (c) Defesa da Dissertação/Tese – após todas as etapas estarem cumpridas o candidato submete seu trabalho escrito à avaliação de uma Banca de Professores (ver *Defesa*). Por último, cabe informar que esses cursos somente podem ter seus diplomas validados no Brasil se forem realizados na modalidade presencial (ao menos até o ano de 2012 permanece esta regulação legal). **2. Sin.** Cursos de mestrado e de doutorado.

R

***Ratio studiorum*: 1. Hist. Ed.** Documento histórico do século XVI, no qual se torna patente o currículo e os objetivos de ensino da Companhia de Jesus à época do Brasil-Colônia. **2. Cur.** Diretriz didática e pedagógica seguida pelos colégios e escolas elementares fundados pelos religiosos jesuítas no Continente Americano, com especial destaque para o Brasil e para os países da América do Sul.

Rede de ensino: 1. Adm. Ed. Conjunto de escolas referente a determinado ente federativo (município, estado ou governo federal) ou pertencentes a alguma organização comunitária, privada ou confessional. Uma Rede de Ensino, ainda que haja interligação administrativa entre suas unidades, não necessariamente disporá de organização administrativa, didática e pedagógica centralizada e organização sistêmica. **2. Leg. Ed.** Conjunto de escolas, geralmente municipais, que não compõem um sistema, na medida em o município a que estão integradas não tenha se convertido em Sistema de Ensino mediante a criação de um Conselho Municipal de Educação (ver *Sistema de ensino*).

S

Secretaria de educação: 1. Adm. Ed. Órgão referente à estrutura da Administração Pública Direta (concernente ao Poder Executivo), que possui a competência executória – e ao mesmo tempo normativa e administrativa – relativa ao Setor da Educação. No Brasil, este é um órgão presente nos municípios e estados brasileiros. **2. Plan. Ed.** Órgão responsável pela condução dos planos, programas e ações voltados para a Educação Pública nos diversos entes federativos brasileiros: governo federal, estados e municípios).
Secretaria escolar: 1. D. C. Local nas instituições educacionais destinado ao despacho de documentos e à resolução de suas questões administrativas. **2. Adm. Ed.** Local nas instituições de ensino destinado ao trâmite de suas questões administrativas e legais.
Seriação: 1. Adm. Ed. Processo de estruturação dos anos escolares a partir de uma sequência seriada, por exemplo, primeira à oitava séries do ensino fundamental. **2. Cur.** Organização dos conteúdos relativos a um nível de ensino no âmbito de séries, geralmente anuais, e sequenciais a serem percorridas pelo educando em sua trajetória educacional.
Série escolar: 1 (Educação básica) Etapa do ensino fundamental, o qual, por sua vez, está contido na Unidade Matricial da Educação Brasileira denominada Educação Básica. Até os anos de 1996, esta era a denominação referente aos períodos letivos, graduados de um a oito (primeira a oitava séries) que integravam o antigo Primeiro Grau. Com a Lei de Diretrizes e Bases da Educação Nacional (LDB nº 9394/96) e a Lei nº 11.274/2006, o ensino fundamental passou a ter nove anos. **2. Sin.** Ano escolar (ver *Ano escolar*).
Sistema de ensino: 1. D.C. Conjunto organizado – em nível curricular, administrativo e pedagógico – de instituições de ensino pertencentes a um mesmo ente federativo ou a uma mesma empresa ou grupo de empresas da área educacional. **2. Leg. Ed.** Consiste em redes de ensino que possuem autonomia financeira, organizam periodicamente Planos Municipais de Educação (PME), possuem Conselho Municipal de Educação (CME) e desenvolvem conferências municipais de educação. A mesma estrutura se repete no âmbito estadual e federal, respeitadas as diferenças dos órgãos que lhes são análogos – nos estados, por exemplo, existe o Conselho Estadual de Educação, e, no âmbito do governo federal, existe o Conselho Nacional de Educação – a partir do princípio da simetria congente, ou seja, a mesma estrutura que existe em um órgão em nível federal deve existir nos níveis estadual, municipal e institucional, neste caso, quando se fala da iniciativa privada. Além dessas características, um Sistema de Ensino, tanto na esfera pública quanto na privada, deve possuir uma organização de suas instituições no que diz respeito à padronização curricular, integração administrativa e autonomia de gestão financeira.
Sociologia da educação: 1. D.C. Campo teórico da Área de Educação voltado à investigação sociológica, de modo a trazer contribuições para a compreensão dos

elementos educacionais envolvidos na dinâmica das sociedades humanas. **2. (História das ideias)** Campo de Investigação criado por Émile Durkheim, destinado a compreender e analisar as relações entre Educação e Sociedade. **3. Fil. Edu.** Uma das chamadas "Ciências-Fonte" da Educação, de acordo com a Filosofia da Educação, na perspectiva de Anísio Teixeira.

Sociologia educacional: 1. D. C. Perspectiva da Sociologia que se ocupa dos problemas educacionais e/ou pedagógicos, tomando-os como objetos da Sociologia. Deste modo, deve ser indicado que a Sociologia educacional é um ramo da Sociologia que realiza seus achados a partir da aplicação de métodos e técnicas sociológicos a temas pertinentes ao campo da educação, mas cuja análise é condicionada às estruturas de conhecimento sociológicas.

Soroban: Ed. Esp. Dispositivo pedagógico destinado a auxiliar os alunos deficientes visuais na realização dos cálculos matemáticos.

Subsídio literário: (História da educação brasileira) Imposto recolhido à época do Brasil-Colônia, especialmente no século XVIII, para auxiliar os professores recrutados pela Coroa Portuguesa para trabalhar no Brasil em suas despesas com a aquisição de livros e demais materiais imprescindíveis para o desempenho de suas tarefas pedagógicas (ver *Aula-régia*).

T

Tese de Conclusão de Curso: 1. Ed. Sup. Trabalho final escrito a ser entregue na ocasião da conclusão de curso de Graduação ou de Pós-graduação *lato sensu*. **2. Sin.** Monografia de Graduação ou de Especialização.

Tese de doutorado: Ed. Sup. Trabalho escrito que constitui uma das exigências finais para a obtenção título de doutor. Tal trabalho deve ser submetido a uma banca de professores, que o avalia durante uma apresentação denominada "defesa de tese" (ver *Defesa*).

U

Unidade de ensino: 1. Did. Parte do currículo de determinado curso, agrupada por afinidade temática e sistematizada de acordo com o nível de complexidade e a sequência da aprendizagem pretendida para o referido curso **2. D. C.** Uma das partes em que se divide a sequência organizacional de determinado curso escolar, profissional ou universitário.

Unidades didáticas: (História da educação brasileira) Técnica de ensino desenvolvida nos anos 1940 por Irene Mello de Carvalho, que consiste em uma adaptação do chamado Plano Morrison à realidade brasileira. Plano Morrison, por sua vez, é uma atualização dos Passos da Instrução Formal de Herbart. O Método de Unidades Didáticas diz respeito à estruturação dos currículos escolares a partir de unidades com nível crescente de complexidade. Estas unidades, presentes nas disciplinas escolares, são, por sua vez, organizadas a partir das seguintes etapas de ensino, denominadas Unidades Didáticas: "a) unidade-matéria: um tópico, uma generalização; b) unidade-experiência: um centro de interesse, um propósito, uma necessidade do aluno; c) unidade-mista (unidade didática): uma atividade de descoberta e verificação normativa e crítica" (Morrison, apud Carvalho, 1969, p. 24). O objetivo central do método de Unidades Didáticas seria, então, promover uma adaptação da personalidade a partir da aplicação das atividades pedagógicas ao educando, as quais teriam como elemento estruturante a sequência de procedimentos de aprendizagem: "1. Sondagem; 2. Apresentação geral; 3. Estudo ou Assimilação das subunidades; 4. Organização; 5. Verificação; 6. Suplementação; 7. Expressão (poderia ser realizada por atividades escritas ou orais)" (Santos, 2005, p. 40). Para saber mais sobre o tema, consulte: *O método de unidades didáticas,* de autoria de Irene Mello de Carvalho (1969) e *O Colégio Nova Friburgo da Fundação Getúlio Vargas: mergulhando em sua memória institucional,* dissertação de mestrado defendida por Pablo Silva Machado Bispo dos Santos, em 2005, no Programa de Pós-Graduação em Educação da Pontifícia Universidade Católica do Rio de Janeiro.

Uniforme escolar: 1. D.C. Vestimenta usada para identificar alunos – e, por vezes, professores e/ou funcionários – pertencentes a determinada instituição de ensino. **2. Sociologia da educação.** Elemento externo (signo distintivo) que permite à instituição educacional anular simbolicamente a individualidade dos sujeitos, substituindo-a por símbolos de identificação coletiva aderidos ao sujeito como se fossem marcas simbólicas – e, de certo modo, propriedades – da referida instituição. Para saber mais sobre o tema, consulte a primeira parte do livro *A reprodução*: elementos para uma teoria geral do sistema de ensino francês, obra clássica da Sociologia, publicada por Pierre Bourdieu, em 1974.

Universidade: 1. D.C. Instituição de ensino superior que se estrutura segundo o tripé ensino-pesquisa-extensão e que possui uma organização acadêmica na qual diversas áreas de conhecimento são os fundamentos de seus cursos, reconhecidos e validados pelos mecanismos nacionais de Avaliação Educacional. **2. Hist. Ed.** Instituição surgida na Europa Medieval (século XII), cujo objetivo principal era a preparação das elites dirigentes (eclesiásticas, inicialmente) e o cultivo do saber das chamadas Artes Liberais (Astronomia, Geometria, Música e Direito). Ao longo do tempo, as universidades mudaram significativamente seu perfil, tanto no que tange à complexidade de sua estrutura quanto no que compete a seus objetivos. Na atualidade, predominam dois modelos básicos, ou seja, duas matrizes formais que condicionam os padrões de desenvolvimento de universidades ao longo do mundo: (a) universidades vinculadas ao desenvolvimento e cultivo do chamado saber clássico; (b) universidades voltadas ao desenvolvimento de competências relativas ao mercado de trabalho. No Brasil, a primeira universidade surgiu somente em 1931 e é denominada Universidade do Distrito Federal (Mendonça, 2003). Para saber mais sobre este tema, e sobre seus desdobramentos para a educação brasileira, consulte a obra de Maria de Lourdes de Albuquerque Fávero, intitulada *Universidade e poder,* publicada em 1979 pela Editora da Universidade Federal do Rio de Janeiro.

V

Valores educacionais: 1. Filosofia da educação. Elemento teórico do campo da Ética, que diz respeito à estruturação do sistema de condutas e crenças (*ethos*) de educandos e professores quanto à sua presença no espaço das instituições educacionais em que se inserem. **2. Sin.** Regras e normas de conduta escolar a partir das quais a escola interfere na moral social.

Vandalismo escolar: 1. D. C. Prática de depredação do patrimônio escolar associada por parte dos alunos, professores ou funcionários da instituição, bem como, igualmente a elementos externos à escola. **2. Soc. Ed.** Evento de destruição física da instituição escolar causado por indisciplina ou por intermédio de ações contraculturais organizadas. Para mais referências sobre o tema, consulte *Pedagogia radical* do sociólogo canadense Henri Giroux (1986).

Verbalismo pedagógico: 1. Filosofia de Educação. Diz respeito ao objetivo educacional voltado para o desenvolvimento da retórica e da capacidade argumentativa (oral) em escolas e/ou universidades. **2. História de Educação.** Método de aprendizagem comum em escolas europeias e em escolas brasileiras de elite até o século XX, que consiste em priorizar a capacidade oratória do educando por meio de exercícios de declamação de poesias, estímulo a debates orais e estudos sistemáticos de obras clássicas da Antiguidade greco-romana. É possível estabelecer relação entre a perspectiva pedagógica destinada ao desenvolvimento da capacidade retórica do indivíduo e os pressupostos implicados no Trivium (Gramática, Retórica, Aritmética), o qual compôs a base educacional das escolas medievais e de boa parte da educação colonial no Brasil.

Verificação da aprendizagem: 1. Didática. Mensuração do processo de aprendizagem realizada ao fim de cada unidade do curso escolar. **2. Sin.** Termo equivalente a Prova ou Teste.

Videoaula: 1. Did. Aula desenvolvida com o apoio de elementos audiovisuais e ministrada a distância. Normalmente, tais aulas são utilizadas no âmbito da Educação a Distância, o que propicia aos alunos serem colocados em vários lugares ao mesmo tempo, de modo a assistirem em maior quantidade às aulas expositivas ministradas, **2. Sin.** Aula teletransmitida, em tempo real ou gravada com antecedência.

Violência escolar: 1. D. C. Eventos de violência física, verbal, moral ou patrimonial ocorridos no âmbito de instituições escolares, podendo ser praticada por elementos pertencentes ao quadro funcional das instituições, por elementos da comunidade do entorno (porém externos à dinâmica da instituição) ou por alunos da instituição. **2. Sin.** Vandalismo escolar.

Violência simbólica: 1.Sociologia de Educação Teoria desenvolvida por Pierre Bourdieu, que se refere à ação de dominação exercida com o consentimento de quem a sofre, ainda que este nem se aperceba conscientemente disso. No que diz respeito às implicações desse termo para a Educação, Bourdieu indica em sua formulação teórica que as escolas, por meio da ação pedagógica e da autoridade nela contida, realizam operações que visam enquadrar os estudantes em seus moldes éticos, estéticos e comportamentais por intermédio de suas normas disciplinares e de seus sistemas de recompensas e sanções. Como tais mecanismos são reputados como legítimos, e portanto isentos de questionamento pelo senso comum, acabam por ter seu caráter de violência simbólica dissimulado e, assim, por ser reconhecido como legítimo, uma vez que o sentido desta modalidade de violência, justamente por ser dissimulado, é desconhecido. Para saber mais sobre o tema, consulte "Pierre Bourdieu e os elementos para uma teoria da Violência Simbólica", artigo publicado por Luiz Antonio Cunha, na *Revista Brasileira de Estudos Pedagógicos*, em 1976.

Z

Zonas de desenvolvimento: Psicologia de Educação. Elementos da Teoria Psicológica Sócio-Histórica, elaborada por Lev Semianovich Vygotski, que compõe um dos fundamentos do chamado "Construtivismo Pedagógico". Tal termo refere-se basicamente a estruturas mentais concernentes à ativação das possibilidades de aprendizagem do sujeito, ativação essa que somente ocorreria em interação estreita com a sociedade. Grosso modo, tais zonas seriam, então, denominadas: (a) *zona de desenvolvimento consolidado*, que expressa as potencialidades já desenvolvidas pelo sujeito no que se refere ao que este já é capaz de realizar; (b) *zona de desenvolvimento proximal (ZDP)*, que se relaciona às estruturas mentais implicadas nas atividades que o indivíduo se encontra no limiar de seu pleno domínio, mas que ainda necessita de auxílio externo para concluir sua execução; pode-se dizer, sem sombra de dúvida, que a ZDP é o conceito que fundamenta, do ponto de vista psicológico, a defesa de Vygotski quanto à importância da interação grupal da criança nas atividades coletivas na escola; (c) *zona de desenvolvimento potencial*, que se refere aos potenciais trazidos pelo indivíduo a partir de sua vivência cultural, os quais devem ser despertados por meio de atividades educativas, especialmente no que se refere à linguagem, que, nessa teoria, é elemento fundamental na estruturação do pensamento humano em razão da internalização de regras sociais e conceitos. Para mais informações a respeito das relações entre a Psicologia Sócio-Histórica de Lev Vygotski e a Educação, consulte a obra *Psicologia na educação*, de Cláudia Davis e Zilma Oliveira (Cortez, 1994).

Referências bibliográficas

ALVEZ-MAZZOTTI, A.; GEWANDSZNADJER, F. *O método nas ciências naturais e sociais: pesquisa quantitativa e qualitativa*. São Paulo: Pioneira, 1998.
ARISTÓTELES. *Arte retórica*. Rio de Janeiro: Ediouro, 1997.
_____. *Arte poética*. São Paulo: Martin Claret, 2002.
AUSUBEL, D. P. *Aquisição e retenção de conhecimentos: uma perspectiva cognitiva*.Lisboa:, Plátano, 2003.
BACHELARD, G. *O racionalismo aplicado*. Rio de Janeiro, Zahar: 1974.
_____. *A formação do espírito científico*. Rio de Janeiro: Contraponto, 2001.
_____. *Ensaio sobre o conhecimento aproximado*. Rio de Janeiro: Contraponto, 2004.
BAQUERO, M. Construindo uma outra sociedade: o capital na estruturação de uma cultura política participativa no Brasil. *Rev. Sociol. Polít.*, Curitiba, 21, p. 83-108, nov. 2003.
BOBBIO, N. *A teoria das formas de governo*. Brasília: Universidade de Brasília (UNB), 1981.
_____. *O futuro da democracia: uma defesa das regras do jogo*. Rio de Janeiro: Paz e Terra, 1986.
BOUDON, R. *Dicionário de sociologia*. Lisboa: Edições Dom Quixote, 2000.
_____. *Tratado de sociologia*. Rio de Janeiro: Jorge Zahar Editora, 2009.
BOURDIEU, P. Esboço de uma teoria da prática. In: ORTIZ, R. (Org.). *Pierre Bourdieu: Sociologia*. São Paulo: Ática, 1983.
_____. *Razões práticas: sobre a teoria da ação*. Campinas, Papirus: 1998.
_____. *Profissão de sociólogo; preliminares epistemológicas*. Rio de Janeiro: Jorge Zahar, 1999a.
_____. *A dominação masculina*. Rio de Janeiro: Bertrand Brasil, 1999b.
_____. *Homo academicus*. Califórnia, EUA: Stanford University Press, 2001a.
_____. A gênese dos conceitos de *habitus* e campo. In: BOURDIEU, P. *O poder simbólico*. Rio de Janeiro: Bertrand Brasil, 2001b. p. 59-74.
_____. Espaço social e espaço simbólico. In: BOURDIEU, P. *Razões práticas: sobre a teoria da ação*. Campinas: Papirus, 2003. p. 13,28.
_____. Fieldwork in philosophy. In: BOURDIEU, P. *Coisas ditas*. São Paulo: Brasiliense, 2004. p. 15-48.
_____. *A distinção – crítica social do julgamento*. São Paulo: Edusp, 2007.
BRANDÃO, Z. A pesquisa educacional no Brasil. In: Conferência Brasileira de Educação, 3, 1984, Niterói. *Simpósios*. São Paulo, Loyola: 1984.
BRASIL. *Diretrizes Curriculares Nacionais para o Ensino Médio*. Brasília: MEC, 1998.
_____. Agência Senado. Disponível em: <http://www12.senado.gov.br/noticias/materias/2007/04/03/pac-da-educacao-vai-exigir-mudanca-de-mentalidade-diz--haddad>. Acesso em 20 out. 2014.

CANÁRIO, R. Os estudos sobre a escola: problemas e perspectivas. In: BARROSO, João (Org.). *O estudo da escola*. Porto, Portugal: Porto, 1996.
CANEN, A. *Avaliação da aprendizagem em sociedades multiculturais*. Rio de Janeiro: Papel&Virtual, 2001
CARNOY, M. *A mundialização na educação: o que os planejadores devem saber*. Rio de Janeiro: Unesco, 2000.
_____. *Education and social transition in the third world*. New Jersey: Princeton University Press, 1990.
CASSIRER, E. *A filosofia das formas simbólicas*. São Paulo: Martins Fontes, 2005.
CASTRO, M. H. G. *Balanço da política educacional brasileira e histórico dos Planos Nacionais de Educação*. Brasília: MEC/INEP, 1999.
CHAUÍ, M. *Convite à Filosofia*. São Paulo: Ática, 2000.
COMTE, A. *Reorganizar a sociedade*. Rio de Janeiro: Escala, 2004.
CORCUF, P. *As novas sociologias: construções da realidade social*. São Paulo: Edusc, 2001.
COUTINHO, C. N. *Democracia e Socialismo: questões de princípio & contexto brasileiro*. São Paulo: Cortez, 1992.
CURY, C. R. J. *Lei de Diretrizes e Bases da Educação Nacional*. Rio de Janeiro: DP&A, 2001a.
_____. *A formação docente e a Educação Nacional*. PUC-MG (mimeo): 2001b.
_____. *O que você precisa saber sobre Legislação Educacional*. Rio de Janeiro: DP&A, 2003.
_____. *Educação e contradição*. Campinas: Cortez, 1996.
_____. *Cadernos de Pesquisa*, v. 38, n. 134, p. 293-303, maio/ago. 2008.
CURY, C. R. J.; FÁVERO, O.; SEMERARO, G. Democracia e construção do público no pensamento educacional brasileiro. Petrópolis: Vozes, 1996.
DAVIES, N. *Legislação educacional federal básica*. São Paulo: Xamã, 1997.
DELORS, J. *Educação um tesouro a descobrir*. São Paulo: Cortez, 1998
DEROUET, J.-L. Uma sociologia dos estabelecimentos escolares: as dificuldades para construir um novo objeto científico. In: FORQUIN, J. C. (Org.). *Sociologia da educação – dez anos de pesquisa*. Petrópolis: Vozes, 1995.
DEWEY, J. *Vida e educação*. Rio de Janeiro: Melhoramento, 1974.
DIAMOND, L. Introduction: political culture and democracy. In: Diamond, L. (Org.). *Political culture and democracy in developing countries*. Boulder/London: Lynne Rienner Publ. 1994, p. 1-27.
DUARTE, N. *Vigotski e o "aprender a aprender": crítica às apropriações neoliberais e pós-modernas da teoria vigotskiana*. São Paulo: Autores Associados, 1998.
FERRETI, J. C. A inovação na perspectiva pedagógica. In: GARCIA, W. (Org.). *Inovação educacional no Brasil: problemas e perspectivas*. São Paulo: Cortez, 1980.
FREY, K. Crise do Estado e estilos de gestão municipal. *Lua Nova*, n. 37, p. 107-138, 1996.
_____. Políticas públicas: um debate conceitual e reflexões referentes a políticas públicas: no Brasil. *Planejamento e Políticas Públicas*, n. 21, São Paulo, 2000.
GENTILI, P.; SILVA, T. T. *Escola S.A.: quem ganha e quem perde no mercado educacional?* Brasília: CNTE, 1996.
GIROUX, H. *Pedagogia radical*. Porto Alegre: Artmed, 1986.

REFERÊNCIAS BIBLIOGRÁFICAS

GOUVEA, F. A educação pelos fundos: do subsídio literário ao fundo de valorização do magistério. 1998. Dissertação (Mestrado em Educação) – Pontifícia Universidade Católica (PUC-Rio), Rio e Janeiro.

GRAMSCI, A. Os intelectuais e a organização da cultura. Rio de Janeiro: Civilização Brasileira/ Record, 2000.

HOFFMANN, J. *Avaliar para promover: as setas do caminho.* Porto Alegre: Mediação, 2001.

HORA, D. L. *Gestão democrática da Educação.* Campinas: Papirus, 2009.

HUGUET, E.; BASSEDAS, S. *Aprender e ensinar na Educação Infantil.* Porto Alegre: Artmed, 1999.

KANT, I. *Crítica da razão pura.* São Paulo: Martin Claret, 1999.

_____. *Fundamentação da metafísica dos costumes.* São Paulo: Martin Claret, 2000.

_____. *Sobre a pedagogia.* 3. ed. Tradução Francisco Cock Fontanella. Piracicaba, SP: Unimep, 2002a.

KILPATRICK, P. *A Educação para uma sociedade em evolução.* Rio de Janeiro: Melhoramentos, 1973.

LEITE FILHO, Aristeo Gonçalves. *A Educação Infantil nas políticas do MEC/INEP nos anos de 1950-1960.* 2009. Tese (Doutorado em Educação) – Curso de Pós-Graduação em Educação, Pontifícia Universidade Católica (PUC-Rio).

LINDEMAN, R. *Medidas educacionais.* Rio de Janeiro: Globo, 1979.

LUCCHESI, C. *Avaliação da aprendizagem.* São Paulo: Cortez, 2000.

MACHADO, J.S. Políticas públicas e direitos sociais: tropeços da democracia em tempos de cidadania. In: NAJJAR, J. *Políticas Públicas e outras nem tanto.* Niterói: Intertexto, 2012.

MEC. Parâmetros Curriculares Nacionais: introdução aos parâmetros curriculares nacionais. Secretaria de Educação Fundamental. – Brasília: MEC/SEF, 1997. 126p. Acesso em: 20 out. 2014. http://portal.mec.gov.br/seb/arquivos/pdf/livro01.pdf; Livro:

MCLAREN, P. *Multiculturalismo crítico.* Porto Alegre: Artmed, 1997.

_____. *Multiculturalismo revolucionário.* Porto Alegre: Artmed, 1997.

MAGALHÃES, J. Um apontamento metodológico sobre a história das instituições educativas. In: CATANI, D. B.; SOUZA, C. P. (Orgs.). *Práticas educativas, culturas escolares, profissão docente.* São Paulo: Escrituras, 1998.

MANCEBO, D. Reflexões sobre a Reforma Universitária e a Mercantilização do Conhecimento. *Educação & Sociedade*, v.25, n° 88 (especial), Campinas, out. 2004.

MENDONÇA, A. W. P. C. et al. Pragmatism and developmentalism in brazilian educational thought in the 1950s/1960. *Studies in Philosophy.* Springer, v. 24, n. 6, nov. 2005.

_____. Pragmatismo e desenvolvimentismo no pensamento educacional brasileiro dos anos de 1950/1960, *Revista Brasileira de Educação*, v. 11, n. 31 jan./abr. 2006.

MILL, S. *Ensaio sobre a liberdade.* Rio de Janeiro: Escala, 2000.

MONTESQUIEU. *Do espírito das leis.* São Paulo: Martin Claret, 2000.

NOGUEIRA, M. A., NOGUEIRA C. M. M. A sociologia da educação de Pierre Bourdieu: limites e contribuições. *Educação e Sociedade*, Campinas, n. 78, abril, 2002. Sociedade, ano XXIII, n. 78, p. 15-37, abr. 2002.

OUTHWUAITE, W.; BOTTOMORE, T.; GELLNER E.; NISBET, J.; TOURAINE, A. (Orgs.). *Dicionário do pensamento social.* Rio de Janeiro: Zahar, 2005.

PELIZZARI, A. et al. Teoria da aprendizagem significativa segundo Ausubel. *Rev. PEC*, Curitiba, v.2, n.1, p.37-42, jul. 2001-jul. 2002.

PERRENOUD, P. *Construir as competências desde a escola*. Porto Alegre: Artmed, 1999.

_____. *Ensinar: agir na urgência, decidir na incerteza*. Porto Alegre: Artmed, 2001.

POINCARÉ, H. *A ciência e a hipótese*. Brasília: Universidade de Brasília, 1984.

RIBEIRO, V. M. A formação de educadores e a constituição da educação de jovens e adultos como campo pedagógico. *Educação & Sociedade*, ano XX, n. 68, dez. 1999.

SANTOS, P. S. M. B. O Colégio Nova Friburgo da Fundação Getulio Vargas: mergulhando em sua memória institucional. 2005. Tese (Mestrado em Educação) – Pontifícia Universidade Católica (PUC-Rio), Rio de Janeiro.

_____. A aplicabilidade dos conceitos de *habitus* e campo em uma pesquisa na área da História da Educação. *Dialogia*, v. 6, p. 49-54, São Paulo, 2007.

_____. O público, o privado e o Ensino Fluminense: O caso do Centro Educacional de Niterói (1960-1970). 2010. Tese (Doutorado em Educação) – Pontifícia Universidade Católica (PUC-Rio), Rio de Janeiro.

SANTOS, P. S. M. B.; LEITE FILHO, A.; GOUVEIA, F. Quando os documentos falam: ouve-se até o silêncio. Entre decretos, manuscritos e relatórios: a gestão de Anísio Teixeira à frente do INEP (1952-1964). In: MENDONÇA, A. W. P. C.; Xavier, L. N. (Orgs.). *Por uma Política Nacional de Formação de Professores: o INEP dos anos de 1950-1960*. Brasília: Inep, 2008.

SANTOS, P. S. M. B.; NERY, F. R. B. A avaliação institucional em três projetos nacionais: rumo ao século XXI ou de volta ao século XX. In: III Congresso Nacional de Pesquisa: Tensões de um país em mudança, Niteroi, 2003. *Anais...* Niteroi: Universidade Federal Fluminense, 2003.

SAVIANI, D. *Escola e democracia*. São Paulo: Cortez, 1980.

SAWREY, J., TELFORD, J. *Psicologia educacional*. Rio de Janeiro: Ao Livro Técnico, 1971.

SCHUTZ, T. *Investindo no povo*. São Paulo: Brasiliense, 1987.

SHIROMA, E.; EVANGELISTA, O. *O que você precisa saber sobre Política Educacional*. Rio de Janeiro: DP&A, 2004.

SMOLKA, A.M.B. *A criança na fase inicial da escrita: alfabetização como processo discursivo*. São Paulo, Cortez: 1999.

SKINNER, B.F. *Ciência e comportamento humano*. São Paulo: Martins Fontes, 2000.

SOARES, F. Avaliação institucional de escolas e universidades. Rio de Janeiro: Komedi, 2003.

TEIXEIRA, A. *Educação não é privilégio*. Rio de Janeiro: UFRJ, 2001.

_____. *Educação não é privilégio*. Rio de Janeiro: UFRJ, 2003.

TILES, M. *Bachelard: science and objectivity*. Cambridge, Eng.: Cambridge University Press, 1984.

_____. Padrões brasileiros de educação [escolar] e cultura. *Revista Brasileira de Estudos Pedagógicos*. Rio de Janeiro, v. 22, n. 55, jul./set. 1954, p. 3-22.

_____. A. *A educação e o mundo moderno*. Rio de Janeiro: UFRJ, 2010.

TRIGUEIRO MENDES, D. O planejamento educacional no Brasil, *Revista Brasileira de Educação (ANPEd)*, Rio de Janeiro, 2000, p. 135.

WACQUANT, L. O legado sociológico de Pierre Bourdieu. *Rev. Sociol. Polít.*, Curitiba, n. 19, p. 95-110, nov. 2002.

Anexo

Súmula da Legislação Educacional Atual

- Lei nº 9.394, de 20 de dezembro de 1996 180
- Declaração Mundial Sobre Educação para Todos (I) e Plano de Ação para Satisfazer as Necessidades Básicas de Aprendizagem (II) 208
- Declaração de Salamanca 234
- Emenda Constitucional nº 14, de 12 de setembro de 1996 253
- Lei nº 9.424, de 24 de dezembro de 1996 255
- Emenda Constitucional nº 53, de 19 de dezembro de 2006 257
- Lei nº 11.494, de 20 de junho de 2007 261
- Lei nº 11.947, de 16 de junho de 2009 281
- Emenda Constitucional nº 59, de 11 de novembro de 2009 291
- Portaria nº 931, de 21 de março de 2005 293
- Lei nº 10.861, de 14 de abril de 2004. 295
- Decreto nº 6.094, de 24 de abril de 2007 301
- Lei nº 12.796, de 4 de abril de 2013 305
- Lei Complementar nº 146, de 25 de junho de 2014 308
- Lei nº 13.005, de 25 de junho de 2014 309

Lei nº 9.394, de 20 de dezembro de 1996

Estabelece as diretrizes e bases da educação nacional.

O PRESIDENTE DA REPÚBLICA Faço saber que o Congresso Nacional decreta e eu sanciono a seguinte Lei:

TÍTULO I
Da Educação

Art. 1º A educação abrange os processos formativos que se desenvolvem na vida familiar, na convivência humana, no trabalho, nas instituições de ensino e pesquisa, nos movimentos sociais e organizações da sociedade civil e nas manifestações culturais.

§ 1º Esta Lei disciplina a educação escolar, que se desenvolve, predominantemente, por meio do ensino, em instituições próprias.

§ 2º A educação escolar deverá vincular-se ao mundo do trabalho e à prática social.

TÍTULO II
Dos Princípios e Fins da Educação Nacional

Art. 2º A educação, dever da família e do Estado, inspirada nos princípios de liberdade e nos ideais de solidariedade humana, tem por finalidade o pleno desenvolvimento do educando, seu preparo para o exercício da cidadania e sua qualificação para o trabalho.

Art. 3º O ensino será ministrado com base nos seguintes princípios:

I – igualdade de condições para o acesso e permanência na escola;
II – liberdade de aprender, ensinar, pesquisar e divulgar a cultura, o pensamento, a arte e o saber;
III – pluralismo de ideias e de concepções pedagógicas;
IV – respeito à liberdade e apreço à tolerância;
V – coexistência de instituições públicas e privadas de ensino;
VI – gratuidade do ensino público em estabelecimentos oficiais;
VII – valorização do profissional da educação escolar;
VIII – gestão democrática do ensino público, na forma desta Lei e da legislação dos sistemas de ensino;
IX – garantia de padrão de qualidade;
X – valorização da experiência extra-escolar;
XI – vinculação entre a educação escolar, o trabalho e as práticas sociais.
XII – consideração com a diversidade étnico-racial. (Incluído pela Lei nº 12.796, de 2013)

TÍTULO III
Do Direito à Educação e do Dever de Educar

Art. 4º O dever do Estado com educação escolar pública será efetivado mediante a garantia de:

I – educação básica obrigatória e gratuita dos 4 (quatro) aos 17 (dezessete) anos de idade, organizada da seguinte forma: (Redação dada pela Lei nº 12.796, de 2013)
    a) pré-escola; (Incluído pela Lei nº 12.796, de 2013)
    b) ensino fundamental; (Incluído pela Lei nº 12.796, de 2013)
    c) ensino médio; (Incluído pela Lei nº 12.796, de 2013)
II – educação infantil gratuita às crianças de até 5 (cinco) anos de idade; (Redação dada pela Lei nº 12.796, de 2013)
III – atendimento educacional especializado gratuito aos educandos com deficiência, transtornos globais do desenvolvimento e altas habilidades ou superdotação, transversal a todos os níveis, etapas e modalidades, preferencialmente na rede regular de ensino; (Redação dada pela Lei nº 12.796, de 2013)
IV – acesso público e gratuito aos ensinos fundamental e médio para todos os que não os concluíram na idade própria; (Redação dada pela Lei nº 12.796, de 2013)
V – acesso aos níveis mais elevados do ensino, da pesquisa e da criação artística, segundo a capacidade de cada um;
VI – oferta de ensino noturno regular, adequado às condições do educando;
VII – oferta de educação escolar regular para jovens e adultos, com características e modalidades adequadas às suas necessidades e disponibilidades, garantindo-se aos que forem trabalhadores as condições de acesso e permanência na escola;
VIII – atendimento ao educando, em todas as etapas da educação básica, por meio de programas suplementares de material didático-escolar, transporte, alimentação e assistência à saúde; (Redação dada pela Lei nº 12.796, de 2013).
IX – padrões mínimos de qualidade de ensino, definidos como a variedade e quantidade mínimas, por aluno, de insumos indispensáveis ao desenvolvimento do processo de ensino-aprendizagem.
X – vaga na escola pública de educação infantil ou de ensino fundamental mais próxima de sua residência a toda criança a partir do dia em que completar 4 (quatro) anos de idade. (Incluído pela Lei nº 11.700, de 2008).
Art. 5º O acesso à educação básica obrigatória é direito público subjetivo, podendo qualquer cidadão, grupo de cidadãos, associação comunitária, organização sindical, entidade de classe ou outra legalmente constituída e, ainda, o Ministério Público, acionar o poder público para exigi-lo. (Redação dada pela Lei nº 12.796, de 2013)
§ 1º O poder público, na esfera de sua competência federativa, deverá: (Redação dada pela Lei nº 12.796, de 2013)
I – recensear anualmente as crianças e adolescentes em idade escolar, bem como os jovens e adultos que não concluíram a educação básica; (Redação dada pela Lei nº 12.796, de 2013)
II – fazer-lhes a chamada pública;
III – zelar, junto aos pais ou responsáveis, pela frequência à escola.
§ 2º Em todas as esferas administrativas, o Poder Público assegurará em primeiro lugar o acesso ao ensino obrigatório, nos termos deste artigo, contemplando em seguida os demais níveis e modalidades de ensino, conforme as prioridades constitucionais e legais.

§ 3º Qualquer das partes mencionadas no *caput* deste artigo tem legitimidade para peticionar no Poder Judiciário, na hipótese do § 2º do art. 208 da Constituição Federal, sendo gratuita e de rito sumário a ação judicial correspondente.

§ 4º Comprovada a negligência da autoridade competente para garantir o oferecimento do ensino obrigatório, poderá ela ser imputada por crime de responsabilidade.

§ 5º Para garantir o cumprimento da obrigatoriedade de ensino, o Poder Público criará formas alternativas de acesso aos diferentes níveis de ensino, independentemente da escolarização anterior.

Art. 6º É dever dos pais ou responsáveis efetuar a matrícula das crianças na educação básica a partir dos 4 (quatro) anos de idade. (Redação dada pela Lei nº 12.796, de 2013)

Art. 7º O ensino é livre à iniciativa privada, atendidas as seguintes condições:

I – cumprimento das normas gerais da educação nacional e do respectivo sistema de ensino;

II – autorização de funcionamento e avaliação de qualidade pelo Poder Público;

III – capacidade de autofinanciamento, ressalvado o previsto no art. 213 da Constituição Federal.

TÍTULO IV
Da Organização da Educação Nacional

Art. 8º A União, os Estados, o Distrito Federal e os Municípios organizarão, em regime de colaboração, os respectivos sistemas de ensino.

§ 1º Caberá à União a coordenação da política nacional de educação, articulando os diferentes níveis e sistemas e exercendo função normativa, redistributiva e supletiva em relação às demais instâncias educacionais.

§ 2º Os sistemas de ensino terão liberdade de organização nos termos desta Lei.

Art. 9º A União incumbir-se-á de: (Regulamento)

I – elaborar o Plano Nacional de Educação, em colaboração com os Estados, o Distrito Federal e os Municípios;

II – organizar, manter e desenvolver os órgãos e instituições oficiais do sistema federal de ensino e o dos Territórios;

III – prestar assistência técnica e financeira aos Estados, ao Distrito Federal e aos Municípios para o desenvolvimento de seus sistemas de ensino e o atendimento prioritário à escolaridade obrigatória, exercendo sua função redistributiva e supletiva;

IV – estabelecer, em colaboração com os Estados, o Distrito Federal e os Municípios, competências e diretrizes para a educação infantil, o ensino fundamental e o ensino médio, que nortearão os currículos e seus conteúdos mínimos, de modo a assegurar formação básica comum;

V – coletar, analisar e disseminar informações sobre a educação;

VI – assegurar processo nacional de avaliação do rendimento escolar no ensino fundamental, médio e superior, em colaboração com os sistemas de ensino, objetivando a definição de prioridades e a melhoria da qualidade do ensino;

VII – baixar normas gerais sobre cursos de graduação e pós-graduação;

VIII – assegurar processo nacional de avaliação das instituições de educação superior, com a cooperação dos sistemas que tiverem responsabilidade sobre este nível de ensino;

IX – autorizar, reconhecer, credenciar, supervisionar e avaliar, respectivamente, os cursos das instituições de educação superior e os estabelecimentos do seu sistema de ensino. (Vide Lei nº 10.870, de 2004)

§ 1º Na estrutura educacional, haverá um Conselho Nacional de Educação, com funções normativas e de supervisão e atividade permanente, criado por lei.

§ 2° Para o cumprimento do disposto nos incisos V a IX, a União terá acesso a todos os dados e informações necessários de todos os estabelecimentos e órgãos educacionais.

§ 3º As atribuições constantes do inciso IX poderão ser delegadas aos Estados e ao Distrito Federal, desde que mantenham instituições de educação superior.

Art. 10. Os Estados incumbir-se-ão de:

I – organizar, manter e desenvolver os órgãos e instituições oficiais dos seus sistemas de ensino;

II – definir, com os Municípios, formas de colaboração na oferta do ensino fundamental, as quais devem assegurar a distribuição proporcional das responsabilidades, de acordo com a população a ser atendida e os recursos financeiros disponíveis em cada uma dessas esferas do Poder Público;

III – elaborar e executar políticas e planos educacionais, em consonância com as diretrizes e planos nacionais de educação, integrando e coordenando as suas ações e as dos seus Municípios;

IV – autorizar, reconhecer, credenciar, supervisionar e avaliar, respectivamente, os cursos das instituições de educação superior e os estabelecimentos do seu sistema de ensino;

V – baixar normas complementares para o seu sistema de ensino;

VI – assegurar o ensino fundamental e oferecer, com prioridade, o ensino médio a todos que o demandarem, respeitado o disposto no art. 38 desta Lei; (Redação dada pela Lei nº 12.061, de 2009)

VII – assumir o transporte escolar dos alunos da rede estadual. (Incluído pela Lei nº 10.709, de 31.7.2003)

Parágrafo único. Ao Distrito Federal aplicar-se-ão as competências referentes aos Estados e aos Municípios.

Art. 11. Os Municípios incumbir-se-ão de:

I – organizar, manter e desenvolver os órgãos e instituições oficiais dos seus sistemas de ensino, integrando-os às políticas e planos educacionais da União e dos Estados;

II – exercer ação redistributiva em relação às suas escolas;

III – baixar normas complementares para o seu sistema de ensino;

IV – autorizar, credenciar e supervisionar os estabelecimentos do seu sistema de ensino;

V – oferecer a educação infantil em creches e pré-escolas, e, com prioridade, o ensino fundamental, permitida a atuação em outros níveis de ensino somente quando estiverem atendidas plenamente as necessidades de sua área de competência e com recursos acima dos percentuais mínimos vinculados pela Constituição Federal à manutenção e desenvolvimento do ensino.

VI – assumir o transporte escolar dos alunos da rede municipal. (Incluído pela Lei nº 10.709, de 31.7.2003)

Parágrafo único. Os Municípios poderão optar, ainda, por se integrar ao sistema estadual de ensino ou compor com ele um sistema único de educação básica.

Art. 12. Os estabelecimentos de ensino, respeitadas as normas comuns e as do seu sistema de ensino, terão a incumbência de:

I – elaborar e executar sua proposta pedagógica;

II – administrar seu pessoal e seus recursos materiais e financeiros;

III – assegurar o cumprimento dos dias letivos e horas-aula estabelecidas;

IV – velar pelo cumprimento do plano de trabalho de cada docente;

V – prover meios para a recuperação dos alunos de menor rendimento;

VI – articular-se com as famílias e a comunidade, criando processos de integração da sociedade com a escola;

VII – informar pai e mãe, conviventes ou não com seus filhos, e, se for o caso, os responsáveis legais, sobre a frequência e rendimento dos alunos, bem como sobre a execução da proposta pedagógica da escola; (Redação dada pela Lei nº 12.013, de 2009)

VIII – notificar ao Conselho Tutelar do Município, ao juiz competente da Comarca e ao respectivo representante do Ministério Público a relação dos alunos que apresentem quantidade de faltas acima de cinquenta por cento do percentual permitido em lei.(Incluído pela Lei nº 10.287, de 2001)

Art. 13. Os docentes incumbir-se-ão de:

I – participar da elaboração da proposta pedagógica do estabelecimento de ensino;

II – elaborar e cumprir plano de trabalho, segundo a proposta pedagógica do estabelecimento de ensino;

III – zelar pela aprendizagem dos alunos;

IV – estabelecer estratégias de recuperação para os alunos de menor rendimento;

V – ministrar os dias letivos e horas-aula estabelecidos, além de participar integralmente dos períodos dedicados ao planejamento, à avaliação e ao desenvolvimento profissional;

VI – colaborar com as atividades de articulação da escola com as famílias e a comunidade.

Art. 14. Os sistemas de ensino definirão as normas da gestão democrática do ensino público na educação básica, de acordo com as suas peculiaridades e conforme os seguintes princípios:

I – participação dos profissionais da educação na elaboração do projeto pedagógico da escola;

II – participação das comunidades escolar e local em conselhos escolares ou equivalentes.

Art. 15. Os sistemas de ensino assegurarão às unidades escolares públicas de educação básica que os integram progressivos graus de autonomia pedagógica e administrativa e de gestão financeira, observadas as normas gerais de direito financeiro público.

Art. 16. O sistema federal de ensino compreende: (Regulamento)
I – as instituições de ensino mantidas pela União;
II – as instituições de educação superior criadas e mantidas pela iniciativa privada;
III – os órgãos federais de educação.

Art. 17. Os sistemas de ensino dos Estados e do Distrito Federal compreendem:
I – as instituições de ensino mantidas, respectivamente, pelo Poder Público estadual e pelo Distrito Federal;
II – as instituições de educação superior mantidas pelo Poder Público municipal;
III – as instituições de ensino fundamental e médio criadas e mantidas pela iniciativa privada;
IV – os órgãos de educação estaduais e do Distrito Federal, respectivamente.

Parágrafo único. No Distrito Federal, as instituições de educação infantil, criadas e mantidas pela iniciativa privada, integram seu sistema de ensino.

Art. 18. Os sistemas municipais de ensino compreendem:
I – as instituições do ensino fundamental, médio e de educação infantil mantidas pelo Poder Público municipal;
II – as instituições de educação infantil criadas e mantidas pela iniciativa privada;
III – os órgãos municipais de educação.

Art. 19. As instituições de ensino dos diferentes níveis classificam-se nas seguintes categorias administrativas: (Regulamento) (Regulamento)
I – públicas, assim entendidas as criadas ou incorporadas, mantidas e administradas pelo Poder Público;
II – privadas, assim entendidas as mantidas e administradas por pessoas físicas ou jurídicas de direito privado.

Art. 20. As instituições privadas de ensino se enquadrarão nas seguintes categorias: (Regulamento) (Regulamento)
I – particulares em sentido estrito, assim entendidas as que são instituídas e mantidas por uma ou mais pessoas físicas ou jurídicas de direito privado que não apresentem as características dos incisos abaixo;
II – comunitárias, assim entendidas as que são instituídas por grupos de pessoas físicas ou por uma ou mais pessoas jurídicas, inclusive cooperativas educacionais, sem fins lucrativos, que incluam na sua entidade mantenedora representantes da comunidade; (Redação dada pela Lei nº 12.020, de 2009)

III - confessionais, assim entendidas as que são instituídas por grupos de pessoas físicas ou por uma ou mais pessoas jurídicas que atendem a orientação confessional e ideologia específicas e ao disposto no inciso anterior;

IV - filantrópicas, na forma da lei.

TÍTULO V
Dos Níveis e das Modalidades de Educação e Ensino

CAPÍTULO I
Da Composição dos Níveis Escolares

Art. 21. A educação escolar compõe-se de:

I - educação básica, formada pela educação infantil, ensino fundamental e ensino médio;

II - educação superior.

CAPÍTULO II
DA EDUCAÇÃO BÁSICA

Seção I
Das Disposições Gerais

Art. 22. A educação básica tem por finalidades desenvolver o educando, assegurar-lhe a formação comum indispensável para o exercício da cidadania e fornecer-lhe meios para progredir no trabalho e em estudos posteriores.

Art. 23. A educação básica poderá organizar-se em séries anuais, períodos semestrais, ciclos, alternância regular de períodos de estudos, grupos não seriados, com base na idade, na competência e em outros critérios, ou por forma diversa de organização, sempre que o interesse do processo de aprendizagem assim o recomendar.

§ 1º A escola poderá reclassificar os alunos, inclusive quando se tratar de transferências entre estabelecimentos situados no País e no exterior, tendo como base as normas curriculares gerais.

§ 2º O calendário escolar deverá adequar-se às peculiaridades locais, inclusive climáticas e econômicas, a critério do respectivo sistema de ensino, sem com isso reduzir o número de horas letivas previsto nesta Lei.

Art. 24. A educação básica, nos níveis fundamental e médio, será organizada de acordo com as seguintes regras comuns:

I - a carga horária mínima anual será de oitocentas horas, distribuídas por um mínimo de duzentos dias de efetivo trabalho escolar, excluído o tempo reservado aos exames finais, quando houver;

II - a classificação em qualquer série ou etapa, exceto a primeira do ensino fundamental, pode ser feita:

a) por promoção, para alunos que cursaram, com aproveitamento, a série ou fase anterior, na própria escola;

b) por transferência, para candidatos procedentes de outras escolas;

c) independentemente de escolarização anterior, mediante avaliação feita pela escola, que defina o grau de desenvolvimento e experiência do candidato e permita sua inscrição na série ou etapa adequada, conforme regulamentação do respectivo sistema de ensino;

III – nos estabelecimentos que adotam a progressão regular por série, o regimento escolar pode admitir formas de progressão parcial, desde que preservada a sequência do currículo, observadas as normas do respectivo sistema de ensino;

IV – poderão organizar-se classes, ou turmas, com alunos de séries distintas, com níveis equivalentes de adiantamento na matéria, para o ensino de línguas estrangeiras, artes, ou outros componentes curriculares;

V – a verificação do rendimento escolar observará os seguintes critérios:

a) avaliação contínua e cumulativa do desempenho do aluno, com prevalência dos aspectos qualitativos sobre os quantitativos e dos resultados ao longo do período sobre os de eventuais provas finais;

b) possibilidade de aceleração de estudos para alunos com atraso escolar;

c) possibilidade de avanço nos cursos e nas séries mediante verificação do aprendizado;

d) aproveitamento de estudos concluídos com êxito;

e) obrigatoriedade de estudos de recuperação, de preferência paralelos ao período letivo, para os casos de baixo rendimento escolar, a serem disciplinados pelas instituições de ensino em seus regimentos;

VI – o controle de frequência fica a cargo da escola, conforme o disposto no seu regimento e nas normas do respectivo sistema de ensino, exigida a frequência mínima de setenta e cinco por cento do total de horas letivas para aprovação;

VII – cabe a cada instituição de ensino expedir históricos escolares, declarações de conclusão de série e diplomas ou certificados de conclusão de cursos, com as especificações cabíveis.

Art. 25. Será objetivo permanente das autoridades responsáveis alcançar relação adequada entre o número de alunos e o professor, a carga horária e as condições materiais do estabelecimento.

Parágrafo único. Cabe ao respectivo sistema de ensino, à vista das condições disponíveis e das características regionais e locais, estabelecer parâmetro para atendimento do disposto neste artigo.

Art. 26. Os currículos da educação infantil, do ensino fundamental e do ensino médio devem ter base nacional comum, a ser complementada, em cada sistema de ensino e em cada estabelecimento escolar, por uma parte diversificada, exigida pelas características regionais e locais da sociedade, da cultura, da economia e dos educandos. (Redação dada pela Lei nº 12.796, de 2013)

§ 1º Os currículos a que se refere o *caput* devem abranger, obrigatoriamente, o estudo da língua portuguesa e da matemática, o conhecimento do mundo físico e natural e da realidade social e política, especialmente do Brasil.

§ 2º O ensino da arte, especialmente em suas expressões regionais, constituirá componente curricular obrigatório nos diversos níveis da educação básica, de forma a promover o desenvolvimento cultural dos alunos.(Redação dada pela Lei nº 12.287, de 2010)

§ 3º A educação física, integrada à proposta pedagógica da escola, é componente curricular obrigatório da educação básica, sendo sua prática facultativa ao aluno: (Redação dada pela Lei nº 10.793, de 1º.12.2003)
I – que cumpra jornada de trabalho igual ou superior a seis horas; (Incluído pela Lei nº 10.793, de 1º.12.2003)
II – maior de trinta anos de idade; (Incluído pela Lei nº 10.793, de 1º.12.2003)
III – que estiver prestando serviço militar inicial ou que, em situação similar, estiver obrigado à prática da educação física; (Incluído pela Lei nº 10.793, de 1º.12.2003)
IV – amparado pelo Decreto-Lei nº 1.044, de 21 de outubro de 1969; (Incluído pela Lei nº 10.793, de 1º.12.2003)
V – (VETADO) (Incluído pela Lei nº 10.793, de 1º.12.2003)
VI – que tenha prole. (Incluído pela Lei nº 10.793, de 1º.12.2003)
§ 4º O ensino da História do Brasil levará em conta as contribuições das diferentes culturas e etnias para a formação do povo brasileiro, especialmente das matrizes indígena, africana e europeia.
§ 5º Na parte diversificada do currículo será incluído, obrigatoriamente, a partir da quinta série, o ensino de pelo menos uma língua estrangeira moderna, cuja escolha ficará a cargo da comunidade escolar, dentro das possibilidades da instituição.
§ 6º A música deverá ser conteúdo obrigatório, mas não exclusivo, do componente curricular de que trata o § 2º deste artigo. (Incluído pela Lei nº 11.769, de 2008)
§ 7º Os currículos do ensino fundamental e médio devem incluir os princípios da proteção e defesa civil e a educação ambiental de forma integrada aos conteúdos obrigatórios. (Incluído pela Lei nº 12.608, de 2012)
§ 8º A exibição de filmes de produção nacional constituirá componente curricular complementar integrado à proposta pedagógica da escola, sendo a sua exibição obrigatória por, no mínimo, 2 (duas) horas mensais. (Incluído pela Lei nº 13.006, de 2014)
§ 9º Conteúdos relativos aos direitos humanos e à prevenção de todas as formas de violência contra a criança e o adolescente serão incluídos, como temas transversais, nos currículos escolares de que trata o caput deste artigo, tendo como diretriz a Lei nº 8.069, de 13 de julho de 1990 (Estatuto da Criança e do Adolescente), observada a produção e distribuição de material didático adequado. (Incluído pela Lei nº 13.010, de 2014)
Art. 26-A. Nos estabelecimentos de ensino fundamental e de ensino médio, públicos e privados, torna-se obrigatório o estudo da história e cultura afro-brasileira e indígena. (Redação dada pela Lei nº 11.645, de 2008).
§ 1º O conteúdo programático a que se refere este artigo incluirá diversos aspectos da história e da cultura que caracterizam a formação da população brasileira, a partir desses dois grupos étnicos, tais como o estudo da história da África e dos africanos, a luta dos negros e dos povos indígenas no Brasil, a cultura negra e indígena brasileira e o negro e o índio na formação da sociedade nacional, resgatando as suas contribuições nas áreas social, econômica e política, pertinentes à história do Brasil. (Redação dada pela Lei nº 11.645, de 2008).

§ 2º Os conteúdos referentes à história e cultura afro-brasileira e dos povos indígenas brasileiros serão ministrados no âmbito de todo o currículo escolar, em especial nas áreas de educação artística e de literatura e história brasileiras. (Redação dada pela Lei nº 11.645, de 2008).

Art. 27. Os conteúdos curriculares da educação básica observarão, ainda, as seguintes diretrizes:

I – a difusão de valores fundamentais ao interesse social, aos direitos e deveres dos cidadãos, de respeito ao bem comum e à ordem democrática;

II – consideração das condições de escolaridade dos alunos em cada estabelecimento;

III – orientação para o trabalho;

IV – promoção do desporto educacional e apoio às práticas desportivas não formais.

Art. 28. Na oferta de educação básica para a população rural, os sistemas de ensino promoverão as adaptações necessárias à sua adequação às peculiaridades da vida rural e de cada região, especialmente:

I – conteúdos curriculares e metodologias apropriadas às reais necessidades e interesses dos alunos da zona rural;

II – organização escolar própria, incluindo adequação do calendário escolar às fases do ciclo agrícola e às condições climáticas;

III – adequação à natureza do trabalho na zona rural.

Parágrafo único. O fechamento de escolas do campo, indígenas e quilombolas será precedido de manifestação do órgão normativo do respectivo sistema de ensino, que considerará a justificativa apresentada pela Secretaria de Educação, a análise do diagnóstico do impacto da ação e a manifestação da comunidade escolar. (Incluído pela Lei nº 12.960, de 2014)

Seção II
Da Educação Infantil

Art. 29. A educação infantil, primeira etapa da educação básica, tem como finalidade o desenvolvimento integral da criança de até 5 (cinco) anos, em seus aspectos físico, psicológico, intelectual e social, complementando a ação da família e da comunidade. (Redação dada pela Lei nº 12.796, de 2013)

Art. 30. A educação infantil será oferecida em:

I – creches, ou entidades equivalentes, para crianças de até três anos de idade;

II – pré-escolas, para as crianças de 4 (quatro) a 5 (cinco) anos de idade. (Redação dada pela Lei nº 12.796, de 2013)

Art. 31. A educação infantil será organizada de acordo com as seguintes regras comuns: (Redação dada pela Lei nº 12.796, de 2013)

I – avaliação mediante acompanhamento e registro do desenvolvimento das crianças, sem o objetivo de promoção, mesmo para o acesso ao ensino fundamental; (Incluído pela Lei nº 12.796, de 2013)

II – carga horária mínima anual de 800 (oitocentas) horas, distribuída por um mínimo de 200 (duzentos) dias de trabalho educacional; (Incluído pela Lei nº 12.796, de 2013)

III – atendimento à criança de, no mínimo, 4 (quatro) horas diárias para o turno parcial e de 7 (sete) horas para a jornada integral; (Incluído pela Lei nº 12.796, de 2013)

IV – controle de frequência pela instituição de educação pré-escolar, exigida a frequência mínima de 60% (sessenta por cento) do total de horas; (Incluído pela Lei nº 12.796, de 2013)

V – expedição de documentação que permita atestar os processos de desenvolvimento e aprendizagem da criança. (Incluído pela Lei nº 12.796, de 2013)

Seção III
Do Ensino Fundamental

Art. 32. O ensino fundamental obrigatório, com duração de 9 (nove) anos, gratuito na escola pública, iniciando-se aos 6 (seis) anos de idade, terá por objetivo a formação básica do cidadão, mediante: (Redação dada pela Lei nº 11.274, de 2006)

I – o desenvolvimento da capacidade de aprender, tendo como meios básicos o pleno domínio da leitura, da escrita e do cálculo;

II – a compreensão do ambiente natural e social, do sistema político, da tecnologia, das artes e dos valores em que se fundamenta a sociedade;

III – o desenvolvimento da capacidade de aprendizagem, tendo em vista a aquisição de conhecimentos e habilidades e a formação de atitudes e valores;

IV – o fortalecimento dos vínculos de família, dos laços de solidariedade humana e de tolerância recíproca em que se assenta a vida social.

§ 1º É facultado aos sistemas de ensino desdobrar o ensino fundamental em ciclos.

§ 2º Os estabelecimentos que utilizam progressão regular por série podem adotar no ensino fundamental o regime de progressão continuada, sem prejuízo da avaliação do processo de ensino-aprendizagem, observadas as normas do respectivo sistema de ensino.

§ 3º O ensino fundamental regular será ministrado em língua portuguesa, assegurada às comunidades indígenas a utilização de suas línguas maternas e processos próprios de aprendizagem.

§ 4º O ensino fundamental será presencial, sendo o ensino a distância utilizado como complementação da aprendizagem ou em situações emergenciais.

§ 5º O currículo do ensino fundamental incluirá, obrigatoriamente, conteúdo que trate dos direitos das crianças e dos adolescentes, tendo como diretriz a Lei nº 8.069, de 13 de julho de 1990, que institui o Estatuto da Criança e do Adolescente, observada a produção e distribuição de material didático adequado. (Incluído pela Lei nº 11.525, de 2007).

§ 6º O estudo sobre os símbolos nacionais será incluído como tema transversal nos currículos do ensino fundamental. (Incluído pela Lei nº 12.472, de 2011).

Art. 33. O ensino religioso, de matrícula facultativa, é parte integrante da formação básica do cidadão e constitui disciplina dos horários normais das escolas públicas de ensino fundamental, assegurado o respeito à diversidade cultural religiosa do Brasil, vedadas quaisquer formas de proselitismo. (Redação dada pela Lei nº 9.475, de 22.7.1997)

§ 1º Os sistemas de ensino regulamentarão os procedimentos para a definição dos conteúdos do ensino religioso e estabelecerão as normas para a habilitação e admissão dos professores.

§ 2º Os sistemas de ensino ouvirão entidade civil, constituída pelas diferentes denominações religiosas, para a definição dos conteúdos do ensino religioso."

Art. 34. A jornada escolar no ensino fundamental incluirá pelo menos quatro horas de trabalho efetivo em sala de aula, sendo progressivamente ampliado o período de permanência na escola.

§ 1º São ressalvados os casos do ensino noturno e das formas alternativas de organização autorizadas nesta Lei.

§ 2º O ensino fundamental será ministrado progressivamente em tempo integral, a critério dos sistemas de ensino.

Seção IV
Do Ensino Médio

Art. 35. O ensino médio, etapa final da educação básica, com duração mínima de três anos, terá como finalidades:

I – a consolidação e o aprofundamento dos conhecimentos adquiridos no ensino fundamental, possibilitando o prosseguimento de estudos;

II – a preparação básica para o trabalho e a cidadania do educando, para continuar aprendendo, de modo a ser capaz de se adaptar com flexibilidade a novas condições de ocupação ou aperfeiçoamento posteriores;

III – o aprimoramento do educando como pessoa humana, incluindo a formação ética e o desenvolvimento da autonomia intelectual e do pensamento crítico;

IV – a compreensão dos fundamentos científico-tecnológicos dos processos produtivos, relacionando a teoria com a prática, no ensino de cada disciplina.

Art. 36. O currículo do ensino médio observará o disposto na Seção I deste Capítulo e as seguintes diretrizes:

I – destacará a educação tecnológica básica, a compreensão do significado da ciência, das letras e das artes; o processo histórico de transformação da sociedade e da cultura; a língua portuguesa como instrumento de comunicação, acesso ao conhecimento e exercício da cidadania;

II – adotará metodologias de ensino e de avaliação que estimulem a iniciativa dos estudantes;

III – será incluída uma língua estrangeira moderna, como disciplina obrigatória, escolhida pela comunidade escolar, e uma segunda, em caráter optativo, dentro das disponibilidades da instituição.

IV – serão incluídas a Filosofia e a Sociologia como disciplinas obrigatórias em todas as séries do ensino médio. (Incluído pela Lei nº 11.684, de 2008)

§ 1º Os conteúdos, as metodologias e as formas de avaliação serão organizados de tal forma que ao final do ensino médio o educando demonstre:

I – domínio dos princípios científicos e tecnológicos que presidem a produção moderna;

II – conhecimento das formas contemporâneas de linguagem;

III – (Revogado pela Lei nº 11.684, de 2008)

§ 2º (Revogado pela Lei nº 11.741, de 2008)

§ 3º Os cursos do ensino médio terão equivalência legal e habilitarão ao prosseguimento de estudos.

§ 4º (Revogado pela Lei nº 11.741, de 2008)

Seção IV-A
Da Educação Profissional Técnica de Nível Médio
(Incluído pela Lei nº 11.741, de 2008)

Art. 36-A. Sem prejuízo do disposto na Seção IV deste Capítulo, o ensino médio, atendida a formação geral do educando, poderá prepará-lo para o exercício de profissões técnicas. (Incluído pela Lei nº 11.741, de 2008)

Parágrafo único. A preparação geral para o trabalho e, facultativamente, a habilitação profissional poderão ser desenvolvidas nos próprios estabelecimentos de ensino médio ou em cooperação com instituições especializadas em educação profissional. (Incluído pela Lei nº 11.741, de 2008)

Art. 36-B. A educação profissional técnica de nível médio será desenvolvida nas seguintes formas: (Incluído pela Lei nº 11.741, de 2008)

I – articulada com o ensino médio; (Incluído pela Lei nº 11.741, de 2008)

II – subsequente, em cursos destinados a quem já tenha concluído o ensino médio.(Incluído pela Lei nº 11.741, de 2008)

Parágrafo único. A educação profissional técnica de nível médio deverá observar: (Incluído pela Lei nº 11.741, de 2008)

I – os objetivos e definições contidos nas diretrizes curriculares nacionais estabelecidas pelo Conselho Nacional de Educação; (Incluído pela Lei nº 11.741, de 2008)

II – as normas complementares dos respectivos sistemas de ensino; (Incluído pela Lei nº 11.741, de 2008)

III – as exigências de cada instituição de ensino, nos termos de seu projeto pedagógico. (Incluído pela Lei nº 11.741, de 2008)

Art. 36-C. A educação profissional técnica de nível médio articulada, prevista no inciso I do caput do art. 36-B desta Lei, será desenvolvida de forma: (Incluído pela Lei nº 11.741, de 2008)

I – integrada, oferecida somente a quem já tenha concluído o ensino fundamental, sendo o curso planejado de modo a conduzir o aluno à habilitação profissional técnica de nível médio, na mesma instituição de ensino, efetuando-se matrícula única para cada aluno; (Incluído pela Lei nº 11.741, de 2008)

II – concomitante, oferecida a quem ingresse no ensino médio ou já o esteja cursando, efetuando-se matrículas distintas para cada curso, e podendo ocorrer: (Incluído pela Lei nº 11.741, de 2008)

a) na mesma instituição de ensino, aproveitando-se as oportunidades educacionais disponíveis; (Incluído pela Lei nº 11.741, de 2008)

b) em instituições de ensino distintas, aproveitando-se as oportunidades educacionais disponíveis; (Incluído pela Lei nº 11.741, de 2008)

c) em instituições de ensino distintas, mediante convênios de intercomplementaridade, visando ao planejamento e ao desenvolvimento de projeto pedagógico unificado. (Incluído pela Lei nº 11.741, de 2008)

Art. 36-D. Os diplomas de cursos de educação profissional técnica de nível médio, quando registrados, terão validade nacional e habilitarão ao prosseguimento de estudos na educação superior. (Incluído pela Lei nº 11.741, de 2008)

Parágrafo único. Os cursos de educação profissional técnica de nível médio, nas formas articulada concomitante e subsequente, quando estruturados e organizados em etapas com terminalidade, possibilitarão a obtenção de certificados de qualificação para o trabalho após a conclusão, com aproveitamento, de cada etapa que caracterize uma qualificação para o trabalho. (Incluído pela Lei nº 11.741, de 2008)

Seção V
Da Educação de Jovens e Adultos

Art. 37. A educação de jovens e adultos será destinada àqueles que não tiveram acesso ou continuidade de estudos no ensino fundamental e médio na idade própria.

§ 1º Os sistemas de ensino assegurarão gratuitamente aos jovens e aos adultos, que não puderam efetuar os estudos na idade regular, oportunidades educacionais apropriadas, consideradas as características do alunado, seus interesses, condições de vida e de trabalho, mediante cursos e exames.

§ 2º O Poder Público viabilizará e estimulará o acesso e a permanência do trabalhador na escola, mediante ações integradas e complementares entre si.

§ 3º A educação de jovens e adultos deverá articular-se, preferencialmente, com a educação profissional, na forma do regulamento. (Incluído pela Lei nº 11.741, de 2008)

Art. 38. Os sistemas de ensino manterão cursos e exames supletivos, que compreenderão a base nacional comum do currículo, habilitando ao prosseguimento de estudos em caráter regular.

§ 1º Os exames a que se refere este artigo realizar-se-ão:

I – no nível de conclusão do ensino fundamental, para os maiores de quinze anos;

II – no nível de conclusão do ensino médio, para os maiores de dezoito anos.

§ 2º Os conhecimentos e habilidades adquiridos pelos educandos por meios informais serão aferidos e reconhecidos mediante exames.

CAPÍTULO III
DA EDUCAÇÃO PROFISSIONAL
Da Educação Profissional e Tecnológica
(Redação dada pela Lei nº 11.741, de 2008)

Art. 39. A educação profissional e tecnológica, no cumprimento dos objetivos da educação nacional, integra-se aos diferentes níveis e modalidades de educação e às dimensões do trabalho, da ciência e da tecnologia. (Redação dada pela Lei nº 11.741, de 2008)

§ 1º Os cursos de educação profissional e tecnológica poderão ser organizados por eixos tecnológicos, possibilitando a construção de diferentes itinerários formativos, observadas as normas do respectivo sistema e nível de ensino. (Incluído pela Lei nº 11.741, de 2008)

§ 2º A educação profissional e tecnológica abrangerá os seguintes cursos: (Incluído pela Lei nº 11.741, de 2008)

I – de formação inicial e continuada ou qualificação profissional; (Incluído pela Lei nº 11.741, de 2008)

II – de educação profissional técnica de nível médio; (Incluído pela Lei nº 11.741, de 2008)

III – de educação profissional tecnológica de graduação e pós-graduação. (Incluído pela Lei nº 11.741, de 2008)

§ 3º Os cursos de educação profissional tecnológica de graduação e pós-graduação organizar-se-ão, no que concerne a objetivos, características e duração, de acordo com as diretrizes curriculares nacionais estabelecidas pelo Conselho Nacional de Educação. (Incluído pela Lei nº 11.741, de 2008)

Art. 40. A educação profissional será desenvolvida em articulação com o ensino regular ou por diferentes estratégias de educação continuada, em instituições especializadas ou no ambiente de trabalho. (Regulamento)(Regulamento) (Regulamento)

Art. 41. O conhecimento adquirido na educação profissional e tecnológica, inclusive no trabalho, poderá ser objeto de avaliação, reconhecimento e certificação para prosseguimento ou conclusão de estudos.(Redação dada pela Lei nº 11.741, de 2008)

Art. 42. As instituições de educação profissional e tecnológica, além dos seus cursos regulares, oferecerão cursos especiais, abertos à comunidade, condicionada a matrícula à capacidade de aproveitamento e não necessariamente ao nível de escolaridade. (Redação dada pela Lei nº 11.741, de 2008)

CAPÍTULO IV
DA EDUCAÇÃO SUPERIOR

Art. 43. A educação superior tem por finalidade:

I – estimular a criação cultural e o desenvolvimento do espírito científico e do pensamento reflexivo;

II – formar diplomados nas diferentes áreas de conhecimento, aptos para a inserção em setores profissionais e para a participação no desenvolvimento da sociedade brasileira, e colaborar na sua formação contínua;

III – incentivar o trabalho de pesquisa e investigação científica, visando o desenvolvimento da ciência e da tecnologia e da criação e difusão da cultura, e, desse modo, desenvolver o entendimento do homem e do meio em que vive;

IV – promover a divulgação de conhecimentos culturais, científicos e técnicos que constituem patrimônio da humanidade e comunicar o saber através do ensino, de publicações ou de outras formas de comunicação;

V – suscitar o desejo permanente de aperfeiçoamento cultural e profissional e possibilitar a correspondente concretização, integrando os conhecimentos que vão sendo adquiridos numa estrutura intelectual sistematizadora do conhecimento de cada geração;

VI – estimular o conhecimento dos problemas do mundo presente, em particular os nacionais e regionais, prestar serviços especializados à comunidade e estabelecer com esta uma relação de reciprocidade;

VII – promover a extensão, aberta à participação da população, visando à difusão das conquistas e benefícios resultantes da criação cultural e da pesquisa científica e tecnológica geradas na instituição.

Art. 44. A educação superior abrangerá os seguintes cursos e programas: (Regulamento)

I – cursos sequenciais por campo de saber, de diferentes níveis de abrangência, abertos a candidatos que atendam aos requisitos estabelecidos pelas instituições de ensino, desde que tenham concluído o ensino médio ou equivalente; (Redação dada pela Lei nº 11.632, de 2007).

II – de graduação, abertos a candidatos que tenham concluído o ensino médio ou equivalente e tenham sido classificados em processo seletivo;

III – de pós-graduação, compreendendo programas de mestrado e doutorado, cursos de especialização, aperfeiçoamento e outros, abertos a candidatos diplomados em cursos de graduação e que atendam às exigências das instituições de ensino;

IV – de extensão, abertos a candidatos que atendam aos requisitos estabelecidos em cada caso pelas instituições de ensino.

Parágrafo único. Os resultados do processo seletivo referido no inciso II do caput deste artigo serão tornados públicos pelas instituições de ensino superior, sendo obrigatória a divulgação da relação nominal dos classificados, a respectiva ordem de classificação, bem como do cronograma das chamadas para matrícula, de acordo com os critérios para preenchimento das vagas constantes do respectivo edital. (Incluído pela Lei nº 11.331, de 2006)

Art. 45. A educação superior será ministrada em instituições de ensino superior, públicas ou privadas, com variados graus de abrangência ou especialização. (Regulamento) (Regulamento)

Art. 46. A autorização e o reconhecimento de cursos, bem como o credenciamento de instituições de educação superior, terão prazos limitados, sendo renovados, periodicamente, após processo regular de avaliação. (Regulamento) (Regulamento) (Vide Lei nº 10.870, de 2004)

§ 1º Após um prazo para saneamento de deficiências eventualmente identificadas pela avaliação a que se refere este artigo, haverá reavaliação, que poderá resultar, conforme o caso, em desativação de cursos e habilitações, em intervenção na instituição, em suspensão temporária de prerrogativas da autonomia, ou em descredenciamento. (Regulamento) (Regulamento) (Vide Lei nº 10.870, de 2004)

§ 2º No caso de instituição pública, o Poder Executivo responsável por sua manutenção acompanhará o processo de saneamento e fornecerá recursos adicionais, se necessários, para a superação das deficiências.

Art. 47. Na educação superior, o ano letivo regular, independente do ano civil, tem, no mínimo, duzentos dias de trabalho acadêmico efetivo, excluído o tempo reservado aos exames finais, quando houver.

§ 1º As instituições informarão aos interessados, antes de cada período letivo, os programas dos cursos e demais componentes curriculares, sua duração, requisitos, qualificação dos professores, recursos disponíveis e critérios de avaliação, obrigando-se a cumprir as respectivas condições.

§ 2º Os alunos que tenham extraordinário aproveitamento nos estudos, demonstrado por meio de provas e outros instrumentos de avaliação específicos, aplicados por banca examinadora especial, poderão ter abreviada a duração dos seus cursos, de acordo com as normas dos sistemas de ensino.

§ 3º É obrigatória a frequência de alunos e professores, salvo nos programas de educação a distância.

§ 4º As instituições de educação superior oferecerão, no período noturno, cursos de graduação nos mesmos padrões de qualidade mantidos no período diurno, sendo obrigatória a oferta noturna nas instituições públicas, garantida a necessária previsão orçamentária.

Art. 48. Os diplomas de cursos superiores reconhecidos, quando registrados, terão validade nacional como prova da formação recebida por seu titular.

§ 1º Os diplomas expedidos pelas universidades serão por elas próprias registrados, e aqueles conferidos por instituições não universitárias serão registrados em universidades indicadas pelo Conselho Nacional de Educação.

§ 2º Os diplomas de graduação expedidos por universidades estrangeiras serão revalidados por universidades públicas que tenham curso do mesmo nível e área ou equivalente, respeitando-se os acordos internacionais de reciprocidade ou equiparação.

§ 3º Os diplomas de Mestrado e de Doutorado expedidos por universidades estrangeiras só poderão ser reconhecidos por universidades que possuam cursos de pós-graduação reconhecidos e avaliados, na mesma área de conhecimento e em nível equivalente ou superior.

Art. 49. As instituições de educação superior aceitarão a transferência de alunos regulares, para cursos afins, na hipótese de existência de vagas, e mediante processo seletivo.

Parágrafo único. As transferências *ex officio* dar-se-ão na forma da lei. (Regulamento)

Art. 50. As instituições de educação superior, quando da ocorrência de vagas, abrirão matrícula nas disciplinas de seus cursos a alunos não regulares que demonstrarem capacidade de cursá-las com proveito, mediante processo seletivo prévio.

Art. 51. As instituições de educação superior credenciadas como universidades, ao deliberar sobre critérios e normas de seleção e admissão de estudantes, levarão em conta os efeitos desses critérios sobre a orientação do ensino médio, articulando-se com os órgãos normativos dos sistemas de ensino.

Art. 52. As universidades são instituições pluridisciplinares de formação dos quadros profissionais de nível superior, de pesquisa, de extensão e de domínio e cultivo do saber humano, que se caracterizam por: (Regulamento) (Regulamento)

I – produção intelectual institucionalizada mediante o estudo sistemático dos temas e problemas mais relevantes, tanto do ponto de vista científico e cultural, quanto regional e nacional;

II – um terço do corpo docente, pelo menos, com titulação acadêmica de mestrado ou doutorado;

III – um terço do corpo docente em regime de tempo integral.

Parágrafo único. É facultada a criação de universidades especializadas por campo do saber. (Regulamento) (Regulamento)

Art. 53. No exercício de sua autonomia, são asseguradas às universidades, sem prejuízo de outras, as seguintes atribuições:

I – criar, organizar e extinguir, em sua sede, cursos e programas de educação superior previstos nesta Lei, obedecendo às normas gerais da União e, quando for o caso, do respectivo sistema de ensino; (Regulamento)

II – fixar os currículos dos seus cursos e programas, observadas as diretrizes gerais pertinentes;

III – estabelecer planos, programas e projetos de pesquisa científica, produção artística e atividades de extensão;

IV – fixar o número de vagas de acordo com a capacidade institucional e as exigências do seu meio;

V – elaborar e reformar os seus estatutos e regimentos em consonância com as normas gerais atinentes;

VI – conferir graus, diplomas e outros títulos;

VII – firmar contratos, acordos e convênios;

VIII – aprovar e executar planos, programas e projetos de investimentos referentes a obras, serviços e aquisições em geral, bem como administrar rendimentos conforme dispositivos institucionais;

IX – administrar os rendimentos e deles dispor na forma prevista no ato de constituição, nas leis e nos respectivos estatutos;

X – receber subvenções, doações, heranças, legados e cooperação financeira resultante de convênios com entidades públicas e privadas.

Parágrafo único. Para garantir a autonomia didático-científica das universidades, caberá aos seus colegiados de ensino e pesquisa decidir, dentro dos recursos orçamentários disponíveis, sobre:

I – criação, expansão, modificação e extinção de cursos;

II – ampliação e diminuição de vagas;
III – elaboração da programação dos cursos;
IV – programação das pesquisas e das atividades de extensão;
V – contratação e dispensa de professores;
VI – planos de carreira docente.

Art. 54. As universidades mantidas pelo Poder Público gozarão, na forma da lei, de estatuto jurídico especial para atender às peculiaridades de sua estrutura, organização e financiamento pelo Poder Público, assim como dos seus planos de carreira e do regime jurídico do seu pessoal. (Regulamento)(Regulamento)

§ 1º No exercício da sua autonomia, além das atribuições asseguradas pelo artigo anterior, as universidades públicas poderão:

I – propor o seu quadro de pessoal docente, técnico e administrativo, assim como um plano de cargos e salários, atendidas as normas gerais pertinentes e os recursos disponíveis;

II – elaborar o regulamento de seu pessoal em conformidade com as normas gerais concernentes;

III – aprovar e executar planos, programas e projetos de investimentos referentes a obras, serviços e aquisições em geral, de acordo com os recursos alocados pelo respectivo Poder mantenedor;

IV – elaborar seus orçamentos anuais e plurianuais;

V – adotar regime financeiro e contábil que atenda às suas peculiaridades de organização e funcionamento;

VI – realizar operações de crédito ou de financiamento, com aprovação do Poder competente, para aquisição de bens imóveis, instalações e equipamentos;

VII – efetuar transferências, quitações e tomar outras providências de ordem orçamentária, financeira e patrimonial necessárias ao seu bom desempenho.

§ 2º Atribuições de autonomia universitária poderão ser estendidas a instituições que comprovem alta qualificação para o ensino ou para a pesquisa, com base em avaliação realizada pelo Poder Público.

Art. 55. Caberá à União assegurar, anualmente, em seu Orçamento Geral, recursos suficientes para manutenção e desenvolvimento das instituições de educação superior por ela mantidas.

Art. 56. As instituições públicas de educação superior obedecerão ao princípio da gestão democrática, assegurada a existência de órgãos colegiados deliberativos, de que participarão os segmentos da comunidade institucional, local e regional.

Parágrafo único. Em qualquer caso, os docentes ocuparão setenta por cento dos assentos em cada órgão colegiado e comissão, inclusive nos que tratarem da elaboração e modificações estatutárias e regimentais, bem como da escolha de dirigentes.

Art. 57. Nas instituições públicas de educação superior, o professor ficará obrigado ao mínimo de oito horas semanais de aulas. (Regulamento)

CAPÍTULO V
DA EDUCAÇÃO ESPECIAL

Art. 58. Entende-se por educação especial, para os efeitos desta Lei, a modalidade de educação escolar oferecida preferencialmente na rede regular de ensino, para educandos com deficiência, transtornos globais do desenvolvimento e altas habilidades ou superdotação. (Redação dada pela Lei nº 12.796, de 2013)

§ 1º Haverá, quando necessário, serviços de apoio especializado, na escola regular, para atender às peculiaridades da clientela de educação especial.

§ 2º O atendimento educacional será feito em classes, escolas ou serviços especializados, sempre que, em função das condições específicas dos alunos, não for possível a sua integração nas classes comuns de ensino regular.

§ 3º A oferta de educação especial, dever constitucional do Estado, tem início na faixa etária de zero a seis anos, durante a educação infantil.

Art. 59. Os sistemas de ensino assegurarão aos educandos com deficiência, transtornos globais do desenvolvimento e altas habilidades ou superdotação: (Redação dada pela Lei nº 12.796, de 2013)

I – currículos, métodos, técnicas, recursos educativos e organização específicos, para atender às suas necessidades;

II – terminalidade específica para aqueles que não puderem atingir o nível exigido para a conclusão do ensino fundamental, em virtude de suas deficiências, e aceleração para concluir em menor tempo o programa escolar para os superdotados;

III – professores com especialização adequada em nível médio ou superior, para atendimento especializado, bem como professores do ensino regular capacitados para a integração desses educandos nas classes comuns;

IV – educação especial para o trabalho, visando a sua efetiva integração na vida em sociedade, inclusive condições adequadas para os que não revelarem capacidade de inserção no trabalho competitivo, mediante articulação com os órgãos oficiais afins, bem como para aqueles que apresentam uma habilidade superior nas áreas artística, intelectual ou psicomotora;

V – acesso igualitário aos benefícios dos programas sociais suplementares disponíveis para o respectivo nível do ensino regular.

Art. 60. Os órgãos normativos dos sistemas de ensino estabelecerão critérios de caracterização das instituições privadas sem fins lucrativos, especializadas e com atuação exclusiva em educação especial, para fins de apoio técnico e financeiro pelo Poder Público.

Parágrafo único. O poder público adotará, como alternativa preferencial, a ampliação do atendimento aos educandos com deficiência, transtornos globais do desenvolvimento e altas habilidades ou superdotação na própria rede pública regular de ensino, independentemente do apoio às instituições previstas neste artigo. (Redação dada pela Lei nº 12.796, de 2013)

TÍTULO VI
Dos Profissionais da Educação

Art. 61. Consideram-se profissionais da educação escolar básica os que, nela estando em efetivo exercício e tendo sido formados em cursos reconhecidos, são: (Redação dada pela Lei nº 12.014, de 2009)

I – professores habilitados em nível médio ou superior para a docência na educação infantil e nos ensinos fundamental e médio; (Redação dada pela Lei nº 12.014, de 2009)

II – trabalhadores em educação portadores de diploma de pedagogia, com habilitação em administração, planejamento, supervisão, inspeção e orientação educacional, bem como com títulos de mestrado ou doutorado nas mesmas áreas; (Redação dada pela Lei nº 12.014, de 2009)

III – trabalhadores em educação, portadores de diploma de curso técnico ou superior em área pedagógica ou afim. (Incluído pela Lei nº 12.014, de 2009)

Parágrafo único. A formação dos profissionais da educação, de modo a atender às especificidades do exercício de suas atividades, bem como aos objetivos das diferentes etapas e modalidades da educação básica, terá como fundamentos: (Incluído pela Lei nº 12.014, de 2009)

I – a presença de sólida formação básica, que propicie o conhecimento dos fundamentos científicos e sociais de suas competências de trabalho; (Incluído pela Lei nº 12.014, de 2009)

II – a associação entre teorias e práticas, mediante estágios supervisionados e capacitação em serviço; (Incluído pela Lei nº 12.014, de 2009)

III – o aproveitamento da formação e experiências anteriores, em instituições de ensino e em outras atividades. (Incluído pela Lei nº 12.014, de 2009)

Art. 62. A formação de docentes para atuar na educação básica far-se-á em nível superior, em curso de licenciatura, de graduação plena, em universidades e institutos superiores de educação, admitida, como formação mínima para o exercício do magistério na educação infantil e nos 5 (cinco) primeiros anos do ensino fundamental, a oferecida em nível médio na modalidade normal. (Redação dada pela Lei nº 12.796, de 2013)

§ 1º A União, o Distrito Federal, os Estados e os Municípios, em regime de colaboração, deverão promover a formação inicial, a continuada e a capacitação dos profissionais de magistério. (Incluído pela Lei nº 12.056, de 2009).

§ 2º A formação continuada e a capacitação dos profissionais de magistério poderão utilizar recursos e tecnologias de educação a distância. (Incluído pela Lei nº 12.056, de 2009).

§ 3º A formação inicial de profissionais de magistério dará preferência ao ensino presencial, subsidiariamente fazendo uso de recursos e tecnologias de educação a distância. (Incluído pela Lei nº 12.056, de 2009).

§ 4º A União, o Distrito Federal, os Estados e os Municípios adotarão mecanismos facilitadores de acesso e permanência em cursos de formação de docentes em nível superior para atuar na educação básica pública. (Incluído pela Lei nº 12.796, de 2013)

§ 5º A União, o Distrito Federal, os Estados e os Municípios incentivarão a formação de profissionais do magistério para atuar na educação básica pública mediante programa institucional de bolsa de iniciação à docência a estudantes matriculados em cursos de licenciatura, de graduação plena, nas instituições de educação superior. (Incluído pela Lei nº 12.796, de 2013)

§ 6º O Ministério da Educação poderá estabelecer nota mínima em exame nacional aplicado aos concluintes do ensino médio como pré-requisito para o ingresso em cursos de graduação para formação de docentes, ouvido o Conselho Nacional de Educação – CNE. (Incluído pela Lei nº 12.796, de 2013)

§ 7º (VETADO). (Incluído pela Lei nº 12.796, de 2013)

Art. 62-A. A formação dos profissionais a que se refere o inciso III do art. 61 far-se-á por meio de cursos de conteúdo técnico-pedagógico, em nível médio ou superior, incluindo habilitações tecnológicas. (Incluído pela Lei nº 12.796, de 2013)

Parágrafo único. Garantir-se-á formação continuada para os profissionais a que se refere o caput, no local de trabalho ou em instituições de educação básica e superior, incluindo cursos de educação profissional, cursos superiores de graduação plena ou tecnológicos e de pós-graduação. (Incluído pela Lei nº 12.796, de 2013)

Art. 63. Os institutos superiores de educação manterão: (Regulamento)

I – cursos formadores de profissionais para a educação básica, inclusive o curso normal superior, destinado à formação de docentes para a educação infantil e para as primeiras séries do ensino fundamental;

II – programas de formação pedagógica para portadores de diplomas de educação superior que queiram se dedicar à educação básica;

III – programas de educação continuada para os profissionais de educação dos diversos níveis.

Art. 64. A formação de profissionais de educação para administração, planejamento, inspeção, supervisão e orientação educacional para a educação básica, será feita em cursos de graduação em pedagogia ou em nível de pós-graduação, a critério da instituição de ensino, garantida, nesta formação, a base comum nacional.

Art. 65. A formação docente, exceto para a educação superior, incluirá prática de ensino de, no mínimo, trezentas horas.

Art. 66. A preparação para o exercício do magistério superior far-se-á em nível de pós-graduação, prioritariamente em programas de mestrado e doutorado.

Parágrafo único. O notório saber, reconhecido por universidade com curso de doutorado em área afim, poderá suprir a exigência de título acadêmico.

Art. 67. Os sistemas de ensino promoverão a valorização dos profissionais da educação, assegurando-lhes, inclusive nos termos dos estatutos e dos planos de carreira do magistério público:

I – ingresso exclusivamente por concurso público de provas e títulos;

II – aperfeiçoamento profissional continuado, inclusive com licenciamento periódico remunerado para esse fim;

III – piso salarial profissional;

IV – progressão funcional baseada na titulação ou habilitação, e na avaliação do desempenho;

V – período reservado a estudos, planejamento e avaliação, incluído na carga de trabalho;

VI – condições adequadas de trabalho.

§ 1º A experiência docente é pré-requisito para o exercício profissional de quaisquer outras funções de magistério, nos termos das normas de cada sistema de ensino.(Renumerado pela Lei nº 11.301, de 2006)

§ 2º Para os efeitos do disposto no § 5º do art. 40 e no § 8º do art. 201 da Constituição Federal, são consideradas funções de magistério as exercidas por professores e especialistas em educação no desempenho de atividades educativas, quando exercidas em estabelecimento de educação básica em seus diversos níveis e modalidades, incluídas, além do exercício da docência, as de direção de unidade escolar e as de coordenação e assessoramento pedagógico. (Incluído pela Lei nº 11.301, de 2006)

§ 3º A União prestará assistência técnica aos Estados, ao Distrito Federal e aos Municípios na elaboração de concursos públicos para provimento de cargos dos profissionais da educação. (Incluído pela Lei nº 12.796, de 2013)

TÍTULO VII
Dos Recursos Financeiros

Art. 68. Serão recursos públicos destinados à educação os originários de:

I – receita de impostos próprios da União, dos Estados, do Distrito Federal e dos Municípios;

II – receita de transferências constitucionais e outras transferências;

III – receita do salário-educação e de outras contribuições sociais;

IV – receita de incentivos fiscais;

V – outros recursos previstos em lei.

Art. 69. A União aplicará, anualmente, nunca menos de dezoito, e os Estados, o Distrito Federal e os Municípios, vinte e cinco por cento, ou o que consta nas respectivas Constituições ou Leis Orgânicas, da receita resultante de impostos, compreendidas as transferências constitucionais, na manutenção e desenvolvimento do ensino público.

§ 1º A parcela da arrecadação de impostos transferida pela União aos Estados, ao Distrito Federal e aos Municípios, ou pelos Estados aos respectivos Municípios, não será considerada, para efeito do cálculo previsto neste artigo, receita do governo que a transferir.

§ 2º Serão consideradas excluídas das receitas de impostos mencionadas neste artigo as operações de crédito por antecipação de receita orçamentária de impostos.

§ 3º Para fixação inicial dos valores correspondentes aos mínimos estatuídos neste artigo, será considerada a receita estimada na lei do orçamento anual, ajustada, quando for o caso, por lei que autorizar a abertura de créditos adicionais, com base no eventual excesso de arrecadação.

§ 4º As diferenças entre a receita e a despesa previstas e as efetivamente realizadas, que resultem no não atendimento dos percentuais mínimos obrigatórios, serão apuradas e corrigidas a cada trimestre do exercício financeiro.

§ 5º O repasse dos valores referidos neste artigo do caixa da União, dos Estados, do Distrito Federal e dos Municípios ocorrerá imediatamente ao órgão responsável pela educação, observados os seguintes prazos:

I – recursos arrecadados do primeiro ao décimo dia de cada mês, até o vigésimo dia;

II – recursos arrecadados do décimo primeiro ao vigésimo dia de cada mês, até o trigésimo dia;

III – recursos arrecadados do vigésimo primeiro dia ao final de cada mês, até o décimo dia do mês subsequente.

§ 6º O atraso da liberação sujeitará os recursos a correção monetária e à responsabilização civil e criminal das autoridades competentes.

Art. 70. Considerar-se-ão como de manutenção e desenvolvimento do ensino as despesas realizadas com vistas à consecução dos objetivos básicos das instituições educacionais de todos os níveis, compreendendo as que se destinam a:

I – remuneração e aperfeiçoamento do pessoal docente e demais profissionais da educação;

II – aquisição, manutenção, construção e conservação de instalações e equipamentos necessários ao ensino;

III – uso e manutenção de bens e serviços vinculados ao ensino;

IV – levantamentos estatísticos, estudos e pesquisas visando precipuamente ao aprimoramento da qualidade e à expansão do ensino;

V – realização de atividades-meio necessárias ao funcionamento dos sistemas de ensino;

VI – concessão de bolsas de estudo a alunos de escolas públicas e privadas;

VII – amortização e custeio de operações de crédito destinadas a atender ao disposto nos incisos deste artigo;

VIII – aquisição de material didático-escolar e manutenção de programas de transporte escolar.

Art. 71. Não constituirão despesas de manutenção e desenvolvimento do ensino aquelas realizadas com:

I – pesquisa, quando não vinculada às instituições de ensino, ou, quando efetivada fora dos sistemas de ensino, que não vise, precipuamente, ao aprimoramento de sua qualidade ou à sua expansão;

II – subvenção a instituições públicas ou privadas de caráter assistencial, desportivo ou cultural;

III – formação de quadros especiais para a administração pública, sejam militares ou civis, inclusive diplomáticos;

IV – programas suplementares de alimentação, assistência médico-odontológica, farmacêutica e psicológica, e outras formas de assistência social;

V – obras de infra-estrutura, ainda que realizadas para beneficiar direta ou indiretamente a rede escolar;

VI – pessoal docente e demais trabalhadores da educação, quando em desvio de função ou em atividade alheia à manutenção e desenvolvimento do ensino.

Art. 72. As receitas e despesas com manutenção e desenvolvimento do ensino serão apuradas e publicadas nos balanços do Poder Público, assim como nos relatórios a que se refere o § 3º do art. 165 da Constituição Federal.

Art. 73. Os órgãos fiscalizadores examinarão, prioritariamente, na prestação de contas de recursos públicos, o cumprimento do disposto no art. 212 da Constituição Federal, no art. 60 do Ato das Disposições Constitucionais Transitórias e na legislação concernente.

Art. 74. A União, em colaboração com os Estados, o Distrito Federal e os Municípios, estabelecerá padrão mínimo de oportunidades educacionais para o ensino fundamental, baseado no cálculo do custo mínimo por aluno, capaz de assegurar ensino de qualidade.

Parágrafo único. O custo mínimo de que trata este artigo será calculado pela União ao final de cada ano, com validade para o ano subsequente, considerando variações regionais no custo dos insumos e as diversas modalidades de ensino.

Art. 75. A ação supletiva e redistributiva da União e dos Estados será exercida de modo a corrigir, progressivamente, as disparidades de acesso e garantir o padrão mínimo de qualidade de ensino.

§ 1º A ação a que se refere este artigo obedecerá a fórmula de domínio público que inclua a capacidade de atendimento e a medida do esforço fiscal do respectivo Estado, do Distrito Federal ou do Município em favor da manutenção e do desenvolvimento do ensino.

§ 2º A capacidade de atendimento de cada governo será definida pela razão entre os recursos de uso constitucionalmente obrigatório na manutenção e desenvolvimento do ensino e o custo anual do aluno, relativo ao padrão mínimo de qualidade.

§ 3º Com base nos critérios estabelecidos nos §§ 1º e 2º, a União poderá fazer a transferência direta de recursos a cada estabelecimento de ensino, considerado o número de alunos que efetivamente frequentam a escola.

§ 4º A ação supletiva e redistributiva não poderá ser exercida em favor do Distrito Federal, dos Estados e dos Municípios se estes oferecerem vagas, na área de ensino de sua responsabilidade, conforme o inciso VI do art. 10 e o inciso V do art. 11 desta Lei, em número inferior à sua capacidade de atendimento.

Art. 76. A ação supletiva e redistributiva prevista no artigo anterior ficará condicionada ao efetivo cumprimento pelos Estados, Distrito Federal e Municípios do disposto nesta Lei, sem prejuízo de outras prescrições legais.

Art. 77. Os recursos públicos serão destinados às escolas públicas, podendo ser dirigidos a escolas comunitárias, confessionais ou filantrópicas que:

I – comprovem finalidade não lucrativa e não distribuam resultados, dividendos, bonificações, participações ou parcela de seu patrimônio sob nenhuma forma ou pretexto;

II – apliquem seus excedentes financeiros em educação;

III – assegurem a destinação de seu patrimônio a outra escola comunitária, filantrópica ou confessional, ou ao Poder Público, no caso de encerramento de suas atividades;

IV – prestem contas ao Poder Público dos recursos recebidos.

§ 1º Os recursos de que trata este artigo poderão ser destinados a bolsas de estudo para a educação básica, na forma da lei, para os que demonstrarem insuficiência de recursos, quando houver falta de vagas e cursos regulares da rede pública de domicílio do educando, ficando o Poder Público obrigado a investir prioritariamente na expansão da sua rede local.

§ 2º As atividades universitárias de pesquisa e extensão poderão receber apoio financeiro do Poder Público, inclusive mediante bolsas de estudo.

TÍTULO VIII
Das Disposições Gerais

Art. 78. O Sistema de Ensino da União, com a colaboração das agências federais de fomento à cultura e de assistência aos índios, desenvolverá programas integrados de ensino e pesquisa, para oferta de educação escolar bilíngue e intercultural aos povos indígenas, com os seguintes objetivos:

I – proporcionar aos índios, suas comunidades e povos, a recuperação de suas memórias históricas; a reafirmação de suas identidades étnicas; a valorização de suas línguas e ciências;

II – garantir aos índios, suas comunidades e povos, o acesso às informações, conhecimentos técnicos e científicos da sociedade nacional e demais sociedades indígenas e não índias.

Art. 79. A União apoiará técnica e financeiramente os sistemas de ensino no provimento da educação intercultural às comunidades indígenas, desenvolvendo programas integrados de ensino e pesquisa.

§ 1º Os programas serão planejados com audiência das comunidades indígenas.

§ 2º Os programas a que se refere este artigo, incluídos nos Planos Nacionais de Educação, terão os seguintes objetivos:

I – fortalecer as práticas sócio-culturais e a língua materna de cada comunidade indígena;

II – manter programas de formação de pessoal especializado, destinado à educação escolar nas comunidades indígenas;

III – desenvolver currículos e programas específicos, neles incluindo os conteúdos culturais correspondentes às respectivas comunidades;

IV – elaborar e publicar sistematicamente material didático específico e diferenciado.

§ 3º No que se refere à educação superior, sem prejuízo de outras ações, o atendimento aos povos indígenas efetivar-se-á, nas universidades públicas e privadas, mediante a oferta de ensino e de assistência estudantil, assim como de estímulo à pesquisa e desenvolvimento de programas especiais. (Incluído pela Lei nº 12.416, de 2011)

Art. 79-A. (VETADO) (Incluído pela Lei nº 10.639, de 9.1.2003)

Art. 79-B. O calendário escolar incluirá o dia 20 de novembro como 'Dia Nacional da Consciência Negra'. (Incluído pela Lei nº 10.639, de 9.1.2003)

Art. 80. O Poder Público incentivará o desenvolvimento e a veiculação de programas de ensino a distância, em todos os níveis e modalidades de ensino, e de educação continuada. (Regulamento)

§ 1º A educação a distância, organizada com abertura e regime especiais, será oferecida por instituições especificamente credenciadas pela União.

§ 2º A União regulamentará os requisitos para a realização de exames e registro de diploma relativos a cursos de educação a distância.

§ 3º As normas para produção, controle e avaliação de programas de educação a distância e a autorização para sua implementação, caberão aos respectivos sistemas de ensino, podendo haver cooperação e integração entre os diferentes sistemas.(Regulamento)

§ 4º A educação a distância gozará de tratamento diferenciado, que incluirá:

I – custos de transmissão reduzidos em canais comerciais de radiodifusão sonora e de sons e imagens e em outros meios de comunicação que sejam explorados mediante autorização, concessão ou permissão do poder público; (Redação dada pela Lei nº 12.603, de 2012)

II – concessão de canais com finalidades exclusivamente educativas;

III – reserva de tempo mínimo, sem ônus para o Poder Público, pelos concessionários de canais comerciais.

Art. 81. É permitida a organização de cursos ou instituições de ensino experimentais, desde que obedecidas as disposições desta Lei.

(Revogado pela lei nº 11.788, de 2008)

Art. 82. Os sistemas de ensino estabelecerão as normas de realização de estágio em sua jurisdição, observada a lei federal sobre a matéria. (Redação dada pela Lei nº 11.788, de 2008)

Art. 83. O ensino militar é regulado em lei específica, admitida a equivalência de estudos, de acordo com as normas fixadas pelos sistemas de ensino.

Art. 84. Os discentes da educação superior poderão ser aproveitados em tarefas de ensino e pesquisa pelas respectivas instituições, exercendo funções de monitoria, de acordo com seu rendimento e seu plano de estudos.

Art. 85. Qualquer cidadão habilitado com a titulação própria poderá exigir a abertura de concurso público de provas e títulos para cargo de docente de instituição pública de ensino que estiver sendo ocupado por professor não concursado, por mais de seis anos, ressalvados os direitos assegurados pelos arts. 41 da Constituição Federal e 19 do Ato das Disposições Constitucionais Transitórias.

Art. 86. As instituições de educação superior constituídas como universidades integrar-se-ão, também, na sua condição de instituições de pesquisa, ao Sistema Nacional de Ciência e Tecnologia, nos termos da legislação específica.

TÍTULO IX
Das Disposições Transitórias

Art. 87. É instituída a Década da Educação, a iniciar-se um ano a partir da publicação desta Lei.

§ 1º A União, no prazo de um ano a partir da publicação desta Lei, encaminhará, ao Congresso Nacional, o Plano Nacional de Educação, com diretrizes e metas para os dez anos seguintes, em sintonia com a Declaração Mundial sobre Educação para Todos.

§ 2º (Revogado pela lei nº 12.796, de 2013)

§ 3º O Distrito Federal, cada Estado e Município, e, supletivamente, a União, devem: (Redação dada pela Lei nº 11.330, de 2006)

a) (Revogado) (Redação dada pela Lei nº 11.274, de 2006)

b) (Revogado) (Redação dada pela Lei nº 11.274, de 2006)

c) (Revogado) (Redação dada pela Lei nº 11.274, de 2006)

II – prover cursos presenciais ou a distância aos jovens e adultos insuficientemente escolarizados;

III – realizar programas de capacitação para todos os professores em exercício, utilizando também, para isto, os recursos da educação a distância;

IV – integrar todos os estabelecimentos de ensino fundamental do seu território ao sistema nacional de avaliação do rendimento escolar.

§ 4º (Revogado pela lei nº 12.796, de 2013)

§ 5º Serão conjugados todos os esforços objetivando a progressão das redes escolares públicas urbanas de ensino fundamental para o regime de escolas de tempo integral.

§ 6º A assistência financeira da União aos Estados, ao Distrito Federal e aos Municípios, bem como a dos Estados aos seus Municípios, ficam condicionadas ao cumprimento do art. 212 da Constituição Federal e dispositivos legais pertinentes pelos governos beneficiados.

Art. 87-A. (VETADO). (Incluído pela lei nº 12.796, de 2013)

Art. 88. A União, os Estados, o Distrito Federal e os Municípios adaptarão sua legislação educacional e de ensino às disposições desta Lei no prazo máximo de um ano, a partir da data de sua publicação. (Regulamento) (Regulamento)

§ 1º As instituições educacionais adaptarão seus estatutos e regimentos aos dispositivos desta Lei e às normas dos respectivos sistemas de ensino, nos prazos por estes estabelecidos.

§ 2º O prazo para que as universidades cumpram o disposto nos incisos II e III do art. 52 é de oito anos.

Art. 89. As creches e pré-escolas existentes ou que venham a ser criadas deverão, no prazo de três anos, a contar da publicação desta Lei, integrar-se ao respectivo sistema de ensino.

Art. 90. As questões suscitadas na transição entre o regime anterior e o que se institui nesta Lei serão resolvidas pelo Conselho Nacional de Educação ou, mediante delegação deste, pelos órgãos normativos dos sistemas de ensino, preservada a autonomia universitária.

Art. 91. Esta Lei entra em vigor na data de sua publicação.

Art. 92. Revogam-se as disposições das Leis nº 4.024, de 20 de dezembro de 1961, e 5.540, de 28 de novembro de 1968, não alteradas pelas Leis nº 9.131, de 24 de novembro de 1995 e 9.192, de 21 de dezembro de 1995 e, ainda, as Leis nº 5.692, de 11 de agosto de 1971 e 7.044, de 18 de outubro de 1982, e as demais leis e decretos-lei que as modificaram e quaisquer outras disposições em contrário.

Brasília, 20 de dezembro de 1996; 175º da Independência e 108º da República.

FERNANDO HENRIQUE CARDOSO
Paulo Renato Souza
Este texto não substitui o publicado no DOU de 23.12.1996

Declaração Mundial Sobre Educação para Todos (I) e Plano de Ação para Satisfazer as Necessidades Básicas de Aprendizagem (II)

Aprovada pela Conferência Mundial sobre Educação para Todos: Satisfação das Necessidades Básicas de Aprendizagem, Jomtien, Tailândia – 5 a 9 de março de 1990.

(I) DECLARAÇÃO
PREÂMBULO

Há mais de quarenta anos, as nações do mundo afirmaram na Declaração Universal dos Direitos Humanos que "toda pessoa tem direito à educação". No entanto, apesar dos esforços realizados por países do mundo inteiro para assegurar o direito à educação para todos, persistem as seguintes realidades:

- mais de 100 milhões de crianças, das quais pelo menos 60 milhões são meninas, não têm acesso ao ensino primário;
- mais de 960 milhões de adultos – dois terços dos quais mulheres são analfabetos, e o analfabetismo funcional é um problema significativo em todos os países industrializados ou em desenvolvimento; – mais de um terço dos adultos do mundo não têm acesso ao conhecimento impresso, às novas habilidades e tecnologias, que poderiam melhorar a qualidade de vida e ajudá--los a perceber e a adaptar-se às mudanças sociais e culturais; e
- mais de 100 milhões de crianças e incontáveis adultos não conseguem concluir o ciclo básico, e outros milhões, apesar de concluí-lo, não conseguem adquirir conhecimentos e habilidades essenciais.

Ao mesmo tempo, o mundo tem que enfrentar um quadro sombrio de problemas, entre os quais: o aumento da dívida de muitos países, a ameaça de estagnação e decadência econômicas, o rápido aumento da população, as diferenças econômicas crescentes entre as nações e dentro delas, a guerra, a ocupação, as lutas civis, a violência; a morte de milhões de crianças que poderia ser evitada e a degradação generalizada do meio ambiente. Esses problemas atropelam os esforços envidados no sentido de satisfazer as necessidades básicas de aprendizagem, enquanto a falta de educação básica para significativas parcelas da população impede que a sociedade enfrente esses problemas com vigor e determinação. Durante a década de 1980, esses problemas dificultaram os avanços da educação básica em muitos países menos desenvolvidos. Em outros, o crescimento econômico permitiu financiar a expansão da educação mas, mesmo assim, milhões de seres humanos continuam na pobreza, privados de escolaridade ou analfabetos. E em alguns países industrializados, cortes nos gastos públicos ao longo dos anos 1980 contribuíram para a deterioração da educação.

Não obstante, o mundo está às vésperas de um novo século carregado de esperanças e de possibilidades. Hoje, testemunhamos um autêntico progresso rumo à dissensão pacífica e de uma maior cooperação entre as nações. Hoje, os direitos essenciais e as potencialidades das mulheres são levados em conta. Hoje, vemos emergir, a todo momento, muitas e valiosas realizações científicas e culturais. Hoje, o volume das informações disponível no mundo – grande parte importante para a sobrevivência e bem-estar das pessoas – é extremamente mais amplo do que há alguns anos, e continua crescendo num ritmo acelerado. Esses conhecimentos incluem informações sobre como melhorar a qualidade de vida ou como aprender a aprender. Um efeito multiplicador ocorre quando informações importantes estão vinculadas com outro grande avanço: nossa nova capacidade em comunicar.

Essas novas forças, combinadas com a experiência acumulada de reformas, inovações, pesquisas, e com o notável progresso em educação registrado em muitos países, fazem com que a meta de educação básica para todos – pela primeira vez na história – seja uma meta viável.

Em consequência, nós, os participantes da Conferência Mundial sobre Educação para Todos, reunidos em Jomtien, Tailândia, de 5 a 9 de março de 1990:

- Relembrando que a educação é um direito fundamental de todos, mulheres e homens, de todas as idades, no mundo inteiro;
- Entendendo que a educação pode contribuir para conquistar um mundo mais seguro, mais sadio, mais próspero e ambientalmente mais puro, e que, ao mesmo tempo, favoreça o progresso social, econômico e cultural, a tolerância e a cooperação internacional;
- Sabendo que a educação, embora não seja condição suficiente, é de importância fundamental para o progresso pessoal e social;
- Reconhecendo que o conhecimento tradicional e o patrimônio cultural têm utilidade e valor próprios, assim como a capacidade de definir e promover o desenvolvimento;
- Admitindo que, em termos gerais, a educação que hoje é ministrada apresenta graves deficiências, que se faz necessário torná-la mais relevante e melhorar sua qualidade, e que ela deve estar universalmente disponível;
- Reconhecendo que uma educação básica adequada é fundamental para fortalecer os níveis superiores de educação e de ensino, a formação científica e tecnológica e, por conseguinte, para alcançar um desenvolvimento autônomo; e
- Reconhecendo a necessidade de proporcionar às gerações presentes e futuras uma visão abrangente de educação básica e um renovado compromisso a favor dela, para enfrentar a amplitude e a complexidade do desafio, proclamamos a seguinte:

Declaração Mundial sobre Educação para Todos: Satisfação das Necessidades Básicas de Aprendizagem

EDUCAÇÃO PARA TODOS: OBJETIVOS

Artigo 1 – Satisfazer as necessidades básicas de aprendizagem

1. Cada pessoa – criança, jovem ou adulto – deve estar em condições de aproveitar as oportunidades educativas voltadas para satisfazer suas necessidades básicas de aprendizagem. Essas necessidades compreendem tanto os instrumentos essenciais para a aprendizagem (como a leitura e a escrita, a expressão oral, o cálculo, a solução de problemas), quanto os conteúdos básicos da aprendizagem (como conhecimentos, habilidades, valores e atitudes), necessários para que os seres humanos possam sobreviver, desenvolver plenamente suas potencialidades, viver e trabalhar com dignidade, participar plenamente do desenvolvimento, melhorar a qualidade de vida, tomar decisões fundamentadas e continuar aprendendo. A amplitude das necessidades básicas de aprendizagem e a maneira de satisfazê-las variam segundo cada país e cada cultura, e, inevitavelmente, mudam com o decorrer do tempo.
2. A satisfação dessas necessidades confere aos membros de uma sociedade a possibilidade e, ao mesmo tempo, a responsabilidade de respeitar e desenvolver sua herança cultural, linguística e espiritual, de promover a educação de outros, de defender a causa da justiça social, de proteger o meio ambiente e de ser tolerante com os sistemas sociais, políticos e religiosos que difiram dos seus, assegurando respeito aos valores humanistas e aos direitos humanos comumente aceitos, bem como de trabalhar pela paz e pela solidariedade internacionais em um mundo interdependente.
3. Outro objetivo, não menos fundamental, do desenvolvimento da educação, é o enriquecimento dos valores culturais e morais comuns. É nesses valores que os indivíduos e a sociedade encontram sua identidade e sua dignidade.
4. A educação básica é mais do que uma finalidade em si mesma. Ela é a base para a aprendizagem e o desenvolvimento humano permanentes, sobre a qual os países podem construir, sistematicamente, níveis e tipos mais adiantados de educação e capacitação.

EDUCAÇAO PARA TODOS: UMA VISÃO ABRANGENTE E UM COMPROMISSO RENOVADO

Artigo 2 – Expandir o enfoque

1. Lutar pela satisfação das necessidades básicas de aprendizagem para todos exige mais do que a ratificação do compromisso pela educação básica. É necessário um enfoque abrangente, capaz de ir além dos níveis atuais de recursos, das estruturas institucionais, dos currículos e dos sistemas convencionais de ensino, para construir sobre a base do que há de melhor nas práticas correntes. Existem hoje novas possibilidades que resultam da convergência

do crescimento da informação e de uma capacidade de comunicação sem precedentes. Devemos trabalhar estas possibilidades com criatividade e com a determinação de aumentar a sua eficácia.
2. Este enfoque abrangente, tal como exposto nos Artigos 3 a 7 desta Declaração, compreende o seguinte:
   - universalizar o acesso à educação e promover a equidade;
   - concentrar a atenção na aprendizagem,
   - ampliar os meios e o raio de ação da educação básica;
   - propiciar um ambiente adequado à aprendizagem;
   - fortalecer alianças.
3. A concretização do enorme potencial para o progresso humano depende do acesso das pessoas à educação e da articulação entre o crescente conjunto de conhecimentos relevantes com os novos meios de difusão desses conhecimentos.

Artigo 3 – Universalizar o acesso à educação e promover a equidade

1. A educação básica deve ser proporcionada a todas as crianças, jovens e adultos. Para tanto, é necessário universalizá-la e melhorar sua qualidade, bem como tomar medidas efetivas para reduzir as desigualdades.
2. Para que a educação básica se torne equitativa, é mister oferecer a todas as crianças, jovens e adultos, a oportunidade de alcançar e manter um padrão mínimo de qualidade da aprendizagem.
3. A prioridade mais urgente é melhorar a qualidade e garantir o acesso à educação para meninas e mulheres, e superar todos os obstáculos que impedem sua participação ativa no processo educativo. Os preconceitos e estereótipos de qualquer natureza devem ser eliminados da educação.
4. Um compromisso efetivo para superar as disparidades educacionais deve ser assumido. Os grupos excluídos – os pobres; os meninos e meninas de rua ou trabalhadores; as populações das periferias urbanas e zonas rurais; os nômades e os trabalhadores migrantes; os povos indígenas; as minorias étnicas, raciais e linguísticas; os refugiados; os deslocados pela guerra; e os povos submetidos a um regime de ocupação – não devem sofrer qualquer tipo de discriminação no acesso às oportunidades educacionais.
5. As necessidades básicas de aprendizagem das pessoas portadoras de deficiências requerem atenção especial. É preciso tomar medidas que garantam a igualdade de acesso à educação aos portadores de todo e qualquer tipo de deficiência, como parte integrante do sistema educativo.

Artigo 4 – Concentrar a atenção na aprendizagem

1. A tradução das oportunidades ampliadas de educação em desenvolvimento efetivo – para o indivíduo ou para a sociedade – dependerá, em última instância, de, em razão dessas mesmas oportunidades, as pessoas aprenderem de fato, ou seja, apreenderem conhecimentos úteis, habilidades de raciocínio, aptidões e valores. Em consequência, a educação básica deve estar

centrada na aquisição e nos resultados efetivos da aprendizagem, e não mais exclusivamente na matrícula, frequência aos programas estabelecidos e preenchimento dos requisitos para a obtenção do diploma. Abordagens ativas e participativas são particularmente valiosas no que diz respeito a garantir a aprendizagem e possibilitar aos educandos esgotar plenamente suas potencialidades. Daí a necessidade de definir, nos programas educacionais, os níveis desejáveis de aquisição de conhecimentos e implementar sistemas de avaliação de desempenho.

Artigo 5 – Ampliar os meios e o raio de ação da educação básica

A diversidade, a complexidade e o caráter mutável das necessidades básicas de aprendizagem das crianças, jovens e adultos, exigem que se amplie e se redefina continuamente o alcance da educação básica, para que nela se incluam os seguintes elementos:

– A aprendizagem começa com o nascimento. Isto implica cuidados básicos e educação inicial na infância, proporcionados seja por meio de estratégias que envolvam as famílias e comunidades ou programas institucionais, como for mais apropriado.

- O principal sistema de promoção da educação básica fora da esfera familiar escola fundamental. A educação fundamental deve ser universal, garantir a satisfação das necessidades básicas de aprendizagem de todas as crianças, e levar em consideração a cultura, as necessidades e as possibilidades da comunidade. Programas complementares alternativos podem ajudar a satisfazer as necessidades de aprendizagem das crianças cujo acesso à escolaridade formal é limitado ou inexistente, desde que observem os mesmos padrões de aprendizagem adotado; na escola e disponham de apoio adequado.
- As necessidades básicas de aprendizagem de jovens e adultos são diversas, e devem ser atendidas mediante uma variedade de sistemas. Os programas de alfabetização são indispensáveis, dado que saber ler e escrever constitui-se uma capacidade necessária em si mesma, sendo ainda o fundamento de outras habilidades vitais. A alfabetização na língua materna fortalece a identidade e a herança cultural. Outras necessidades podem ser satisfeitas mediante a capacitação técnica, a aprendizagem de ofícios e os programas de educação formal e não formal em matérias como saúde, nutrição, população, técnicas agrícolas, meio ambiente, ciência, tecnologia, vida familiar – incluindo-se aí a questão da natalidade – e outros problemas sociais.
- Todos os instrumentos disponíveis e os canais de informação, comunicação e ação social podem contribuir na transmissão de conhecimentos essenciais, bem como na informação e educação dos indivíduos quanto a questões sociais. Além dos instrumentos tradicionais, as bibliotecas, a televisão, o rádio e outros meios de comunicação de massa podem ser mobilizados em todo o seu potencial. a fim de satisfazer as necessidades de educação básica para todos.

Estes componentes devem constituir um sistema integrado – complementar, interativo e de padrões comparáveis – e deve contribuir para criar e desenvolver possibilidades de aprendizagem por toda a vida.

Artigo 6 – Propiciar um ambiente adequado à aprendizagem

A aprendizagem não ocorre em situação de isolamento. Portanto, as sociedades devem garantir a todos os educandos assistência em nutrição, cuidados médicos e o apoio físico e emocional essencial para que participem ativamente de sua própria educação e dela se beneficiem. Os conhecimentos e as habilidades necessários à ampliação das condições de aprendizagem das crianças devem estar integrados aos programas de educação comunitária para adultos. A educação das crianças e a de seus pais ou responsáveis respaldam-se mutuamente, e esta interação deve ser usada para criar, em benefício de todos, um ambiente de aprendizagem onde haja calor humano e vibração.

Artigo 7 – Fortalecer as alianças

As autoridades responsáveis pela educação aos níveis nacional, estadual e municipal têm a obrigação prioritária de proporcionar educação básica para todos. Não se pode, todavia, esperar que elas supram a totalidade dos requisitos humanos, financeiros e organizacionais necessários a esta tarefa. Novas e crescentes articulações e alianças serão necessárias em todos os níveis: entre todos os subsetores e formas de educação, reconhecendo o papel especial dos professores, dos administradores e do pessoal que trabalha em educação; entre os órgãos educacionais e demais órgãos de governo, incluindo os de planejamento, finanças, trabalho, comunicações, e outros setores sociais; entre as organizações governamentais e não governamentais, com o setor privado, com as comunidades locais, com os grupos religiosos, com as famílias. É particularmente importante reconhecer o papel vital dos educadores e das famílias. Neste contexto, as condições de trabalho e a situação social do pessoal docente, elementos decisivos no sentido de se implementar a educação para todos, devem ser urgentemente melhoradas em todos os países signatários da Recomendação Relativa à Situação do Pessoal Docente OIT/Unesco (1966). Alianças efetivas contribuem significativamente para o planejamento, implementação, administração e avaliação dos programas de educação básica. Quando nos referimos a "um enfoque abrangente e a um compromisso renovado", incluímos as alianças como parte fundamental.

EDUCAÇÃO PARA TODOS: OS REQUISITOS

Artigo 8 – Desenvolver uma política contextualizada de apoio

1. Políticas de apoio nos setores social, cultural e econômico são necessárias à concretização da plena provisão e utilização da educação básica para a promoção individual e social. A educação básica para todos depende de um compromisso político e de uma vontade política, respaldados por medidas

fiscais adequadas e ratificados por reformas na política educacional e pelo fortalecimento institucional. Uma política adequada em matéria de economia, comércio, trabalho, emprego e saúde incentiva o educando e contribui para o desenvolvimento da sociedade.
2. A sociedade deve garantir também um sólido ambiente intelectual e científico à educação básica, o que implica a melhoria do ensino superior e o desenvolvimento da pesquisa científica. Deve ser possível estabelecer, em cada nível da educação, um contato estreito com o conhecimento tecnológico e científico contemporâneo.

Artigo 9 – Mobilizar os recursos

1. Para que as necessidades básicas de aprendizagem para todos sejam satisfeitas mediante ações de alcance muito mais amplo, será essencial mobilizar atuais e novos recursos financeiros e humanos, públicos, privados ou voluntários. Todos os membros da sociedade têm uma contribuição a dar, lembrando sempre que o tempo, a energia e os recursos dirigidos à educação básica constituem, certamente, o investimento mais importante que se pode fazer no povo e no futuro de um país.
2. Um apoio mais amplo por parte do setor público significa atrair recursos de todos os órgãos governamentais responsáveis pelo desenvolvimento humano, mediante o aumento em valores absolutos e relativos, das dotações orçamentárias aos serviços de educação básica. Significa, também, reconhecer a existência de demandas concorrentes que pesam sobre os recursos nacionais, e que, embora a educação seja um setor importante, não é o único. Cuidar para que haja uma melhor utilização dos recursos e programas disponíveis para a educação resultará em um maior rendimento, e poderá ainda atrair novos recursos. A urgente tarefa de satisfazer as necessidades básicas de aprendizagem poderá vir a exigi uma realocação dos recursos entre setores, como por exemplo, urna transferência de fundos dos gastos militares para a educação. Acima de tudo, é necessário uma proteção especial para a educação básica nos países em processo de ajustes estruturais e que carregam o pesado fardo da dívida externa. Agora, mais do que nunca, a educação deve ser considerada uma dimensão fundamental de todo projeto social, cultural e econômico.

Artigo 10 – Fortalecer solidariedade internacional

1. Satisfazer as necessidades básicas de aprendizagem constitui-se uma responsabilidade comum e universal a todos os povos, e implica solidariedade internacional e relações econômicas honestas e equitativas, a fim de corrigir as atuais disparidades econômicas. Todas as nações têm valiosos conhecimentos e experiências a compartilhar, com vistas à elaboração de políticas e programas educacionais eficazes.

2. Será necessário um aumento substancial, a longo prazo, dos recursos destinados à educação básica. A comunidade mundial, incluindo os organismos e instituições intergovernamentais, têm a responsabilidade urgente de atenuar as limitações que impedem algumas nações de alcançar a meta da educação para todos. Este esforço implicará, necessariamente, a adoção de medidas que aumentem os orçamentos nacionais dos países mais pobres, ou ajudem a aliviar o fardo das pesadas dívidas que os afligem. Credores e devedores devem procurar fórmulas inovadoras e equitativas para reduzir este fardo, uma vez que a capacidade de muitos países em desenvolvimento de responder efetivamente à educação e a outras necessidades básicas será extremamente ampliada ao se resolver o problema da dívida.
3. As necessidades básicas de aprendizagem dos adultos e das crianças devem ser atendidas onde quer que existam. Os países menos desenvolvidos e com baixa renda apresentam necessidades especiais que exigirão atenção prioritária no quadro da cooperação internacional à educação básica, nos anos 1990.
4. Todas as nações devem agir conjuntamente para resolver conflitos e disputas, pôr fim às ocupações militares e assentar populações deslocadas ou facilitar seu retorno a seus países de origem, bem como garantir o atendimento de suas necessidades básicas de aprendizagem. Só um ambiente estável e pacífico pode criar condições para que todos os seres humanos, crianças e adultos, venham a beneficiar-se das propostas desta declaração.

Nós, os participantes da Conferência Mundial sobre Educação para Todos, reafirmamos o direito de todos à educação. Este é o fundamento de nossa determinação individual e coletiva – assegurar educação para todos.

Comprometemo-nos em cooperar, no âmbito da nossa esfera de responsabilidades, tomando todas as medidas necessárias à consecução dos objetivos de educação para todos.

Juntos apelamos aos governos, às organizações interessadas e aos indivíduos, para que se somem a este urgente empreendimento.

As necessidades básicas de aprendizagem para todos podem e devem ser satisfeitas. Não há modo mais significativo do que este para iniciar o Ano Internacional da Alfabetização e avançar rumo às metas da Década das Nações Unidas para os Portadores de Deficiências (l983-1992), Década Internacional para o Desenvolvimento Cultural (1988-1997), Quarta Década das Nações Unidas para o Desenvolvimento (1991-2000), Convenção sobre a Eliminação de Todas as Formas de Discriminação contra a Mulher e Estratégias para o Desenvolvimento da Mulher, e da Convenção sobre os Direitos da Criança. Nunca antes uma época foi tão propícia à realização do nosso compromisso em proporcionar oportunidades básicas de aprendizagem a todos os povos do mundo.

Adotamos, portanto, esta Declaração Mundial sobre Educação para Todos: Satisfação das Necessidades Básicas de Aprendizagem, e aprovamos o Plano de Ação para Satisfazer as Necessidades Básicas de Aprendizagem, com a finalidade de atingir os objetivos estabelecidos nesta Declaração.

(II) PLANO DE AÇÃO
INTRODUÇÃO

1. Este Plano de Ação para Satisfazer as Necessidades Básicas de Aprendizagem deriva da Declaração Mundial sobre Educação para Todos, adotada pela Conferência Mundial sobre Educação para Todos, da qual participaram representantes de governos, organismos internacionais e bilaterais de desenvolvimento, e organizações não governamentais. Fundamentado no conhecimento coletivo e no compromisso dos participantes, o Plano de Ação foi concebido como uma referência e um guia para governos, organismos internacionais, instituições de cooperação bilateral, organizações não governamentais (ONGs), e todos aqueles comprometidos com a meta da educação para todos. Este plano compreende três grandes níveis de ação conjunta:

(i) ação direta em cada país;
(ii) cooperação entre grupos de países que compartilhem certas características e interesses; e
(iii) cooperação multilateral e bilateral na comunidade mundial.

2. Países, individualmente ou em grupos, assim como organizações internacionais, continentais, e nacionais, poderão recorrer ao Plano de Ação para elaborar os seus próprios planos de ação e programas, em conformidade com os seus objetivos específicos, sua determinação e o interesse de seus representados. Assim tem funcionado, por dez anos, o Projeto Principal da Unesco sobre Educação para a América Latina e o Caribe. Outros exemplos deste tipo de iniciativa são o Plano de Ação da Unesco para a Erradicação do Analfabetismo no Ano 2000, adotado pela Conferência Geral da Unesco em sua vigésima-quinta reunião (l989); o Programa Especial da ISESCO (l990-2000); a revisão em curso, pelo Banco Mundial, de sua política para a educação fundamental; e o Programa da Usaid para o Fomento da Educação Básica e Alfabetização. Na medida em que esses planos de ação, políticas e programas sejam coerentes com este Plano, os esforços internacionais para satisfação das necessidades básicas de aprendizagem convergirão, facilitando a cooperação.

3. Ainda que os países tenham muitos interesses comuns, no que tange à satisfação das necessidades básicas de aprendizagem de suas populações, é evidente que o caráter e a intensidade dessas preocupações variam de acordo com a real situação da educação básica e do contexto cultural e socioeconômico de cada país. Caso se mantenham os índices atuais de matrícula, por volta do ano 2000 mais de 160 milhões de crianças no mundo inteiro não terão acesso ao ensino fundamental, pura e simplesmente em função do crescimento populacional. Em grande parte da África ao Sul do Saara e em muitos outros países de baixa renda, proporcionar educação fundamental a um sempre crescente contingente de crianças permanece um desafio a longo prazo. Apesar dos progressos na alfabetização de adultos, a maioria desses países ainda apresenta elevados índices de analfabetismo, o número de analfabetos funcionais adultos é crescente, e constitui-se, de fato, um grave pro-

blema social na maior parte da Ásia e dos Estados Árabes, assim como na Europa e na América do Norte. Muitas pessoas se veem privadas da igualdade de acesso à educação por razões de raça, sexo, língua, deficiência, origem étnica ou convicções políticas. Além disso, elevadas percentagens de evasão escolar e resultados de aprendizagem medíocres são problemas detectados igualmente em todo o mundo. Estas considerações bem gerais ilustram a necessidade de uma ação decisiva em grande escala, com objetivos e metas claramente definidos.

OBJETIVOS E METAS

4. O objetivo último da Declaração Mundial sobre Educação para Todos é satisfazer as necessidades básicas da aprendizagem de todas as crianças, jovens e adultos. O esforço de longo prazo para a consecução deste objetivo pode ser sustentado de forma mais eficaz, uma vez estabelecidos objetivos intermediários e medidos os progressos realizados. Autoridades competentes, aos níveis nacional e estadual, podem tomar a seu cargo o estabelecimento desses objetivos intermediários, levando em consideração tanto os objetivos da Declaração quanto as metas e prioridades gerais do desenvolvimento nacional.

5. Objetivos intermediários podem ser formulados como metas específicas dentro dos planos nacionais e estaduais de desenvolvimento da educação. De modo geral, essas metas:

(i) indicam, em relação aos critérios de avaliação, ganhos e resultados esperados em um determinado lapso de tempo;
(ii) definem as categorias prioritárias (por exemplo, os pobres, os portadores de deficiências); e
(iii) são formuladas de modo a permitir comprovação e medida dos avanços registrados. Essas metas representam um "piso" – não um "teto" – para o desenvolvimento contínuo dos serviços e dos programas de educação.

6. Objetivos de curto prazo suscitam um sentimento de urgência e servem como parâmetro de referência para a comparação de índices de execução e realização. À medida que as condições da sociedade mudam, os planos e objetivos podem ser revistos e atualizados. Onde os esforços pela educação básica tenham que focalizar a satisfação das necessidades específicas de determinados grupos sociais ou camadas da população, o estabelecimento de metas direcionadas a esses grupos prioritários de educandos pode ajudar planejadores, profissionais e avaliadores a não se desviarem do seu objetivo. Metas observáveis e mensuráveis contribuem para a avaliação objetiva dos progressos.

7. As metas não precisam ser fundamentadas exclusivamente em tendências e recursos atuais. Objetivos preliminares podem refletir uma apreciação realista das possibilidades oferecidas pela Declaração, no que concerne à mobilização das capacidades humanas, organizativas e financeiras adicionais, em torno de um compromisso de cooperação para o desenvolvimento humano. Países que apresentem baixos índices de alfabetização e escolarização, além de recursos nacionais muito

limitados, serão confrontados com escolhas difíceis ao longo do processo de estabelecimento de metas nacionais a prazos realistas.

8. Cada país poderá estabelecer suas próprias metas para a década de 1990, em consonância às dimensões propostas a seguir:

I. Expansão dos cuidados básicos e atividades de desenvolvimento infantil, incluídas aí as intervenções da família e da comunidade, direcionadas especialmente às crianças pobres, desassistidas e portadoras de deficiências;
II. Acesso universal e conclusão da educação fundamental (ou qualquer nível mais elevado de educação considerado "básico") até o ano 2000;
III. Melhoria dos resultados de aprendizagem, de modo que a percentagem convencionada de uma amostra de idade determinada (por exemplo, 80% da faixa etária de 14 anos), alcance ou ultrapasse o padrão desejável de aquisição de conhecimentos previamente definido;
IV. Redução da taxa de analfabetismo adulto à metade, digamos, do nível registrado em 1990, já no ano 2000 (a faixa etária adequada deve ser determinada em cada país). Ênfase especial deve ser conferida à alfabetização da mulher, de modo a reduzir significativamente a desigualdade existente entre os índices de alfabetização dos homens e mulheres;
V. Ampliação dos serviços de educação básica e capacitação em outras habilidades essenciais necessárias aos jovens e adultos, avaliando a eficácia dos programas em função de mudanças de comportamento e impactos na saúde, emprego e produtividade;
VI. Aumento da aquisição, por parte dos indivíduos e famílias, dos conhecimentos, habilidades e valores necessários a uma vida melhor e um desenvolvimento racional e constante, por meio de todos os canais da educação – inclusive dos meios de comunicação de massa, outras formas de comunicação tradicionais e modernas, e ação social –, sendo a eficácia destas intervenções avaliadas em função das mudanças de comportamento observadas.

9. Sempre que possível, deve-se estabelecer níveis de desempenho para os aspectos anteriormente indicados. Tais níveis devem ser coerentes com a atenção prioritária dada pela educação básica à universalização do acesso e à aquisição da aprendizagem, consideradas aspirações conjuntas e inseparáveis. Em todos os casos, as metas de desempenho devem incluir a igualdade entre os sexos. No entanto, a determinação dos níveis de desempenho e da proporção de participantes que deverão atingir esses níveis em programas específicos de educação básica, deve ser deixada a cargo de cada país.

PRINCÍPIOS DE AÇÃO

10. O primeiro passo consiste em identificar, de preferência mediante um processo de participação ativa, envolvendo grupos e a comunidade, os sistemas tradicionais de aprendizagem que existem na sociedade e a demanda real por serviços de educação básica, seja em termos de escolaridade formal, seja em programas de

educação não formal. Consiste em abordar, por todos os meios, as necessidades de aprendizagem básica: cuidados básicos e oportunidades de desenvolvimento e educação infantis; ensino fundamental relevante, de qualidade, ou uma educação extra-escolar equivalente para as crianças; e alfabetização, conhecimentos básicos e capacitação de jovens e adultos em habilidades para a vida cotidiana. Significa também capitalizar o uso dos meios tradicionais e modernos de informação e de tecnologias para educar o público em questões de interesse social e apoiar as atividades de educação básica. Esses elementos complementares da educação básica devem ser concebidos de maneira a garantir o acesso equitativo, a participação contínua e a aquisição efetiva da aprendizagem. A satisfação das necessidades básicas de aprendizagem também envolve ações de adequação dos ambientes familiar e comunitário à aprendizagem, e a correlação da educação básica a um contexto socioeconômico mais amplo. É preciso ainda reconhecer o caráter de complementaridade e os efeitos multiplicadores dos investimentos de recursos humanos em matéria de população, saúde e nutrição.

11. Por serem as necessidades básicas de aprendizagem complexas e diversas, sua satisfação requer ações e estratégias multissetoriais que sejam parte integrante dos esforços de desenvolvimento global. Se, mais uma vez, a educação básica for considerada como responsabilidade de toda a sociedade, muitos parceiros deverão unir-se às autoridades educacionais, aos educadores e a outros trabalhadores da área educacional, para o seu desenvolvimento. Isso implica que uma ampla gama de colaboradores – famílias, professores, comunidades, empresas privadas (inclusive as da área de informação e comunicação), organizações governamentais e não governamentais, instituições etc. – participe ativamente na planificação, gestão e avaliação das inúmeras formas assumidas pela educação básica.

12. As práticas correntes e os dispositivos institucionais de provimento de educação básica e os mecanismos de cooperação nesta esfera devem ser cuidadosamente avaliados, antes da criação de novos mecanismos ou instituições. Construir sobre os esquemas de aprendizagem existentes, reabilitando as escolas deterioradas, aperfeiçoando a capacidade e as condições de trabalho do pessoal docente e dos agentes de alfabetização, parece ser mais rentável e produzir resultados mais imediatos que os projetos iniciados a partir de zero.

13. A realização de ações conjuntas com organizações não governamentais, em todos os níveis, oferece grandes possibilidades. Essas entidades autônomas, ao mesmo tempo que defendem pontos de vista públicos, independentes e críticos, podem desempenhar funções de acompanhamento, pesquisa, formação e produção de material, em proveito dos processos da educação não formal e da educação permanente.

14. O propósito primeiro da cooperação bilateral e multilateral deve nascer do verdadeiro espírito de parceria: não se trata de transplantar modelos rotineiros, mas de fomentar o desenvolvimento da capacidade endógena das autoridades de cada país e de seus colaboradores nacionais, para a satisfação eficaz das necessida-

des básicas de aprendizagem. As ações e os recursos devem ser empregados para fortalecer as características essenciais dos serviços de educação básica, concentrando-se na capacidade de gestão e de análise, que podem estimular novos avanços. A cooperação e o financiamento internacionais podem ser particularmente valiosos no apoio a reformas importantes ou ajustes setoriais, e no fomento e teste de abordagens inovadoras no ensino e na administração, quando seja necessária a experimentação de novas opções e/ou quando envolvam investimentos maiores que o previsto e, finalmente, quando o conhecimento de experiências relevantes produzidas alhures for de alguma utilidade.

15. Cooperação internacional deve ser oferecida, prioritariamente, aos países atualmente menos capazes de satisfazer as necessidades básicas de aprendizagem de suas populações. Deve intentar, também, ajudar países a corrigir suas desigualdades internas quanto às oportunidades de educação. Tendo em vista que dois terços dos adultos analfabetos e das crianças que não vão à escola são mulheres, será necessário dar prioridade à melhoria do acesso de meninas e mulheres à educação e a supressão de quantos obstáculos impeçam a sua participação ativa, onde quer que existam essas injustiças.

1. AÇÃO PRIORITÁRIA EM NÍVEL NACIONAL

16. O progresso na satisfação das necessidades básicas de aprendizagem para todos dependerá, em última instância, das ações adotadas em cada país, individualmente. Ainda que cooperação e ajuda financeira continentais e intercontinentais possam apoiar e facilitar essas ações, as autoridades públicas, as comunidades e as diversas contrapartes nacionais são os agentes-chave de todo progresso. Os governos nacionais são os principais responsáveis pela coordenação do uso dos recursos internos e externos. Dada a diversidade de situações, capacidades, planos e metas de desenvolvimento dos países, este Plano de Ação pode apenas sugerir certas áreas como merecedoras de atenção prioritária. Cada país determinará soberanamente quais ações concretas e específicas, além daquelas já em curso, fazem-se necessárias em cada uma das seguintes áreas.

1.1 AVALIAR NECESSIDADES E PLANEJAR AÇÕES

17. Para alcançar o conjunto de suas metas, cada país será encorajado a elaborar ou atualizar planos de ação mais amplos e a longo prazo, aos níveis local e nacional, para a satisfação das necessidades de aprendizagem consideradas básicas. No contexto dos planos e estratégias gerais de desenvolvimento ou específicos para a educação, já existentes, um plano de ação de educação básica para todos será necessariamente multissetorial, de forma a orientar as atividades dos setores envolvidos (por exemplo, educação, informação, meios de comunicação, trabalho, agricultura, saúde). Modelos de planejamento estratégico variam por definição. No entanto, a maioria deles envolve ajustes constantes entre os objetivos, recursos, ações e limitações. Em nível nacional, os objetivos são comumente expressos em termos gerais, ocorrendo o mesmo com respeito aos recursos do governo central,

enquanto que as ações são executadas em nível local. Assim, planos locais divergirão naturalmente, quando num mesmo contexto, não apenas quanto ao seu alcance, mas também quanto ao conteúdo. Planos de ação nacional, estadual e local devem prever variações de condições e circunstâncias. Podem, portanto, especificar:

- os estudos para a avaliação dos sistemas existentes (análises dos problemas, falhas e êxitos);
- as necessidades básicas de aprendizagem a serem satisfeitas, incluindo também capacidades cognitivas, valores e atitudes, tanto quanto conhecimentos sobre matérias determinadas;
- as línguas a serem utilizadas na educação;
- os meios para estimular a demanda e a participação em grande escala na educação básica;
- as formas de mobilização da família e obtenção do apoio da comunidade local;
- as metas e objetivos específicos;
- o capital necessário e os recursos ordinários, devidamente avaliados, assim como as possíveis medidas para garantir seu efetivo retorno; os indicadores e procedimentos a serem usados para medir os progressos obtidos na consecução das metas;
- as prioridades no uso dos recursos e no desenvolvimento dos serviços e dos programas ao longo do tempo;
- os grupos prioritários que requerem medidas especiais;
- os tipos de competência requeridos para implementar o plano;
- os dispositivos institucionais e administrativos necessários;
- os meios para assegurar o intercâmbio de informação entre programas de educação formal e outros programas de educação básica; e
- a estratégia de implementação e o cronograma.

1.2 DESENVOLVER UM CONTEXTO POLÍTICO FAVORÁVEL

18. Um plano de ação multissetorial implica ajustes das políticas setoriais de forma a favorecer a interação mutuamente proveitosa entre os setores, em consonância aos objetivos de desenvolvimento global do país. As ações orientadas para a satisfação das necessidades básicas de educação devem ser parte integrante das estratégias de desenvolvimento nacional e regional, e estas, por sua vez, devem refletir a prioridade conferida ao desenvolvimento humano. Podem ser necessárias medidas legislativas ou de outro tipo para promover e facilitar a cooperação entre os diversos parceiros envolvidos. Promover o compromisso com a educação básica, bem como informar o público sobre o tema, são passos importantes no sentido de criar um contexto político favorável, aos níveis nacional, regional e local.

19. Quatro passos concretos merecem atenção:

   (i) o início de atividades, aos níveis nacional e regional, para renovar o compromisso amplo e público com o objetivo da educação para todos;

   (ii) a redução da ineficácia do setor público e das práticas abusivas no setor privado;

(iii) a melhor capacitação dos administradores públicos e o estabelecimento de incentivos para reter mulheres e homens qualificados no serviço público; e

(iv) a adoção de medidas para fomentar a participação mais ampla na concepção e na execução dos programas de educação básica.

1.3. DEFINIR POLÍTICAS PARA A MELHORIA DA EDUCAÇÃO BÁSICA

20. As pré-condições para a qualidade, equidade e eficácia da educação são construídas na primeira infância, sendo os cuidados básicos e as atividades de desenvolvimento e educação infantis condições essenciais para a consecução dos objetivos da educação básica. Esta deve corresponder às necessidades, interesses e problemas reais dos participantes do processo de aprendizagem. A relevância dos currículos pode ser incrementada vinculando-se alfabetização, habilidades matemáticas e conceitos científicos aos interesses e primeiras experiências do educando, como, por exemplo, aquelas relativas à nutrição, saúde e trabalho. Enquanto muitas necessidades variam consideravelmente entre os países e dentro deles e, portanto, a maior parte de um currículo deva ser sensível às condições locais, há também muitas necessidades universais e interesses comuns que devem ser levados em conta nos programas educacionais e no discurso pedagógico. Questões como a proteção do meio ambiente, uma relação equilibrada população/recursos, a redução da propagação da Aids e a prevenção do consumo de drogas são problemas de todos, igualmente.

21. As estratégias específicas, orientadas concretamente para melhorar as condições de escolaridade, podem ter como foco: os educandos e seu processo de aprendizagem; o pessoal (educadores, administradores e outros); o currículo e a avaliação da aprendizagem; materiais didáticos e instalações. Estas estratégias devem ser aplicadas de maneira integrada; sua elaboração, gestão e avaliação devem levar em conta a aquisição de conhecimentos e capacidades para resolver problemas, assim como as dimensões sociais, culturais e éticas do desenvolvimento humano. A formação dos educadores deve estar em consonância aos resultados pretendidos, permitindo que eles se beneficiem simultaneamente dos programas de capacitação em serviço e outros incentivos relacionados à obtenção desses resultados; currículo e avaliações devem refletir uma variedade de critérios, enquanto que os materiais, inclusive a rede física e as instalações, devem seguir a mesma orientação. Em alguns países, a estratégia deve incluir mecanismos para aperfeiçoar as condições de ensino e aprendizagem, de modo a reduzir o absenteísmo e ampliar o tempo de aprendizagem. Para satisfazer as necessidades educacionais de grupos que não participam da escolaridade formal, fazem-se necessárias estratégias apropriadas à educação não formal. Estas incluem e transcendem os aspectos já mencionados, e podem ainda conceder especial atenção à necessidade de coordenação com outras formas de educação, o apoio de todos os parceiros envolvidos, os recursos financeiros permanentes e a plena participação da sociedade. Encontramos um exemplo deste enfoque aplicado à alfabetização no "Plano de Ação para a Erradicação do Analfabetismo antes do Ano 2000", da Unesco.

Outras estratégias podem ainda recorrer aos meios de comunicação para satisfazer as necessidades educacionais mais amplas de toda a comunidade devendo, todavia, vincular-se à educação formal, à educação não formal, ou a uma combinação de ambas. A utilização dos meios de comunicação traz em si um tremendo potencial no que diz respeito a educar o público e compartilhar um volume considerável de informações entre aqueles que necessitam do conhecimento.

22. Ampliar o acesso à educação básica de qualidade satisfatória é um meio eficaz de fomentar a equidade. A permanência do envolvimento de meninas e mulheres em atividades de educação básica até a consecução do nível-padrão de aprendizagem pode ser garantida se lhes forem oferecidos incentivos, via medidas especialmente elaboradas para esse fim e, sempre que possível, com a participação delas. Enfoques similares são necessários para incrementar as possibilidades de aprendizagem de outros grupos desassistidos.

23. Promover uma educação básica eficaz não significa oferecer educação a mais baixos custos, porém utilizar, com maior eficácia, todos os recursos (humanos, organizativos e financeiros), para obter os níveis pretendidos de acesso e desempenho escolar. As considerações anteriores relativas à relevância, à qualidade e à equidade não se constituem alternativas à eficácia, representam, antes, as condições específicas em que esta deve ser obtida. De fato, em alguns programas, a eficácia irá exigir um aumento, e não uma redução dos recursos. No entanto, se os recursos existentes podem ser utilizados por um número maior de educandos ou se os mesmos objetivos de aprendizagem podem ser alcançados a um menor custo por aluno, então será facilitada à educação básica a consecução das metas de acesso e desempenho para os grupos atualmente desassistidos.

1.4. APERFEIÇOAR CAPACIDADES GERENCIAIS, ANALÍTICAS E TECNOLÓGICAS

24. Serão necessárias inúmeras habilidades e especialidades para pôr em prática essas iniciativas. Tanto o pessoal de supervisão e administração quanto os planejadores, arquitetos de escolas, os formadores de educadores, especialistas em currículo, pesquisadores, analistas, etc. são igualmente importantes para qualquer estratégia de melhoria da educação básica. Não obstante, são muitos os países que não lhes proporcionam capacitação especializada, a fim de prepará-los para o exercício de suas funções; isto é especialmente correto quanto à alfabetização e outras atividades de educação básica que se desenvolvem fora da escola. Uma concepção mais ampla da educação básica será pré-requisito crucial para a efetiva coordenação de esforços entre esses muitos participantes. E, em muitos países, o fortalecimento e o desenvolvimento da capacidade de planejamento e gestão, aos níveis estadual e local, com uma maior distribuição de responsabilidades, serão necessários. Programas de formação e de capacitação em serviço para o pessoal-chave devem ser iniciados ou reforçados onde já existirem. Tais programas podem ser particularmente úteis à introdução de reformas administrativas e técnicas inovadoras no campo da administração e da supervisão.

25. Os serviços técnicos e os mecanismos para coletar, processar e analisar os dados referentes à educação básica podem ser melhorados em todos os países. Essa é uma tarefa urgente em muitas nações, onde faltam informações e/ou pesquisas confiáveis sobre as necessidades básicas de aprendizagem da população, e sobre as atividades de educação básica existentes. Uma base de informações e conhecimentos sobre um determinado país é vital para a preparação e execução de seu plano de ação. Uma implicação capital do enfoque na aquisição de aprendizagem é a necessidade de se elaborarem e aperfeiçoarem sistemas eficazes para a avaliação do rendimento individual dos educandos e do sistema de ensino. Os dados derivados da avaliação dos processos e dos resultados devem servir de base a um sistema de informação administrativa para a educação básica.

26. A qualidade e a oferta da educação básica podem ser melhoradas mediante a utilização cuidadosa das tecnologias educativas. Onde tais tecnologias não forem amplamente utilizadas, sua introdução exigirá a seleção e/ou desenvolvimento de tecnologias adequadas, aquisição de equipamento necessário e sistemas operativos, a seleção e treinamento de professores e demais profissionais de educação aptos a trabalhar com eles. A definição de tecnologia adequada varia conforme as características de cada sociedade e poderá mudar rapidamente, na medida em que as novas tecnologias (rádio e televisão educativos, computadores e diversos auxiliares audiovisuais para a instrução) se tornem mais baratas e adaptáveis aos diversos contextos. O uso da tecnologia moderna também permite melhorar a gestão da educação básica. Cada país deverá reavaliar periodicamente sua capacidade tecnológica presente e potencial, em relação aos seus recursos e necessidades básicas educacionais.

1.5. MOBILIZAR CANAIS DE INFORMAÇÃO E COMUNICAÇÃO

27. As novas possibilidades que surgem a todo momento exercem poderosa influência na satisfação das necessidades básicas de aprendizagem, e é evidente que esse potencial educativo mal começa a ser aproveitado. Essas novas possibilidades são, em grande parte, resultado da convergência de duas forças, ambas subprodutos recentes do processo de desenvolvimento geral. Em primeiro lugar, a quantidade de informação disponível no mundo – uma boa parcela da qual importante para a sobrevivência e o bem-estar básico dos povos – é imensamente maior do que a existente há poucos anos, e o seu ritmo de crescimento continua se acelerando. Por outro lado, quando uma informação importante está associada a outro grande avanço moderno – a nova capacidade de intercomunicação no mundo de hoje – produz-se um energético efeito multiplicador. E existe, de fato, a possibilidade de dominar essa força e utilizá-la positiva, consciente e intencionalmente, para a satisfação das necessidades de aprendizagem já definidas.

1.6. ESTRUTURAR ALIANÇAS E MOBILIZAR RECURSOS

28. Na definição do plano de ação e na criação de um contexto de políticas de apoio à promoção da educação básica, seria necessário pensar em aproveitar ao

máximo as oportunidades de ampliar a colaboração existente e incorporar novos parceiros como, por exemplo, a família e as organizações não governamentais e associações de voluntários, sindicatos de professores, outros grupos profissionais, empregadores, meios de comunicação, partidos políticos, cooperativas, universidades, instituições de pesquisa e organismos religiosos, bem como autoridades educacionais e demais serviços e órgãos governamentais (trabalho, agricultura, saúde, informação, comércio, indústria, defesa etc.). Os recursos humanos e organizativos representados por estes colaboradores nacionais deverão ser eficazmente mobilizados para desempenhar seu papel na execução do plano de ação. A parceria deve ser estimulada aos níveis comunitário, local, estadual, regional e nacional, já que pode contribuir para harmonizar atividades, utilizar os recursos com maior eficácia e mobilizar recursos financeiros e humanos adicionais, quando necessário.

29. Os governos e seus parceiros podem analisar a alocação e uso corrente dos recursos financeiros e outros para a educação e capacitação nos diferentes setores, a fim de determinar se apoio adicional à educação básica pode ser obtido mediante:

(i) o incremento da eficácia;
(ii) a mobilização de fontes adicionais de financiamento, dentro e fora do orçamento público; e
(iii) a redistribuição dos fundos dos orçamentos de educação e capacitação atuais, levando em conta os critérios de eficácia e equidade.

Nos países onde a contribuição orçamentária total para a educação é escassa, será necessário estudar a possibilidade de realocar, para a educação básica, certos fundos públicos, anteriormente destinados a outros fins.

30. Avaliar os recursos já destinados ou potencialmente disponíveis para a educação básica, comparando-os com o orçamento previsto para a execução do plano de ação, permite detectar possíveis inadequações que, a longo prazo, podem afetar o calendário das atividades planejadas ou solicitar alternativas diversas de solução. Os países que necessitam de ajuda externa para satisfazer as necessidades básicas de aprendizagem de suas populações podem utilizar a estimativa de recursos e o plano de ação como base para a discussão com seus aliados internacionais, e também para coordenar financiamentos externos.

31. Os educandos constituem, em si mesmos, um recurso humano vital a ser mobilizado. A demanda pela educação e a participação nas atividades educativas não podem ser meramente pressupostas, antes, devem ser estimuladas ativamente. Os educandos potenciais precisam ver que os benefícios da educação são maiores do que os custos a serem enfrentados, seja por deixarem de receber ganhos, seja pela redução do tempo disponível para atividades comunitárias, domésticas, ou lazer. Meninas e mulheres, em particular, podem ser convencidas a abrir mão das vantagens da educação básica por razões inerentes a determinadas culturas. Essas barreiras à participação podem ser superadas pelo emprego de incentivos e programas adaptados ao contexto local, fazendo com que sejam encaradas, pelos educandos, suas famílias e comunidades, como "atividades produtivas". Além disso, os edu-

candos tendem a obter maior proveito da educação quando são parte integrante do processo educativo, em vez de serem considerados como simples "insumos" ou "beneficiários". A atenção às questões da demanda e da participação ajudará a garantir a mobilização das capacidades pessoais dos educandos para a educação.

32. Os recursos da família, principalmente em tempo e apoio recíprocos, são vitais para o êxito das atividades de educação básica. Podem ser oferecidos às famílias incentivos e assistência que lhes assegurem que os seus recursos serão investidos de modo a permitir que todos os seus membros possam se beneficiar, o mais plena e equitativamente possível, das oportunidades de educação básica.

33. O proeminente papel do professor e demais profissionais da educação no provimento de educação básica de qualidade deverá ser reconhecido e desenvolvido, de forma a otimizar sua contribuição. Isso irá implicar a adoção de medidas para garantir o respeito aos seus direitos sindicais e liberdades profissionais, e melhorar suas condições e status de trabalho, principalmente em relação à sua contratação, formação inicial, capacitação em serviço, remuneração e possibilidades de desenvolvimento na carreira docente, bem como para permitir ao pessoal docente a plena satisfação de suas aspirações e o cumprimento satisfatório de suas obrigações sociais e responsabilidades éticas.

34. Em parceria com o pessoal escolar e agentes comunitários, as bibliotecas devem constituir-se elo essencial no processo de provisão de recursos educativos a todos os educandos – da infância à idade adulta – tanto nos meios escolares quanto não escolares. É preciso, portanto, reconhecer as bibliotecas como inestimáveis fontes de informação.

35. Associações comunitárias, cooperativas, instituições religiosas e outras organizações não governamentais também desempenham papéis importantes no apoio e provisão de educação básica. Sua experiência, competência, dinamismo e relações diretas com os diversos setores que representam constituem-se valiosos recursos na identificação e satisfação das necessidades básicas de aprendizagem. Deve-se promover sua participação ativa em alianças para a educação básica, mediante políticas e mecanismos que fortaleçam suas capacidades e reconheçam sua autonomia.

2. AÇÃO PRIORITÁRIA AO NÍVEL REGIONAL (CONTINENTAL, SUBCONTINENTAL E INTERCONTINENTAL)

36. As necessidades básicas de aprendizagem devem ser satisfeitas mediante ações integradas dentro das fronteiras de cada país. Porém, existem muitas formas de cooperação entre países com condições e interesses similares, que poderiam contribuir e, de fato, contribuem para esse esforço. Algumas regiões já elaboraram planos, como o Plano de Ação de Jacarta para o Desenvolvimento dos Recursos Humanos, aprovado pela ESCAP, 1988. Mediante o intercâmbio de informações e experiências, a colaboração entre especialistas, o uso comum de instalações e os projetos de atividades conjuntas, vários países, trabalhando integradamente, podem incrementar

sua base de recursos e diminui; seus custos, em benefício mútuo. Frequentemente, esses convênios se estabelecem entre nações vizinhas (nível subcontinental), de uma mesma grande região geocultural (continental ou subcontinental), ou entre as que compartilham o mesmo idioma ou mantêm entre si relações culturais e comerciais (inter ou subcontinental). Organizações continentais e internacionais desempenham, muitas vezes, um papel importante num tal contexto, facilitando este tipo de cooperação entre países. Na exposição a seguir, todas essas atividades estarão englobadas no termo "regional". De modo geral, os convênios "regionais" já existentes deveriam ser fortalecidos e providos dos recursos necessários ao seu funcionamento eficaz, ajudando os países a satisfazer as necessidades básicas de aprendizagem de sua população.

2.1. INTERCAMBIAR INFORMAÇÕES, EXPERIÊNCIAS E COMPETÊNCIAS

37. Diversos mecanismos regionais, tanto de caráter intergovernamental quanto não governamental, promovem a cooperação em matéria de educação e capacitação, saúde, desenvolvimento agrícola, pesquisa e informação, comunicação, e em outros campos relativos à satisfação das necessidades básicas de aprendizagem. Esses mecanismos podem ser ainda mais ampliados para fazer face às necessidades (em constante mudança) das partes. Entre outros possíveis exemplos, cabe indicar os quatro programas regionais estabelecidos sob a égide da Unesco, na década de 1980, para apoiar os esforços nacionais para a universalização da educação fundamental e eliminar o analfabetismo adulto:
- Projeto Principal de Educação para América Latina e o Caribe;
- Programa Regional para a Erradicação do Analfabetismo na África; –Programa Educação para Todos na Ásia e no Pacífico (APPEAL);
- Programa Regional para a Universalização e Renovação da Educação Primária e a Erradicação do Analfabetismo nos Estados Árabes no Ano 2000 (Arabupeal).

38. Além das consultas técnicas e políticas organizadas em interação com esses programas, podem ser empregados outros mecanismos de consulta relativos a políticas de educação básica. Seria possível recorrer, sempre que necessário, às conferências de ministros de educação, auspiciadas pela Unesco e por várias organizações regionais, às assembleias ordinárias das comissões regionais das Nações Unidas e a algumas reuniões transregionais, organizadas pela Secretaria da Comunidade Britânica das Nações, à Confemen (Conferência Permanente dê Ministros de Educação dos Países Francófonos), à Organização de Cooperação e Desenvolvimento Econômicos (OECD), e à Organização Islâmica para a Educação, a Ciência e a Cultura (Isesco). Além disso, numerosas conferências e encontros organizados por organismos não governamentais oferecem aos profissionais oportunidades de troca de informações e pontos de vista sobre questões técnicas e políticas. Os promotores dessas conferências e reuniões poderiam analisar meios de ampliar a participação, para incluir, quando conveniente, representan-

tes de outros setores engajados na luta pela satisfação das necessidades básicas de aprendizagem.

39. As oportunidades de utilização conjunta das mensagens e programas dos meios de comunicação deveriam ser aproveitadas plenamente pelos países que possam intercomunicá-las ou elaborá-las em parceria – especialmente onde os vínculos linguísticos e culturais ultrapassem fronteiras políticas.

2.2. EMPREENDER ATIVIDADES CONJUNTAS

40. Há muitas atividades que podem ser realizadas conjuntamente pelos países, em apoio aos esforços nacionais de implementação dos planos de educação básica. As atividades conjuntas deveriam ser concebidas com vista ao aproveitamento das economias de escala e às vantagens comparativas dos países participantes. Seis áreas parecem-nos particularmente apropriadas a essa forma de colaboração regional:

(i) capacitação de pessoal-chave, como planejadores, administradores, formadores de educadores, pesquisadores etc.;
(ii) esforços para melhorar a coleta e análise da informação;
(iii) pesquisa;
(iv) produção de material didático;
(v) utilização dos meios de comunicação para satisfazer as necessidades básicas de aprendizagem; e
(vi) gestão e uso dos serviços de educação a distância.

Também, nesse aspecto, existem muitos mecanismos que poderiam ser utilizados para fomentar tais atividades. Entre eles, o Instituto Internacional de Planejamento da Educação, da Unesco, e suas redes de capacitação e pesquisa, bem como a rede de informação do IBE e o Instituto de Educação da Unesco; as cinco redes para a inovação educacional, operando sob os auspícios da Unesco; os grupos consultivos de pesquisa e estudo (RRGAs), associados ao Centro Internacional de Pesquisa Para o Desenvolvimento (IDRC); o "Commonwealth of Learning"; o Centro Cultural Asiático para a Unesco; a rede participante estabelecida pelo Conselho Internacional para a Educação de Adultos; e a Associação Internacional para a Avaliação do Desempenho Escolar, que congrega as principais instituições nacionais de pesquisa de, aproximadamente, 35 países. Certas agências de desenvolvimento bilateral e multilateral, que acumularam experiência valiosa em uma ou mais dessas áreas, devem interessar-se em participar nas atividades conjuntas. As cinco comissões regionais das Nações Unidas podem prestar apoio adicional a essa colaboração regional, particularmente pela mobilização de dirigentes para a tomada das medidas adequadas.

3. AÇÃO PRIORITÁRIA EM NÍVEL MUNDIAL

41. A comunidade mundial tem uma sólida história de cooperação em educação e desenvolvimento. Entretanto, financiamentos internacionais para a Educação

registraram uma certa estagnação em princípios dos anos 1980; ao mesmo tempo, muitos países sofreram desvantagens resultantes do crescimento de sua dívida e das relações econômicas canalizadoras de recursos financeiros e humanos para países mais ricos. Países industrializados ou em desenvolvimento compartilham um interesse comum pela educação básica; por isso mesmo, a cooperação internacional poderá aportar valioso apoio aos esforços e ações nacionais e regionais, no sentido de implementar um enfoque mais amplo da Educação para Todos. Tempo, energia e fundos destinados à educação básica constituem, talvez, o mais importante investimento que se pode fazer no povo e no futuro de um país; há uma clara necessidade e um forte argumento moral e econômico apelando à solidariedade internacional para que se proporcione cooperação técnica e financeira aos países que carecem dos recursos necessários ao atendimento das necessidades básicas de aprendizagem de suas populações.

3.1. COOPERAR NO CONTEXTO INTERNACIONAL

42. Satisfazer as necessidades básicas de aprendizagem constitui responsabilidade comum e universal a todos os povos. As perspectivas de satisfação dessas necessidades são determinadas, em parte, pela dinâmica das relações e do comércio internacional. Graças ao relaxamento das tensões e ao decréscimo do número de conflitos armados, apresenta-se agora uma possibilidade real de redução do tremendo desperdício representado pelos gastos militares que poderão, então, ser canalizados para setores socialmente úteis, entre os quais a educação básica. A urgente tarefa de satisfação das necessidades básicas de aprendizagem pode vir a requerer uma tal realocação de recursos entre os diversos setores. A comunidade mundial e os governos nacionais deverão proceder ao planejamento dessa conversão de recursos a fins pacíficos, munidos de coragem, e discernimento, agindo de forma cuidadosa e refletida. Serão igualmente necessárias medidas internacionais para redução ou eliminação dos desequilíbrios ora registrados nas relações comerciais, e também para reduzir o fardo da dívida, de forma a possibilitar aos países de baixa renda reconstituir suas economias, otimizar e manter os recursos humanos e financeiros necessários ao desenvolvimento e ao provimento de educação básica às suas populações. Políticas de ajuste estrutural devem assegurar os níveis adequados de recursos a serem alocados para a educação.

3.2. FORTALECER AS CAPACIDADES NACIONAIS

43. Apoio internacional deve ser proporcionado, quando solicitado, aos países desejosos de desenvolver as capacidades nacionais necessárias ao planejamento e administração dos programas e serviços de educação básica (veja a seção 1.4). Cabe a cada nação, em particular, a responsabilidade capital pela elaboração e administração dos programas de provisão das necessidades de aprendizagem de toda a população. A cooperação internacional pode traduzir-se também em capacitação e desenvolvimento institucional para a coleta, análise e pesquisa de dados, inovações tecnológica e metodológicas educacionais. Sistemas informáticos e outros

métodos modernos de gerenciamento poderiam também ser introduzidos, com ênfase nos níveis inferior e médio de administração. Essas capacidades serão ainda mais necessárias como apoio à melhoria da qualidade da educação fundamental e à introdução de programas extra escolares inovadores. Além do apoio direto a países e instituições, a cooperação internacional pode também ser proveitosamente canalizada para atividades conjuntas – intercâmbio de programas de pesquisa, capacitação e informação – conduzidas por entidades internacionais, regionais e bilaterais. De fato, atividades de capacitação e informação devem ser baseadas e apoiadas, aperfeiçoadas e fortalecidas, quando for o caso, por instituições e programas já existentes, em detrimento da criação de novas estruturas. Um tal tipo de apoio será particularmente valioso no âmbito da cooperação técnica entre países em desenvolvimento, nos quais tanto as circunstâncias quanto os recursos disponíveis para lidar com elas são, muitas vezes, similares.

3.3 PRESTAR APOIO CONTÍNUO E DE LONGO PRAZO ÀS AÇÕES NACIONAIS E REGIONAIS (CONTINENTAIS, SUBCONTINENTAIS E INTERCONTINENTAIS)

44. Satisfazer às necessidades básicas de aprendizagem de todas as pessoas em todos os países, é, obviamente, um empreendimento a longo prazo. Este Plano de Ação provê diretrizes para a formulação de planos de ação nacional e estadual para o desenvolvimento da educação básica, mediante o compromisso duradouro dos governos e seus colaboradores nacionais, com a ação conjunta para a consecução das metas e objetivos que eles mesmos se propuseram. Instituições e agências internacionais, entre as quais pontuam inúmeros patrocinadores, copatrocinadores e patrocinadores associados da Conferência Mundial sobre Educação para Todos, devem empenhar-se ativamente no planejamento conjunto e sustentação do seu apoio de longo prazo às ações nacionais e regionais tipificadas nas seções anteriores. Os principais patrocinadores da iniciativa de Educação para Todos (PNUD, Unesco, Unicef, Banco Mundial), cada um no âmbito de seu mandato e responsabilidades especiais, e de acordo com a decisão de suas instâncias diretoras, devem ratificar seu compromisso de apoio às áreas prioritárias de ação internacional listadas a seguir, e a adoção de medidas adequadas para a consecução dos objetivos da Educação para Todos. Sendo a Unesco a agência das Nações Unidas particularmente responsável pela educação, deverá conceder prioridade à implementação do Plano de Ação e fomento à provisão dos serviços necessários ao fortalecimento da cooperação e coordenação internacionais.

45. Uma maior assistência financeira se faz necessária para que os países menos desenvolvidos possam implementar seus planos autônomos de ação, em consonância ao enfoque mais amplo da Educação para Todos. Uma autêntica parceria, caracterizada pela cooperação e compromissos conjuntos de longo prazo, permitirá a obtenção de melhores resultados e o estabelecimento das bases para um aumento substancial do financiamento global para este importante subsetor da educação. A pedido dos governos, as agências multilaterais e bilaterais deverão concentrar seu apoio em ações

prioritárias, especialmente em nível nacional (ver seção 1), em áreas, como as que se seguem:

a. Desenho ou atualização de planos de ação multissetoriais nacionais ou estaduais (ver item 1.1), o que deve acontecer no início dos anos 1990. Muitos países em desenvolvimento carecem de assistência técnica e financeira para a coleta e análise de dados, em particular, e também para a organização de consultarias nacionais.

b. Esforços nacionais e cooperação entre países para atingir um nível satisfatório de qualidade e relevância na educação fundamental (conforme os itens 1.3 e 2). Experiências que envolvam a participação das famílias, comunidades locais e organizações não governamentais no incremento da relevância da educação e melhoria de sua qualidade podem ser proveitosamente compartilhadas por diferentes países.

c. Universalização da educação fundamental nos países economicamente mais pobres. As agências internacionais de financiamento deveriam considerar negociações caso a caso para a provisão de apoio a longo prazo, de modo a ajudar cada país em seu progresso rumo à universalização da educação fundamental, dentro do calendário estabelecido por cada país.

As agências externas devem reavaliar as práticas ordinárias de assistência, e encontrar maneiras de prestar ajuda efetiva aos programas de educação básica que exigem não uma contribuição intensiva de capital e tecnologia, porém, apoio orçamentário a longo prazo.

Nesse sentido, é preciso atentar para os critérios relativos à cooperação para o desenvolvimento da educação, levando em conta mais que considerações meramente econômicas.

d. Programas desenhados para satisfazer as necessidades básicas de aprendizagem de grupos desassistidos, jovens fora da escola e adultos com pouco ou nenhum acesso à educação básica. Todos os parceiros poderão compartilhar suas experiências e competências na concepção e execução de medidas e atividades inovadoras, bem como concentrar seus financiamentos para a educação básica em categorias e grupos específicos (por exemplo: mulheres, camponeses pobres, portadores de deficiências), e assim melhorar significativamente as oportunidades e condições de aprendizagem que lhes são acessíveis.

e. Programas de educação para mulheres e meninas. Tais programas devem objetivar a eliminação das barreiras sociais e culturais que têm desencorajado, e mesmo excluído, mulheres e meninas dos benefícios dos programas regulares de educação, bem como promover a igualdade de oportunidades para elas em todos os aspectos de suas vidas.

f. Programas de educação para refugiados. Os programas a cargo de organizações como o Alto Comitê das Nações Unidas para os Refugiados (ACNUR) e a Agências das Nações Unidas de Obras e Socorro aos Refugiados Palestinos no Oriente Próximo (UNRWA), exigem um apoio financeiro a longo prazo, mais substancial e seguro, para o cumprimento dessa reconhecida responsabilidade internacional. Nos casos em que os países que acolhem refugiados necessitem de assistência técnica e financeira internacional para fazer face às necessidades básicas dos refugiados – as de aprendizagem, inclusive – a comunidade internacional poderá aliviar este fardo mediante o incremento da cooperação. Esta se estenderá também ao esforço para assegurar às pessoas que vivem em territórios ocupados, que foram deslocadas pela guerra ou por outras calamidades, o acesso a programas de educação básica que preservem sua identidade cultural.

g. Programas de educação básica de todo tipo em países com altas taxas de analfabetismo (como na África ao Sul do Saara) e com grandes contingentes populacionais iletrados (como no sul da Ásia). Será necessário uma considerável assistência para reduzir significativamente o elevado número de adultos analfabetos no mundo.

h. Formação de capacidades para pesquisa, planejamento e a experimentação de inovações em pequena escala. O êxito das atividades de Educação para Todos dependerá fundamentalmente da capacidade de cada país conceber e executar programas que reflitam as condições nacionais. Para isso, será indispensável uma sólida base de conhecimentos, alimentada pelos resultados da pesquisa, lições aprendidas com experiências e inovações, tanto quanto pela disponibilidade de competentes planejadores educacionais.

46. A coordenação dos financiamentos externos para educação é uma área de corresponsabilidade em nível nacional, que deve ser assumida igualmente pelos diversos parceiros, e onde os governos beneficiários devem tomar a si a iniciativa, de forma a garantir o uso eficaz dos recursos, de acordo com as suas prioridades. As agências de financiamento do desenvolvimento devem explorar formas inovadoras e mais flexíveis de cooperação, em consulta com os governos e as instituições com os quais trabalham e cooperam em iniciativas regionais, como é o caso do Grupo de Trabalho de Doadores para a Educação na África. Além disso, devem ser criados outros fóruns, onde as agências de financiamento e os países em desenvolvimento possam colaborar na elaboração de projetos entre países e discutir assuntos gerais relativos à ajuda financeira.

3.4 CONSULTAS ACERCA DE QUESTÕES DE POLÍTICA

47. Os atuais canais de comunicação e fóruns de consulta entre as muitas partes engajadas na satisfação das necessidades básicas de aprendizagem deverão ser plenamente utilizados durante a década de 1990, com o intuito de manter e ampliar o Consenso internacional em que se baseia este Plano de Ação. Alguns canais e fóruns, como a Conferência Internacional de Educação, que acontece a cada dois anos, atuam globalmente, enquanto outros se concentram em regiões específicas, grupos de países ou categorias de parceiros. Na medida do possível, as organizações devem procurar coordenar estas consultas e compartilhar os resultados.

48. Além disso, e com a finalidade de manter e desenvolver a iniciativa da Educação para Todos, a comunidade internacional precisará tomar as medidas apropria-

das para assegurar a cooperação entre os organismos interessados, utilizando, se possível, os mecanismos existentes, de forma a:

(i) continuar propugnando a Educação Básica para Todos, aproveitando-se o impulso gerado pela Conferência Mundial;
(ii) facilitar o intercâmbio de informação sobre os processos realizados na consecução das metas da educação básica estabelecidas por cada país, individualmente, e também sobre as estruturas e os recursos organizativos necessários para o êxito destas iniciativas;
(iii) encorajar novos parceiros a somarem-se a este esforço mundial; e
(iv) assegurar que todos os participantes estejam plenamente conscientes da importância de se sustentar um sólido apoio à educação básica.

CALENDÁRIO INDICATIVO DE IMPLEMENTAÇÃO PARA OS ANOS 1990

49. No processo de determinação de seus próprios objetivos e metas intermediárias e preparação do plano de ação para sua consecução, cada país deverá estabelecer um calendário que harmonize e programe as atividades específicas. Do mesmo modo, devem ser as ações regionais e internacionais programadas ordenadamente, a fim de ajudar os países a atingir suas metas dentro do tempo proposto. O calendário geral que se segue propõe fases indicativas para o trabalho a ser desenvolvido ao longo dos anos 1990; evidentemente, é possível que certas fases venham a se imbricar neste processo, tornando necessário adaptar as datas preestabelecidas às condições específicas de cada país e ao seu contexto organizacional.

1. Governos e organizações devem estabelecer metas específicas e completar ou atualizar seus planos de ação para satisfazer as necessidades básicas de aprendizagem (ver seção 1.1); adotar medidas para a criação de um contexto político favorável (1.2), delinear políticas para o incremento da relevância, qualidade, equidade e eficiência dos serviços e programas de educação básica (1.3); definir como será feita a adaptação dos meios de comunicação e informação à satisfação das necessidades básicas de aprendizagem (1.4); mobilizar recursos e estabelecer alianças operacionais (1.6). Os parceiros internacionais poderão prestar ajuda mediante o apoio direto e a cooperação regional, completando esta etapa preparatória (1990-1991).
2. As agências de desenvolvimento devem estabelecer políticas e planos para a década de 1990, em consonância ao seu compromisso de manter o apoio a longo prazo às ações nacionais e regionais, e ampliar a ajuda técnica e financeira à educação básica (3.3). Todos os parceiros devem fortalecer e utilizar os mecanismos apropriados de consulta e cooperação já existentes, bem como estabelecer procedimentos para o acompanhamento dos progressos aos níveis regional e internacional (1990-1993).
3. Primeira etapa de implementação dos planos de ação: os organismos nacionais de coordenação irão acompanhar a implementação e propor ajustes

aos planos. Etapa de realização de ações regionais e internacionais de apoio (1990-1995).
4. Os governos e as organizações procederão à avaliação do período intermediário de implementação de seus respectivos planos e, caso necessário, farão ajustes. Governos, organizações e agências de desenvolvimento deverão empreender também uma ampla revisão das políticas aos níveis regional e mundial (1995-1996).
5. Segunda etapa de implementação dos planos de ação e apoio regional e internacional. As agências de desenvolvimento promoverão ajustes em seus planos, onde necessário, e incrementos consoantes em sua ajuda à educação básica (1996-2000).
6. Governos, organizações e agências de desenvolvimento deverão avaliar as realizações e empreender uma ampla revisão das políticas aos níveis regional e mundial (2000-2001).

50. Jamais testemunharemos um outro momento tão propício à renovação do compromisso com o esforço a longo prazo para satisfação das necessidades básicas de aprendizagem de todas as crianças, jovens e adultos. Tal esforço exigirá, contudo, um muito maior e racional aporte de recursos para a educação básica e capacitação do que tem sido feito até o momento. Todavia, os benefícios advindos deste esforço começarão a ser colhidos de imediato, e crescerão um tanto a cada dia, até a solução dos grandes problemas mundiais que hoje enfrentamos. E isso graças, em grande parte, à determinação e perseverança da comunidade internacional na persecução de sua meta: Educação para Todos.

Declaração de Salamanca

Sobre Princípios, Políticas e Práticas na Área das Necessidades Educativas Especiais

Reconvocando as várias declarações das Nações Unidas que culminaram no documento das Nações Unidas "Regras Padrões sobre Equalização de Oportunidades para Pessoas com Deficiências", o qual demanda que os Estados assegurem que a educação de pessoas com deficiências seja parte integrante do sistema educacional. Notando com satisfação um incremento no envolvimento de governos, grupos de advocacia, comunidades e pais, e em particular de organizações de pessoas com deficiências, na busca pela melhoria do acesso à educação para a maioria daqueles cujas necessidades especiais ainda se encontram desprovidas; e reconhecendo como evidência para tal envolvimento a participação ativa do alto nível de representantes e de vários governos, agências especializadas, e organizações intergovernamentais naquela Conferência Mundial.
1. Nós, os delegados da Conferência Mundial de Educação Especial, representando 88 governos e 25 organizações internacionais em assembleia aqui em Salamanca, Espanha, entre 7 e 10 de junho de 1994, reafirmamos o nosso compromisso para com a Educação para Todos, reconhecendo a necessidade e urgência do pro-

videnciamento de educação para as crianças, jovens e adultos com necessidades educacionais especiais dentro do sistema regular de ensino e reendossamos a Estrutura de Ação em Educação Especial, em que, pelo espírito de cujas provisões e recomendações governo e organizações sejam guiados.

2. Acreditamos e proclamamos que:
- toda criança tem direito fundamental à educação, e deve ser dada a oportunidade de atingir e manter o nível adequado de aprendizagem,
- toda criança possui características, interesses, habilidades e necessidades de aprendizagem que são únicas,
- sistemas educacionais deveriam ser designados e programas educacionais deveriam ser implementados no sentido de levar em conta a vasta diversidade de tais características e necessidades,
- aqueles com necessidades educacionais especiais devem ter acesso à escola regular, que deveria acomodá-los dentro de uma pedagogia centrada na criança, capaz de satisfazer a tais necessidades,
- escolas regulares que possuam tal orientação inclusiva constituem os meios mais eficazes de combater atitudes discriminatórias criando-se comunidades acolhedoras, construindo uma sociedade inclusiva e alcançando educação para todos; além disso, tais escolas proveem uma educação efetiva à maioria das crianças e aprimoram a eficiência e, em última instância, o custo da eficácia de todo o sistema educacional.

3. Nós congregamos todos os governos e demandamos que eles:
- atribuam a mais alta prioridade política e financeira ao aprimoramento de seus sistemas educacionais no sentido de se tornarem aptos a incluírem todas as crianças, independentemente de suas diferenças ou dificuldades individuais.
- adotem o princípio de educação inclusiva em forma de lei ou de política, matriculando todas as crianças em escolas regulares, a menos que existam fortes razões para agir de outra forma.
- desenvolvam projetos de demonstração e encorajem intercâmbios em países que possuam experiências de escolarização inclusiva.
- estabeleçam mecanismos participatórios e descentralizados para planejamento, revisão e avaliação de provisão educacional para crianças e adultos com necessidades educacionais especiais.
- encorajem e facilitem a participação de pais, comunidades e organizações de pessoas portadoras de deficiências nos processos de planejamento e tomada de decisão concernentes à provisão de serviços para necessidades educacionais especiais.
- invistam maiores esforços em estratégias de identificação e intervenção precoces, bem como nos aspectos vocacionais da educação inclusiva.

- garantam que, no contexto de uma mudança sistêmica, programas de treinamento de professores, tanto em serviço como durante a formação, incluam a provisão de educação especial dentro das escolas inclusivas.

4. Nós também congregamos a comunidade internacional; em particular, nós congregamos – governos com programas de cooperação internacional, agências financiadoras internacionais, especialmente as responsáveis pela Conferência Mundial em Educação para Todos, Unesco, Unicef, UNDP e o Banco Mundial:

- a endossar a perspectiva de escolarização inclusiva e apoiar o desenvolvimento da educação especial como parte integrante de todos os programas educacionais;
- As Nações Unidas e suas agências especializadas, em particular a ILO, WHO, Unesco e Unicef:
- a reforçar seus estímulos de cooperação técnica, bem como reforçar suas cooperações e redes de trabalho para um apoio mais eficaz à já expandida e integrada provisão em educação especial;
- organizações não governamentais envolvidas na programação e entrega de serviço nos países;
- a reforçar sua colaboração com as entidades oficiais nacionais e intensificar o envolvimento crescente delas no planejamento, implementação e avaliação de provisão em educação especial que seja inclusiva;
- Unesco, enquanto a agência educacional das Nações Unidas;
- a assegurar que educação especial faça parte de toda discussão que lide com educação para todos em vários foros;
- a mobilizar o apoio de organizações dos profissionais de ensino em questões relativas ao aprimoramento do treinamento de professores no que diz respeito a necessidade educacionais especiais.
- a estimular a comunidade acadêmica no sentido de fortalecer pesquisa, redes de trabalho e o estabelecimento de centros regionais de informação e documentação e da mesma forma, a servir de exemplo em tais atividades e na disseminação dos resultados específicos e dos progressos alcançados em cada país no sentido de realizar o que almeja a presente Declaração.
- a mobilizar Fundos através da criação (dentro de seu próximo Planejamento a Médio Prazo, 1996-2000) de um programa extensivo de escolas inclusivas e programas de apoio comunitário, que permitiriam o lançamento de projetos piloto que demonstrassem novas formas de disseminação e o desenvolvimento de indicadores de necessidade e de provisão de educação especial.

5. Por último, expressamos nosso caloroso reconhecimento ao governo da Espanha e à Unesco pela organização da Conferência e demandamo-lhes realizarem todos os esforços no sentido de trazer esta Declaração e sua relativa Estrutura de Ação da comunidade mundial, especialmente em eventos importantes tais como o Tratado Mundial de Desenvolvimento Social (em Kopenhagen, em 1995) e a Con-

ferência Mundial sobre a Mulher (em Beijing, e, 1995). Adotada por aclamação na cidade de Salamanca, Espanha, neste décimo dia de junho de 1994.

ESTRUTURA DE AÇÃO EM EDUCAÇÃO ESPECIAL

Introdução

1. Esta Estrutura de Ação em Educação Especial foi adotada pela conferencia Mundial em Educação Especial organizada pelo governo da Espanha em cooperação com a UNESCO, realizada em Salamanca entre 7 e 10 de junho de 1994. Seu objetivo é informar sobre políticas e guias ações governamentais, de organizações internacionais ou agências nacionais de auxílio, organizações não governamentais e outras instituições na implementação da Declaração de Salamanca sobre princípios, Política e prática em Educação Especial. A Estrutura de Ação baseia-se fortemente na experiência dos países participantes e também nas resoluções, recomendações e publicações do sistema das Nações Unidas e outras organizações intergovernamentais, especialmente o documento "Procedimentos-Padrões na Equalização de Oportunidades para pessoas Portadoras de Deficiência. Tal Estrutura de Ação também leva em consideração as propostas, direções e recomendações originadas dos cinco seminários regionais preparatórios da Conferência Mundial.

2. O direito de cada criança a educação é proclamado na Deciaração Universal de Direitos Humanos e foi fortemente reconfirmado pela Declaração Mundial sobre Educação para Todos. Qualquer pessoa portadora de deficiência tem o direito de expressar seus desejos com relação à sua educação, tanto quanto estes possam ser realizados. Pais possuem o direito inerente de serem consultados sobre a forma de educação mais apropriadas às necessidades, circunstâncias e aspirações de suas crianças.

3. O princípio que orienta esta Estrutura é o de que escolas deveriam acomodar todas as crianças independentemente de suas condições físicas, intelectuais, sociais, emocionais, linguísticas ou outras. Aquelas deveriam incluir crianças deficientes e superdotadas, crianças de rua e que trabalham, crianças de origem remota ou de população nômade, crianças pertencentes a minorias linguísticas, étnicas ou culturais, e crianças de outros grupos desavantajados ou marginalizados. Tais condições geram uma variedade de diferentes desafios aos sistemas escolares. No contexto desta Estrutura, o termo "necessidades educacionais especiais" refere--se a todas aquelas crianças ou jovens cujas necessidades educacionais especiais se originam em função de deficiências ou dificuldades de aprendizagem. Muitas crianças experimentam dificuldades de aprendizagem e portanto possuem necessidades educacionais especiais em algum ponto durante a sua escolarização. Escolas devem buscar formas de educar tais crianças bem-sucedidamente, incluindo aquelas que possuam desvantagens severas. Existe um consenso emergente de que crianças e jovens com necessidades educacionais especiais devam ser incluídas em arranjos educacionais feitos para a maioria das crianças. Isto levou ao conceito de escola inclusiva. O desafio que confronta a escola inclusiva é no que diz respeito

ao desenvolvimento de uma pedagogia centrada na criança e capaz de bem-sucedidamente educar todas as crianças, incluindo aquelas que possuam desvantagens severa. O mérito de tais escolas não reside somente no fato de que elas sejam capazes de prover uma educação de alta qualidade a todas as crianças: o estabelecimento de tais escolas é um passo crucial no sentido de modificar atitudes discriminatórias, de criar comunidades acolhedoras e de desenvolver uma sociedade inclusiva.

4. Educação Especial incorpora os mais do que comprovados princípios de uma forte pedagogia da qual todas as crianças possam se beneficiar. Ela assume que as diferenças humanas são normais e que, em consonância com a aprendizagem de ser adaptada às necessidades da criança, em vez de se adaptar a criança às assunções preconcebidas a respeito do ritmo e da natureza do processo de aprendizagem. Uma pedagogia centrada na criança é beneficial a todos os estudantes e, consequentemente, à sociedade como um todo. A experiência tem demonstrado que tal pedagogia pode consideravelmente reduzir a taxa de desistência e repetência escolar (que são tão características de tantos sistemas educacionais) e ao mesmo tempo garantir índices médios mais altos de rendimento escolar. Uma pedagogia centrada na criança pode impedir o desperdício de recursos e o enfraquecimento de esperanças, tão frequentemente consequências de uma instrução de baixa qualidade e de uma mentalidade educacional baseada na ideia de que "um tamanho serve a todos". Escolas centradas na criança são além do mais a base de treino para uma sociedade baseada no povo, que respeita tanto as diferenças quanto a dignidade de todos os seres humanos. Uma mudança de perspectiva social é imperativa. Por um tempo demasiadamente longo os problemas das pessoas portadoras de deficiências têm sido compostos por uma sociedade que inabilita, que tem prestado mais atenção aos impedimentos do que aos potenciais de tais pessoas.

5. Esta Estrutura de Ação compõe-se das seguintes seções:

I. Novo pensar em educação especial

II. Orientações para a ação em nível nacional:

    A. Política e Organização
    B. Fatores Relativos à Escola
    C. Recrutamento e Treinamento de Educadores
    D. Serviços Externos de Apoio
    E. Áreas Prioritárias
    F. Perspectivas Comunitárias
    G. Requerimentos Relativos a Recursos

III. Orientações para ações em níveis regionais e internacionais

6. A tendência em política social durante as duas últimas décadas tem sido a de promover integração e participação e de combater a exclusão. Inclusão e participação são essenciais à dignidade humana e ao desfrutamento e exercício dos direi-

tos humanos. Dentro do campo da educação, isto se reflete no desenvolvimento de estratégias que procuram promover a genuína equalização de oportunidades. Experiências em vários países demonstram que a integração de crianças e jovens com necessidades educacionais especiais é melhor alcançada dentro de escolas inclusivas, que servem a todas as crianças dentro da comunidade. É dentro deste contexto que aqueles com necessidades educacionais especiais podem atingir o máximo progresso educacional e integração social. Ao mesmo tempo em que escolas inclusivas proveem um ambiente favorável à aquisição de igualdade de oportunidades e participação total, o sucesso delas requer um esforço claro, não somente por parte dos professores e dos profissionais na escola, mas também por parte dos colegas, pais, famílias e voluntários. A reforma das instituições sociais não constitui somente um tarefa técnica, ela depende, acima de tudo, de convicções, compromisso e disposição dos indivíduos que compõem a sociedade.

7. Princípio fundamental da escola inclusiva é o de que todas as crianças devem aprender juntas, sempre que possível, independentemente de quaisquer dificuldades ou diferenças que elas possam ter. Escolas inclusivas devem reconhecer e responder às necessidades diversas de seus alunos, acomodando ambos os estilos e ritmos de aprendizagem e assegurando uma educação de qualidade à todos através de um currículo apropriado, arranjos organizacionais, estratégias de ensino, uso de recurso e parceria com as comunidades. Na verdade, deveria existir uma continuidade de serviços e apoio proporcional ao contínuo de necessidades especiais encontradas dentro da escola.

8. Dentro das escolas inclusivas, crianças com necessidades educacionais especiais deveriam receber qualquer suporte extra requerido para assegurar uma educação efetiva. Educação inclusiva é o modo mais eficaz para construção de solidariedade entre crianças com necessidades educacionais especiais e seus colegas. O encaminhamento de crianças a escolas especiais ou a classes especiais ou a sessões especiais dentro da escola em caráter permanente deveriam constituir exceções, a ser recomendado somente naqueles casos infrequentes onde fique claramente demonstrado que a educação na classe regular seja incapaz de atender às necessidades educacionais ou sociais da criança ou quando sejam requisitados em nome do bem-estar da criança ou de outras crianças.

9. A situação com respeito à educação especial varia enormemente de um país a outro. Existem por exemplo, países que possuem sistemas de escolas especiais fortemente estabelecidos para aqueles que possuam impedimentos específicos. Tais escolas especiais podem representar um valioso recurso para o desenvolvimento de escolas inclusivas. Os profissionais destas instituições especiais possuem nível de conhecimento necessário à identificação precoce de crianças portadoras de deficiências. Escolas especiais podem servir como centro de treinamento e de recurso para os profissionais das escolas regulares. Finalmente, escolas especiais ou unidades dentro das escolas inclusivas podem continuar a prover a educação mais adequada a um número relativamente pequeno de crianças portadoras de deficiências que não possam ser adequadamente atendidas em classes ou escolas regulares. Investimentos em

escolas especiais existentes deveriam ser canalizados a este novo e amplificado papel de prover apoio profissional às escolas regulares no sentido de atender às necessidades educacionais especiais. Uma importante contribuição às escolas regulares que os profissionais das escolas especiais podem fazer refere-se à provisão de métodos e conteúdos curriculares às necessidades individuais dos alunos.

10. Países que possuam poucas ou nenhuma escolas especiais seriam em geral fortemente aconselhados a concentrar seus esforços no desenvolvimento de escolas inclusivas e serviços especializados – em especial, provisão de treinamento de professores em educação especial e estabelecimento de recursos adequadamente equipados e assessorados, para os quais as escolas pudessem se voltar quando precisassem de apoio – deveriam tornar as escolas aptas a servir à vasta maioria de crianças e jovens. A experiência, principalmente em países em desenvolvimento, indica que o alto custo de escolas especiais significa na prática, que apenas uma pequena minoria de alunos, em geral uma elite urbana, se beneficia delas. A vasta maioria de alunos com necessidades especiais, especialmente nas áreas rurais, é consequentemente, desprovida de serviços. De fato, em muitos países em desenvolvimento, estima-se que menos de um por cento das crianças com necessidades educacionais especiais são incluídas na provisão existente. Além disso, a experiência sugere que escolas inclusivas, servindo a todas as crianças numa comunidade são mais bem-sucedidas em atrair apoio da comunidade e em achar modos imaginativos e inovadores de uso dos limitados recursos que sejam disponíveis. Planejamento educacional da parte dos governos, portanto, deveria ser concentrado em educação para todas as pessoas, em todas as regiões do país e em todas as condições econômicas, através de escolas públicas e privadas.

11. Existem milhões de adultos com deficiências e sem acesso sequer aos rudimentos de uma educação básica, principalmente nas regiões em desenvolvimento no mundo, justamente porque no passado uma quantidade relativamente pequena de crianças com deficiências obteve acesso à educação. Portanto, um esforço concentrado é requerido no sentido de promover a alfabetização e o aprendizado da matemática e de habilidades básicas às pessoas portadoras de deficiências através de programas de educação de adultos. Também é importante que se reconheça que mulheres têm frequentemente sido duplamente desavantajadas, com preconceitos sexuais compondo as dificuldades causadas pelas suas deficiências. Mulheres e homens deveriam possuir a mesma influência no delineamento de programas educacionais e as mesmas oportunidades de se beneficiarem de tais. Esforços especiais deveriam ser feitos no sentido de encorajar a participação de meninas e mulheres com deficiências em programas educacionais.

12. Esta estrutura pretende ser um guia geral ao planejamento de ação em educação especial. Tal estrutura, evidentemente, não tem meios de dar conta da enorme variedade de situações encontradas nas diferentes regiões e países do mundo e deve desta maneira ser adaptada ao requerimento e às circunstâncias locais. Para que seja efetiva, ela deve ser complementada por ações nacionais, regionais e locais inspirados pelo desejo político e popular de alcançar educação para todos.

II. LINHAS DE AÇÃO EM NÍVEL NACIONAL

A. POLÍTICA E ORGANIZAÇÃO

13. Educação integrada e reabilitação comunitária representam abordagens complementares àqueles com necessidades especiais. Ambas se baseiam nos princípios de inclusão, integração e participação e representam abordagens bem testadas e financeiramente efetivas para promoção de igualdade de acesso para aqueles com necessidades educacionais especiais como parte de uma estratégia nacional que objetive o alcance de educação para todos. Países são convidados a considerar as seguintes ações concernentes a política e organização de seus sistemas educacionais.

14. Legislação deveria reconhecer o princípio de igualdade de oportunidade para crianças, jovens e adultos com deficiências na educação primária, secundária e terciária, sempre que possível em ambientes integrados.

15. Medidas Legislativas paralelas e complementares deveriam ser adotadas nos campos da saúde, bem-estar social, treinamento vocacional e trabalho no sentido de promover apoio e gerar total eficácia à legislação educacional.

16. Políticas educacionais em todos os níveis, do nacional ao local, deveriam estipular que a criança portadora de deficiência deveria frequentar a escola de sua vizinhança: ou seja, a escola que seria frequentada caso a criança não portasse nenhuma deficiência. Exceções à esta regra deveriam ser consideradas individualmente, caso por caso, em casos em que a educação em instituição especial seja requerida.

17. A prática de desmarginalização de crianças portadoras de deficiência deveria ser parte integrante de planos nacionais que objetivem atingir educação para todos. Mesmo naqueles casos excepcionais em que crianças sejam colocadas em escolas especiais, a educação dela não precisa ser inteiramente segregada. Frequência em regime não integral nas escolas regulares deveria ser encorajada. Provisões necessárias deveriam também ser feitas no sentido de assegurar inclusão de jovens e adultos com necessidade especiais em educação secundária e superior, bem como em programa de treinamento. Atenção especial deveria ser dada à garantia da igualdade de acesso e oportunidade para meninas e mulheres portadoras de deficiências.

18. Atenção especial deveria ser prestada às necessidades das crianças e jovens com deficiências múltiplas ou severas. Eles possuem os mesmos direitos que outros na comunidade, à obtenção de máxima independência na vida adulta e deveriam ser educados neste sentido, ao máximo de seus potenciais.

19. Políticas educacionais deveriam levar em total consideração as diferenças e situações individuais. A importância da linguagem de signos como meio de comunicação entre os surdos, por exemplo, deveria ser reconhecida e provisão deveria ser feita no sentido de garantir que todas as pessoas surdas tenham acesso a educação em sua língua nacional de signos. Devido às necessidades particulares

de comunicação dos surdos e das pessoas surdas/cegas, a educação deles pode ser mais adequadamente provida em escolas especiais ou classes especiais e unidades em escolas regulares.

20. Reabilitação comunitária deveria ser desenvolvida como parte de uma estratégia global de apoio a uma educação financeiramente efetiva e treinamento para pessoas com necessidade educacionais especiais. Reabilitação comunitária deveria ser vista como uma abordagem específica dentro do desenvolvimento da comunidade objetivando a reabilitação, equalização de oportunidades e integração social de todas as pessoas portadoras de deficiências; deveria ser implementada através de esforços combinados entre as pessoas portadoras de deficiências, suas famílias e comunidades e os serviços apropriados de educação, saúde, bem-estar e vocacional.

21. Ambos os arranjos políticos e de financiamento deveriam encorajar e facilitar o desenvolvimento de escolas inclusivas. Barreiras que impeçam o fluxo de movimento da escola especial para a regular deveriam ser removidas e uma estrutura administrativa comum deveria ser organizada. Progresso em direção à inclusão deveria ser cuidadosamente monitorado através do agrupamento de estatísticas capazes de revelar o número de estudantes portadores de deficiências que se beneficiam dos recursos, know-how e equipamentos direcionados à educação especial bem como o número de estudantes com necessidades educacionais especiais matriculados nas escolas regulares.

22. Coordenação entre autoridades educacionais e as responsáveis pela saúde, trabalho e assistência social deveria ser fortalecida em todos os níveis no sentido de promover convergência e complementariedade. Planejamento e coordenação também deveriam levar em conta o papel real e o potencial que agências semipúblicas e organizações não governamentais podem ter. Um esforço especial necessita ser feito no sentido de se atrair apoio comunitário à provisão de serviços educacionais especiais.

23. Autoridades nacionais têm a responsabilidade de monitorar financiamento externo à educação especial e trabalhando em cooperação com seus parceiros internacionais, assegurar que tal financiamento corresponda às prioridades nacionais e políticas que objetivem atingir educação para todos. Agências bilaterais e multilaterais de auxílio, por sua parte, deveriam considerar cuidadosamente as políticas nacionais com respeito à educação especial no planejamento e implementação de programas em educação e áreas relacionadas.

B. FATORES RELATIVOS À ESCOLA

24. O desenvolvimento de escolas inclusivas que ofereçam serviços a uma grande variedade de alunos em ambas as áreas rurais e urbanas requer a articulação de uma política clara e forte de inclusão junto com provisão financeira adequada – um esforço eficaz de informação pública para combater o preconceito e criar atitudes informadas e positivas – um programa extensivo de orientação e treinamento

profissional – e a provisão de serviços de apoio necessários. Mudanças em todos os seguintes aspectos da escolarização, assim como em muitos outros, são necessárias para a contribuição de escolas inclusivas bem-sucedidas: currículo, prédios, organização escolar, pedagogia, avaliação, pessoal, filosofia da escola e atividades extracurriculares.

25. Muitas das mudanças requeridas não se relacionam exclusivamente à inclusão de crianças com necessidades educacionais especiais. Elas fazem parte de um reforma mais ampla da educação, necessária para o aprimoramento da qualidade e relevância da educação, e para a promoção de níveis de rendimento escolar superiores por parte de todos os estudantes. A Declaração Mundial sobre Educação para Todos enfatizou a necessidade de uma abordagem centrada na criança objetivando a garantia de uma escolarização bem-sucedida para todas as crianças. A adoção de sistemas mais flexíveis e adaptativos, capazes de mais largamente levar em consideração as diferentes necessidades das crianças irá contribuir tanto para o sucesso educacional quanto para a inclusão. As seguintes orientações enfocam pontos a ser considerados na integração de crianças com necessidades educacionais especiais em escolas inclusivas. Flexibilidade Curricular.

26. O currículo deveria ser adaptado às necessidades das crianças, e não vice-versa. Escolas deveriam, portanto, prover oportunidades curriculares que sejam apropriadas a criança com habilidades e interesses diferentes.

27. Crianças com necessidades especiais deveriam receber apoio instrucional adicional no contexto do currículo regular, e não de um currículo diferente. O princípio regulador deveria ser o de providenciar a mesma educação a todas as crianças, e também prover assistência adicional e apoio às crianças que assim o requeiram.

28. A aquisição de conhecimento não é somente uma questão de instrução formal e teórica. O conteúdo da educação deveria ser voltado a padrões superiores e às necessidades dos indivíduos com o objetivo de torná-los aptos a participar totalmente no desenvolvimento. O ensino deveria ser relacionado às experiências dos alunos e a preocupações práticas no sentido de melhor motivá-los.

29. Para que o progresso da criança seja acompanhado, formas de avaliação deveriam ser revistas. Avaliação formativa deveria ser incorporada no processo educacional regular no sentido de manter alunos e professores informados do controle da aprendizagem adquirida, bem como no sentido de identificar dificuldades e auxiliar os alunos a superá-las.

30. Para crianças com necessidades educacionais especiais uma rede contínua de apoio deveria ser providenciada, com variação desde a ajuda mínima na classe regular até programas adicionais de apoio à aprendizagem dentro da escola e expandindo, conforme necessário, à provisão de assistência dada por professores especializados e pessoal de apoio externo.

31. Tecnologia apropriada e viável deveria ser usada quando necessário para aprimorar a taxa de sucesso no currículo da escola e para ajudar na comunicação, mobilidade e aprendizagem. Auxílios técnicos podem ser oferecidos de modo mais econômico e efetivo se eles forem providos a partir de uma associação central em cada localidade, aonde haja *know how* que possibilite a conjugação de necessidades individuais e assegure a manutenção.

32. Capacitação deveria ser originada e pesquisa deveria ser levada a cabo em níveis nacional e regional no sentido de desenvolver sistemas tecnológicos de apoio apropriados à educação especial. Estados que tenham ratificado o Acordo de Florença deveriam ser encorajados a usar tal instrumento no sentido de facilitar a livre circulação de materiais e equipamentos às necessidades das pessoas com deficiências. Da mesma forma, Estados que ainda não tenham aderido ao Acordo ficam convidados a assim fazê-lo para que se facilite a livre circulação de serviços e bens de natureza educacional e cultural.

Administração da Escola

33. Administradores locais e diretores de escolas podem ter um papel significativo quanto a fazer com que as escolas respondam mais às crianças com necessidades educacionais especiais desde que a eles sejam fornecidos a devida autonomia e adequado treinamento para que o possam fazê-lo. Eles (administradores e diretores) deveriam ser convidados a desenvolver uma administração com procedimentos mais flexíveis, a reaplicar recursos instrucionais, a diversificar opções de aprendizagem, a mobilizar auxílio individual, a oferecer apoio aos alunos experimentando dificuldades e a desenvolver relações com pais e comunidades. Uma administração escolar bem-sucedida depende de um envolvimento ativo e reativo de professores e do pessoal e do desenvolvimento de cooperação efetiva e de trabalho em grupo no sentido de atender as necessidades dos estudantes.

34. Diretores de escola têm a responsabilidade especial de promover atitudes positivas através da comunidade escolar e via arranjando uma cooperação efetiva entre professores de classe e pessoal de apoio. Arranjos apropriados para o apoio e o exato papel a ser assumido pelos vários parceiros no processo educacional deveria ser decidido através de consultoria e negociação.

35. Cada escola deveria ser uma comunidade coletivamente responsável pelo sucesso ou fracasso de cada estudante. O grupo de educadores, em vez de professores individualmente, deveria dividir a responsabilidade pela educação de crianças com necessidades especiais. Pais e voluntários deveriam ser convidados assumir participação ativa no trabalho da escola. Professores, no entanto, possuem um papel fundamental enquanto administradores do processo educacional, apoiando as crianças através do uso de recursos disponíveis, tanto dentro como fora da sala de aula.

Informação e Pesquisa

36. A disseminação de exemplos de boa prática ajudaria o aprimoramento do ensino e aprendizagem. Informação sobre resultados de estudos que sejam relevantes também seria valiosa. A demonstração de experiência e o desenvolvimento de centros de informação deveriam receber apoio em nível nacional, e o acesso a fontes de informação deveria ser ampliado.

37. A educação especial deveria ser integrada dentro de programas de instituições de pesquisa e desenvolvimento e de centros de desenvolvimento curricular. Atenção especial deveria ser prestada nesta área, a pesquisa--ação locando em estratégias inovadoras de ensino-aprendizagem. Professores deveriam participar ativamente tanto na ação quanto na reflexão envolvidas em tais investigações. Estudos piloto e estudos de profundidade deveriam ser lançados para auxiliar tomadas de decisões e para prover orientação futura. Tais experimentos e estudos deveriam ser levados a cabo numa base de cooperação entre vários países.

C. RECRUTAMENTO E TREINAMENTO DE EDUCADORES

38. Preparação apropriada de todos os educadores constitui-se um fator-chave na promoção de progresso no sentido do estabelecimento de escolas inclusivas. As seguintes ações poderiam ser tomadas. Além disso, a importância do recrutamento de professores que possam servir como modelo para crianças portadoras de deficiências torna-se cada vez mais reconhecida.

39. Treinamento pré-profissional deveria fornecer a todos os estudantes de pedagogia de ensino primário ou secundário orientação positiva diante da deficiência, desta forma desenvolvendo um entendimento daquilo que pode ser alcançado nas escolas através dos serviços de apoio disponíveis na localidade. O conhecimento e habilidades requeridas dizem respeito principalmente à boa prática de ensino e incluem a avaliação de necessidades especiais, adaptação do conteúdo curricular, utilização de tecnologia de assistência, individualização de procedimentos de ensino no sentido de abarcar uma variedade maior de habilidades etc. Nas escolas práticas de treinamento de professores, atenção especial deveria ser dada à preparação de todos os professores para que exercitem sua autonomia e apliquem suas habilidades na adaptação do currículo e da instrução no sentido de atender as necessidades especiais dos alunos, bem como no sentido de colaborar com os especialistas e cooperar com os pais.

40. Um problema recorrente em sistemas educacionais, mesmo naqueles que proveem excelentes serviços para estudantes portadores de deficiências refere-se a falta de modelos para tais estudantes. Alunos de educação especial requerem oportunidades de interagir com adultos portadores de deficiências que tenham obtido sucesso de forma que eles possam ter um padrão para seus próprios estilos de vida e aspirações com base em expectativas realistas. Além disso, alunos portadores de deficiên-

cias deveriam ser treinados e providos de exemplos de atribuição de poderes e liderança à deficiência de forma que eles possam auxiliar no modelamento de políticas que irão afetá-los futuramente. Sistemas educacionais deveriam, portanto, basear o recrutamento de professores e outros educadores que podem e deveriam buscar, para a educação de crianças especiais, o envolvimento de indivíduos portadores de deficiências que sejam bem-sucedidos e que provenham da mesma região.

41. As habilidades requeridas para responder as necessidades educacionais especiais deveriam ser levadas em consideração durante a avaliação dos estudos e da graduação de professores.

42. Como formar prioritária, materiais escritos deveriam ser preparados e seminários organizados para administradores locais, supervisores, diretores e professores, no sentido de desenvolver suas capacidades de prover liderança nesta área e de aposta e treinar pessoal menos experiente.

43. O menor desafio reside na provisão de treinamento em serviço a todos os professores, levando-se em consideração as variadas e frequentemente difíceis condições sob as quais eles trabalham. Treinamento em serviço deveria sempre que possível, ser desenvolvido ao nível da escola e por meio de interação com treinadores e apoiado por técnicas de educação à distância e outras técnicas autodidáticas.

44. Treinamento especializado em educação especial que leve às qualificações profissionais deveria normalmente ser integrado com ou precedido de treinamento e experiência como uma forma regular de educação de professores para que a complementariedade e a mobilidade sejam asseguradas.

45. O treinamento de professores especiais necessita ser reconsiderado com a intenção de lhes habilitar a trabalhar em ambientes diferentes e de assumir um papel-chave em programas de educação especial. Uma abordagem não categorizante que embarque todos os tipos de deficiências deveria ser desenvolvida como núcleo comum e anterior à especialização em uma ou mais áreas específicas de deficiência.

46. Universidades possuem um papel majoritário no sentido de aconselhamento no processo de desenvolvimento da educação especial, especialmente no que diz respeito à pesquisa, avaliação, preparação de formadores de professores e desenvolvimento de programas e materiais de treinamento. Redes de trabalho entre universidades e instituições de aprendizagem superior em países desenvolvidos e em desenvolvimento deveriam ser promovidas. A ligação entre pesquisa e treinamento neste sentido é de grande significado. Também é muito importante o envolvimento ativo de pessoas portadoras de deficiência em pesquisa e em treinamento para que se assegure que suas perspectivas sejam completamente levadas em consideração.

D. SERVIÇOS EXTERNOS DE APOIO

47. A provisão de serviços de apoio é de fundamental importância para o sucesso de políticas educacionais inclusivas. Para que se assegure que, em todos os níveis,

serviços externos sejam colocados à disposição de crianças com necessidades especiais, autoridades educacionais deveriam considerar o seguinte:

48. Apoio às escolas regulares deveria ser providenciado tanto pelas instituições de treinamento de professores quanto pelo trabalho de campo dos profissionais das escolas especiais. Os últimos deveriam ser utilizados cada vez mais como centros de recursos para as escolas regulares, oferecendo apoio direto aquelas crianças com necessidades educacionais especiais. Tanto as instituições de treinamento como as escolas especiais podem prover o acesso a materiais e equipamentos, bem como o treinamento em estratégias de instrução que não sejam oferecidas nas escolas regulares.

49. O apoio externo do pessoal de recurso de várias agências, departamentos e instituições, tais como professor-consultor, psicólogos escolares, fonoaudiólogos e terapeutas ocupacionais etc.., deveria ser coordenado em nível local. O agrupamento de escolas tem comprovadamente se constituído numa estratégia útil na mobilização de recursos educacionais bem como no envolvimento da comunidade. Grupos de escolas poderiam ser coletivamente responsáveis pela provisão de serviços a alunos com necessidades educacionais especiais em suas áreas e (a tais grupos de escolas) poderia ser dado o espaço necessário para alocarem os recursos conforme o requerido. Tais arranjos também deveriam envolver serviços não educacionais. De fato, a experiência sugere que serviços educacionais se beneficiariam significativamente caso maiores esforços fossem feitos para assegurar o ótimo uso de todo o conhecimento e recursos disponíveis.

E. ÁREAS PRIORITÁRIAS

50. A integração de crianças e jovens com necessidades educacionais especiais seria mais efetiva e bem-sucedida se consideração especial fosse dada a planos de desenvolvimento educacional nas seguintes áreas: educação infantil, para garantir a educabilidade de todas as crianças: transição da educação para a vida adulta do trabalho e educação de meninas.

Educação Infantil
51. O sucesso de escolas inclusivas depende em muito da identificação precoce, avaliação e estimulação de crianças pré-escolares com necessidades educacionais especiais. Assistência infantil e programas educacionais para crianças até a idade de 6 anos deveriam ser desenvolvidos e/ou reorientados no sentido de promover o desenvolvimento físico, intelectual e social e a prontidão para a escolarização. Tais programas possuem um grande valor econômico para o indivíduo, a família e a sociedade na prevenção do agravamento de condições que inabilitam a criança. Programas neste nível deveriam reconhecer o princípio da inclusão e ser desenvolvidos de uma maneira abrangente, através da combinação de atividades pré-escolares e saúde infantil.

52. Vários países têm adotado políticas em favor da educação infantil, tanto através do apoio no desenvolvimento de jardins de infância e pré-escolas, como pela

organização de informação às famílias e de atividades de conscientização em colaboração com serviços comunitários (saúde, cuidados maternos e infantis) com escolas e com associações locais de famílias ou de mulheres.

Preparação para a Vida Adulta

53. Jovens com necessidades educacionais especiais deveriam ser auxiliados no sentido de realizar uma transição efetiva da escola para o trabalho. Escolas deveriam auxiliá-los a se tornar economicamente ativos e provê-los com as habilidades necessárias ao cotidiano da vida, oferecendo treinamento em habilidades que correspondam às demandas sociais e de comunicação e às expectativas da vida adulta. Isto implica em tecnologias adequadas de treinamento, incluindo experiências diretas em situações da vida real, fora da escola. O currículo para estudantes mais maduros e com necessidades educacionais especiais deveria incluir programas específicos de transição, apoio de entrada para a educação superior sempre que possível e consequente treinamento vocacional que os prepare a funcionar independentemente enquanto membros contribuintes em suas comunidades e após o término da escolarização. Tais atividades deveria ser levadas a cabo com o envolvimento ativo de aconselhadores vocacionais, oficinas de trabalho, associações de profissionais, autoridades locais e seus respectivos serviços e agências.

Educação de Meninas

54. Meninas portadoras de deficiências encontram-se em dupla desvantagem. Um esforço especial se requer no sentido de se prover treinamento e educação para meninas com necessidades educacionais especiais. Além de ganhar acesso a escola, meninas portadoras de deficiências deveriam ter acesso à informação, orientação e modelos que as auxiliem a fazer escolhas realistas e as preparem para desempenharem seus futuros papéis enquanto mulheres adultas.

Educação de Adultos e Estudos Posteriores

55. Pessoas portadoras de deficiências deveriam receber atenção especial quanto ao desenvolvimento e implementação de programas de educação de adultos e de estudos posteriores. Pessoas portadoras de deficiências deveriam receber prioridade de acesso a tais programas. Cursos especiais também poderiam ser desenvolvidos no sentido de atenderem às necessidades e condições de diferentes grupos de adultos portadores de deficiência.

F. PERSPECTIVAS COMUNITÁRIAS

56. A realização do objetivo de uma educação bem-sucedida de crianças com necessidades educacionais especiais não constitui tarefa somente dos Ministérios de Educação e das escolas. Ela requer a cooperação das famílias e a mobilização das comunidades e de organizações voluntárias, assim como o apoio do público em geral. A experiência provida por países ou áreas que têm testemunhado progresso na

equalização de oportunidades educacionais para crianças portadoras de deficiência sugere uma série de lições úteis.

Parceria com os Pais

57. A educação de crianças com necessidades educacionais especiais é uma tarefa a ser dividida entre pais e profissionais. Uma atitude positiva da parte dos pais favorece a integração escolar e social. Pais necessitam de apoio para que possam assumir seus papéis de pais de uma criança com necessidades especiais. O papel das famílias e dos pais deveria ser aprimorado através da provisão de informação necessária em linguagem clara e simples; ou enfoque na urgência de informação e de treinamento em habilidades paternas constitui uma tarefa importante em culturas aonde a tradição de escolarização seja pouca.

58. Pais constituem parceiros privilegiados no que concerne às necessidades especiais de suas crianças, e desta maneira eles deveriam, o máximo possível, ter a chance de poder escolher o tipo de provisão educacional que eles desejam para suas crianças.

59. Uma parceria cooperativa e de apoio entre administradores escolares, professores e pais deveria ser desenvolvida e pais deveriam ser considerados enquanto parceiros ativos nos processos de tomada de decisão. Pais deveriam ser encorajados a participar em atividades educacionais em casa e na escola (onde eles poderiam observar técnicas efetivas e aprender como organizar atividades extracurriculares), bem como na supervisão e apoio à aprendizagem de suas crianças.

60. Governos deveriam tomar a liderança na promoção de parceria com os pais, através tanto de declarações políticas quanto legais no que concerne aos direitos paternos. O desenvolvimento de associações de pais deveria ser promovida e seus representante envolvidos no delineamento e implementação de programas que visem o aprimoramento da educação de seus filhos. Organizações de pessoas portadoras de deficiências também deveriam ser consultadas no que diz respeito ao delineamento e implementação de programas.

Envolvimento da Comunidade

61. A descentralização e o planejamento local favorecem um maior envolvimento de comunidades na educação e treinamento de pessoas com necessidades educacionais especiais. Administradores locais deveriam encorajar a participação da comunidade através da garantia de apoio às associações representativas e convidando-as a tomarem parte no processo de tomada de decisões. Com este objetivo em vista, mobilizando e monitorando mecanismos formados pela administração civil local, pelas autoridades de desenvolvimento educacional e de saúde, líderes comunitários e organizações voluntárias deveriam estar estabelecidos em áreas geográficas suficientemente pequenas para assegurar uma participação comunitária significativa.

62. O envolvimento comunitário deveria ser buscado no sentido de suplementar atividades na escola, de prover auxílio na concretização de deveres de casa e de compensar a falta de apoio familiar. Neste sentido, o papel das associações de bairro deveria ser mencionado no sentido de que tais forneçam espaços disponíveis, como também o papel das associações de famílias, de clubes e movimentos de jovens, e o papel potencial das pessoas idosas e outros voluntários incluindo pessoas portadoras de deficiências em programas tanto dentro como fora da escola.

63. Sempre que ação de reabilitação comunitária seja provida por iniciativa externa, cabe à comunidade decidir se o programa se tornará parte das atividades de desenvolvimento da comunidade. Aos vários parceiros na comunidade, incluindo organizações de pessoas portadoras de deficiência e outras organizações não governamentais deveria ser dada a devida autonomia para se tornarem responsáveis pelo programa. Sempre que apropriado, agências governamentais em níveis nacional e local também deveriam prestar apoio.

O Papel das Organizações Voluntárias

64. Uma vez que organizações voluntárias e não governamentais possuem maior liberdade para agir e podem responder mais prontamente às necessidades expressas, elas deveriam ser apoiadas no desenvolvimento de novas ideias e no trabalho pioneiro de inovação de métodos de entrega de serviços. Tais organizações podem desempenhar o papel fundamental de inovadores e catalizadores e expandir a variedade de programas disponíveis à comunidade.

65. Organizações de pessoas portadoras de deficiências – ou seja, aquelas que possuam influência decisiva – deveriam ser convidadas a tomar parte ativa na identificação de necessidades, expressando sua opinião a respeito de prioridades, administrando serviços, avaliando desempenho e defendendo mudanças.

Conscientização Pública

66. Políticos em todos os níveis, incluindo o nível da escola, deveriam regularmente reafirmar seu compromisso para com a inclusão e promover atitudes positivas entre as crianças, professores e público em geral, no que diz respeito aos que possuem necessidades educacionais especiais.

67. A mídia possui um papel fundamental na promoção de atitudes positivas diante da integração de pessoas portadoras de deficiência na sociedade. Superando preconceitos e má informação, e difundindo um maior otimismo e imaginação sobre as capacidades das pessoas portadoras de deficiência. A mídia também pode promover atitudes positivas em empregadores com relação ao emprego de pessoas portadoras de deficiência. A mídia deveria acostumar-se a informar o público a respeito de novas abordagens em educação, particularmente no que diz respeito à provisão em educação especial nas escolas regulares, através da popularização de exemplos de boa prática e experiências bem-sucedidas.

G. REQUERIMENTOS RELATIVOS A RECURSOS

68. O desenvolvimento de escolas inclusivas como o modo mais efetivo de atingir a educação para todos deve ser reconhecido como uma política governamental--chave e dado o devido privilégio na pauta de desenvolvimento da nação. É somente desta maneira que os recursos adequados podem ser obtidos. Mudanças nas políticas e prioridades podem acabar sendo inefetivas a menos que um mínimo de recursos requeridos seja providenciado. O compromisso político é necessário, tanto a nível nacional como comunitário. Para que se obtenha recursos adicionais e para que se reempregue os recursos já existentes. Ao mesmo tempo em que as comunidades devem desempenhar o papel-chave de desenvolver escolas inclusivas, apoio e encorajamento aos governos também são essenciais ao desenvolvimento efetivo de soluções viáveis.

69. A distribuição de recursos às escolas deveria realisticamente levar em consideração as diferenças em gastos no sentido de se prover educação apropriada para todas as crianças que possuem habilidades diferentes. Um começo realista poderia ser o de apoiar aquelas escolas que desejam promover uma educação inclusiva e o lançamento de projetos piloto em algumas áreas com vista a adquirir o conhecimento necessário para a expansão e generalização progressivas. No processo de generalização da educação inclusiva, o nível de suporte e de especialização deverá corresponder à natureza da demanda.

70. Recursos também devem ser alocados no sentido de apoiar serviços de treinamento de professores regulares de provisão de centros de recursos, de professores especiais ou professores-recursos. Ajuda técnica apropriada para assegurar a operação bem-sucedida de um sistema educacional integrador, também deve ser providenciada. Abordagens integradoras deveriam, portanto, estar ligadas ao desenvolvimento de serviços de apoio em níveis nacional e local.

71. Um modo efetivo de maximizar o impacto refere-se a união de recursos humanos institucionais, logísticos, materiais e financeiros dos vários departamentos ministeriais (Educação, Saúde, Bem-Estar-Social, Trabalho, Juventude etc.), das autoridades locais e territoriais e de outras instituições especializadas. A combinação de uma abordagem tanto social quanto educacional no que se refere à educação especial requererá estruturas de gerenciamento efetivas que capacitem os vários serviços a cooperar tanto em nível local quanto em nível nacional e que permitam que autoridades públicas e corporações juntem esforços.

III. ORIENTAÇÕES PARA AÇÕES EM NÍVEIS REGIONAIS E INTERNACIONAIS

72. Cooperação internacional entre organizações governamentais e não governamentais, regionais e inter-regionais, podem ter um papel muito importante no apoio ao movimento frente a escolas inclusivas. Com base em experiências anteriores nesta área, organizações internacionais, inter-governamentais e não gover-

namentais, bem como agências doadoras bilaterais, poderiam considerar a união de seus esforços na implementação das seguintes abordagens estratégicas.

73. Assistência técnica deveria ser direcionada a áreas estratégicas de intervenção com um efeito multiplicador, especialmente em países em desenvolvimento. Uma tarefa importante para a cooperação internacional reside no apoio no lançamento de projetos piloto que objetivem testar abordagens e originar capacitação.

74. A organização de parcerias regionais ou de parcerias entre países com abordagens semelhantes no tocante à educação especial poderia resultar no planejamento de atividades conjuntas sob os auspícios de mecanismos de cooperação regional ou sub-regional. Tais atividades deveriam ser delineadas com vista a levar vantagens sobre as economias da escala, a basear-se na experiência de países participantes, e a aprimorar o desenvolvimento das capacidades nacionais.

75. Uma missão prioritária das organizações internacionais e facilitação do intercâmbio de dados e a informação e resultados de programas piloto em educação especial entre países e regiões. O colecionamento de indicadores de progresso que sejam comparáveis a respeito de educação inclusiva e de emprego deveria se tornar parte de um banco mundial de dados sobre educação. Pontos de enfoque podem ser estabelecidos em centros sub-regionais para que facilite o intercâmbio de informações. As estruturas existentes em nível regional e internacional deveriam ser fortalecidas e suas atividades estendidas a campos tais como política, programação, treinamento de pessoal e avaliação.

76. Uma alta percentagem de deficiência constitui resultado direto da falta de informação, pobreza e baixos padrões de saúde. À medida que o prevalecimento de deficiências em termos do mundo em geral aumenta em número, particularmente nos países em desenvolvimento, deveria haver uma ação conjunta internacional em estreita colaboração com esforços nacionais, no sentido de prevenir as causas de deficiências através da educação, a qual, por, sua vez, reduziria a incidência e o prevalecimento de deficiências, portanto, reduzindo ainda mais as demandas sobre os limitados recursos humanos e financeiros de dados países.

77. Assistências técnica e internacional à educação especial derivam-se de variadas fontes. Portanto, torna-se essencial que se garanta coerência e complementaridade entre organizações do sistema das Nações Unidas e outras agências que prestam assistência nesta área.

78. Cooperação internacional deveria fornecer apoio a seminários de treinamento avançado para administradores e outros especialistas em nível regional e reforçar a cooperação entre universidades e instituições de treinamento em países diferentes para a condução de estudos comparativos bem como para a publicação de referências documentárias e de materiais instrutivos.

79. A Cooperação internacional deveria auxiliar no desenvolvimento de associações regionais e internacionais de profissionais envolvidos com o aperfeiçoamento

da educação especial e deveria apoiar a criação e disseminação de folhetins e publicações, bem como a organização de conferências e encontros regionais.

80. Encontros regionais e internacionais englobando questões relativas à educação deveriam garantir que necessidades educacionais especiais fossem incluídas como parte integrante do debate, e não somente como uma questão a separada. Como modo de exemplo concreto, a questão da educação especial deveria fazer parte da pauta de conferência ministeriais regionais organizadas pela Unesco e por outras agências intergovernamentais.

81. Cooperação internacional técnica e agências de financiamento envolvidas em iniciativas de apoio e desenvolvimento da Educação para Todos deveriam assegurar que a educação especial seja uma parte integrante de todos os projetos em desenvolvimento.

82. Coordenação internacional deveria existir no sentido de apoiar especificações de acessibilidade universal da tecnologia da comunicação subjacente à estrutura emergente da informação.

83. Esta Estrutura de Ação foi aprovada por aclamação após discussão e emenda na sessão Plenária da Conferência de 10 de junho de 1994. Ela tem o objetivo de guiar os Estados Membros e organizações governamentais e não governamentais na implementação da Declaração de Salamanca sobre Princípios, Política e Prática em Educação Especial.

Procedimentos-Padrões das Nações Unidas para a Equalização de Oportunidades para Pessoas Portadoras de Deficiências, A/RES/48/96, Resolução das Nações Unidas adotada em Assembleia Geral.

Emenda Constitucional nº 14, de 12 de Setembro de 1996

Modifica os artigos 34, 208, 211 e 212 da Constituição Federal e dá nova redação ao artigo 60 do Ato das Disposições Constitucionais Transitórias.

As Mesas da Câmara dos Deputados e do Senado Federal, nos termos do § 3º do art. 60 da Constituição Federal, promulgam a seguinte emenda ao texto constitucional:

Art. 1º – É acrescentada no inciso VII do art. 34, da Constituição Federal, a alínea "e":

"e) aplicação do mínimo exigido da receita resultante de impostos estaduais, compreendida a proveniente de transferência, na manutenção e desenvolvimento do ensino."

Art. 2º – É dada nova redação aos incisos I e II do art. 208 da Constituição Federal:

"I – ensino fundamental obrigatório e gratuito, assegurada, inclusive, sua oferta gratuita para todos os que a ele não tiveram acesso na idade própria;

II – progressiva universalização do ensino médio gratuito;"
Art. 3º – É dada nova redação aos §§ 1º e 2º do art. 211 da Constituição Federal e nele são inseridos mais dois parágrafos:
Art. 211........................
§ 1º A união organizará o sistema federal de ensino e o dos Territórios, financiará as instituições de ensino públicas federais e exercerá, em matéria educacional, função redistributiva e supletiva, de forma a garantir equalização de oportunidades educacionais e padrão mínimo de qualidade do ensino mediante assistência técnica e financeira aos estados, ao Distrito Federal e aos Municípios.
§ 2º Os Municípios atuarão prioritariamente no ensino fundamental e na educação infantil.
§ 3º Os Estados e o Distrito Federal atuarão prioritariamente no ensino fundamental e médio.
§ 4º Na organização de seus sistemas de ensino, os Estados e os Municípios definirão formas de colaboração, de modo a assegurar a universalização do ensino obrigatório.
Art. 4º É dada nova redação ao § 5º do art. 212 da Constituição Federal:
"§ 5º O ensino fundamental público terá como fonte adicional de financiamento a contribuição social do salário educação, recolhida pelas empresas, na forma da lei."
Art. 5º É alterado o art. 60 do ADCT e nele são inseridos novos parágrafos, passando o artigo a ter a seguinte redação:
"Art. 60. Nos dez primeiros anos da promulgação desta emenda, os Estados, o Distrito Federal e os Municípios destinarão não menos de sessenta por cento dos recursos a que se refere o *caput* do art. 212 da Constituição Federal, a manutenção e ao desenvolvimento do ensino fundamental, com o objetivo de assegurar a universalização de seu atendimento e a remuneração condigna do magistério.
§ 1º A distribuição de responsabilidades e recursos entre os estados e seus municípios a ser concretizada com parte dos recursos definidos neste artigo, na forma do disposto no art. 211 da Constituição Federal, e assegurada mediante a criação, no âmbito de cada Estado e do Distrito Federal, de um fundo de manutenção e desenvolvimento do ensino fundamental e de valorização do magistério, de natureza contábil.
§ 2º O Fundo referido no parágrafo anterior será constituído por, pelo menos, quinze por cento dos recursos a que se referem os arts. 155, inciso II; 158, inciso IV; e 159, inciso I, alíneas "a" e "b"; e inciso II, da Constituição Federal, e será distribuído entre cada Estado e seus Municípios, proporcionalmente ao número de alunos nas respectivas redes de ensino fundamental.
§ 3º A União complementará os recursos dos Fundos a que se refere o § 1º, sempre que, em cada Estado e no Distrito Federal, seu valor por aluno não alcançar o mínimo definido nacionalmente.
§ 4º A União, os Estados, o Distrito Federal e os Municípios ajustarão progressivamente, em um prazo de cinco anos, suas contribuições ao Fundo, de forma a garantir um valor por aluno correspondente a um padrão mínimo de qualidade de ensino, definido nacionalmente.

§ 5º Uma proporção não inferior a sessenta por cento dos recursos de cada Fundo referido no § 1º será destinada ao pagamento dos professores do ensino fundamental em efetivo exercício no magistério.

§ 6º A União aplicará na erradicação do analfabetismo e na manutenção e no desenvolvimento do ensino fundamental, inclusive na complementação a que se refere o § 3º, nunca menos que o equivalente a trinta por cento dos recursos a que se refere o *caput* do art. 212 da Constituição Federal.

§ 7º A lei disporá sobre a organização dos Fundos, a distribuição proporcional de seus recursos, sua fiscalização e controle, bem como sobre a forma de cálculo do valor mínimo nacional por aluno."

Art. 6º Esta emenda entra em vigor a primeiro de janeiro do ano subsequente ao de sua promulgação.

Brasília, 12 de setembro de 1996.

Lei nº 9.424, de 24 de dezembro de 1996

Dispõe sobre o Fundo de Manutenção e Desenvolvimento do Ensino Fundamental e de Valorização do Magistério, na forma prevista no art. 60, § 7º, do Ato das Disposições Constitucionais Transitórias, e dá outras providências.

O PRESIDENTE DA REPÚBLICA Faço saber que o Congresso Nacional decreta e eu sanciono a seguinte Lei:
{
Os Artigos 1º ao 8º foram revogados pela Lei n. 11.494, de 2007.
{
Art. 9º Os Estados, o Distrito Federal e os Municípios deverão, no prazo de seis meses da vigência desta Lei, dispor de novo Plano de Carreira e Remuneração do Magistério, de modo a assegurar:

I – a remuneração condigna dos professores do ensino fundamental público, em efetivo exercício no magistério;

II – o estímulo ao trabalho em sala de aula;

III – a melhoria da qualidade do ensino.

§ 1º Os novos planos de carreira e remuneração do magistério deverão contemplar investimentos na capacitação dos professores leigos, os quais passarão a integrar quadro em extinção, de duração de cinco anos.

§ 2º Aos professores leigos é assegurado prazo de cinco anos para obtenção da habilitação necessária ao exercício das atividades docentes.

§ 3º A habilitação a que se refere o parágrafo anterior é condição para ingresso no quadro permanente da carreira conforme os novos planos de carreira e remuneração.

Art. 10. Os Estados, o Distrito Federal e os Municípios deverão comprovar: I – efetivo cumprimento do disposto no art. 212 da Constituição Federal; II – apresentação de Plano de Carreira e Remuneração do Magistério, de acordo com as diretrizes emanadas do Conselho Nacional de Educação, no prazo referido no artigo anterior;

III – fornecimento das informações solicitadas por ocasião do censo escolar, ou para fins de elaboração de indicadores educacionais.

Parágrafo único. O não cumprimento das condições estabelecidas neste artigo, ou o fornecimento de informações falsas, acarretará sanções administrativas, sem prejuízo das civis ou penais ao agente executivo que lhe der causa.

Art. 11. Os órgãos responsáveis pelos sistemas de ensino, assim como os Tribunais de Contas da União, dos Estados e Municípios, criarão mecanismos adequados à fiscalização do cumprimento pleno do disposto no art. 212 da Constituição Federal e desta Lei, sujeitando-se os Estados e o Distrito Federal à intervenção da União, e os Municípios à intervenção dos respectivos Estados, nos termos do art. 34, inciso VII, alínea *e*, e do art. 35, inciso III, da Constituição Federal.

Art. 12. O Ministério da Educação e do Desporto realizará avaliações periódicas dos resultados da aplicação desta Lei, com vistas à adoção de medidas operacionais e de natureza político-educacional corretivas, devendo a primeira realizar-se dois anos após sua promulgação.

Art. 13. (Revogado pela Lei nº 11.494, de 2007.)

I – estabelecimento do número mínimo e máximo de alunos em sala de aula; (Revogado pela Lei nº 11.494, de 2007.)

II – capacitação permanente dos profissionais de educação; (Revogado pela Lei nº 11.494, de 2007.)

III – jornada de trabalho que incorpore os momentos diferenciados das atividades docentes; (Revogado pela Lei nº 11.494, de 2007.)

IV – complexidade de funcionamento; (Revogado pela Lei nº 11.494, de 2007.)

V – localização e atendimento da clientela; (Revogado pela Lei nº 11.494, de 2007.)

VI – busca do aumento do padrão de qualidade do ensino. (Revogado pela Lei nº 11.494, de 2007.)

Art. 14. A União desenvolverá política de estímulo às iniciativas de melhoria de qualidade do ensino, acesso e permanência na escola promovidos pelas unidades federadas, em especial aquelas voltadas às crianças e adolescentes em situação de risco social.

Art. 15. O Salário-Educação, previsto no art. 212, § 5º, da Constituição Federal e devido pelas empresas, na forma em que vier a ser disposto em regulamento, é calculado com base na alíquota de 2,5% (dois e meio por cento) sobre o total de remunerações pagas ou creditadas, a qualquer título, aos segurados empregados, assim definidos no art. 12, inciso I, da Lei nº 8.212, de 24 de julho de 1991. (Vide Decreto nº 6.003, de 2006.)

§ 1º O montante da arrecadação do Salário-Educação, após a dedução de 1% (um por cento) em favor do Instituto Nacional do Seguro Social – INSS, calculado sobre o valor por ele arrecadado, será distribuído pelo Fundo Nacional de Desenvolvimento da Educação – FNDE, observada, em 90% (noventa por cento) de seu valor, a arrecadação realizada em cada Estado e no Distrito Federal, em quotas, da seguinte forma: (Redação dada pela Lei nº 10.832, de 29.12.2003.)

I – Quota Federal, correspondente a um terço do montante de recursos, que será destinada ao FNDE e aplicada no financiamento de programas e projetos voltados para a universalização do ensino fundamental, de forma a propiciar a redução dos desníveis sócio-educacionais existentes entre Municípios, Estados, Distrito Federal e regiões brasileiras;

II – Quota Estadual e Municipal, correspondente a 2/3 (dois terços) do montante de recursos, que será creditada mensal e automaticamente em favor das Secretarias de Educação dos Estados, do Distrito Federal e dos Municípios para financiamento de programas, projetos e ações do ensino fundamental. (Redação dada pela Lei nº 10.832, de 29.12.2003.)

§ 2º (Vetado)

§ 3º Os alunos regularmente atendidos, na data da edição desta Lei, como beneficiários da aplicação realizada pelas empresas contribuintes, no ensino fundamental dos seus empregados e dependentes, à conta de deduções da contribuição social do Salário-Educação, na forma da legislação em vigor, terão, a partir de 1º de janeiro de 1997, o benefício assegurado, respeitadas as condições em que foi concedido, e vedados novos ingressos nos termos do art. 212, § 5º, da Constituição Federal.

Art. 16. Esta Lei entra em vigor em 1º de janeiro de 1997. Art. 17. Revogam-se as disposições em contrário.

Brasília, 24 de dezembro de 1996; 175º da Independência e 108º da República.

FERNANDO HENRIQUE CARDOSO
Paulo Renato Souza

Este texto não substitui o publicado no D.O.U. de 26.12.1996.

Emenda Constitucional nº 53, de 19 de dezembro de 2006

Dá nova redação aos arts. 7º, 23, 30, 206, 208, 211 e 212 da Constituição Federal e ao art. 60 do Ato das Disposições Constitucionais Transitórias.

AS MESAS DA CÂMARA DOS DEPUTADOS E DO SENADO FEDERAL, nos termos do § 3º do art. 60 da Constituição Federal, promulgam a seguinte Emenda ao texto constitucional:

Art. 1º A Constituição Federal passa a vigorar com as seguintes alterações:
"Art. 7º ....

XXV – assistência gratuita aos filhos e dependentes desde o nascimento até 5 (cinco) anos de idade em creches e pré-escolas;

...."(NR) "Art. 23.
....
Parágrafo único. Leis complementares fixarão normas para a cooperação entre a União e os Estados, o Distrito Federal e os Municípios, tendo em vista o equilíbrio do desenvolvimento e do bem-estar em âmbito nacional."(NR)
"Art. 30. ....
VI – manter, com a cooperação técnica e financeira da União e do Estado, programas de educação infantil e de ensino fundamental;
...."(NR) "Art. 206. ....
V – valorização dos profissionais da educação escolar, garantidos, na forma da lei, planos de carreira, com ingresso exclusivamente por concurso público de provas e títulos, aos das redes públicas;
....
VIII piso salarial profissional nacional para os profissionais da educação escolar pública, nos termos de lei federal.
Parágrafo único. A lei disporá sobre as categorias de trabalhadores considerados profissionais da educação básica e sobre a fixação de prazo para a elaboração ou adequação de seus planos de carreira, no âmbito da União, dos Estados, do Distrito Federal e dos Municípios."(NR)
"Art. 208. ....
IV – educação infantil, em creche e pré-escola, às crianças até 5 (cinco) anos de idade;
...."(NR) "Art. 211. ....
§ 5º A educação básica pública atenderá prioritariamente ao ensino regular."(NR)
"Art. 212. ....
§ 5º A educação básica pública terá como fonte adicional de financiamento a contribuição social do salário-educação, recolhida pelas empresas na forma da lei.
§ 6º As cotas estaduais e municipais da arrecadação da contribuição social do salário-educação serão distribuídas proporcionalmente ao número de alunos matriculados na educação básica nas respectivas redes públicas de ensino."(NR)
Art. 2º O art. 60 do Ato das Disposições Constitucionais Transitórias passa a vigorar com a seguinte redação: (Vigência)
"Art. 60. Até o 14º (décimo quarto) ano a partir da promulgação desta Emenda Constitucional, os Estados, o Distrito Federal e os Municípios destinarão parte dos recursos a que se refere o *caput* do art. 212 da Constituição Federal à manutenção e desenvolvimento da educação básica e à remuneração condigna dos trabalhadores da educação, respeitadas as seguintes disposições:
I – a distribuição dos recursos e de responsabilidades entre o Distrito Federal, os Estados e seus Municípios é assegurada mediante a criação, no âmbito de cada Estado e do Distrito Federal, de um Fundo de Manutenção e Desenvolvimento da Educação Básica e de Valorização dos Profissionais da Educação – FUNDEB, de natureza contábil;

II – os Fundos referidos no inciso I do *caput* deste artigo serão constituídos por 20% (vinte por cento) dos recursos a que se referem os incisos I, II e III do art. 155; o inciso II do *caput* do art. 157; os incisos II, III e IV do *caput* do art. 158; e as alíneas a e b do inciso I e o inciso II do *caput* do art. 159, todos da Constituição Federal, e distribuídos entre cada Estado e seus Municípios, proporcionalmente ao número de alunos das diversas etapas e modalidades da educação básica presencial, matriculados nas respectivas redes, nos respectivos âmbitos de atuação prioritária estabelecidos nos §§ 2º e 3º do art. 211 da Constituição Federal;

III – observadas as garantias estabelecidas nos incisos I, II, III e IV do *caput* do art. 208 da Constituição Federal e as metas de universalização da educação básica estabelecidas no Plano Nacional de Educação, a lei disporá sobre:

a) a organização dos Fundos, a distribuição proporcional de seus recursos, as diferenças e as ponderações quanto ao valor anual por aluno entre etapas e modalidades da educação básica e tipos de estabelecimento de ensino;

b) a forma de cálculo do valor anual mínimo por aluno;

c) os percentuais máximos de apropriação dos recursos dos Fundos pelas diversas etapas e modalidades da educação básica, observados os arts. 208 e 214 da Constituição Federal, bem como as metas do Plano Nacional de Educação;

d) a fiscalização e o controle dos Fundos;

e) prazo para fixar, em lei específica, piso salarial profissional nacional para os profissionais do magistério público da educação básica;

IV – os recursos recebidos à conta dos Fundos instituídos nos termos do inciso I do *caput* deste artigo serão aplicados pelos Estados e Municípios exclusivamente nos respectivos âmbitos de atuação prioritária, conforme estabelecido nos §§ 2º e 3º do art. 211 da Constituição Federal;

V – a União complementará os recursos dos Fundos a que se refere o inciso II do *caput* deste artigo sempre que, no Distrito Federal e em cada Estado, o valor por aluno não alcançar o mínimo definido nacionalmente, fixado em observância ao disposto no inciso VII do *caput* deste artigo, vedada a utilização dos recursos a que se refere o § 5º do art. 212 da Constituição Federal;

VI – até 10% (dez por cento) da complementação da União prevista no inciso V do *caput* deste artigo poderá ser distribuída para os Fundos por meio de programas direcionados para a melhoria da qualidade da educação, na forma da lei a que se refere o inciso III do *caput* deste artigo;

VII – a complementação da União de que trata o inciso V do *caput* deste artigo será de, no mínimo:

a) R$ 2.000.000.000,00 (dois bilhões de reais), no primeiro ano de vigência dos Fundos;

b) R$ 3.000.000.000,00 (três bilhões de reais), no segundo ano de vigência dos Fundos;

c) R$ 4.500.000.000,00 (quatro bilhões e quinhentos milhões de reais), no terceiro ano de vigência dos Fundos;

d) 10% (dez por cento) do total dos recursos a que se refere o inciso II do *caput* deste artigo, a partir do quarto ano de vigência dos Fundos;

VIII – a vinculação de recursos à manutenção e desenvolvimento do ensino estabelecida no art. 212 da Constituição Federal suportará, no máximo, 30% (trinta por cento) da complementação da União, considerando-se para os fins deste inciso os valores previstos no inciso VII do *caput* deste artigo;

IX – os valores a que se referem as alíneas a, b, e c do inciso VII do *caput* deste artigo serão atualizados, anualmente, a partir da promulgação desta Emenda Constitucional, de forma a preservar, em caráter permanente, o valor real da complementação da União;

X – aplica-se à complementação da União o disposto no art. 160 da Constituição Federal;

XI – o não cumprimento do disposto nos incisos V e VII do *caput* deste artigo importará crime de responsabilidade da autoridade competente;

XII – proporção não inferior a 60% (sessenta por cento) de cada Fundo referido no inciso I do *caput* deste artigo será destinada ao pagamento dos profissionais do magistério da educação básica em efetivo exercício.

§ 1º A União, os Estados, o Distrito Federal e os Municípios deverão assegurar, no financiamento da educação básica, a melhoria da qualidade de ensino, de forma a garantir padrão mínimo definido nacionalmente.

§ 2º O valor por aluno do ensino fundamental, no Fundo de cada Estado e do Distrito Federal, não poderá ser inferior ao praticado no âmbito do Fundo de Manutenção e Desenvolvimento do Ensino Fundamental e de Valorização do Magistério – FUNDEF, no ano anterior à vigência desta Emenda Constitucional.

§ 3º O valor anual mínimo por aluno do ensino fundamental, no âmbito do Fundo de Manutenção e Desenvolvimento da Educação Básica e de Valorização dos Profissionais da Educação – FUNDEB, não poderá ser inferior ao valor mínimo fixado nacionalmente no ano anterior ao da vigência desta Emenda Constitucional.

§ 4º Para efeito de distribuição de recursos dos Fundos a que se refere o inciso I do *caput* deste artigo, levar-se-á em conta a totalidade das matrículas no ensino fundamental e considerar-se-á para a educação infantil, para o ensino médio e para a educação de jovens e adultos 1/3 (um terço) das matrículas no primeiro ano, 2/3 (dois terços) no segundo ano e sua totalidade a partir do terceiro ano.

§ 5º A porcentagem dos recursos de constituição dos Fundos, conforme o inciso II do *caput* deste artigo, será alcançada gradativamente nos primeiros 3 (três) anos de vigência dos Fundos, da seguinte forma:

I – no caso dos impostos e transferências constantes do inciso II do *caput* do art. 155; do inciso IV do *caput* do art. 158; e das alíneas a e b do inciso I e do inciso II do *caput* do art. 159 da Constituição Federal:

a) 16,66% (dezesseis inteiros e sessenta e seis centésimos por cento), no primeiro ano;

b) 18,33% (dezoito inteiros e trinta e três centésimos por cento), no segundo ano;

c) 20% (vinte por cento), a partir do terceiro ano;

II – no caso dos impostos e transferências constantes dos incisos I e III do *caput* do art. 155; do inciso II do *caput* do art. 157; e dos incisos II e III do *caput* do art. 158 da Constituição Federal:

a) 6,66% (seis inteiros e sessenta e seis centésimos por cento), no primeiro ano;
b) 13,33% (treze inteiros e trinta e três centésimos por cento), no segundo ano;
c) 20% (vinte por cento), a partir do terceiro ano."(NR)
§ 6º (Revogado).
§ 7º (Revogado)."(NR)
Art. 3º Esta Emenda Constitucional entra em vigor na data de sua publicação, mantidos os efeitos do art. 60 do Ato das Disposições Constitucionais Transitórias, conforme estabelecido pela Emenda Constitucional nº 14, de 12 de setembro de 1996, até o início da vigência dos Fundos, nos termos desta Emenda Constitucional.

Brasília, em 19 de dezembro de 2006.

Mesa da Câmara dos Deputados

Deputado ALDO REBELO
Presidente

Deputado JOSÉ THOMAZ NONÔ
1º Vice-Presidente

Deputado CIRO NOGUEIRA
2º Vice-Presidente

Deputado INOCÊNCIO OLIVEIRA
1º Secretário

Deputado NILTON CAPIXABA
2º Secretário

Deputado EDUARDO GOMES
3º Secretário

Mesa do Senado Federal

Senador RENAN CALHEIROS
Presidente

Senador TIÃO VIANA
1º Vice-Presidente

Senador ANTERO PAES DE BARROS
2º Vice-Presidente

Senador EFRAIM MORAIS
1º Secretário

Senador JOÃO ALBERTO SOUZA
2º Secretário

Senador PAULO OCTÁVIO
3º Secretário

Senador EDUARDO SIQUEIRA CAMPOS
4º Secretário

Este texto não substitui o publicado no D.O.U. 9.3.2006.

Lei nº 11.494, de 20 de junho de 2007

Mensagem de veto
Conversão da MPv nº 339, 2006

Regulamenta o Fundo de Manutenção e Desenvolvimento da Educação Básica e de Valorização dos Profissionais da Educação – FUNDEB, de que trata o art. 60 do Ato das Disposições Constitucionais Transitórias; altera a Lei nº 10.195, de 14 de fevereiro de 2001; revoga dispositivos das Leis ns. 9.424, de 24 de dezembro de 1996, 10.880, de 9 de junho de 2004, e 10.845, de 5 de março de 2004; e dá outras providências.

O PRESIDENTE DA REPÚBLICA Faço saber que o Congresso Nacional decreta e eu sanciono a seguinte Lei:

CAPÍTULO I
DISPOSIÇÕES GERAIS

Art. 1º É instituído, no âmbito de cada Estado e do Distrito Federal, um Fundo de Manutenção e Desenvolvimento da Educação Básica e de Valorização dos Profissionais da Educação – FUNDEB, de natureza contábil, nos termos do art. 60 do Ato das Disposições Constitucionais Transitórias – ADCT.

Parágrafo único. A instituição dos Fundos previstos no *caput* deste artigo e a aplicação de seus recursos não isentam os Estados, o Distrito Federal e os Municípios da obrigatoriedade da aplicação na manutenção e no desenvolvimento do ensino, na forma prevista no art. 212 da Constituição Federal e no inciso VI do *caput* e parágrafo único do art. 10 e no inciso I do *caput* do art. 11 da Lei nº 9.394, de 20 de dezembro de 1996, de:

I – pelo menos 5% (cinco por cento) do montante dos impostos e transferências que compõem a cesta de recursos do Fundeb, a que se referem os incisos I a IX do *caput* e o § 1º do art. 3º desta Lei, de modo que os recursos previstos no art. 3º desta Lei somados aos referidos neste inciso garantam a aplicação do mínimo de 25% (vinte e cinco por cento) desses impostos e transferências em favor da manutenção e desenvolvimento do ensino;

II – pelo menos 25% (vinte e cinco por cento) dos demais impostos e transferências.

Art. 2º Os Fundos destinam-se à manutenção e ao desenvolvimento da educação básica pública e à valorização dos trabalhadores em educação, incluindo sua condigna remuneração, observado o disposto nesta Lei.

CAPÍTULO II
DA COMPOSIÇÃO FINANCEIRA
Seção I

Das Fontes de Receita dos Fundos

Art. 3º Os Fundos, no âmbito de cada Estado e do Distrito Federal, são compostos por 20% (vinte por cento) das seguintes fontes de receita:

I – imposto sobre transmissão causa mortis e doação de quaisquer bens ou direitos previsto no inciso I do *caput* do art. 155 da Constituição Federal;

II – imposto sobre operações relativas à circulação de mercadorias e sobre prestações de serviços de transportes interestadual e intermunicipal e de comunicação previsto no inciso II do *caput* do art. 155 combinado com o inciso IV do *caput* do art. 158 da Constituição Federal;

III – imposto sobre a propriedade de veículos automotores previsto no inciso III do *caput* do art. 155 combinado com o inciso III do *caput* do art. 158 da Constituição Federal;

IV – parcela do produto da arrecadação do imposto que a União eventualmente instituir no exercício da competência que lhe é atribuída pelo inciso I do *caput* do art. 154 da Constituição Federal prevista no inciso II do *caput* do art. 157 da Constituição Federal;

V – parcela do produto da arrecadação do imposto sobre a propriedade territorial rural, relativamente a imóveis situados nos Municípios, prevista no inciso II do *caput* do art. 158 da Constituição Federal;

VI – parcela do produto da arrecadação do imposto sobre renda e proventos de qualquer natureza e do imposto sobre produtos industrializados devida ao Fundo de Participação dos Estados e do Distrito Federal – FPE – e prevista na alínea *a* do inciso I do *caput* do art. 159 da Constituição Federal e no Sistema Tributário Nacional de que trata a Lei nº 5.172, de 25 de outubro de 1966;

VII – parcela do produto da arrecadação do imposto sobre renda e proventos de qualquer natureza e do imposto sobre produtos industrializados devida ao Fundo de Participação dos Municípios – FPM e prevista na alínea b do inciso I do *caput* do art. 159 da Constituição Federal e no Sistema Tributário Nacional de que trata a Lei nº 5.172, de 25 de outubro de 1966;

VIII – parcela do produto da arrecadação do imposto sobre produtos industrializados devida aos Estados e ao Distrito Federal e prevista no inciso II do *caput* do art. 159 da Constituição Federal e na Lei Complementar nº 61, de 26 de dezembro de 1989; e

IX – receitas da dívida ativa tributária relativa aos impostos previstos neste artigo, bem como juros e multas eventualmente incidentes.

§ 1º Inclui-se na base de cálculo dos recursos referidos nos incisos do *caput* deste artigo o montante de recursos financeiros transferidos pela União aos Estados, ao Distrito Federal e aos Municípios, conforme disposto na Lei Complementar nº 87, de 13 de setembro de 1996.

§ 2º Além dos recursos mencionados nos incisos do *caput* e no § 1º deste artigo, os Fundos contarão com a complementação da União, nos termos da Seção II deste Capítulo.

Seção II
Da Complementação da União

Art. 4º A União complementará os recursos dos Fundos sempre que, no âmbito de cada Estado e no Distrito Federal, o valor médio ponderado por aluno, calculado na forma do Anexo desta Lei, não alcançar o mínimo definido nacionalmente, fixado de forma a que a complementação da União não seja inferior aos valores previstos no inciso VII do *caput* do art. 60 do ADCT.

§ 1º O valor anual mínimo por aluno definido nacionalmente constitui-se em valor de referência relativo aos anos iniciais do ensino fundamental urbano e será determinado contabilmente em função da complementação da União.

§ 2º O valor anual mínimo por aluno será definido nacionalmente, considerando-se a complementação da União após a dedução da parcela de que trata o art.

7º desta Lei, relativa a programas direcionados para a melhoria da qualidade da educação básica.

Art. 5º A complementação da União destina-se exclusivamente a assegurar recursos financeiros aos Fundos, aplicando-se o disposto no *caput* do art. 160 da Constituição Federal.

§ 1º É vedada a utilização dos recursos oriundos da arrecadação da contribuição social do salário-educação a que se refere o § 5º do art. 212 da Constituição Federal na complementação da União aos Fundos.

§ 2º A vinculação de recursos para manutenção e desenvolvimento do ensino estabelecida no art. 212 da Constituição Federal suportará, no máximo, 30% (trinta por cento) da complementação da União.

Art. 6º A complementação da União será de, no mínimo, 10% (dez por cento) do total dos recursos a que se refere o inciso II do *caput* do art. 60 do ADCT.

§ 1º A complementação da União observará o cronograma da programação financeira do Tesouro Nacional e contemplará pagamentos mensais de, no mínimo, 5% (cinco por cento) da complementação anual, a serem realizados até o último dia útil de cada mês, assegurados os repasses de, no mínimo, 45% (quarenta e cinco por cento) até 31 de julho, de 85% (oitenta e cinco por cento) até 31 de dezembro de cada ano, e de 100% (cem por cento) até 31 de janeiro do exercício imediatamente subsequente.

§ 2º A complementação da União a maior ou a menor em função da diferença entre a receita utilizada para o cálculo e a receita realizada do exercício de referência será ajustada no 1º (primeiro) quadrimestre do exercício imediatamente subsequente e debitada ou creditada à conta específica dos Fundos, conforme o caso.

§ 3º O não cumprimento do disposto no *caput* deste artigo importará em crime de responsabilidade da autoridade competente.

Art. 7º Parcela da complementação da União, a ser fixada anualmente pela Comissão Intergovernamental de Financiamento para a Educação Básica de Qualidade instituída na forma da Seção II do Capítulo III desta Lei, limitada a até 10% (dez por cento) de seu valor anual, poderá ser distribuída para os Fundos por meio de programas direcionados para a melhoria da qualidade da educação básica, na forma do regulamento.

Parágrafo único. Para a distribuição da parcela de recursos da complementação a que se refere o *caput* deste artigo aos Fundos de âmbito estadual beneficiários da complementação nos termos do art. 4º desta Lei, levar-se-á em consideração:

I – a apresentação de projetos em regime de colaboração por Estado e respectivos Municípios ou por consórcios municipais;

II – o desempenho do sistema de ensino no que se refere ao esforço de habilitação dos professores e aprendizagem dos educandos e melhoria do fluxo escolar;

III – o esforço fiscal dos entes federados;

IV – a vigência de plano estadual ou municipal de educação aprovado por lei.

CAPÍTULO III
DA DISTRIBUIÇÃO DOS RECURSOS
Seção I
Disposições Gerais

Art. 8º A distribuição de recursos que compõem os Fundos, no âmbito de cada Estado e do Distrito Federal, dar-se-á, entre o governo estadual e os de seus Municípios, na proporção do número de alunos matriculados nas respectivas redes de educação básica pública presencial, na forma do Anexo desta Lei.

§ 1º Admitir-se-á, para efeito da distribuição dos recursos previstos no inciso II do *caput* do art. 60 do ADCT, em relação às instituições comunitárias, confessionais ou filantrópicas sem fins lucrativos e conveniadas com o poder público, o cômputo das matrículas efetivadas na educação infantil oferecida em creches para crianças de até 3 (três) anos.

§ 1º Será admitido, para efeito da distribuição dos recursos previstos no inciso II do caput do art. 60 do ADCT, em relação às instituições comunitárias, confessionais ou filantrópicas sem fins lucrativos e conveniadas com o poder público, o cômputo das matrículas efetivadas: (Redação dada pela Lei nº 12.695, de 2012)

I – na educação infantil oferecida em creches para crianças de até 3 (três) anos; (Incluído pela Lei nº 12.695, de 2012)

II – na educação do campo oferecida em instituições credenciadas que tenham como proposta pedagógica a formação por alternância, observado o disposto em regulamento. (Incluído pela Lei nº 12.695, de 2012)

§ 2º As instituições a que se refere o § 1º deste artigo deverão obrigatória e cumulativamente:

I – oferecer igualdade de condições para o acesso e permanência na escola e atendimento educacional gratuito a todos os seus alunos;

II – comprovar finalidade não lucrativa e aplicar seus excedentes financeiros em educação na etapa ou modalidade previstas nos §§ 1º, 3º e 4º deste artigo;

III – assegurar a destinação de seu patrimônio a outra escola comunitária, filantrópica ou confessional com atuação na etapa ou modalidade previstas nos §§ 1º, 3º e 4º deste artigo ou ao poder público no caso do encerramento de suas atividades;

IV – atender a padrões mínimos de qualidade definidos pelo órgão normativo do sistema de ensino, inclusive, obrigatoriamente, ter aprovados seus projetos pedagógicos;

V – ter certificado do Conselho Nacional de Assistência Social ou órgão equivalente, na forma do regulamento.

§ 3º Será admitido, até 31 de dezembro de 2016, o cômputo das matrículas das pré-escolas, comunitárias, confessionais ou filantrópicas, sem fins lucrativos, conveniadas com o poder público e que atendam a crianças de 4 (quatro) a 5 (cinco) anos, observadas as condições previstas nos incisos I a V do § 2º, efetivadas, conforme o censo escolar mais atualizado, realizado pelo Instituto Nacional de Estudos e Pesquisas Educacionais Anísio Teixeira – INEP. (Redação dada pela Lei nº 12.837, de 2013)

§ 4º Observado o disposto no parágrafo único do art. 60 da Lei nº 9.394, de 20 de dezembro de 1996, e no § 2º deste artigo, admitir-se-á o cômputo das matrículas efetivadas, conforme o censo escolar mais atualizado, na educação especial oferecida em instituições comunitárias, confessionais ou filantrópicas sem fins lucrativos, conveniadas com o poder público, com atuação exclusiva na modalidade.

§ 5º Eventuais diferenças do valor anual por aluno entre as instituições públicas da etapa e da modalidade referidas neste artigo e as instituições a que se refere o § 1º deste artigo serão aplicadas na criação de infraestrutura da rede escolar pública.

§ 6º Os recursos destinados às instituições de que tratam os §§ 1º, 3º e 4º deste artigo somente poderão ser destinados às categorias de despesa previstas no art. 70 da Lei nº 9.394, de 20 de dezembro de 1996.

Art. 9º Para os fins da distribuição dos recursos de que trata esta Lei, serão consideradas exclusivamente as matrículas presenciais efetivas, conforme os dados apurados no censo escolar mais atualizado, realizado anualmente pelo Instituto Nacional de Estudos e Pesquisas Educacionais Anísio Teixeira – INEP, considerando as ponderações aplicáveis.

§ 1º Os recursos serão distribuídos entre o Distrito Federal, os Estados e seus Municípios, considerando-se exclusivamente as matrículas nos respectivos âmbitos de atuação prioritária, conforme os §§ 2º e 3º do art. 211 da Constituição Federal, observado o disposto no § 1º do art. 21 desta Lei.

§ 2º Serão consideradas, para a educação especial, as matrículas na rede regular de ensino, em classes comuns ou em classes especiais de escolas regulares, e em escolas especiais ou especializadas.

§ 3º Os profissionais do magistério da educação básica da rede pública de ensino cedidos para as instituições a que se referem os §§ 1º, 3º e 4º do art. 8º desta Lei serão considerados como em efetivo exercício na educação básica pública para fins do disposto no art. 22 desta Lei.

§ 4º Os Estados, o Distrito Federal e os Municípios poderão, no prazo de 30 (trinta) dias da publicação dos dados do censo escolar no Diário Oficial da União, apresentar recursos para retificação dos dados publicados.

Art. 10. A distribuição proporcional de recursos dos Fundos levará em conta as seguintes diferenças entre etapas, modalidades e tipos de estabelecimento de ensino da educação básica:

I – creche em tempo integral;
II – pré-escola em tempo integral; III – creche em tempo parcial;
IV – pré-escola em tempo parcial;
V – anos iniciais do ensino fundamental urbano;
VI – anos iniciais do ensino fundamental no campo; VII – anos finais do ensino fundamental urbano; VIII – anos finais do ensino fundamental no campo; IX– ensino fundamental em tempo integral;
X – ensino médio urbano;
XI – ensino médio no campo;
XII – ensino médio em tempo integral;
XIII – ensino médio integrado à educação profissional; XIV – educação especial;

XV – educação indígena e quilombola;
XVI – educação de jovens e adultos com avaliação no processo;
XVII – educação de jovens e adultos integrada à educação profissional de nível médio, com avaliação no processo.

§ 1º A ponderação entre diferentes etapas, modalidades e tipos de estabelecimento de ensino adotará como referência o fator 1 (um) para os anos iniciais do ensino fundamental urbano, observado o disposto no § 1º do art. 32 desta Lei.

§ 2º A ponderação entre demais etapas, modalidades e tipos de estabelecimento será resultado da multiplicação do fator de referência por um fator específico fixado entre 0,70 (setenta centésimos) e 1,30 (um inteiro e trinta centésimos), observando-se, em qualquer hipótese, o limite previsto no art. 11 desta Lei.

§ 3º Para os fins do disposto neste artigo, o regulamento disporá sobre a educação básica em tempo integral e sobre os anos iniciais e finais do ensino fundamental.

§ 4º O direito à educação infantil será assegurado às crianças até o término do ano letivo em que completarem 6 (seis) anos de idade.

Art. 11. A apropriação dos recursos em função das matrículas na modalidade de educação de jovens e adultos, nos termos da alínea c do inciso III do *caput* do art. 60 do Ato das Disposições Constitucionais Transitórias – ADCT, observará, em cada Estado e no Distrito Federal, percentual de até 15% (quinze por cento) dos recursos do Fundo respectivo.

Seção II
Da Comissão Intergovernamental de Financiamento para a Educação Básica de Qualidade

Art. 12. Fica instituída, no âmbito do Ministério da Educação, a Comissão Intergovernamental de Financiamento para a Educação Básica de Qualidade, com a seguinte composição:

I – 1 (um) representante do Ministério da Educação;

II – 1 (um) representante dos secretários estaduais de educação de cada uma das 5 (cinco) regiões político-administrativas do Brasil indicado pelas seções regionais do Conselho Nacional de Secretários de Estado da Educação – CONSED;

III – 1 (um) representante dos secretários municipais de educação de cada uma das 5 (cinco) regiões político-administrativas do Brasil indicado pelas seções regionais da União Nacional dos Dirigentes Municipais de Educação – UNDIME.

§ 1º As deliberações da Comissão Intergovernamental de Financiamento para a Educação Básica de Qualidade serão registradas em ata circunstanciada, lavrada conforme seu regimento interno.

§ 2º As deliberações relativas à especificação das ponderações serão baixadas em resolução publicada no Diário Oficial da União até o dia 31 de julho de cada exercício, para vigência no exercício seguinte.

§ 3º A participação na Comissão Intergovernamental de Financiamento para a Educação Básica de Qualidade é função não remunerada de relevante interesse público, e seus membros, quando convocados, farão jus a transporte e diárias.

Art. 13. No exercício de suas atribuições, compete à Comissão Intergovernamental de Financiamento para a Educação Básica de Qualidade:

I – especificar anualmente as ponderações aplicáveis entre diferentes etapas, modalidades e tipos de estabelecimento de ensino da educação básica, observado o disposto no art. 10 desta Lei, levando em consideração a correspondência ao custo real da respectiva etapa e modalidade e tipo de estabelecimento de educação básica, segundo estudos de custo realizados e publicados pelo Inep;

II – fixar anualmente o limite proporcional de apropriação de recursos pelas diferentes etapas, modalidades e tipos de estabelecimento de ensino da educação básica, observado o disposto no art. 11 desta Lei;

III – fixar anualmente a parcela da complementação da União a ser distribuída para os Fundos por meio de programas direcionados para a melhoria da qualidade da educação básica, bem como respectivos critérios de distribuição, observado o disposto no art. 7º desta Lei;

IV – elaborar, requisitar ou orientar a elaboração de estudos técnicos pertinentes, sempre que necessário;

V – elaborar seu regimento interno, baixado em portaria do Ministro de Estado da Educação.

§ 1º Serão adotados como base para a decisão da Comissão Intergovernamental de Financiamento para a Educação Básica de Qualidade os dados do censo escolar anual mais atualizado realizado pelo Inep.

§ 2º A Comissão Intergovernamental de Financiamento para a Educação Básica de Qualidade exercerá suas competências em observância às garantias estabelecidas nos incisos I, II, III e IV do *caput* do art. 208 da Constituição Federal e às metas de universalização da educação básica estabelecidas no plano nacional de educação.

Art. 14. As despesas da Comissão Intergovernamental de Financiamento para a Educação Básica de Qualidade correrão à conta das dotações orçamentárias anualmente consignadas ao Ministério da Educação.

CAPÍTULO IV
DA TRANSFERÊNCIA E DA GESTÃO DOS RECURSOS

Art. 15. O Poder Executivo federal publicará, até 31 de dezembro de cada exercício, para vigência no exercício subsequente:

I – a estimativa da receita total dos Fundos;
II – a estimativa do valor da complementação da União;
III – a estimativa dos valores anuais por aluno no âmbito do Distrito Federal e de cada Estado;
IV – o valor anual mínimo por aluno definido nacionalmente.

Parágrafo único. Para o ajuste da complementação da União de que trata o § 2º do art. 6º desta Lei, os Estados e o Distrito Federal deverão publicar na imprensa oficial e encaminhar à Secretaria do Tesouro Nacional do Ministério da Fazenda, até o dia 31 de janeiro, os valores da arrecadação efetiva dos impostos e das transferências de que trata o art. 3º desta Lei referentes ao exercício imediatamente anterior.

Art. 16. Os recursos dos Fundos serão disponibilizados pelas unidades transferidoras ao Banco do Brasil S.A. ou Caixa Econômica Federal, que realizará a distribuição dos valores devidos aos Estados, ao Distrito Federal e aos Municípios.

Parágrafo único. São unidades transferidoras a União, os Estados e o Distrito Federal em relação às respectivas parcelas do Fundo cuja arrecadação e disponibilização para distribuição sejam de sua responsabilidade.

Art. 17. Os recursos dos Fundos, provenientes da União, dos Estados e do Distrito Federal, serão repassados automaticamente para contas únicas e específicas dos Governos Estaduais, do Distrito Federal e dos Municípios, vinculadas ao respectivo Fundo, instituídas para esse fim e mantidas na instituição financeira de que trata o art. 16 desta Lei.

§ 1º Os repasses aos Fundos provenientes das participações a que se refere o inciso II do *caput* do art. 158 e as alíneas a e b do inciso I do *caput* e inciso II do *caput* do art. 159 da Constituição Federal, bem como os repasses aos Fundos à conta das compensações financeiras aos Estados, Distrito Federal e Municípios a que se refere a Lei Complementar nº 87, de 13 de setembro de 1996, constarão dos orçamentos da União, dos Estados e do Distrito Federal e serão creditados pela União em favor dos Governos Estaduais, do Distrito Federal e dos Municípios nas contas específicas a que se refere este artigo, respeitados os critérios e as finalidades estabelecidas nesta Lei, observados os mesmos prazos, procedimentos e forma de divulgação adotados para o repasse do restante dessas transferências constitucionais em favor desses governos.

§ 2º Os repasses aos Fundos provenientes dos impostos previstos nos incisos I, II e III do *caput* do art. 155 combinados com os incisos III e IV do *caput* do art. 158 da Constituição Federal constarão dos orçamentos dos Governos Estaduais e do Distrito Federal e serão depositados pelo estabelecimento oficial de crédito previsto no art. 4º da Lei Complementar nº 63, de 11 de janeiro de 1990, no momento em que a arrecadação estiver sendo realizada nas contas do Fundo abertas na instituição financeira de que trata o *caput* deste artigo.

§ 3º A instituição financeira de que trata o *caput* deste artigo, no que se refere aos recursos dos impostos e participações mencionados no § 2º deste artigo, creditará imediatamente as parcelas devidas ao Governo Estadual, ao Distrito Federal e aos Municípios nas contas específicas referidas neste artigo, observados os critérios e as finalidades estabelecidas nesta Lei, procedendo à divulgação dos valores creditados de forma similar e com a mesma periodicidade utilizada pelos Estados em relação ao restante da transferência do referido imposto.

§ 4º Os recursos dos Fundos provenientes da parcela do imposto sobre produtos industrializados, de que trata o inciso II do *caput* do art. 159 da Constituição Federal, serão creditados pela União em favor dos Governos Estaduais e do Distrito Federal nas contas específicas, segundo os critérios e respeitadas as finalidades estabelecidas nesta Lei, observados os mesmos prazos, procedimentos e forma de divulgação previstos na Lei Complementar nº 61, de 26 de dezembro de 1989.

§ 5º Do montante dos recursos do imposto sobre produtos industrializados de que trata o inciso II do *caput* do art. 159 da Constituição Federal a parcela devida aos Municípios, na forma do disposto no art. 5º da Lei Complementar nº 61, de 26 de dezembro de 1989, será repassada pelo Governo Estadual ao respectivo Fundo e os recursos serão creditados na conta específica a que se refere este artigo, observados os mesmos prazos, procedimentos e forma de divulgação do restante dessa transferência aos Municípios.

§ 6º A instituição financeira disponibilizará, permanentemente, aos conselhos referidos nos incisos II, III e IV do § 1º do art. 24 desta Lei os extratos bancários referentes à conta do fundo.

§ 7º Os recursos depositados na conta específica a que se refere o *caput* deste artigo serão depositados pela União, Distrito Federal, Estados e Municípios na forma prevista no § 5º do art. 69 da Lei nº 9.394, de 20 de dezembro de 1996.

Art. 18. Nos termos do § 4º do art. 211 da Constituição Federal, os Estados e os Municípios poderão celebrar convênios para a transferência de alunos, recursos humanos, materiais e encargos financeiros, assim como de transporte escolar, acompanhados da transferência imediata de recursos financeiros correspondentes ao número de matrículas assumido pelo ente federado.

Parágrafo único. (VETADO)

Art. 19. Os recursos disponibilizados aos Fundos pela União, pelos Estados e pelo Distrito Federal deverão ser registrados de forma detalhada a fim de evidenciar as respectivas transferências.

Art. 20. Os eventuais saldos de recursos financeiros disponíveis nas contas específicas dos Fundos cuja perspectiva de utilização seja superior a 15 (quinze) dias deverão ser aplicados em operações financeiras de curto prazo ou de mercado aberto, lastreadas em títulos da dívida pública, na instituição financeira responsável pela movimentação dos recursos, de modo a preservar seu poder de compra.

Parágrafo único. Os ganhos financeiros auferidos em decorrência das aplicações previstas no *caput* deste artigo deverão ser utilizados na mesma finalidade e de acordo com os mesmos critérios e condições estabelecidas para utilização do valor principal do Fundo.

CAPÍTULO V
DA UTILIZAÇÃO DOS RECURSOS

Art. 21. Os recursos dos Fundos, inclusive aqueles oriundos de complementação da União, serão utilizados pelos Estados, pelo Distrito Federal e pelos Municípios, no exercício financeiro em que lhes forem creditados, em ações consideradas como de manutenção e desenvolvimento do ensino para a educação básica pública, conforme disposto no art. 70 da Lei nº 9.394, de 20 de dezembro de 1996.

§ 1º Os recursos poderão ser aplicados pelos Estados e Municípios indistintamente entre etapas, modalidades e tipos de estabelecimento de ensino da educação básica nos seus respectivos âmbitos de atuação prioritária, conforme estabelecido nos §§ 2º e 3º do art. 211 da Constituição Federal.

§ 2º Até 5% (cinco por cento) dos recursos recebidos à conta dos Fundos, inclusive relativos à complementação da União recebidos nos termos do § 1º do art.

6º desta Lei, poderão ser utilizados no 1º (primeiro) trimestre do exercício imediatamente subsequente, mediante abertura de crédito adicional.

Art. 22. Pelo menos 60% (sessenta por cento) dos recursos anuais totais dos Fundos serão destinados ao pagamento da remuneração dos profissionais do magistério da educação básica em efetivo exercício na rede pública.

Parágrafo único. Para os fins do disposto no *caput* deste artigo, considera-se:

I – remuneração: o total de pagamentos devidos aos profissionais do magistério da educação, em decorrência do efetivo exercício em cargo, emprego ou função, integrantes da estrutura, quadro ou tabela de servidores do Estado, Distrito Federal ou Município, conforme o caso, inclusive os encargos sociais incidentes;

II – profissionais do magistério da educação: docentes, profissionais que oferecem suporte pedagógico direto ao exercício da docência: direção ou administração escolar, planejamento, inspeção, supervisão, orientação educacional e coordenação pedagógica;

III – efetivo exercício: atuação efetiva no desempenho das atividades de magistério previstas no inciso II deste parágrafo associada à sua regular vinculação contratual, temporária ou estatutária, com o ente governamental que o remunera, não sendo descaracterizado por eventuais afastamentos temporários previstos em lei, com ônus para o empregador, que não impliquem rompimento da relação jurídica existente.

Art. 23. É vedada a utilização dos recursos dos Fundos:

I – no financiamento das despesas não consideradas como de manutenção e desenvolvimento da educação básica, conforme o art. 71 da Lei nº 9.394, de 20 de dezembro de 1996;

II – como garantia ou contrapartida de operações de crédito, internas ou externas, contraídas pelos Estados, pelo Distrito Federal ou pelos Municípios que não se destinem ao financiamento de projetos, ações ou programas considerados como ação de manutenção e desenvolvimento do ensino para a educação básica.

CAPÍTULO VI
DO ACOMPANHAMENTO, CONTROLE SOCIAL, COMPROVAÇÃO E FISCALIZAÇÃO DOS RECURSOS

Art. 24. O acompanhamento e o controle social sobre a distribuição, a transferência e a aplicação dos recursos dos Fundos serão exercidos, junto aos respectivos governos, no âmbito da União, dos Estados, do Distrito Federal e dos Municípios, por conselhos instituídos especificamente para esse fim.

§ 1º Os conselhos serão criados por legislação específica, editada no pertinente âmbito governamental, observados os seguintes critérios de composição:

I – em âmbito federal, por no mínimo 14 (quatorze) membros, sendo:
a) até 4 (quatro) representantes do Ministério da Educação;
b) 1 (um) representante do Ministério da Fazenda;
c) 1 (um) representante do Ministério do Planejamento, Orçamento e Gestão;
d) 1 (um) representante do Conselho Nacional de Educação;

e) 1 (um) representante do Conselho Nacional de Secretários de Estado da Educação – CONSED;

f) 1 (um) representante da Confederação Nacional dos Trabalhadores em Educação – CNTE;

g) 1 (um) representante da União Nacional dos Dirigentes Municipais de Educação – UNDIME;

h) 2 (dois) representantes dos pais de alunos da educação básica pública;

i) 2 (dois) representantes dos estudantes da educação básica pública, um dos quais indicado pela União Brasileira de Estudantes Secundaristas – UBES;

II – em âmbito estadual, por no mínimo 12 (doze) membros, sendo:

a) 3 (três) representantes do Poder Executivo estadual, dos quais pelo menos 1 (um) do órgão estadual responsável pela educação básica;

b) 2 (dois) representantes dos Poderes Executivos Municipais;

c) 1 (um) representante do Conselho Estadual de Educação;

d) 1 (um) representante da seccional da União Nacional dos Dirigentes Municipais de Educação – UNDIME;

e) 1 (um) representante da seccional da Confederação Nacional dos Trabalhadores em Educação – CNTE;

f) 2 (dois) representantes dos pais de alunos da educação básica pública;

g) 2 (dois) representantes dos estudantes da educação básica pública, 1 (um) dos quais indicado pela entidade estadual de estudantes secundaristas;

III – no Distrito Federal, por no mínimo 9 (nove) membros, sendo a composição determinada pelo disposto no inciso II deste parágrafo, excluídos os membros mencionados nas suas alíneas *b* e *d*;

IV – em âmbito municipal, por no mínimo 9 (nove) membros, sendo:

a) 2 (dois) representantes do Poder Executivo Municipal, dos quais pelo menos 1 (um) da Secretaria Municipal de Educação ou órgão educacional equivalente;

b) 1 (um) representante dos professores da educação básica pública;

c) 1 (um) representante dos diretores das escolas básicas públicas;

d) 1 (um) representante dos servidores técnico-administrativos das escolas básicas públicas;

e) 2 (dois) representantes dos pais de alunos da educação básica pública;

f) 2 (dois) representantes dos estudantes da educação básica pública, um dos quais indicado pela entidade de estudantes secundaristas.

§ 2º Integrarão ainda os conselhos municipais dos Fundos, quando houver, 1 (um) representante do respectivo Conselho Municipal de Educação e 1 (um) representante do Conselho Tutelar a que se refere a Lei nº 8.069, de 13 de julho de 1990, indicados por seus pares.

§ 3º Os membros dos conselhos previstos no *caput* deste artigo serão indicados até 20 (vinte) dias antes do término do mandato dos conselheiros anteriores:

I – pelos dirigentes dos órgãos federais, estaduais, municipais e do Distrito Federal e das entidades de classes organizadas, nos casos das representações dessas instâncias;

II – nos casos dos representantes dos diretores, pais de alunos e estudantes, pelo conjunto dos estabelecimentos ou entidades de âmbito nacional, estadual ou municipal, conforme o caso, em processo eletivo organizado para esse fim, pelos respectivos pares;

III – nos casos de representantes de professores e servidores, pelas entidades sindicais da respectiva categoria.

§ 4º Indicados os conselheiros, na forma dos incisos I e II do § 3º deste artigo, o Ministério da Educação designará os integrantes do conselho previsto no inciso I do § 1º deste artigo, e o Poder Executivo competente designará os integrantes dos conselhos previstos nos incisos II, III e IV do § 1º deste artigo.

§ 5º São impedidos de integrar os conselhos a que se refere o *caput* deste artigo:

I – cônjuge e parentes consanguíneos ou afins, até 3º (terceiro) grau, do Presidente e do Vice-Presidente da República, dos Ministros de Estado, do Governador e do Vice-Governador, do Prefeito e do Vice-Prefeito, e dos Secretários Estaduais, Distritais ou Municipais;

II – tesoureiro, contador ou funcionário de empresa de assessoria ou consultoria que prestem serviços relacionados à administração ou controle interno dos recursos do Fundo, bem como cônjuges, parentes consanguíneos ou afins, até 3º (terceiro) grau, desses profissionais;

III – estudantes que não sejam emancipados;

IV – pais de alunos que:

a) exerçam cargos ou funções públicas de livre nomeação e exoneração no âmbito dos órgãos do respectivo Poder Executivo gestor dos recursos; ou

b) prestem serviços terceirizados, no âmbito dos Poderes Executivos em que atuam os respectivos conselhos.

§ 6º O presidente dos conselhos previstos no *caput* deste artigo será eleito por seus pares em reunião do colegiado, sendo impedido de ocupar a função o representante do governo gestor dos recursos do Fundo no âmbito da União, dos Estados, do Distrito Federal e dos Municípios.

§ 7º Os conselhos dos Fundos atuarão com autonomia, sem vinculação ou subordinação institucional ao Poder Executivo local e serão renovados periodicamente ao final de cada mandato dos seus membros.

§ 8º A atuação dos membros dos conselhos dos Fundos:

I – não será remunerada;

II – é considerada atividade de relevante interesse social;

III – assegura isenção da obrigatoriedade de testemunhar sobre informações recebidas ou prestadas em razão do exercício de suas atividades de conselheiro e sobre as pessoas que lhes confiarem ou deles receberem informações;

IV – veda, quando os conselheiros forem representantes de professores e diretores ou de servidores das escolas públicas, no curso do mandato:

a) exoneração ou demissão do cargo ou emprego sem justa causa ou transferência involuntária do estabelecimento de ensino em que atuam;

b) atribuição de falta injustificada ao serviço em função das atividades do conselho;

c) afastamento involuntário e injustificado da condição de conselheiro antes do término do mandato para o qual tenha sido designado;

V – veda, quando os conselheiros forem representantes de estudantes em atividades do conselho, no curso do mandato, atribuição de falta injustificada nas atividades escolares.

§ 9º Aos conselhos incumbe, ainda, supervisionar o censo escolar anual e a elaboração da proposta orçamentária anual, no âmbito de suas respectivas esferas governamentais de atuação, com o objetivo de concorrer para o regular e tempestivo tratamento e encaminhamento dos dados estatísticos e financeiros que alicerçam a operacionalização dos Fundos.

§ 10º Os conselhos dos Fundos não contarão com estrutura administrativa própria, incumbindo à União, aos Estados, ao Distrito Federal e aos Municípios garantir infraestrutura e condições materiais adequadas à execução plena das competências dos conselhos e oferecer ao Ministério da Educação os dados cadastrais relativos à criação e composição dos respectivos conselhos.

§ 11º Os membros dos conselhos de acompanhamento e controle terão mandato de, no máximo, 2 (dois) anos, permitida 1 (uma) recondução por igual período.

§ 12º Na hipótese da inexistência de estudantes emancipados, representação estudantil poderá acompanhar as reuniões do conselho com direito a voz.

§ 13º Aos conselhos incumbe, também, acompanhar a aplicação dos recursos federais transferidos à conta do Programa Nacional de Apoio ao Transporte do Escolar – PNATE e do Programa de Apoio aos Sistemas de Ensino para Atendimento à Educação de Jovens e Adultos e, ainda, receber e analisar as prestações de contas referentes a esses Programas, formulando pareceres conclusivos acerca da aplicação desses recursos e encaminhando-os ao Fundo Nacional de Desenvolvimento da Educação – FNDE.

Art. 25. Os registros contábeis e os demonstrativos gerenciais mensais, atualizados, relativos aos recursos repassados e recebidos à conta dos Fundos assim como os referentes às despesas realizadas ficarão permanentemente à disposição dos conselhos responsáveis, bem como dos órgãos federais, estaduais e municipais de controle interno e externo, e ser-lhes-á dada ampla publicidade, inclusive por meio eletrônico.

Parágrafo único. Os conselhos referidos nos incisos II, III e IV do § 1º do art. 24 desta Lei poderão, sempre que julgarem conveniente:

I – apresentar ao Poder Legislativo local e aos órgãos de controle interno e externo manifestação formal acerca dos registros contábeis e dos demonstrativos gerenciais do Fundo;

II – por decisão da maioria de seus membros, convocar o Secretário de Educação competente ou servidor equivalente para prestar esclarecimentos acerca do fluxo de recursos e a execução das despesas do Fundo, devendo a autoridade convocada apresentar-se em prazo não superior a 30 (trinta) dias;

III – requisitar ao Poder Executivo cópia de documentos referentes a:

a) licitação, empenho, liquidação e pagamento de obras e serviços custeados com recursos do Fundo;

b) folhas de pagamento dos profissionais da educação, as quais deverão discriminar aqueles em efetivo exercício na educação básica e indicar o respectivo nível, modalidade ou tipo de estabelecimento a que estejam vinculados;

c) documentos referentes aos convênios com as instituições a que se refere o art. 8º desta Lei;

d) outros documentos necessários ao desempenho de suas funções;

IV – realizar visitas e inspetorias *in loco* para verificar:

a) o desenvolvimento regular de obras e serviços efetuados nas instituições escolares com recursos do Fundo;

b) a adequação do serviço de transporte escolar;

c) a utilização em benefício do sistema de ensino de bens adquiridos com recursos do Fundo.

Art. 26. A fiscalização e o controle referentes ao cumprimento do disposto no art. 212 da Constituição Federal e do disposto nesta Lei, especialmente em relação à aplicação da totalidade dos recursos dos Fundos, serão exercidos:

I – pelo órgão de controle interno no âmbito da União e pelos órgãos de controle interno no âmbito dos Estados, do Distrito Federal e dos Municípios;

II – pelos Tribunais de Contas dos Estados, do Distrito Federal e dos Municípios, junto aos respectivos entes governamentais sob suas jurisdições;

III – pelo Tribunal de Contas da União, no que tange às atribuições a cargo dos órgãos federais, especialmente em relação à complementação da União.

Art. 27. Os Estados, o Distrito Federal e os Municípios prestarão contas dos recursos dos Fundos conforme os procedimentos adotados pelos Tribunais de Contas competentes, observada a regulamentação aplicável.

Parágrafo único. As prestações de contas serão instruídas com parecer do conselho responsável, que deverá ser apresentado ao Poder Executivo respectivo em até 30 (trinta) dias antes do vencimento do prazo para a apresentação da prestação de contas prevista no *caput* deste artigo.

Art. 28. O descumprimento do disposto no art. 212 da Constituição Federal e do disposto nesta Lei sujeitará os Estados e o Distrito Federal à intervenção da União, e os Municípios à intervenção dos respectivos Estados a que pertencem, nos termos da alínea *e* do inciso VII do *caput* do art. 34 e do inciso III do *caput* do art. 35 da Constituição Federal.

Art. 29. A defesa da ordem jurídica, do regime democrático, dos interesses sociais e individuais indisponíveis, relacionada ao pleno cumprimento desta Lei, compete ao Ministério Público dos Estados e do Distrito Federal e Territórios e ao Ministério Público Federal, especialmente quanto às transferências de recursos federais.

§ 1º A legitimidade do Ministério Público prevista no *caput* deste artigo não exclui a de terceiros para a propositura de ações a que se referem o inciso LXXIII do *caput* do art. 5º e o § 1º do art. 129 da Constituição Federal, sendo-lhes assegurado o acesso gratuito aos documentos mencionados nos arts. 25 e 27 desta Lei.

§ 2º Admitir-se-á litisconsórcio facultativo entre os Ministérios Públicos da União, do Distrito Federal e dos Estados para a fiscalização da aplicação dos recursos dos Fundos que receberem complementação da União.

Art. 30. O Ministério da Educação atuará:

I – no apoio técnico relacionado aos procedimentos e critérios de aplicação dos recursos dos Fundos, junto aos Estados, Distrito Federal e Municípios e às instâncias responsáveis pelo acompanhamento, fiscalização e controle interno e externo;

II – na capacitação dos membros dos conselhos;

III – na divulgação de orientações sobre a operacionalização do Fundo e de dados sobre a previsão, a realização e a utilização dos valores financeiros repassados, por meio de publicação e distribuição de documentos informativos e em meio eletrônico de livre acesso público;

IV – na realização de estudos técnicos com vista na definição do valor referencial anual por aluno que assegure padrão mínimo de qualidade do ensino;

V – no monitoramento da aplicação dos recursos dos Fundos, por meio de sistema de informações orçamentárias e financeiras e de cooperação com os Tribunais de Contas dos Estados e Municípios e do Distrito Federal;

VI – na realização de avaliações dos resultados da aplicação desta Lei, com vistas na adoção de medidas operacionais e de natureza político-educacional corretivas, devendo a primeira dessas medidas se realizar em até 2 (dois) anos após a implantação do Fundo.

CAPÍTULO VII

DISPOSIÇÕES FINAIS E TRANSITÓRIAS

Seção I
Disposições Transitórias

Art. 31. Os Fundos serão implantados progressivamente nos primeiros 3 (três) anos de vigência, conforme o disposto neste artigo.

§ 1º A porcentagem de recursos de que trata o art. 3º desta Lei será alcançada conforme a seguinte progressão:

I – para os impostos e transferências constantes do inciso II do *caput* do art. 155, do inciso IV do *caput* do art. 158, das alíneas a e b do inciso I e do inciso II do *caput* do art. 159 da Constituição Federal, bem como para a receita a que se refere o § 1º do art. 3º desta Lei:

a) 16,66% (dezesseis inteiros e sessenta e seis centésimos por cento), no 1º (primeiro) ano;

b) 18,33% (dezoito inteiros e trinta e três centésimos por cento), no 2º (segundo) ano; e

c) 20% (vinte por cento), a partir do 3º (terceiro) ano, inclusive;

II – para os impostos e transferências constantes dos incisos I e III do *caput* do art. 155, inciso II do *caput* do art. 157, incisos II e III do *caput* do art. 158 da Constituição Federal:

a) 6,66% (seis inteiros e sessenta e seis centésimos por cento), no 1º (primeiro) ano;

b) 13,33% (treze inteiros e trinta e três centésimos por cento), no 2º (segundo) ano; e

c) 20% (vinte por cento), a partir do 3º (terceiro) ano, inclusive.

§ 2º As matrículas de que trata o art. 9º desta Lei serão consideradas conforme a seguinte progressão:

I – para o ensino fundamental regular e especial público: a totalidade das matrículas imediatamente a partir do 1º (primeiro) ano de vigência do Fundo;

II – para a educação infantil, o ensino médio e a educação de jovens e adultos:
  a) 1/3 (um terço) das matrículas no 1º (primeiro) ano de vigência do Fundo;
  b) 2/3 (dois terços) das matrículas no 2º (segundo) ano de vigência do Fundo;
  c) a totalidade das matrículas a partir do 3º (terceiro) ano de vigência do Fundo, inclusive.

§ 3º A complementação da União será de, no mínimo:

I – R$ 2.000.000.000,00 (dois bilhões de reais), no 1º (primeiro) ano de vigência dos Fundos;

II – R$ 3.000.000.000,00 (três bilhões de reais), no 2º (segundo) ano de vigência dos Fundos; e

III – R$ 4.500.000.000,00 (quatro bilhões e quinhentos milhões de reais), no 3º (terceiro) ano de vigência dos Fundos.

§ 4º Os valores a que se referem os incisos I, II e III do § 3º deste artigo serão atualizados, anualmente, nos primeiros 3 (três) anos de vigência dos Fundos, de forma a preservar em caráter permanente o valor real da complementação da União.

§ 5º Os valores a que se referem os incisos I, II e III do § 3º deste artigo serão corrigidos, anualmente, pela variação acumulada do Índice Nacional de Preços ao Consumidor – INPC, apurado pela Fundação Instituto Brasileiro de Geografia e Estatística – IBGE, ou índice equivalente que lhe venha a suceder, no período compreendido entre o mês da promulgação da Emenda Constitucional no 53, de 19 de dezembro de 2006, e 1º de janeiro de cada um dos 3 (três) primeiros anos de vigência dos Fundos.

§ 6º Até o 3º (terceiro) ano de vigência dos Fundos, o cronograma de complementação da União observará a programação financeira do Tesouro Nacional e contemplará pagamentos mensais de, no mínimo, 5% (cinco por cento) da complementação anual, a serem realizados até o último dia útil de cada mês, assegurados os repasses de, no mínimo, 45% (quarenta e cinco por cento) até 31 de julho e de 100% (cem por cento) até 31 de dezembro de cada ano.

§ 7º Até o 3º (terceiro) ano de vigência dos Fundos, a complementação da União não sofrerá ajuste quanto a seu montante em função da diferença entre a receita utilizada para o cálculo e a receita realizada do exercício de referência, observado o disposto no § 2º do art. 6º desta Lei quanto à distribuição entre os fundos instituídos no âmbito de cada Estado.

Art. 32. O valor por aluno do ensino fundamental, no Fundo de cada Estado e do Distrito Federal, não poderá ser inferior ao efetivamente praticado em 2006, no âmbito do Fundo de Manutenção e Desenvolvimento do Ensino Fundamental e de Valorização do Magistério – FUNDEF, estabelecido pela Emenda Constitucional nº 14, de 12 de setembro de 1996.

§ 1º Caso o valor por aluno do ensino fundamental, no Fundo de cada Estado e do Distrito Federal, no âmbito do Fundeb, resulte inferior ao valor por aluno do ensino fundamental, no Fundo de cada Estado e do Distrito Federal, no âmbito do Fundef, adotar-se-á este último exclusivamente para a distribuição dos recursos do ensino fundamental, mantendo-se as demais ponderações para as restantes etapas, modalidades e tipos de estabelecimento de ensino da educação básica, na forma do regulamento.

§ 2º O valor por aluno do ensino fundamental a que se refere o *caput* deste artigo terá como parâmetro aquele efetivamente praticado em 2006, que será corrigido, anualmente, com base no Índice Nacional de Preços ao Consumidor – INPC, apurado pela Fundação Instituto Brasileiro de Geografia e Estatística – IBGE ou índice equivalente que lhe venha a suceder, no período de 12 (doze) meses encerrados em junho do ano imediatamente anterior.

Art. 33. O valor anual mínimo por aluno definido nacionalmente para o ensino fundamental no âmbito do Fundeb não poderá ser inferior ao mínimo fixado nacionalmente em 2006 no âmbito do Fundef.

Art. 34. Os conselhos dos Fundos serão instituídos no prazo de 60 (sessenta) dias contados da vigência dos Fundos, inclusive mediante adaptações dos conselhos do Fundef existentes na data de publicação desta Lei.

Art. 35. O Ministério da Educação deverá realizar, em 5 (cinco) anos contados da vigência dos Fundos, fórum nacional com o objetivo de avaliar o financiamento da educação básica nacional, contando com representantes da União, dos Estados, do Distrito Federal, dos Municípios, dos trabalhadores da educação e de pais e alunos.

Art. 36. No 1º (primeiro) ano de vigência do Fundeb, as ponderações seguirão as seguintes especificações:

I – creche – 0,80 (oitenta centésimos);
II – pré-escola – 0,90 (noventa centésimos);
III – anos iniciais do ensino fundamental urbano – 1,00 (um inteiro);
IV – anos iniciais do ensino fundamental no campo – 1,05 (um inteiro e cinco centésimos);
V – anos finais do ensino fundamental urbano – 1,10 (um inteiro e dez centésimos);
VI – anos finais do ensino fundamental no campo – 1,15 (um inteiro e quinze centésimos);
VII – ensino fundamental em tempo integral – 1,25 (um inteiro e vinte e cinco centésimos);
VIII – ensino médio urbano – 1,20 (um inteiro e vinte centésimos);
IX – ensino médio no campo – 1,25 (um inteiro e vinte e cinco centésimos);
X – ensino médio em tempo integral – 1,30 (um inteiro e trinta centésimos);
XI – ensino médio integrado à educação profissional – 1,30 (um inteiro e trinta centésimos);
XII – educação especial – 1,20 (um inteiro e vinte centésimos);
XIII – educação indígena e quilombola – 1,20 (um inteiro e vinte centésimos);

XIV – educação de jovens e adultos com avaliação no processo – 0,70 (setenta centésimos);

XV – educação de jovens e adultos integrada à educação profissional de nível médio, com avaliação no processo – 0,70 (setenta centésimos).

§ 1º A Comissão Intergovernamental de Financiamento para a Educação Básica de Qualidade fixará as ponderações referentes à creche e pré-escola em tempo integral.

§ 2º Na fixação dos valores a partir do 2º (segundo) ano de vigência do Fundeb, as ponderações entre as matrículas da educação infantil seguirão, no mínimo, as seguintes pontuações:

I – creche pública em tempo integral – 1,10 (um inteiro e dez centésimos);
II – creche pública em tempo parcial – 0,80 (oitenta centésimos);
III – creche conveniada em tempo integral – 0,95 (noventa e cinco centésimos);
IV – creche conveniada em tempo parcial – 0,80 (oitenta centésimos);
V – pré-escola em tempo integral – 1,15 (um inteiro e quinze centésimos);
VI – pré-escola em tempo parcial – 0,90 (noventa centésimos).

Seção II
Disposições Finais

Art. 37. Os Municípios poderão integrar, nos termos da legislação local específica e desta Lei, o Conselho do Fundo ao Conselho Municipal de Educação, instituindo câmara específica para o acompanhamento e o controle social sobre a distribuição, a transferência e a aplicação dos recursos do Fundo, observado o disposto no inciso IV do § 1º e nos §§ 2º, 3º, 4º e 5º do art. 24 desta Lei.

§ 1º A câmara específica de acompanhamento e controle social sobre a distribuição, a transferência e a aplicação dos recursos do Fundeb terá competência deliberativa e terminativa.

§ 2º Aplicar-se-ão para a constituição dos Conselhos Municipais de Educação as regras previstas no § 5º do art. 24 desta Lei.

Art. 38. A União, os Estados, o Distrito Federal e os Municípios deverão assegurar no financiamento da educação básica, previsto no art. 212 da Constituição Federal, a melhoria da qualidade do ensino, de forma a garantir padrão mínimo de qualidade definido nacionalmente.

Parágrafo único. É assegurada a participação popular e da comunidade educacional no processo de definição do padrão nacional de qualidade referido no *caput* deste artigo.

Art. 39. A União desenvolverá e apoiará políticas de estímulo às iniciativas de melhoria de qualidade do ensino, acesso e permanência na escola, promovidas pelas unidades federadas, em especial aquelas voltadas para a inclusão de crianças e adolescentes em situação de risco social.

Parágrafo único. A União, os Estados e o Distrito Federal desenvolverão, em regime de colaboração, programas de apoio ao esforço para conclusão da educação básica dos alunos regularmente matriculados no sistema público de educação:

I – que cumpram pena no sistema penitenciário, ainda que na condição de presos provisórios;

II – aos quais tenham sido aplicadas medidas socioeducativas nos termos da Lei nº 8.069, de 13 de julho de 1990.

Art. 40. Os Estados, o Distrito Federal e os Municípios deverão implantar Planos de Carreira e remuneração dos profissionais da educação básica, de modo a assegurar:

I – a remuneração condigna dos profissionais na educação básica da rede pública;

II – integração entre o trabalho individual e a proposta pedagógica da escola;

III – a melhoria da qualidade do ensino e da aprendizagem.

Parágrafo único. Os Planos de Carreira deverão contemplar capacitação profissional especialmente voltada à formação continuada com vista na melhoria da qualidade do ensino.

Art. 41. O poder público deverá fixar, em lei específica, até 31 de agosto de 2007, piso salarial profissional nacional para os profissionais do magistério público da educação básica.

Parágrafo único. (VETADO)

Art. 42. (VETADO)

Art. 43. Nos meses de janeiro e fevereiro de 2007, fica mantida a sistemática de repartição de recursos prevista na Lei nº 9.424, de 24 de dezembro de 1996, mediante a utilização dos coeficientes de participação do Distrito Federal, de cada Estado e dos Municípios, referentes ao exercício de 2006, sem o pagamento de complementação da União.

Art. 44. A partir de 1º de março de 2007, a distribuição dos recursos dos Fundos é realizada na forma prevista nesta Lei.

Parágrafo único. A complementação da União prevista no inciso I do § 3º do art. 31 desta Lei, referente ao ano de 2007, será integralmente distribuída entre março e dezembro.

Art. 45. O ajuste da distribuição dos recursos referentes ao primeiro trimestre de 2007 será realizado no mês de abril de 2007, conforme a sistemática estabelecida nesta Lei.

Parágrafo único. O ajuste referente à diferença entre o total dos recursos da alínea *a* do inciso I e da alínea *a* do inciso II do § 1º do art. 31 desta Lei e os aportes referentes a janeiro e fevereiro de 2007, realizados na forma do disposto neste artigo, será pago no mês de abril de 2007.

Art. 46. Ficam revogados, a partir de 1º de janeiro de 2007, os arts. 1º a 8º e 13 da Lei nº 9.424, de 24 de dezembro de 1996, e o art. 12 da Lei nº 10.880, de 9 de junho de 2004, e o § 3º do art. 2º da Lei nº 10.845, de 5 de março de 2004.

Art. 47. Nos 2 (dois) primeiros anos de vigência do Fundeb, a União alocará, além dos destinados à complementação ao Fundeb, recursos orçamentários para a promoção de programa emergencial de apoio ao ensino médio e para reforço do programa nacional de apoio ao transporte escolar.

Art. 48. Os Fundos terão vigência até 31 de dezembro de 2020.

Art. 49. Esta Lei entra em vigor na data da sua publicação.

Brasília, 20 de junho de 2007; 186º da Independência e 119º da República.

LUIZ INÁCIO LULA DA SILVA
Tarso Genro
Guido Mantega
Fernando Haddad
José Antonio Dias Toffoli.

Este texto não substitui o publicado no DOU de 21.6.2007 e retificado no DOU de 22.6.2007

Lei nº 11.947/09/Lei no 11.947, de 16 de junho de 2009

Conversão da Medida Provisória nº 455, de 2008

Dispõe sobre o atendimento da alimentação escolar e do Programa Dinheiro Direto na Escola aos alunos da educação básica; altera as Leis ns. 10.880, de 9 de junho de 2004, 11.273, de 6 de fevereiro de 2006, 11.507, de 20 de julho de 2007; revoga dispositivos da Medida Provisória nº 2.178-36, de 24 de agosto de 2001, e a Lei nº 8.913, de 12 de julho de 1994; e dá outras providências.

O VICE-PRESIDENTE DA REPÚBLICA, no exercício do cargo de PRESIDENTE DA REPÚBLICA Faço saber que o Congresso Nacional decreta e eu sanciono a seguinte Lei:

Art. 1º Para os efeitos desta Lei, entende-se por alimentação escolar todo alimento oferecido no ambiente escolar, independentemente de sua origem, durante o período letivo.

Art. 2º São diretrizes da alimentação escolar:

I – o emprego da alimentação saudável e adequada, compreendendo o uso de alimentos variados, seguros, que respeitem a cultura, as tradições e os hábitos alimentares saudáveis, contribuindo para o crescimento e o desenvolvimento dos alunos e para a melhoria do rendimento escolar, em conformidade com a sua faixa etária e seu estado de saúde, inclusive dos que necessitam de atenção específica;

II – a inclusão da educação alimentar e nutricional no processo de ensino e aprendizagem, que perpassa pelo currículo escolar, abordando o tema alimentação e nutrição e o desenvolvimento de práticas saudáveis de vida, na perspectiva da segurança alimentar e nutricional;

III – a universalidade do atendimento aos alunos matriculados na rede pública de educação básica;

IV – a participação da comunidade no controle social, no acompanhamento das ações realizadas pelos Estados, pelo Distrito Federal e pelos Municípios para garantir a oferta da alimentação escolar saudável e adequada;

V – o apoio ao desenvolvimento sustentável, com incentivos para a aquisição de gêneros alimentícios diversificados, produzidos em âmbito local e preferencialmente pela agricultura familiar e pelos empreendedores familiares rurais, priorizando as comunidades tradicionais indígenas e de remanescentes de quilombos;

VI – o direito à alimentação escolar, visando a garantir segurança alimentar e nutricional dos alunos, com acesso de forma igualitária, respeitando as diferenças biológicas entre idades e condições de saúde dos alunos que necessitem de atenção específica e aqueles que se encontram em vulnerabilidade social.

Art. 3º A alimentação escolar é direito dos alunos da educação básica pública e dever do Estado e será promovida e incentivada com vistas no atendimento das diretrizes estabelecidas nesta Lei.

Art. 4º O Programa Nacional de Alimentação Escolar – PNAE tem por objetivo contribuir para o crescimento e o desenvolvimento biopsicossocial, a aprendizagem, o rendimento escolar e a formação de hábitos alimentares saudáveis dos alunos, por meio de ações de educação alimentar e nutricional e da oferta de refeições que cubram as suas necessidades nutricionais durante o período letivo.

Art. 5º Os recursos financeiros consignados no orçamento da União para execução do PNAE serão repassados em parcelas aos Estados, ao Distrito Federal, aos Municípios e às escolas federais pelo Fundo Nacional de Desenvolvimento da Educação – FNDE, em conformidade com o disposto no art. 208 da Constituição Federal e observadas as disposições desta Lei.

§ 1º A transferência dos recursos financeiros, objetivando a execução do PNAE, será efetivada automaticamente pelo FNDE, sem necessidade de convênio, ajuste, acordo ou contrato, mediante depósito em conta corrente específica.

§ 2º Os recursos financeiros de que trata o § 1º deverão ser incluídos nos orçamentos dos Estados, do Distrito Federal e dos Municípios atendidos e serão utilizados exclusivamente na aquisição de gêneros alimentícios.

§ 3º Os saldos dos recursos financeiros recebidos à conta do PNAE existentes em 31 de dezembro deverão ser reprogramados para o exercício subsequente, com estrita observância ao objeto de sua transferência, nos termos disciplinados pelo Conselho Deliberativo do FNDE.

§ 4º O montante dos recursos financeiros de que trata o § 1º será calculado com base no número de alunos devidamente matriculados na educação básica pública de cada um dos entes governamentais, conforme os dados oficiais de matrícula obtidos no censo escolar realizado pelo Ministério da Educação.

§ 5º Para os fins deste artigo, a critério do FNDE, serão considerados como parte da rede estadual, municipal e distrital, ainda, os alunos matriculados em:

I – creches, pré-escolas e escolas do ensino fundamental e médio qualificadas como entidades filantrópicas ou por elas mantidas, inclusive as de educação especial;

II – creches, pré-escolas e escolas comunitárias de ensino fundamental e médio conveniadas com os Estados, o Distrito Federal e os Municípios.

Art. 6º É facultado aos Estados, ao Distrito Federal e aos Municípios repassar os recursos financeiros recebidos à conta do PNAE às unidades executoras das escolas de educação básica pertencentes à sua rede de ensino, observando o disposto nesta Lei, no que couber.

Parágrafo único. O Conselho Deliberativo do FNDE expedirá normas relativas a critérios de alocação de recursos e valores *per capita*, bem como para organização e funcionamento das unidades executoras e demais orientações e instruções necessárias à execução do PNAE.

Art. 7º Os Estados poderão transferir a seus Municípios a responsabilidade pelo atendimento aos alunos matriculados nos estabelecimentos estaduais de ensino localizados nas respectivas áreas de jurisdição e, nesse caso, autorizar expressamente o repasse direto ao Município por parte do FNDE da correspondente parcela de recursos calculados na forma do parágrafo único do art. 6º.

Art. 8º Os Estados, o Distrito Federal e os Municípios apresentarão ao FNDE a prestação de contas do total dos recursos recebidos.

§ 1º A autoridade responsável pela prestação de contas que inserir ou fizer inserir documentos ou declaração falsa ou diversa da que deveria ser inscrita, com o fim de alterar a verdade sobre o fato, será responsabilizada na forma da lei.

§ 2º Os Estados, o Distrito Federal e os Municípios manterão em seus arquivos, em boa guarda e organização, pelo prazo de 5 (cinco) anos, contados da data de aprovação da prestação de contas do concedente, os documentos a que se refere o *caput*, juntamente com todos os comprovantes de pagamentos efetuados com os recursos financeiros transferidos na forma desta Lei, ainda que a execução esteja a cargo das respectivas escolas, e estarão obrigados a disponibilizá-los, sempre que solicitado, ao Tribunal de Contas da União, ao FNDE, ao Sistema de Controle Interno do Poder Executivo Federal e ao Conselho de Alimentação Escolar – CAE.

§ 3º O FNDE realizará auditagem da aplicação dos recursos nos Estados, no Distrito Federal e nos Municípios, a cada exercício financeiro, por sistema de amostragem, podendo requisitar o encaminhamento de documentos e demais elementos necessários para tanto, ou, ainda, delegar competência a outro órgão ou entidade estatal para fazê-lo.

Art. 9º O FNDE, os entes responsáveis pelos sistemas de ensino e os órgãos de controle externo e interno federal, estadual e municipal criarão, segundo suas competências próprias ou na forma de rede integrada, mecanismos adequados à fiscalização e ao monitoramento da execução do PNAE.

Parágrafo único. Os órgãos de que trata este artigo poderão celebrar convênios ou acordos, em regime de cooperação, para auxiliar e otimizar o controle do programa.

Art. 10 Qualquer pessoa física ou jurídica poderá denunciar ao FNDE, ao Tribunal de Contas da União, aos órgãos de controle interno do Poder Executivo da União, ao Ministério Público e ao CAE as irregularidades eventualmente identificadas na aplicação dos recursos destinados à execução do PNAE.

Art. 11 A responsabilidade técnica pela alimentação escolar nos Estados, no Distrito Federal, nos Municípios e nas escolas federais caberá ao nutricionista responsável, que deverá respeitar as diretrizes previstas nesta Lei e na legislação pertinente, no que couber, dentro das suas atribuições específicas.

Art. 12 Os cardápios da alimentação escolar deverão ser elaborados pelo nutricionista responsável com utilização de gêneros alimentícios básicos, respeitando-se as referências nutricionais, os hábitos alimentares, a cultura e a tradição alimentar da localidade, pautando-se na sustentabilidade e diversificação agrícola da região, na alimentação saudável e adequada.

§ 1º Para efeito desta Lei, gêneros alimentícios básicos são aqueles indispensáveis à promoção de uma alimentação saudável, observada a regulamentação aplicável. (Renumerado do parágrafo único Incluído pela Lei nº 12.982, de 2014)

§ 2º Para os alunos que necessitem de atenção nutricional individualizada em virtude de estado ou de condição de saúde específica, será elaborado cardápio especial com base em recomendações médicas e nutricionais, avaliação nutricional e demandas nutricionais diferenciadas, conforme regulamento. (Incluído pela Lei nº 12.982, de 2014)

Art. 13 A aquisição dos gêneros alimentícios, no âmbito do PNAE, deverá obedecer ao cardápio planejado pelo nutricionista e será realizada, sempre que possível, no mesmo ente federativo em que se localizam as escolas, observando-se as diretrizes de que trata o art. 2º desta Lei.

Art. 14 Do total dos recursos financeiros repassados pelo FNDE, no âmbito do PNAE, no mínimo 30% (trinta por cento) deverão ser utilizados na aquisição de gêneros alimentícios diretamente da agricultura familiar e do empreendedor familiar rural ou de suas organizações, priorizando-se os assentamentos da reforma agrária, as comunidades tradicionais indígenas e comunidades quilombolas.

§ 1º A aquisição de que trata este artigo poderá ser realizada dispensando-se o procedimento licitatório, desde que os preços sejam compatíveis com os vigentes no mercado local, observando-se os princípios inscritos no art. 37 da Constituição Federal, e os alimentos atendam às exigências do controle de qualidade estabelecidas pelas normas que regulamentam a matéria.

§ 2º A observância do percentual previsto no *caput* será disciplinada pelo FNDE e poderá ser dispensada quando presente uma das seguintes circunstâncias:

I – impossibilidade de emissão do documento fiscal correspondente;
II – inviabilidade de fornecimento regular e constante dos gêneros alimentícios;
III – condições higiênico-sanitárias inadequadas.

Art. 15 Compete ao Ministério da Educação propor ações educativas que perpassem pelo currículo escolar, abordando o tema alimentação e nutrição e o desenvolvimento de práticas saudáveis de vida, na perspectiva da segurança alimentar e nutricional.

Art. 16 Competem à União, por meio do FNDE, autarquia responsável pela coordenação do PNAE, as seguintes atribuições:

I – estabelecer as normas gerais de planejamento, execução, controle, monitoramento e avaliação do PNAE;

II – realizar a transferência de recursos financeiros visando a execução do PNAE nos Estados, Distrito Federal, Municípios e escolas federais;

III – promover a articulação interinstitucional entre as entidades federais envolvidas direta ou indiretamente na execução do PNAE;

IV – promover a adoção de diretrizes e metas estabelecidas nos pactos e acordos internacionais, com vista na melhoria da qualidade de vida dos alunos da rede pública da educação básica;

V – prestar orientações técnicas gerais aos Estados, ao Distrito Federal e aos Municípios para o bom desempenho do PNAE;

VI – cooperar no processo de capacitação dos recursos humanos envolvidos na execução do PNAE e no controle social;

VII – promover o desenvolvimento de estudos e pesquisas objetivando a avaliação das ações do PNAE, podendo ser feitos em regime de cooperação com entes públicos e privados.

Art. 17 Competem aos Estados, ao Distrito Federal e aos Municípios, no âmbito de suas respectivas jurisdições administrativas, as seguintes atribuições, conforme disposto no § 1º do art. 211 da Constituição Federal:

I – garantir que a oferta da alimentação escolar se dê em conformidade com as necessidades nutricionais dos alunos, durante o período letivo, observando as diretrizes estabelecidas nesta Lei, bem como o disposto no inciso VII do art. 208 da Constituição Federal;

II – promover estudos e pesquisas que permitam avaliar as ações voltadas para a alimentação escolar, desenvolvidas no âmbito das respectivas escolas;

III – promover a educação alimentar e nutricional, sanitária e ambiental nas escolas sob sua responsabilidade administrativa, com o intuito de formar hábitos alimentares saudáveis aos alunos atendidos, mediante atuação conjunta dos profissionais de educação e do responsável técnico de que trata o art. 11 desta Lei;

IV – realizar, em parceria com o FNDE, a capacitação dos recursos humanos envolvidos na execução do PNAE e no controle social;

V – fornecer informações, sempre que solicitado, ao FNDE, ao CAE, aos órgãos de controle interno e externo do Poder Executivo, a respeito da execução do PNAE, sob sua responsabilidade;

VI – fornecer instalações físicas e recursos humanos que possibilitem o pleno funcionamento do CAE, facilitando o acesso da população;

VII – promover e executar ações de saneamento básico nos estabelecimentos escolares sob sua responsabilidade, na forma da legislação pertinente;

VIII – divulgar em locais públicos informações acerca do quantitativo de recursos financeiros recebidos para execução do PNAE;

IX – prestar contas dos recursos financeiros recebidos à conta do PNAE, na forma estabelecida pelo Conselho Deliberativo do FNDE;

X – apresentar ao CAE, na forma e no prazo estabelecidos pelo Conselho Deliberativo do FNDE, o relatório anual de gestão do PNAE.

Art. 18 Os Estados, o Distrito Federal e os Municípios instituirão, no âmbito de suas respectivas jurisdições administrativas, Conselhos de Alimentação Escolar

– CAE, órgãos colegiados de caráter fiscalizador, permanente, deliberativo e de assessoramento, compostos da seguinte forma:

I – 1 (um) representante indicado pelo Poder Executivo do respectivo ente federado;

II – 2 (dois) representantes das entidades de trabalhadores da educação e de discentes, indicados pelo respectivo órgão de representação, a serem escolhidos por meio de assembleia específica;

III – 2 (dois) representantes de pais de alunos, indicados pelos Conselhos Escolares, Associações de Pais e Mestres ou entidades similares, escolhidos por meio de assembleia específica;

IV – 2 (dois) representantes indicados por entidades civis organizadas, escolhidos em assembleia específica.

§ 1º Os Estados, o Distrito Federal e os Municípios poderão, a seu critério, ampliar a composição dos membros do CAE, desde que obedecida a proporcionalidade definida nos incisos deste artigo.

§ 2º Cada membro titular do CAE terá 1 (um) suplente do mesmo segmento representado.

§ 3º Os membros terão mandato de 4 (quatro) anos, podendo ser reconduzidos de acordo com a indicação dos seus respectivos segmentos.

§ 4º A presidência e a vice-presidência do CAE somente poderão ser exercidas pelos representantes indicados nos incisos II, III e IV deste artigo.

§ 5º O exercício do mandato de conselheiros do CAE é considerado serviço público relevante, não remunerado.

§ 6º Caberá aos Estados, ao Distrito Federal e aos Municípios informar ao FNDE a composição do seu respectivo CAE, na forma estabelecida pelo Conselho Deliberativo do FNDE.

Art. 19 Compete ao CAE:

I – acompanhar e fiscalizar o cumprimento das diretrizes estabelecidas na forma do art. 2º desta Lei;

II – acompanhar e fiscalizar a aplicação dos recursos destinados à alimentação escolar;

III – zelar pela qualidade dos alimentos, em especial quanto às condições higiênicas, bem como a aceitabilidade dos cardápios oferecidos;

IV – receber o relatório anual de gestão do PNAE e emitir parecer conclusivo a respeito, aprovando ou reprovando a execução do Programa.

Parágrafo único. Os CAEs poderão desenvolver suas atribuições em regime de cooperação com os Conselhos de Segurança Alimentar e Nutricional estaduais e municipais e demais conselhos afins, e deverão observar as diretrizes estabelecidas pelo Conselho Nacional de Segurança Alimentar e Nutricional – CONSEA.

Art. 20 Fica o FNDE autorizado a suspender os repasses dos recursos do PNAE quando os Estados, o Distrito Federal ou os Municípios:

I – não constituírem o respectivo CAE ou deixarem de efetuar os ajustes necessários, visando ao seu pleno funcionamento;

II – não apresentarem a prestação de contas dos recursos anteriormente recebidos para execução do PNAE, na forma e nos prazos estabelecidos pelo Conselho Deliberativo do FNDE;

III – cometerem irregularidades na execução do PNAE, na forma estabelecida pelo Conselho Deliberativo do FNDE.

§ 1º Sem prejuízo do previsto no *caput*, fica o FNDE autorizado a comunicar eventuais irregularidades na execução do PNAE ao Ministério Público e demais órgãos ou autoridades ligadas ao tema de que trata o Programa.

§ 2º O restabelecimento do repasse dos recursos financeiros à conta do PNAE ocorrerá na forma definida pelo Conselho Deliberativo do FNDE.

Art. 21 Ocorrendo a suspensão prevista no art. 20, fica o FNDE autorizado a realizar, em conta específica, o repasse dos recursos equivalentes, pelo prazo de 180 (cento e oitenta) dias, diretamente às unidades executoras, conforme previsto no art. 6º desta Lei, correspondentes às escolas atingidas, para fornecimento da alimentação escolar, dispensando-se o procedimento licitatório para aquisição emergencial dos gêneros alimentícios, mantidas as demais regras estabelecidas para execução do PNAE, inclusive quanto à prestação de contas.

Parágrafo único. A partir da publicação desta Lei, o FNDE terá até 180 (cento e oitenta) dias para regulamentar a matéria de que trata o *caput* deste artigo.

Art. 22 O Programa Dinheiro Direto na Escola – PDDE, com o objetivo de prestar assistência financeira, em caráter suplementar, às escolas públicas da educação básica das redes estaduais, municipais e do Distrito Federal, às escolas de educação especial qualificadas como beneficentes de assistência social ou de atendimento direto e gratuito ao público, às escolas mantidas por entidades de tais gêneros e aos polos presenciais do sistema Universidade Aberta do Brasil – UAB que ofertem programas de formação inicial ou continuada a profissionais da educação básica, observado o disposto no art. 25, passa a ser regido pelo disposto nesta Lei. (Redação dada pela Lei nº 12.695, de 2012)

§ 1º A assistência financeira a ser concedida a cada estabelecimento de ensino beneficiário e aos polos presenciais da UAB que ofertem programas de formação inicial ou continuada a profissionais da educação básica será definida anualmente e terá como base o número de alunos matriculados na educação básica e na UAB, de acordo, respectivamente, com dados do censo escolar realizado pelo Ministério da Educação e com dados coletados pela Coordenação de Aperfeiçoamento de Pessoal de Ensino Superior – CAPES, observado o disposto no art. 24. (Redação dada pela Lei nº 12.695, de 2012)

Art. 22 O Programa Dinheiro Direto na Escola – PDDE, com o objetivo de prestar assistência financeira, em caráter suplementar, às escolas públicas da educação básica das redes estaduais, municipais e do Distrito Federal e às escolas de educação especial qualificadas como beneficentes de assistência social ou de atendimento direto e gratuito ao público, bem como às escolas mantidas por entidades de tais gêneros, observado o disposto no art. 25, passa a ser regido pelo disposto nesta Lei.

§ 1º A assistência financeira a ser concedida a cada estabelecimento de ensino beneficiário será definida anualmente e terá como base o número de alunos matriculados na educação básica, de acordo com dados extraídos do censo escolar realizado pelo Ministério da Educação, observado o disposto no art. 24.

§ 2º A assistência financeira de que trata o § 1º será concedida sem a necessidade de celebração de convênio, acordo, contrato, ajuste ou instrumento congênere, mediante crédito do valor devido em conta bancária específica:

I – diretamente à unidade executora própria, representativa da comunidade escolar, ou àquela qualificada como beneficente de assistência social ou de atendimento direto e gratuito ao público;

II – ao Estado, ao Distrito Federal ou ao Município mantenedor do estabelecimento de ensino, que não possui unidade executora própria.

Art. 23 Os recursos financeiros repassados para o PDDE serão destinados à cobertura de despesas de custeio, manutenção e de pequenos investimentos, que concorram para a garantia do funcionamento e melhoria da infraestrutura física e pedagógica dos estabelecimentos de ensino.

Art. 24 O Conselho Deliberativo do FNDE expedirá normas relativas aos critérios de alocação, repasse, execução, prestação de contas dos recursos e valores *per capita*, bem como sobre a organização e funcionamento das unidades executoras próprias.

Parágrafo único. A fixação dos valores *per capita* contemplará, diferenciadamente, as escolas que oferecem educação especial de forma inclusiva ou especializada, de modo a assegurar, de acordo com os objetivos do PDDE, o adequado atendimento às necessidades dessa modalidade educacional.

Art. 25 Os Estados, o Distrito Federal e os Municípios deverão inscrever, quando couber, nos respectivos orçamentos os recursos financeiros destinados aos estabelecimentos de ensino a eles vinculados, bem como prestar contas dos referidos recursos.

Art. 26 As prestações de contas dos recursos recebidos à conta do PDDE, a serem apresentadas nos prazos e constituídas dos documentos estabelecidos pelo Conselho Deliberativo do FNDE serão feitas:

I – pelas unidades executoras próprias das escolas públicas municipais, estaduais e do Distrito Federal e dos polos presenciais do sistema UAB aos Municípios e às Secretarias de Educação a que estejam vinculadas, que se encarregarão da análise, julgamento, consolidação e encaminhamento ao FNDE, conforme estabelecido pelo seu conselho deliberativo; (Redação dada pela Lei nº 12.695, de 2012)

II – pelos Municípios, Secretarias de Educação dos Estados e do Distrito Federal e pelas entidades qualificadas como beneficentes de assistência social ou de atendimento direto e gratuito ao público àquele Fundo.

§ 1º As prestações de contas dos recursos transferidos para atendimento das escolas e dos polos presenciais do sistema UAB que não possuem unidades executoras próprias deverão ser feitas ao FNDE, observadas as respectivas redes de ensino, pelos Municípios e pelas Secretarias de Educação dos Estados e do Distrito Federal. (Redação dada pela Lei nº 12.695, de 2012)

§ 2º Fica o FNDE autorizado a suspender o repasse dos recursos do PDDE nas seguintes hipóteses:
I – omissão na prestação de contas, conforme definido pelo seu Conselho Deliberativo;
II – rejeição da prestação de contas;
III – utilização dos recursos em desacordo com os critérios estabelecidos para a execução do PDDE, conforme constatado por análise documental ou de auditoria.

§ 3º Em caso de omissão no encaminhamento das prestações de contas, na forma do inciso I do *caput*, fica o FNDE autorizado a suspender o repasse dos recursos a todas as escolas e polos presenciais do sistema UAB da rede de ensino do respectivo ente federado. (Redação dada pela Lei nº 12.695, de 2012)

§ 4º O gestor, responsável pela prestação de contas, que permitir, inserir ou fizer inserir documentos ou declaração falsa ou diversa da que deveria ser inscrita, com o fim de alterar a verdade sobre os fatos, será responsabilizado na forma da lei.

Art. 27 Os entes federados, as unidades executoras próprias e as entidades qualificadas como beneficentes de assistência social ou de atendimento direto e gratuito ao público manterão arquivados, em sua sede, em boa guarda e organização, ainda que utilize serviços de contabilidade de terceiros, pelo prazo de 5 (cinco) anos, contado da data de julgamento da prestação de contas anual do FNDE pelo órgão de controle externo, os documentos fiscais, originais ou equivalentes, das despesas realizadas na execução das ações do PDDE.

Art. 28 A fiscalização da aplicação dos recursos financeiros relativos à execução do PDDE é de competência do FNDE e dos órgãos de controle externo e interno do Poder Executivo da União e será feita mediante realização de auditorias, inspeções e análise dos processos que originarem as respectivas prestações de contas.

Parágrafo único. Os órgãos incumbidos da fiscalização dos recursos destinados à execução do PDDE poderão celebrar convênios ou acordos, em regime de mútua cooperação, para auxiliar e otimizar o controle do Programa.

Art. 29 Qualquer pessoa, física ou jurídica, poderá denunciar ao FNDE, ao Tribunal de Contas da União, aos órgãos de controle interno do Poder Executivo da União e ao Ministério Público irregularidades identificadas na aplicação dos recursos destinados à execução do PDDE.

Art. 30 Os arts. 2º e 5º da Lei nº 10.880, de 9 de junho de 2004, passam a vigorar com a seguinte redação:

"Art. 2º Fica instituído o Programa Nacional de Apoio ao Transporte do Escolar – PNATE, no âmbito do Ministério da Educação, a ser executado pelo Fundo Nacional de Desenvolvimento da Educação – FNDE, com o objetivo de oferecer transporte escolar aos alunos da educação básica pública, residentes em área rural, por meio de assistência financeira, em caráter suplementar, aos Estados, ao Distrito Federal e aos Municípios, observadas as disposições desta Lei.

§ 1º O montante dos recursos financeiros será repassado em parcelas e calculado com base no número de alunos da educação básica pública residentes em área rural que utilizem transporte escolar oferecido pelos entes referidos no *caput* deste artigo.

...." (NR)

"Art. 5º O acompanhamento e o controle social sobre a transferência e aplicação dos recursos repassados à conta do PNATE serão exercidos nos respectivos Governos dos Estados, do Distrito Federal e dos Municípios pelos conselhos previstos no § 13 do art. 24 da Lei nº 11.494, de 20 de junho de 2007.

§ 1º Fica o FNDE autorizado a suspender o repasse dos recursos do PNATE nas seguintes hipóteses:

I – omissão na prestação de contas, conforme definido pelo seu Conselho Deliberativo;

II – rejeição da prestação de contas;

III – utilização dos recursos em desacordo com os critérios estabelecidos para a execução do Programa, conforme constatado por análise documental ou de auditoria.

...." (NR)

Art. 31º A Lei nº 11.273, de 6 de fevereiro de 2006, passa a vigorar com as seguintes alterações:

"Art. 1º Ficam o Fundo Nacional de Desenvolvimento da Educação – FNDE – e a Coordenação de Aperfeiçoamento de Pessoal de Nível Superior – Capes – autorizados a conceder bolsas de estudo e bolsas de pesquisa no âmbito dos programas de formação de professores para a educação básica desenvolvidos pelo Ministério da Educação, inclusive na modalidade a distância, que visem:

....

III – à participação de professores em projetos de pesquisa e de desenvolvimento de metodologias educacionais na área de formação inicial e continuada de professores para a educação básica e para o sistema Universidade Aberta do Brasil – UAB.

....

§ 4º Adicionalmente, poderão ser concedidas bolsas a professores que atuem em programas de formação inicial e continuada de funcionários de escola e de secretarias de educação dos Estados, do Distrito Federal e dos Municípios, bem como em programas de formação profissional inicial e continuada, na forma do art. 2º desta Lei." (NR)

"Art. 3º As bolsas de que trata o art. 2º desta Lei serão concedidas diretamente ao beneficiário, por meio de crédito bancário, nos termos de normas expedidas pelas respectivas instituições concedentes, e mediante a celebração de termo de compromisso em que constem os correspondentes direitos e obrigações." (NR)

"Art. 4º As despesas com a execução das ações previstas nesta Lei correrão à conta de dotações orçamentárias consignadas anualmente ao FNDE e à Capes, observados os limites de movimentação, empenho e pagamento da programação orçamentária e financeira anual." (NR)

Art. 32º Os arts. 1º e 7º da Lei nº 11.507, de 20 de julho de 2007, passam a vigorar com a seguinte redação:

"Art. 1º Fica instituído o Auxílio de Avaliação Educacional – AAE, devido ao servidor que, em decorrência do exercício da docência ou pesquisa no ensino superior público ou privado, participe, em caráter eventual, de processo de avaliação educacional de instituições, cursos, projetos ou desempenho de estudantes realizado por iniciativa do Instituto Nacional de Estudos e Pesquisas Educacionais Anísio Teixeira – Inep, da Fundação Coordenação de Aperfeiçoamento de Pessoal de Nível Superior – Capes e do Fundo Nacional de Desenvolvimento da Educação – FNDE." (NR)

"Art. 7º As despesas decorrentes do AAE correrão à conta de dotações e limites previstos no orçamento anual consignadas à Capes, ao Inep e ao FNDE no grupo de despesas Outras Despesas Correntes ." (NR)

Art. 33º Fica o Poder Executivo autorizado a instituir o Programa Nacional de Educação na Reforma Agrária – Pronera, a ser implantado no âmbito do Ministério do Desenvolvimento Agrário – MDA e executado pelo Instituto Nacional de Colonização e Reforma Agrária – Incra.

Parágrafo único. Ato do Poder Executivo disporá sobre as normas de funcionamento, execução e gestão do Programa.

Art. 34º Ficam revogados os arts. 1º a 14 da Medida Provisória nº 2.178-36, de 24 de agosto de 2001, e a Lei nº 8.913, de 12 de julho de 1994.

Art. 35º Esta Lei entra em vigor na data de sua publicação.

Brasília, 16 de junho de 2009; 188º da Independência e 121º da República.

JOSÉ ALENCAR GOMES DA SILVA

Fernando Haddad

Paulo Bernardo Silva

Este texto não substitui o publicado no DOU de 17.6.2009.

Emenda Constitucional nº 59, de 11 de novembro de 2009

Acrescenta § 3º ao art. 76 do Ato das Disposições Constitucionais Transitórias para reduzir, anualmente, a partir do exercício de 2009, o percentual da Desvinculação das Receitas da União incidente sobre os recursos destinados à manutenção e desenvolvimento do ensino de que trata o art. 212 da Constituição Federal, dá nova redação aos incisos I e VII do art. 208, de forma a prever a obrigatoriedade do ensino de quatro a dezessete anos e ampliar a abrangência dos programas suplementares para todas as etapas da educação básica, e dá nova redação ao § 4º do art. 211 e ao § 3º do art. 212 e ao *caput* do art. 214, com a inserção neste dispositivo de inciso VI.

As Mesas da Câmara dos Deputados e do Senado Federal, nos termos do § 3º do art. 60 da Constituição Federal, promulgam a seguinte Emenda ao texto constitucional:

Art. 1º Os incisos I e VII do art. 208 da Constituição Federal, passam a vigorar com as seguintes alterações:
"Art. 208. ....
I – educação básica obrigatória e gratuita dos 4 (quatro) aos 17 (dezessete) anos de idade, assegurada inclusive sua oferta gratuita para todos os que a ela não tiveram acesso na idade própria; (NR)
....
VII – atendimento ao educando, em todas as etapas da educação básica, por meio de programas suplementares de material didático escolar, transporte, alimentação e assistência à saúde." (NR)
Art. 2º O § 4º do art. 211 da Constituição Federal passa a vigorar com a seguinte redação:
"Art. 211. ....
....
§ 4º Na organização de seus sistemas de ensino, a União, os Estados, o Distrito Federal e os Municípios definirão formas de colaboração, de modo a assegurar a universalização do ensino obrigatório."(NR)
Art. 3º O § 3º do art. 212 da Constituição Federal passa a vigorar com a seguinte redação:
"Art. 212. ....
....
§ 3º A distribuição dos recursos públicos assegurará prioridade ao atendimento das necessidades do ensino obrigatório, no que se refere a universalização, garantia de padrão de qualidade e equidade, nos termos do plano nacional de educação."(NR)
Art. 4º O *caput* do art. 214 da Constituição Federal passa a vigorar com a seguinte redação, acrescido do inciso VI:
"Art. 214. A lei estabelecerá o plano nacional de educação, de duração decenal, com o objetivo de articular o sistema nacional de educação em regime de colaboração e definir diretrizes, objetivos, metas e estratégias de implementação para assegurar a manutenção e desenvolvimento do ensino em seus diversos níveis, etapas e modalidades por meio de ações integradas dos poderes públicos das diferentes esferas federativas que conduzam a:
....
VI – estabelecimento de meta de aplicação de recursos públicos em educação como proporção do produto interno bruto."(NR)
Art. 5º O art. 76 do Ato das Disposições Constitucionais Transitórias passa a vigorar acrescido do seguinte § 3º:
"Art. 76. ....
....
§ 3º Para efeito do cálculo dos recursos para manutenção e desenvolvimento do ensino de que trata o art. 212 da Constituição, o percentual referido no *caput* deste artigo será de 12,5 % (doze inteiros e cinco décimos por cento) no exercício

de 2009, 5% (cinco por cento) no exercício de 2010, e nulo no exercício de 2011."(NR)

Art. 6º O disposto no inciso I do art. 208 da Constituição Federal deverá ser implementado progressivamente, até 2016, nos termos do Plano Nacional de Educação, com apoio técnico e financeiro da União.

Art. 7º Esta Emenda Constitucional entra em vigor na data da sua publicação.

Brasília, em 11 de novembro de 2009.

Mesa da Câmara dos Deputados

Deputado MICHEL TEMER
Presidente

Deputado MARCO MAIA
1º Vice-Presidente

Deputado ANTÔNIO CARLOS

2º Vice-Presidente
Deputado RAFAEL GUERRA

1º Secretário
Deputado INOCÊNCIO OLIVEIRA

2º Secretário
Deputado Odair Cunha

3º Secretário
Deputado NELSON MARQUEZELLI
4º Secretário

Mesa do Senado Federal

Senador JOSÉ SARNEY
Presidente

Senador MARCONI PERILLO
1º Vice-Presidente

Senadora SERYS SLHESSARENKO MAGALHÃES NETO

2º Vice-Presidente
Senador HERÁCLITO FORTES

1º Secretário
Senador JOÃO VICENTE CLAUDINO

2º Secretário
Senador MÃO SANTA

3º Secretário
Senador CÉSAR BORGES
no exercício da 4ª Secretaria

Este texto não substitui o publicado no DOU 12.11.2009.

Portaria nº 931, de 21 de março de 2005

O MINISTRO DE ESTADO DA EDUCAÇÃO, no exercício das atribuições estabelecidas pelo Art. 87 § único, inciso II da Constituição Federal e atendendo ao disposto no artigo 9º, inciso VI da Lei 9394, de 20 de dezembro de 1996, resolve:

Art. 1º Instituir o Sistema de Avaliação da Educação Básica – SAEB, que será composto por dois processos de avaliação: a Avaliação Nacional da Educação Básica – ANEB, e a Avaliação Nacional do Rendimento Escolar – ANRESC, cujas diretrizes básicas são estabelecidas a seguir.

§ 1º A ANEB manterá os objetivos, características e procedimentos da avaliação da educação básica efetuada até agora pelo SAEB realizado por meio de amostras da população, quais sejam:

a) a ANEB tem como objetivo principal avaliar a qualidade, equidade e a eficiência da educação brasileira;

b) caracteriza-se por ser uma avaliação por amostragem, de larga escala, externa aos sistemas de ensino público e particular, de periodicidade bianual;

c) utiliza procedimentos metodológicos formais e científicos para coletar e sistematizar dados e produzir informações sobre o desempenho dos alunos do Ensino Fundamental e Médio, assim como sobre as condições intra e extra-escolares que incidem sobre o processo de ensino e aprendizagem;

d) as informações produzidas pela ANEB fornecerão subsídios para a formulação de políticas públicas educacionais, com vista à melhoria da qualidade da educação, e buscarão comparabilidade entre anos e entre séries escolares, permitindo, assim, a construção de séries históricas;

e) as informações produzidas pela ANEB não serão utilizadas para identificar escolas, turmas, alunos, professores e diretores;

§ 2º A Avaliação Nacional do Rendimento no Ensino Escolar – ANRESC tem os seguintes objetivos gerais:

a) avaliar a qualidade do ensino ministrado nas escolas, de forma que cada unidade escolar receba o resultado global;

b) contribuir para o desenvolvimento, em todos os níveis educativos, de uma cultura avaliativa que estimule a melhoria dos padrões de qualidade e equidade da educação brasileira e adequados controles sociais de seus resultados;

c) concorrer para a melhoria da qualidade de ensino, redução das desigualdades e a democratização da gestão do ensino público nos estabelecimentos oficiais, em consonância com as metas e políticas estabelecidas pelas diretrizes da educação nacional;

d) oportunizar informações sistemáticas sobre as unidades escolares. Tais informações serão úteis para a escolha dos gestores da rede a qual pertençam.

Art. 2º A ANRESC irá avaliar escolas públicas do ensino básico.

Art. 3º O planejamento e a operacionalização tanto do ANEB quanto da ANRESC são de competência do INEP, por meio da Diretoria de Avaliação da Educação Básica – DAEB, que deverá:

I – definir os objetivos específicos de cada pesquisa a ser realizada, os instrumentos a serem utilizados, as séries e disciplinas, bem como as competências e habilidades a serem avaliadas;

II – definir abrangência, mecanismos e procedimentos de execução da pesquisa;

III – implementar a pesquisa em campo;

IV – definir as estratégias para disseminação dos resultados;

Parágrafo único. O planejamento de cada uma das pesquisas definirá parâmetros básicos inerentes às aplicações anuais, sendo publicados em Portaria específica do INEP.

Art. 4º Esta Portaria entra em vigor na data de sua publicação, revogada a Portaria nº 839, de 26 de maio de 1999 e demais disposições em contrário.

TARSO GENRO
(DOU Nº 55, 22/3/2005, SEÇÃO 1, P. 16/17)

Lei nº 10.861, de 14 de abril de 2004

Institui o Sistema Nacional de Avaliação da Educação Superior – SINAES e dá outras Providências

O PRESIDENTE DA REPÚBLICA Faço saber que o Congresso Nacional decreta e eu sanciono a seguinte Lei:

Art. 1º Fica instituído o Sistema Nacional de Avaliação da Educação Superior – SINAES, com o objetivo de assegurar processo nacional de avaliação das instituições de educação superior, dos cursos de graduação e do desempenho acadêmico de seus estudantes, nos termos do art. 9º, VI, VIII e IX, da Lei nº 9.394, de 20 de dezembro de 1996.

§ 1º O SINAES tem por finalidades a melhoria da qualidade da educação superior, a orientação da expansão da sua oferta, o aumento permanente da sua eficácia institucional e efetividade acadêmica e social e, especialmente, a promoção do aprofundamento dos compromissos e responsabilidades sociais das instituições de educação superior, por meio da valorização de sua missão pública, da promoção dos valores democráticos, do respeito à diferença e à diversidade, da afirmação da autonomia e da identidade institucional.

§ 2º O SINAES será desenvolvido em cooperação com os sistemas de ensino dos Estados e do Distrito Federal.

Art. 2º O SINAES, ao promover a avaliação de instituições, de cursos e de desempenho dos estudantes, deverá assegurar:

I – avaliação institucional, interna e externa, contemplando a análise global e integrada das dimensões, estruturas, relações, compromisso social, atividades, finalidades e responsabilidades sociais das instituições de educação superior e de seus cursos;

II – o caráter público de todos os procedimentos, dados e resultados dos processos avaliativos;

III – o respeito à identidade e à diversidade de instituições e de cursos;

IV – a participação do corpo discente, docente e técnico-administrativo das instituições de educação superior, e da sociedade civil, por meio de suas representações.

Parágrafo único. Os resultados da avaliação referida no caput deste artigo constituirão referencial básico dos processos de regulação e supervisão da educação superior, neles compreendidos o credenciamento e a renovação de credenciamento de instituições de educação superior, a autorização, o reconhecimento e a renovação de reconhecimento de cursos de graduação.

Art. 3º A avaliação das instituições de educação superior terá por objetivo identificar o seu perfil e o significado de sua atuação, por meio de suas atividades, cursos, programas, projetos e setores, considerando as diferentes dimensões institucionais, dentre elas obrigatoriamente as seguintes:

I – a missão e o plano de desenvolvimento institucional;

II – a política para o ensino, a pesquisa, a pós-graduação, a extensão e as respectivas formas de operacionalização, incluídos os procedimentos para estímulo à produção acadêmica, as bolsas de pesquisa, de monitoria e demais modalidades;

III – a responsabilidade social da instituição, considerada especialmente no que se refere à sua contribuição em relação à inclusão social, ao desenvolvimento econômico e social, à defesa do meio ambiente, da memória cultural, da produção artística e do patrimônio cultural;

IV – a comunicação com a sociedade;

V – as políticas de pessoal, as carreiras do corpo docente e do corpo técnico-administrativo, seu aperfeiçoamento, desenvolvimento profissional e suas condições de trabalho;

VI – organização e gestão da instituição, especialmente o funcionamento e representatividade dos colegiados, sua independência e autonomia na relação com a mantenedora, e a participação dos segmentos da comunidade universitária nos processos decisórios;

VII – infra-estrutura física, especialmente a de ensino e de pesquisa, biblioteca, recursos de informação e comunicação;

VIII – planejamento e avaliação, especialmente os processos, resultados e eficácia da auto-avaliação institucional;

IX – políticas de atendimento aos estudantes;

X – sustentabilidade financeira, tendo em vista o significado social da continuidade dos compromissos na oferta da educação superior.

§ 1º Na avaliação das instituições, as dimensões listadas no caput deste artigo serão consideradas de modo a respeitar a diversidade e as especificidades das diferentes organizações acadêmicas, devendo ser contemplada, no caso das universidades, de acordo com critérios estabelecidos em regulamento, pontuação específica pela existência de programas de pós-graduação e por seu desempenho, conforme a avaliação mantida pela Fundação Coordenação de Aperfeiçoamento de Pessoal de Nível Superior – CAPES.

§ 2º Para a avaliação das instituições, serão utilizados procedimentos e instrumentos diversificados, dentre os quais a auto-avaliação e a avaliação externa *in loco*.

§ 3º A avaliação das instituições de educação superior resultará na aplicação de conceitos, ordenados em uma escala com 5 (cinco) níveis, a cada uma das dimensões e ao conjunto das dimensões avaliadas.

Art. 4º A avaliação dos cursos de graduação tem por objetivo identificar as condições de ensino oferecidas aos estudantes, em especial as relativas ao perfil do corpo docente, às instalações físicas e à organização didático-pedagógica.

§ 1º A avaliação dos cursos de graduação utilizará procedimentos e instrumentos diversificados, dentre os quais obrigatoriamente as visitas por comissões de especialistas das respectivas áreas do conhecimento.

§ 2º A avaliação dos cursos de graduação resultará na atribuição de conceitos, ordenados em uma escala com 5 (cinco) níveis, a cada uma das dimensões e ao conjunto das dimensões avaliadas.

Art. 5º A avaliação do desempenho dos estudantes dos cursos de graduação será realizada mediante aplicação do Exame Nacional de Desempenho dos Estudantes – ENADE.

§ 1º O ENADE aferirá o desempenho dos estudantes em relação aos conteúdos programáticos previstos nas diretrizes curriculares do respectivo curso de graduação, suas habilidades para ajustamento às exigências decorrentes da evolução do conhecimento e suas competências para compreender temas exteriores ao âmbito específico de sua profissão, ligados à realidade brasileira e mundial e a outras áreas do conhecimento.

§ 2º O ENADE será aplicado periodicamente, admitida a utilização de procedimentos amostrais, aos alunos de todos os cursos de graduação, ao final do primeiro e do último ano de curso.

§ 3º A periodicidade máxima de aplicação do ENADE aos estudantes de cada curso de graduação será trienal.

§ 4º A aplicação do ENADE será acompanhada de instrumento destinado a levantar o perfil dos estudantes, relevante para a compreensão de seus resultados.

§ 5º O ENADE é componente curricular obrigatório dos cursos de graduação, sendo inscrita no histórico escolar do estudante somente a sua situação regular com relação a essa obrigação, atestada pela sua efetiva participação ou, quando for o caso, dispensa oficial pelo Ministério da Educação, na forma estabelecida em regulamento.

§ 6º Será responsabilidade do dirigente da instituição de educação superior a inscrição junto ao Instituto Nacional de Estudos e Pesquisas Educacionais Anísio Teixeira – INEP de todos os alunos habilitados à participação no ENADE.

§ 7º A não-inscrição de alunos habilitados para participação no ENADE, nos prazos estipulados pelo INEP, sujeitará a instituição à aplicação das sanções previstas no § 2º do art. 10, sem prejuízo do disposto no art. 12 desta Lei.

§ 8º A avaliação do desempenho dos alunos de cada curso no ENADE será expressa por meio de conceitos, ordenados em uma escala com 5 (cinco) níveis, tomando por base padrões mínimos estabelecidos por especialistas das diferentes áreas do conhecimento.

§ 9º Na divulgação dos resultados da avaliação é vedada a identificação nominal do resultado individual obtido pelo aluno examinado, que será a ele exclusivamente fornecido em documento específico, emitido pelo INEP.

§ 10. Aos estudantes de melhor desempenho no ENADE o Ministério da Educação concederá estímulo, na forma de bolsa de estudos, ou auxílio específico, ou ainda alguma outra forma de distinção com objetivo similar, destinado a favorecer a excelência e a continuidade dos estudos, em nível de graduação ou de pós-graduação, conforme estabelecido em regulamento.

§ 11. A introdução do ENADE, como um dos procedimentos de avaliação do SINAES, será efetuada gradativamente, cabendo ao Ministro de Estado da Educação determinar anualmente os cursos de graduação a cujos estudantes será aplicado.

Art. 6º Fica instituída, no âmbito do Ministério da Educação e vinculada ao Gabinete do Ministro de Estado, a Comissão Nacional de Avaliação da Educação Superior – CONAES, órgão colegiado de coordenação e supervisão do SINAES, com as atribuições de:

I – propor e avaliar as dinâmicas, procedimentos e mecanismos da avaliação institucional, de cursos e de desempenho dos estudantes;

II – estabelecer diretrizes para organização e designação de comissões de avaliação, analisar relatórios, elaborar pareceres e encaminhar recomendações às instâncias competentes;

III – formular propostas para o desenvolvimento das instituições de educação superior, com base nas análises e recomendações produzidas nos processos de avaliação;

IV – articular-se com os sistemas estaduais de ensino, visando a estabelecer ações e critérios comuns de avaliação e supervisão da educação superior;

V – submeter anualmente à aprovação do Ministro de Estado da Educação a relação dos cursos a cujos estudantes será aplicado o Exame Nacional de Desempenho dos Estudantes – ENADE;

VI – elaborar o seu regimento, a ser aprovado em ato do Ministro de Estado da Educação;

VII – realizar reuniões ordinárias mensais e extraordinárias, sempre que convocadas pelo Ministro de Estado da Educação.

Art. 7º A CONAES terá a seguinte composição:

I – 1 (um) representante do INEP;

II – 1 (um) representante da Fundação Coordenação de Aperfeiçoamento de Pessoal de Nível Superior – CAPES;

III – 3 (três) representantes do Ministério da Educação, sendo 1 (um) obrigatoriamente do órgão responsável pela regulação e supervisão da educação superior;

IV – 1 (um) representante do corpo discente das instituições de educação superior;

V – 1 (um) representante do corpo docente das instituições de educação superior;

VI – 1 (um) representante do corpo técnico-administrativo das instituições de educação superior;

VII – 5 (cinco) membros, indicados pelo Ministro de Estado da Educação, escolhidos entre cidadãos com notório saber científico, filosófico e artístico, e reconhecida competência em avaliação ou gestão da educação superior.

§ 1º Os membros referidos nos incisos I e II do caput deste artigo serão designados pelos titulares dos órgãos por eles representados e aqueles referidos no inciso III do caput deste artigo, pelo Ministro de Estado da Educação.

§ 2º O membro referido no inciso IV do caput deste artigo será nomeado pelo Presidente da República para mandato de 2 (dois) anos, vedada a recondução.

§ 3º Os membros referidos nos incisos V a VII do caput deste artigo serão nomeados pelo Presidente da República para mandato de 3 (três) anos, admitida 1 (uma) recondução, observado o disposto no parágrafo único do art. 13 desta Lei.

§ 4º A CONAES será presidida por 1 (um) dos membros referidos no inciso VII do caput deste artigo, eleito pelo colegiado, para mandato de 1 (um) ano, permitida 1 (uma) recondução.

§ 5º As instituições de educação superior deverão abonar as faltas do estudante que, em decorrência da designação de que trata o inciso IV do caput deste artigo, tenha participado de reuniões da CONAES em horário coincidente com as atividades acadêmicas.

§ 6º Os membros da CONAES exercem função não remunerada de interesse público relevante, com precedência sobre quaisquer outros cargos públicos de que sejam titulares e, quando convocados, farão jus a transporte e diárias.

Art. 8º A realização da avaliação das instituições, dos cursos e do desempenho dos estudantes será responsabilidade do INEP.

Art. 9º O Ministério da Educação tornará público e disponível o resultado da avaliação das instituições de ensino superior e de seus cursos.

Art. 10. Os resultados considerados insatisfatórios ensejarão a celebração de protocolo de compromisso, a ser firmado entre a instituição de educação superior e o Ministério da Educação, que deverá conter:

I – o diagnóstico objetivo das condições da instituição;

II – os encaminhamentos, processos e ações a serem adotados pela instituição de educação superior com vistas na superação das dificuldades detectadas;

III – a indicação de prazos e metas para o cumprimento de ações, expressamente definidas, e a caracterização das respectivas responsabilidades dos dirigentes;

IV – a criação, por parte da instituição de educação superior, de comissão de acompanhamento do protocolo de compromisso.

§ 1º O protocolo a que se refere o caput deste artigo será público e estará disponível a todos os interessados.

§ 2º O descumprimento do protocolo de compromisso, no todo ou em parte, poderá ensejar a aplicação das seguintes penalidades:

I – suspensão temporária da abertura de processo seletivo de cursos de graduação;

II – cassação da autorização de funcionamento da instituição de educação superior ou do reconhecimento de cursos por ela oferecidos;

III – advertência, suspensão ou perda de mandato do dirigente responsável pela ação não executada, no caso de instituições públicas de ensino superior.

§ 3º As penalidades previstas neste artigo serão aplicadas pelo órgão do Ministério da Educação responsável pela regulação e supervisão da educação superior, ouvida a Câmara de Educação Superior, do Conselho Nacional de Educação, em processo administrativo próprio, ficando assegurado o direito de ampla defesa e do contraditório.

§ 4º Da decisão referida no § 2º deste artigo caberá recurso dirigido ao Ministro de Estado da Educação.

§ 5º O prazo de suspensão da abertura de processo seletivo de cursos será definido em ato próprio do órgão do Ministério da Educação referido no § 3º deste artigo.

Art. 11. Cada instituição de ensino superior, pública ou privada, constituirá Comissão Própria de Avaliação – CPA, no prazo de 60 (sessenta) dias, a contar da publicação desta Lei, com as atribuições de condução dos processos de avaliação internos da instituição, de sistematização e de prestação das informações solicitadas pelo INEP, obedecidas as seguintes diretrizes:

I – constituição por ato do dirigente máximo da instituição de ensino superior, ou por previsão no seu próprio estatuto ou regimento, assegurada a participação de todos os segmentos da comunidade universitária e da sociedade civil organizada, e vedada a composição que privilegie a maioria absoluta de um dos segmentos;

II – atuação autônoma em relação a conselhos e demais órgãos colegiados existentes na instituição de educação superior.

Art. 12. Os responsáveis pela prestação de informações falsas ou pelo preenchimento de formulários e relatórios de avaliação que impliquem omissão ou distorção de dados a serem fornecidos ao SINAES responderão civil, penal e administrativamente por essas condutas.

Art. 13. A CONAES será instalada no prazo de 60 (sessenta) dias a contar da publicação desta Lei.

Parágrafo único. Quando da constituição da CONAES, 2 (dois) dos membros referidos no inciso VII do caput do art. 7º desta Lei serão nomeados para mandato de 2 (dois) anos.

Art. 14. O Ministro de Estado da Educação regulamentará os procedimentos de avaliação do SINAES.

Art. 15. Esta Lei entra em vigor na data de sua publicação.

Art. 16. Revogam-se a alínea a do § 2º do art. 9º da Lei nº 4.024, de 20 de dezembro de 1961, e os arts 3º e 4º da Lei nº 9.131, de 24 de novembro de 1995.

Brasília, 14 de abril de 2004; 183º da Independência e 116º da República.

LUIZ INÁCIO LULA DA SILVA
Tarso Genro

Este texto não substitui o publicado no DOU de 15.4.2004

Decreto nº 6.094, de 24 de abril de 2007

O PRESIDENTE DA REPÚBLICA, no uso das atribuições que lhe confere o art. 84, incisos IV e VI, alínea "a", da Constituição, e tendo em vista o disposto nos arts. 23, inciso V, 205 e 211, § 1º, da Constituição, e nos arts. 8º a 15 da Lei nº 9.394, de 20 de dezembro de 1996,

DECRETA:

CAPÍTULO I
DO PLANO DE METAS COMPROMISSO TODOS PELA EDUCAÇÃO

Art. 1º O Plano de Metas Compromisso Todos pela Educação (Compromisso) é a conjugação dos esforços da União, Estados, Distrito Federal e Municípios, atuando em regime de colaboração, das famílias e da comunidade, em proveito da melhoria da qualidade da educação básica.

Art. 2º A participação da União no Compromisso será pautada pela realização direta, quando couber, ou, nos demais casos, pelo incentivo e apoio à implementação, por Municípios, Distrito Federal, Estados e respectivos sistemas de ensino, das seguintes diretrizes:

I – estabelecer como foco a aprendizagem, apontando resultados concretos a atingir;

II – alfabetizar as crianças até, no máximo, os oito anos de idade, aferindo os resultados por exame periódico específico;

III – acompanhar cada aluno da rede individualmente, mediante registro da sua frequência e do seu desempenho em avaliações, que devem ser realizadas periodicamente;

IV – combater a repetência, dadas as especificidades de cada rede, pela adoção de práticas como aulas de reforço no contra-turno, estudos de recuperação e progressão parcial;

V – combater a evasão pelo acompanhamento individual das razões da não--frequência do educando e sua superação;

VI – matricular o aluno na escola mais próxima da sua residência;

VII – ampliar as possibilidades de permanência do educando sob responsabilidade da escola para além da jornada regular;

VIII – valorizar a formação ética, artística e a educação física;

IX – garantir o acesso e permanência das pessoas com necessidades educacionais especiais nas classes comuns do ensino regular, fortalecendo a inclusão educacional nas escolas públicas;

X – promover a educação infantil;

XI – manter programa de alfabetização de jovens e adultos;

XII – instituir programa próprio ou em regime de colaboração para formação inicial e continuada de profissionais da educação;

XIII – implantar plano de carreira, cargos e salários para os profissionais da educação, privilegiando o mérito, a formação e a avaliação do desempenho;

XIV – valorizar o mérito do trabalhador da educação, representado pelo desempenho eficiente no trabalho, dedicação, assiduidade, pontualidade, responsabilidade, realização de projetos e trabalhos especializados, cursos de atualização e desenvolvimento profissional;
XV – dar conseqüência ao período probatório, tornando o professor efetivo estável após avaliação, de preferência externa ao sistema educacional local;
XVI – envolver todos os professores na discussão e elaboração do projeto político pedagógico, respeitadas as especificidades de cada escola;
XVII – incorporar ao núcleo gestor da escola coordenadores pedagógicos que acompanhem as dificuldades enfrentadas pelo professor;
XVIII – fixar regras claras, considerados mérito e desempenho, para nomeação e exoneração de diretor de escola;
XIX – divulgar na escola e na comunidade os dados relativos à área da educação, com ênfase no Índice de Desenvolvimento da Educação Básica – IDEB, referido no art. 3º;
XX – acompanhar e avaliar, com participação da comunidade e do Conselho de Educação, as políticas públicas na área de educação e garantir condições, sobretudo institucionais, de continuidade das ações efetivas, preservando a memória daquelas realizadas;
XXI – zelar pela transparência da gestão pública na área da educação, garantindo o funcionamento efetivo, autônomo e articulado dos conselhos de controle social;
XXII – promover a gestão participativa na rede de ensino;
XXIII – elaborar plano de educação e instalar Conselho de Educação, quando inexistentes;
XXIV – integrar os programas da área da educação com os de outras áreas como saúde, esporte, assistência social, cultura, dentre outras, com vista ao fortalecimento da identidade do educando com sua escola;
XXV – fomentar e apoiar os conselhos escolares, envolvendo as famílias dos educandos, com as atribuições, dentre outras, de zelar pela manutenção da escola e pelo monitoramento das ações e consecução das metas do compromisso;
XXVI – transformar a escola num espaço comunitário e manter ou recuperar aqueles espaços e equipamentos públicos da cidade que possam ser utilizados pela comunidade escolar;
XXVII – firmar parcerias externas à comunidade escolar, visando a melhoria da infra-estrutura da escola ou a promoção de projetos socioculturais e ações educativas;
XXVIII – organizar um comitê local do Compromisso, com representantes das associações de empresários, trabalhadores, sociedade civil, Ministério Público, Conselho Tutelar e dirigentes do sistema educacional público, encarregado da mobilização da sociedade e do acompanhamento das metas de evolução do IDEB.

CAPÍTULO II
DO ÍNDICE DE DESENVOLVIMENTO DA EDUCAÇÃO BÁSICA

Art. 3º A qualidade da educação básica será aferida, objetivamente, com base no IDEB, calculado e divulgado periodicamente pelo INEP, a partir dos dados sobre rendimento escolar, combinados com o desempenho dos alunos, constantes do censo escolar e do Sistema de Avaliação da Educação Básica – SAEB, composto pela Avaliação Nacional da Educação Básica – ANEB e a Avaliação Nacional do Rendimento Escolar (Prova Brasil).

Parágrafo único. O IDEB será o indicador objetivo para a verificação do cumprimento de metas fixadas no termo de adesão ao Compromisso.

CAPÍTULO III
DA ADESÃO AO COMPROMISSO

Art. 4º A vinculação do Município, Estado ou Distrito Federal ao Compromisso far-se-á por meio de termo de adesão voluntária, na forma deste Decreto.

Art. 5º A adesão voluntária de cada ente federativo ao Compromisso implica a assunção da responsabilidade de promover a melhoria da qualidade da educação básica em sua esfera de competência, expressa pelo cumprimento de meta de evolução do IDEB, observando-se as diretrizes relacionadas no art. 2º.

§ 1º O Ministério da Educação enviará aos Municípios, Distrito Federal e Estados, como subsídio à decisão de adesão ao Compromisso, a respectiva Base de Dados Educacionais, acompanhada de informe elaborado pelo INEP, com indicação de meta a atingir e respectiva evolução no tempo.

§ 2º O cumprimento das metas constantes do termo de adesão será atestado pelo Ministério da Educação.

§ 3º O Município que não preencher as condições técnicas para realização da Prova Brasil será objeto de programa especial de estabelecimento e monitoramento das metas.

Art. 6º Será instituído o Comitê Nacional do Compromisso Todos pela Educação, incumbido de colaborar com a formulação de estratégias de mobilização social pela melhoria da qualidade da educação básica, que subsidiarão a atuação dos agentes públicos e privados.

§ 1º O Comitê Nacional será instituído em ato do Ministro de Estado da Educação, que o presidirá.

§ 2º O Comitê Nacional poderá convidar a participar de suas reuniões e atividades representantes de outros poderes e de organismos internacionais.

Art. 7º Podem colaborar com o Compromisso, em caráter voluntário, outros entes, públicos e privados, tais como organizações sindicais e da sociedade civil, fundações, entidades de classe empresariais, igrejas e entidades confessionais, famílias, pessoas físicas e jurídicas que se mobilizem para a melhoria da qualidade da educação básica.

CAPÍTULO IV
DA ASSISTÊNCIA TÉCNICA E FINANCEIRA DA UNIÃO

Seção I
Das Disposições Gerais

Art. 8º As adesões ao Compromisso nortearão o apoio suplementar e voluntário da União às redes públicas de educação básica dos Municípios, Distrito Federal e Estados.

§ 1º O apoio dar-se-á mediante ações de assistência técnica ou financeira, que privilegiarão a implementação das diretrizes constantes do art. 2º, observados os limites orçamentários e operacionais da União.

§ 2º Dentre os critérios de prioridade de atendimento da União, serão observados o IDEB, as possibilidades de incremento desse índice e a capacidade financeira e técnica do ente apoiado, na forma de normas expedidas pelo Fundo Nacional de Desenvolvimento da Educação – FNDE.

§ 3º O apoio do Ministério da Educação será orientado a partir dos seguintes eixos de ação expressos nos programas educacionais do plano plurianual da União:
I – gestão educacional;
II – formação de professores e profissionais de serviços e apoio escolar;
III – recursos pedagógicos;
IV – infra-estrutura física.

§ 4º O Ministério da Educação promoverá, adicionalmente, a pré-qualificação de materiais e tecnologias educacionais que promovam a qualidade da educação básica, os quais serão posteriormente certificados, caso, após avaliação, verifique-se o impacto positivo na evolução do IDEB, onde adotados.

§ 5º O apoio da União dar-se-á, quando couber, mediante a elaboração de um Plano de Ações Articuladas – PAR, na forma da Seção II.

Seção II
Do Plano de Ações Articuladas

Art. 9º O PAR é o conjunto articulado de ações, apoiado técnica ou financeiramente pelo Ministério da Educação, que visa o cumprimento das metas do Compromisso e a observância das suas diretrizes.

§ 1º O Ministério da Educação enviará ao ente selecionado na forma do art. 8º, § 2º, observado o art. 10, § 1º, equipe técnica que prestará assistência na elaboração do diagnóstico da educação básica do sistema local.

§ 2º A partir do diagnóstico, o ente elaborará o PAR, com auxílio da equipe técnica, que identificará as medidas mais apropriadas para a gestão do sistema, com vista à melhoria da qualidade da educação básica, observado o disposto no art. 8º, §§ 3º e 4º.

Art. 10. O PAR será base para termo de convênio ou de cooperação, firmado entre o Ministério da Educação e o ente apoiado.

§ 1º São requisitos para a celebração do convênio ou termo de cooperação a formalização de termo de adesão, nos moldes do art. 5º, e o compromisso de realização da Prova Brasil.

§ 2º Os Estados poderão colaborar, com assistência técnica ou financeira adicionais, para a execução e o monitoramento dos instrumentos firmados com os Municípios.

§ 3º A participação dos Estados nos instrumentos firmados entre a União e o Município, nos termos do § 2º, será formalizada na condição de partícipe ou interveniente.

Art. 11. O monitoramento da execução do convênio ou termo de cooperação e do cumprimento das obrigações educacionais fixadas no PAR será feito com base em relatórios ou, quando necessário, visitas da equipe técnica.

§ 1º O Ministério da Educação fará o acompanhamento geral dos planos, competindo a cada convenente a divulgação da evolução dos dados educacionais no âmbito local.

§ 2º O Ministério da Educação realizará oficinas de capacitação para gestão de resultados, visando instituir metodologia de acompanhamento adequada aos objetivos instituídos neste Decreto.

§ 3º O descumprimento das obrigações constantes do convênio implicará a adoção das medidas prescritas na legislação e no termo de cooperação.

Art. 12. As despesas decorrentes deste Decreto correrão à conta das dotações orçamentárias anualmente consignadas ao Ministério da Educação.

Art. 13. Este Decreto entra em vigor na data de sua publicação.

Brasília, 24 de abril de 2007; 186º da Independência e 119º da República.

LUIZ INÁCIO LULA DA SILVA
Fernando Haddad

Este texto não substitui o publicado no DOU de 25.4.2007

Lei nº 12.796, de 4 de abril de 2013

Altera a Lei nº 9.394, de 20 de dezembro de 1996, que estabelece as diretrizes e bases da educação nacional, para dispor sobre a formação dos profissionais da educação e dar outras providências.

A PRESIDENTA DA REPÚBLICA Faço saber que o Congresso Nacional decreta e eu sanciono a seguinte Lei:

Art. 1º A Lei nº 9.394, de 20 de dezembro de 1996, passa a vigorar com as seguintes alterações:

"Art. 3º ....
XII – consideração com a diversidade étnico-racial." (NR)
"Art. 4º ....

I – educação básica obrigatória e gratuita dos 4 (quatro) aos 17 (dezessete) anos de idade, organizada da seguinte forma:
a) pré-escola;
b) ensino fundamental;
c) ensino médio;
II – educação infantil gratuita às crianças de até 5 (cinco) anos de idade;
III – atendimento educacional especializado gratuito aos educandos com deficiência, transtornos globais do desenvolvimento e altas habilidades ou superdotação, transversal a todos os níveis, etapas e modalidades, preferencialmente na rede regular de ensino;
IV – acesso público e gratuito aos ensinos fundamental e médio para todos os que não os concluíram na idade própria;
....
VIII – atendimento ao educando, em todas as etapas da educação básica, por meio de programas suplementares de material didático-escolar, transporte, alimentação e assistência à saúde;
...." (NR)
"Art. 5º O acesso à educação básica obrigatória é direito público subjetivo, podendo qualquer cidadão, grupo de cidadãos, associação comunitária, organização sindical, entidade de classe ou outra legalmente constituída e, ainda, o Ministério Público, acionar o poder público para exigi-lo.
§ 1º O poder público, na esfera de sua competência federativa, deverá:
I – recensear anualmente as crianças e adolescentes em idade escolar, bem como os jovens e adultos que não concluíram a educação básica;
...." (NR)
"Art. 6º É dever dos pais ou responsáveis efetuar a matrícula das crianças na educação básica a partir dos 4 (quatro) anos de idade." (NR)
"Art. 26. Os currículos da educação infantil, do ensino fundamental e do ensino médio devem ter base nacional comum, a ser complementada, em cada sistema de ensino e em cada estabelecimento escolar, por uma parte diversificada, exigida pelas características regionais e locais da sociedade, da cultura, da economia e dos educandos.
...." (NR)
"Art. 29. A educação infantil, primeira etapa da educação básica, tem como finalidade o desenvolvimento integral da criança de até 5 (cinco) anos, em seus aspectos físico, psicológico, intelectual e social, complementando a ação da família e da comunidade." (NR)
"Art. 30. ....
II – pré-escolas, para as crianças de 4 (quatro) a 5 (cinco) anos de idade." (NR)
"Art. 31. A educação infantil será organizada de acordo com as seguintes regras comuns:
I – avaliação mediante acompanhamento e registro do desenvolvimento das crianças, sem o objetivo de promoção, mesmo para o acesso ao ensino fundamental;
II – carga horária mínima anual de 800 (oitocentas) horas, distribuída por um mínimo de 200 (duzentos) dias de trabalho educacional;

III – atendimento à criança de, no mínimo, 4 (quatro) horas diárias para o turno parcial e de 7 (sete) horas para a jornada integral;

IV – controle de frequência pela instituição de educação pré-escolar, exigida a frequência mínima de 60% (sessenta por cento) do total de horas;

V – expedição de documentação que permita atestar os processos de desenvolvimento e aprendizagem da criança." (NR)

"Art. 58. Entende-se por educação especial, para os efeitos desta Lei, a modalidade de educação escolar oferecida preferencialmente na rede regular de ensino, para educandos com deficiência, transtornos globais do desenvolvimento e altas habilidades ou superdotação.

...." (NR)

"Art. 59. Os sistemas de ensino assegurarão aos educandos com deficiência, transtornos globais do desenvolvimento e altas habilidades ou superdotação:

...." (NR)

"Art. 60. ....

Parágrafo único. O poder público adotará, como alternativa preferencial, a ampliação do atendimento aos educandos com deficiência, transtornos globais do desenvolvimento e altas habilidades ou superdotação na própria rede pública regular de ensino, independentemente do apoio às instituições previstas neste artigo." (NR)

"Art. 62. A formação de docentes para atuar na educação básica far-se-á em nível superior, em curso de licenciatura, de graduação plena, em universidades e institutos superiores de educação, admitida, como formação mínima para o exercício do magistério na educação infantil e nos 5 (cinco) primeiros anos do ensino fundamental, a oferecida em nível médio na modalidade normal.

....

§ 4º A União, o Distrito Federal, os Estados e os Municípios adotarão mecanismos facilitadores de acesso e permanência em cursos de formação de docentes em nível superior para atuar na educação básica pública.

§ 5º A União, o Distrito Federal, os Estados e os Municípios incentivarão a formação de profissionais do magistério para atuar na educação básica pública mediante programa institucional de bolsa de iniciação à docência a estudantes matriculados em cursos de licenciatura, de graduação plena, nas instituições de educação superior.

§ 6º O Ministério da Educação poderá estabelecer nota mínima em exame nacional aplicado aos concluintes do ensino médio como pré-requisito para o ingresso em cursos de graduação para formação de docentes, ouvido o Conselho Nacional de Educação – CNE.

§ 7º (VETADO)." (NR)

"Art. 62-A. A formação dos profissionais a que se refere o inciso III do art. 61 far-se-á por meio de cursos de conteúdo técnico-pedagógico, em nível médio ou superior, incluindo habilitações tecnológicas.

Parágrafo único. Garantir-se-á formação continuada para os profissionais a que se refere o caput, no local de trabalho ou em instituições de educação básica e superior, incluindo cursos de educação profissional, cursos superiores de graduação plena ou tecnológicos e de pós-graduação."

"Art. 67. ....

§ 3º A União prestará assistência técnica aos Estados, ao Distrito Federal e aos Municípios na elaboração de concursos públicos para provimento de cargos dos profissionais da educação." (NR)

"Art. 87. ....

§ 2º (Revogado).

§ 3º ....

I – (revogado);

....

§ 4º (Revogado).

...." (NR)

"Art. 87-A. (VETADO)."

Art. 2º Revogam-se o § 2º, o inciso I do § 3º e o § 4º do art. 87 da Lei nº 9.394, de 20 de dezembro de 1996.

Art. 3º Esta Lei entra em vigor na data de sua publicação.

Brasília, 4 de abril de 2013; 192º da Independência e 125º da República.

DILMA ROUSSEFF
Aloizio Mercadante

Este texto não substitui o publicado no DOU de 5.4.2013

Lei Complementar nº 146, de 25 de junho de 2014

Estende a estabilidade provisória prevista na alínea *b* do inciso II do art. 10 do Ato das Disposições Constitucionais Transitórias à trabalhadora gestante, nos casos de morte desta, a quem detiver a guarda de seu filho.

A PRESIDENTA DA REPÚBLICA

Faço saber que o Congresso Nacional decreta e eu sanciono a seguinte Lei Complementar:

Art. 1º O direito prescrito na alínea *b* do inciso II do art. 10 do Ato das Disposições Constitucionais Transitórias, nos casos em que ocorrer o falecimento da genitora, será assegurado a quem detiver a guarda do seu filho

Art. 2º Esta Lei Complementar entra em vigor na data de sua publicação.

Brasília, 25 de junho de 2014; 193º da Independência e 126º da República.

DILMA ROUSSEFF
José Eduardo Cardozo

Lei nº 13.005, de 25 de junho de 2014

Aprova o Plano Nacional de Educação – PNE e dá outras providências.

A PRESIDENTA DA REPÚBLICA

Faço saber que o Congresso Nacional decreta e eu sanciono a seguinte Lei:

Art. 1º É aprovado o Plano Nacional de Educação – PNE, com vigência por 10 (dez) anos, a contar da publicação desta Lei, na forma do Anexo, com vistas ao cumprimento do disposto no art. 214 da Constituição Federal.

Art. 2º São diretrizes do PNE:

I – erradicação do analfabetismo;

V – formação para o trabalho e para a cidadania, com ênfase nos valores morais e éticos em que se fundamenta a sociedade;

VI – promoção do princípio da gestão democrática da educação pública;

VII – promoção humanística, científica, cultural e tecnológica do País;

VIII – estabelecimento de meta de aplicação de recursos públicos em educação como proporção do Produto Interno Bruto – PIB, que assegure atendimento às necessidades de expansão, com padrão de qualidade e equidade;

IX – valorização dos (as) profissionais da educação;

X – promoção dos princípios do respeito aos direitos humanos, à diversidade e à sustentabilidade socioambiental.

Art. 3º As metas previstas no Anexo desta Lei serão cumpridas no prazo de vigência deste PNE, desde que não haja prazo inferior definido para metas e estratégias específicas.

Art. 4º As metas previstas no Anexo desta Lei deverão ter como referência a Pesquisa Nacional por Amostra de Domicílios – PNAD, o censo demográfico e os censos nacionais da educação básica e superior mais atualizados, disponíveis na data da publicação desta Lei.

Parágrafo único. O poder público buscará ampliar o escopo das pesquisas com fins estatísticos de forma a incluir informação detalhada sobre o perfil das populações de 4 (quatro) a 17 (dezessete) anos com deficiência.

Art. 5º A execução do PNE e o cumprimento de suas metas serão objeto de monitoramento contínuo e de avaliações periódicas, realizados pelas seguintes instâncias:

I – Ministério da Educação – MEC;

II – Comissão de Educação da Câmara dos Deputados e Comissão de Educação, Cultura e Esporte do Senado Federal;

III – Conselho Nacional de Educação – CNE;

IV – Fórum Nacional de Educação.

§ 1º Compete, ainda, às instâncias referidas no caput:

I – divulgar os resultados do monitoramento e das avaliações nos respectivos sítios institucionais da internet;

II – analisar e propor políticas públicas para assegurar a implementação das estratégias e o cumprimento das metas;

III – analisar e propor a revisão do percentual de investimento público em educação.

§ 2º A cada 2 (dois) anos, ao longo do período de vigência deste PNE, o Instituto Nacional de Estudos e Pesquisas Educacionais Anísio Teixeira – INEP publicará estudos para aferir a evolução no cumprimento das metas estabelecidas no Anexo desta Lei, com informações organizadas por ente federado e consolidadas em âmbito nacional, tendo como referência os estudos e as pesquisas de que trata o art. 4º, sem prejuízo de outras fontes e informações relevantes.

§ 3º A meta progressiva do investimento público em educação será avaliada no quarto ano de vigência do PNE e poderá ser ampliada por meio de lei para atender às necessidades financeiras do cumprimento das demais metas.

§ 4º O investimento público em educação a que se referem o inciso VI do art. 214 da Constituição Federal e a meta 20 do Anexo desta Lei engloba os recursos aplicados na forma do art. 212 da Constituição Federal e do art. 60 do Ato das Disposições Constitucionais Transitórias, bem como os recursos aplicados nos programas de expansão da educação profissional e superior, inclusive na forma de incentivo e isenção fiscal, as bolsas de estudos concedidas no Brasil e no exterior, os subsídios concedidos em programas de financiamento estudantil e o financiamento de creches, pré-escolas e de educação especial na forma do art. 213 da Constituição Federal.

§ 5º Será destinada à manutenção e ao desenvolvimento do ensino, em acréscimo aos recursos vinculados nos termos do art. 212 da Constituição Federal, além de outros recursos previstos em lei, a parcela da participação no resultado ou da compensação financeira pela exploração de petróleo e de gás natural, na forma de lei específica, com a finalidade de assegurar o cumprimento da meta prevista no inciso VI do art. 214 da Constituição Federal.

Art. 6º A União promoverá a realização de pelo menos 2 (duas) conferências nacionais de educação até o final do decênio, precedidas de conferências distrital, municipais e estaduais, articuladas e coordenadas pelo Fórum Nacional de Educação, instituído nesta Lei, no âmbito do Ministério da Educação.

§ 1º O Fórum Nacional de Educação, além da atribuição referida no caput:

I – acompanhará a execução do PNE e o cumprimento de suas metas;

II – promoverá a articulação das conferências nacionais de educação com as conferências regionais, estaduais e municipais que as precederem.

§ 2º As conferências nacionais de educação realizar-se-ão com intervalo de até 4 (quatro) anos entre elas, com o objetivo de avaliar a execução deste PNE e subsidiar a elaboração do plano nacional de educação para o decênio subsequente.

Art. 7º A União, os Estados, o Distrito Federal e os Municípios atuarão em regime de colaboração, visando ao alcance das metas e à implementação das estratégias objeto deste Plano.

§ 1º Caberá aos gestores federais, estaduais, municipais e do Distrito Federal a adoção das medidas governamentais necessárias ao alcance das metas previstas neste PNE.

§ 2º As estratégias definidas no Anexo desta Lei não elidem a adoção de medidas adicionais em âmbito local ou de instrumentos jurídicos que formalizem a cooperação entre os entes federados, podendo ser complementadas por mecanismos nacionais e locais de coordenação e colaboração recíproca.

§ 3º Os sistemas de ensino dos Estados, do Distrito Federal e dos Municípios criarão mecanismos para o acompanhamento local da consecução das metas deste PNE e dos planos previstos no art. 8º.

§ 4º Haverá regime de colaboração específico para a implementação de modalidades de educação escolar que necessitem considerar territórios étnico-educacionais e a utilização de estratégias que levem em conta as identidades e especificidades socioculturais e linguísticas de cada comunidade envolvida, assegurada a consulta prévia e informada a essa comunidade.

§ 5º Será criada uma instância permanente de negociação e cooperação entre a União, os Estados, o Distrito Federal e os Municípios.

§ 6º O fortalecimento do regime de colaboração entre os Estados e respectivos Municípios incluirá a instituição de instâncias permanentes de negociação, cooperação e pactuação em cada Estado.

§ 7º O fortalecimento do regime de colaboração entre os Municípios dar-se-á, inclusive, mediante a adoção de arranjos de desenvolvimento da educação.

Art. 8º Os Estados, o Distrito Federal e os Municípios deverão elaborar seus correspondentes planos de educação, ou adequar os planos já aprovados em lei, em consonância com as diretrizes, metas e estratégias previstas neste PNE, no prazo de 1 (um) ano contado da publicação desta Lei.

§ 1º Os entes federados estabelecerão nos respectivos planos de educação estratégias que:

I – assegurem a articulação das políticas educacionais com as demais políticas sociais, particularmente as culturais;

II – considerem as necessidades específicas das populações do campo e das comunidades indígenas e quilombolas, asseguradas a equidade educacional e a diversidade cultural;

III – garantam o atendimento das necessidades específicas na educação especial, assegurado o sistema educacional inclusivo em todos os níveis, etapas e modalidades;

IV – promovam a articulação interfederativa na implementação das políticas educacionais.

§ 2º Os processos de elaboração e adequação dos planos de educação dos Estados, do Distrito Federal e dos Municípios, de que trata o caput deste artigo, serão realizados com ampla participação de representantes da comunidade educacional e da sociedade civil.

Art. 9º Os Estados, o Distrito Federal e os Municípios deverão aprovar leis específicas para os seus sistemas de ensino, disciplinando a gestão democrática da educação pública nos respectivos âmbitos de atuação, no prazo de 2 (dois) anos contado da publicação desta Lei, adequando, quando for o caso, a legislação local já adotada com essa finalidade.

Art. 10. O plano plurianual, as diretrizes orçamentárias e os orçamentos anuais da União, dos Estados, do Distrito Federal e dos Municípios serão formulados de maneira a assegurar a consignação de dotações orçamentárias compatíveis com as diretrizes, metas e estratégias deste PNE e com os respectivos planos de educação, a fim de viabilizar sua plena execução.

Art. 11. O Sistema Nacional de Avaliação da Educação Básica, coordenado pela União, em colaboração com os Estados, o Distrito Federal e os Municípios, constituirá fonte de informação para a avaliação da qualidade da educação básica e para a orientação das políticas públicas desse nível de ensino.

§ 1º O sistema de avaliação a que se refere o caput produzirá, no máximo a cada 2 (dois) anos:

I – indicadores de rendimento escolar, referentes ao desempenho dos (as) estudantes apurado em exames nacionais de avaliação, com participação de pelo menos 80% (oitenta por cento) dos (as) alunos (as) de cada ano escolar periodicamente avaliado em cada escola, e aos dados pertinentes apurados pelo censo escolar da educação básica;

II – indicadores de avaliação institucional, relativos a características como o perfil do alunado e do corpo dos (as) profissionais da educação, as relações entre dimensão do corpo docente, do corpo técnico e do corpo discente, a infraestrutura das escolas, os recursos pedagógicos disponíveis e os processos da gestão, entre outras relevantes.

§ 2º A elaboração e a divulgação de índices para avaliação da qualidade, como o Índice de Desenvolvimento da Educação Básica

Ideb, que agreguem os indicadores mencionados no inciso I do § 1º não elidem a obrigatoriedade de divulgação, em separado, de cada um deles.

§ 3º Os indicadores mencionados no § 1º serão estimados por etapa, estabelecimento de ensino, rede escolar, unidade da Federação e em nível agregado nacional, sendo amplamente divulgados, ressalvada a publicação de resultados individuais e indicadores por turma, que fica admitida exclusivamente para a comunidade do respectivo estabelecimento e para o órgão gestor da respectiva rede.

§ 4º Cabem ao Inep a elaboração e o cálculo do Ideb e dos indicadores referidos no § 1º.

§ 5º A avaliação de desempenho dos (as) estudantes em exames, referida no inciso I do § 1º, poderá ser diretamente realizada pela União ou, mediante acordo de cooperação, pelos Estados e pelo Distrito Federal, nos respectivos sistemas de ensino e de seus Municípios, caso mantenham sistemas próprios de avaliação do rendimento escolar, assegurada a compatibilidade metodológica entre esses sistemas e o nacional, especialmente no que se refere às escalas de proficiência e ao calendário de aplicação.

Art. 12. Até o final do primeiro semestre do nono ano de vigência deste PNE, o Poder Executivo encaminhará ao Congresso Nacional, sem prejuízo das prerrogativas deste Poder, o projeto de lei referente ao Plano Nacional de Educação a vigorar no período subsequente, que incluirá diagnóstico, diretrizes, metas e estratégias para o próximo decênio.Art. 13. O poder público deverá instituir, em lei específica, contados 2 (dois) anos da publicação desta Lei, o Sistema Nacional de Educação, responsável pela articulação entre os sistemas de ensino, em regime de colaboração, para efetivação das diretrizes, metas e estratégias do Plano Nacional de Educação.

Art. 14. Esta Lei entra em vigor na data de sua publicação.

Brasília, 25 de junho de 2014; 193º da Independência e 126º da República.

DILMA ROUSSEFF
Guido Mantega
José Henrique Paim Fernandes
Miriam Belchior

Metas e Estratégias

Meta 1: universalizar, até 2016, a educação infantil na pré-escola para as crianças de 4 (quatro) a 5 (cinco) anos de idade e ampliar a oferta de educação infantil em creches de forma a atender, no mínimo, 50% (cinquenta por cento) das crianças de até 3 (três) anos até o final da vigência deste PNE.

Estratégias:

1.1) definir, em regime de colaboração entre a União, os Estados, o Distrito Federal e os Municípios, metas de expansão das respectivas redes públicas de educação infantil segundo padrão nacional de qualidade, considerando as peculiaridades locais;

1.2) garantir que, ao final da vigência deste PNE, seja inferior a 10% (dez por cento) a diferença entre as taxas de frequência à educação infantil das crianças de até 3 (três) anos oriundas do quinto de renda familiar per capita mais elevado e as do quinto de renda familiar per capita mais baixo;

1.3) realizar, periodicamente, em regime de colaboração, levantamento da demanda por creche para a população de até 3 (três) anos, como forma de planejar a oferta e verificar o atendimento da demanda manifesta;

1.4) estabelecer, no primeiro ano de vigência do PNE, normas, procedimentos e prazos para definição de mecanismos de consulta pública da demanda das famílias por creches;

1.5) manter e ampliar, em regime de colaboração e respeitadas as normas de acessibilidade, programa nacional de construção e reestruturação de escolas, bem como de aquisição de equipamentos, visando à expansão e à melhoria da rede física de escolas públicas de educação infantil;

1.6) implantar, até o segundo ano de vigência deste PNE, avaliação da educação infantil, a ser realizada a cada 2 (dois) anos, com base em parâmetros nacionais de qualidade, a fim de aferir a infraestrutura física, o quadro de pessoal, as condições de gestão, os recursos pedagógicos, a situação de acessibilidade, entre outros indicadores relevantes;

1.7) articular a oferta de matrículas gratuitas em creches certificadas como entidades beneficentes de assistência social na área de educação com a expansão da oferta na rede escolar pública;

1.8) promover a formação inicial e continuada dos (as) profissionais da educação infantil, garantindo, progressivamente, o atendimento por profissionais com formação superior;

1.9) estimular a articulação entre pós-graduação, núcleos de pesquisa e cursos de formação para profissionais da educação, de modo a garantir a elaboração de currículos e propostas pedagógicas que incorporem os avanços de pesquisas ligadas ao processo de ensino-aprendizagem e às teorias educacionais no atendimento da população de 0 (zero) a 5 (cinco) anos;

1.10) fomentar o atendimento das populações do campo e das comunidades indígenas e quilombolas na educação infantil nas respectivas comunidades, por meio do redimensionamento da distribuição territorial da oferta, limitando a nucleação de escolas e o deslocamento de crianças, de forma a atender às especificidades dessas comunidades, garantido consulta prévia e informada;

1.11) priorizar o acesso à educação infantil e fomentar a oferta do atendimento educacional especializado complementar e suplementar aos (às) alunos (as) com deficiência, transtornos globais do desenvolvimento e altas habilidades ou superdotação, assegurando a educação bilíngue para crianças surdas e a transversalidade da educação especial nessa etapa da educação básica;

1.12) implementar, em caráter complementar, programas de orientação e apoio às famílias, por meio da articulação das áreas de educação, saúde e assistência social, com foco no desenvolvimento integral das crianças de até 3 (três) anos de idade;

1.13) preservar as especificidades da educação infantil na organização das redes escolares, garantindo o atendimento da criança de 0 (zero) a 5 (cinco) anos em estabelecimentos que atendam a parâmetros nacionais de qualidade, e a articulação com a etapa escolar seguinte, visando ao ingresso do (a) aluno(a) de 6 (seis) anos de idade no ensino fundamental;

1.14) fortalecer o acompanhamento e o monitoramento do acesso e da permanência das crianças na educação infantil, em especial dos beneficiários de programas de transferência de renda, em colaboração com as famílias e com os órgãos públicos de assistência social, saúde e proteção à infância;

1.15) promover a busca ativa de crianças em idade correspondente à educação infantil, em parceria com órgãos públicos de assistência social, saúde e proteção à infância, preservando o direito de opção da família em relação às crianças de até 3 (três) anos;

1.16) o Distrito Federal e os Municípios, com a colaboração da União e dos Estados, realizarão e publicarão, a cada ano, levantamento da demanda manifesta por educação infantil em creches e pré-escolas, como forma de planejar e verificar o atendimento;

1.17) estimular o acesso à educação infantil em tempo integral, para todas as crianças de 0 (zero) a 5 (cinco) anos, conforme estabelecido nas Diretrizes Curriculares Nacionais para a Educação Infantil.

Meta 2: universalizar o ensino fundamental de 9 (nove) anos para toda a população de 6 (seis) a 14 (quatorze) anos e garantir que pelo menos 95% (noventa e cinco por cento) dos alunos concluam essa etapa na idade recomendada, até o último ano de vigência deste PNE.

Estratégias:

2.1) o Ministério da Educação, em articulação e colaboração com os Estados, o Distrito Federal e os Municípios, deverá, até o final do 2º (segundo) ano de vigência deste PNE, elaborar e encaminhar ao Conselho Nacional de Educação, precedida de consulta pública nacional, proposta de direitos e objetivos de aprendizagem e desenvolvimento para os (as) alunos (as) do ensino fundamental;

2.2) pactuar entre União, Estados, Distrito Federal e Municípios, no âmbito da instância permanente de que trata o § 5º do art. 7º desta Lei, a implantação dos direitos e objetivos de aprendizagem e desenvolvimento que configurarão a base nacional comum curricular do ensino fundamental;

2.3) criar mecanismos para o acompanhamento individualizado dos (as) alunos (as) do ensino fundamental;

2.4) fortalecer o acompanhamento e o monitoramento do acesso, da permanência e do aproveitamento escolar dos beneficiários de programas de transferência de renda, bem como das situações de discriminação, preconceitos e violências na escola, visando ao estabelecimento de condições adequadas para o sucesso escolar dos (as) alunos (as), em colaboração com as famílias e com órgãos públicos de assistência social, saúde e proteção à infância, adolescência e juventude;

2.5) promover a busca ativa de crianças e adolescentes fora da escola, em parceria com órgãos públicos de assistência social, saúde e proteção à infância, adolescência e juventude;

2.6) desenvolver tecnologias pedagógicas que combinem, de maneira articulada, a organização do tempo e das atividades didáticas entre a escola e o ambiente comunitário, considerando as especificidades da educação especial, das escolas do campo e das comunidades indígenas e quilombolas;

2.7) disciplinar, no âmbito dos sistemas de ensino, a organização flexível do trabalho pedagógico, incluindo adequação do calendário escolar de acordo com a realidade local, a identidade cultural e as condições climáticas da região;

2.8) promover a relação das escolas com instituições e movimentos culturais, a fim de garantir a oferta regular de atividades culturais para a livre fruição dos (as) alunos (as) dentro e fora dos espaços escolares, assegurando ainda que as escolas se tornem polos de criação e difusão cultural;

2.9) incentivar a participação dos pais ou responsáveis no acompanhamento das atividades escolares dos filhos por meio do estreitamento das relações entre as escolas e as famílias;

2.10) estimular a oferta do ensino fundamental, em especial dos anos iniciais, para as populações do campo, indígenas e quilombolas, nas próprias comunidades;

2.11) desenvolver formas alternativas de oferta do ensino fundamental, garantida a qualidade, para atender aos filhos e filhas de profissionais que se dedicam a atividades de caráter itinerante;

2.12) oferecer atividades extracurriculares de incentivo aos (às) estudantes e de estímulo a habilidades, inclusive mediante certames e concursos nacionais;

2.13) promover atividades de desenvolvimento e estímulo a habilidades esportivas nas escolas, interligadas a um plano de disseminação do desporto educacional e de desenvolvimento esportivo nacional.

Meta 3: universalizar, até 2016, o atendimento escolar para toda a população de 15 (quinze) a 17 (dezessete) anos e elevar, até o final do período de vigência deste PNE, a taxa líquida de matrículas no ensino médio para 85% (oitenta e cinco por cento).

Estratégias:

3.1) institucionalizar programa nacional de renovação do ensino médio, a fim de incentivar práticas pedagógicas com abordagens interdisciplinares estruturadas pela relação entre teoria e prática, por meio de currículos escolares que organizem, de maneira flexível e diversificada, conteúdos obrigatórios e eletivos articulados em dimensões como ciência, trabalho, linguagens, tecnologia, cultura e esporte, garantindo-se a aquisição de equipamentos e laboratórios, a produção de material didático específico, a formação continuada de professores e a articulação com instituições acadêmicas, esportivas e culturais;

3.2) o Ministério da Educação, em articulação e colaboração com os entes federados e ouvida a sociedade mediante consulta pública nacional, elaborará e encaminhará ao Conselho Nacional de Educação – CNE, até o 2º (segundo) ano de vigência deste PNE, proposta de direitos e objetivos de aprendizagem e desenvolvimento para os (as) alunos (as) de ensino médio, a serem atingidos nos tempos e etapas de organização deste nível de ensino, com vistas a garantir formação básica comum;

3.3) pactuar entre União, Estados, Distrito Federal e Municípios, no âmbito da instância permanente de que trata o § 5º do art. 7º desta Lei, a implantação dos direitos e objetivos de aprendizagem e desenvolvimento que configurarão a base nacional comum curricular do ensino médio;

3.4) garantir a fruição de bens e espaços culturais, de forma regular, bem como a ampliação da prática desportiva, integrada ao currículo escolar;

3.5) manter e ampliar programas e ações de correção de fluxo do ensino fundamental, por meio do acompanhamento individualizado do (a) aluno (a) com rendimento escolar defasado e pela adoção de práticas como aulas de reforço no turno complementar, estudos de recuperação e progressão parcial, de forma a reposicioná-lo no ciclo escolar de maneira compatível com sua idade;

3.6) universalizar o Exame Nacional do Ensino Médio - ENEM, fundamentado em matriz de referência do conteúdo curricular do ensino médio e em técnicas estatísticas e psicométricas que permitam comparabilidade de resultados, articulando-o com o Sistema Nacional de Avaliação da Educação Básica – SAEB, e promover sua utilização como instrumento de avaliação sistêmica, para subsidiar políticas públicas para a educação básica, de avaliação certificadora, possibilitando aferição de conhecimentos e habilidades adquiridos dentro e fora da escola, e de avaliação classificatória, como critério de acesso à educação superior;

3.7) fomentar a expansão das matrículas gratuitas de ensino médio integrado à educação profissional, observando-se as peculiaridades das populações do campo, das comunidades indígenas e quilombolas e das pessoas com deficiência;

3.8) estruturar e fortalecer o acompanhamento e o monitoramento do acesso e da permanência dos e das jovens beneficiários (as) de programas de transferência de renda, no ensino médio, quanto à frequência, ao aproveitamento escolar e à interação com o coletivo, bem como das situações de discriminação, preconceitos e violências, práticas irregulares de exploração do trabalho, consumo de drogas, gravidez precoce, em colaboração com as famílias e com órgãos públicos de assistência social, saúde e proteção à adolescência e juventude;

3.9) promover a busca ativa da população de 15 (quinze) a 17 (dezessete) anos fora da escola, em articulação com os serviços de assistência social, saúde e proteção à adolescência e à juventude;

3.10) fomentar programas de educação e de cultura para a população urbana e do campo de jovens, na faixa etária de 15 (quinze) a 17 (dezessete) anos, e de adultos, com qualificação social e profissional para aqueles que estejam fora da escola e com defasagem no fluxo escolar;

3.11) redimensionar a oferta de ensino médio nos turnos diurno e noturno, bem como a distribuição territorial das escolas de ensino médio, de forma a atender a toda a demanda, de acordo com as necessidades específicas dos (as) alunos (as);

3.12) desenvolver formas alternativas de oferta do ensino médio, garantida a qualidade, para atender aos filhos e filhas de profissionais que se dedicam a atividades de caráter itinerante;

3.13) implementar políticas de prevenção à evasão motivada por preconceito ou quaisquer formas de discriminação, criando rede de proteção contra formas associadas de exclusão;

3.14) estimular a participação dos adolescentes nos cursos das áreas tecnológicas e científicas.

Meta 4: universalizar, para a população de 4 (quatro) a 17 (dezessete) anos com deficiência, transtornos globais do desenvolvimento e altas habilidades ou superdotação, o acesso à educação básica e ao atendimento educacional especializado, preferencialmente na rede regular de ensino, com a garantia de sistema educacional inclusivo, de salas de recursos multifuncionais, classes, escolas ou serviços especializados, públicos ou conveniados.

Estratégias:

4.1) contabilizar, para fins do repasse do Fundo de Manutenção e Desenvolvimento da Educação Básica e de Valorização dos Profissionais da Educação – FUNDEB, as matrículas dos (as) estudantes da educação regular da rede pública que recebam atendimento educacional especializado complementar e suplementar, sem prejuízo do cômputo dessas matrículas na educação básica regular, e as matrículas efetivadas, conforme o censo escolar mais atualizado, na educação especial oferecida em instituições comunitárias, confessionais ou filantrópicas sem fins lucrativos, conveniadas com o poder público e com atuação exclusiva na modalidade, nos termos da Lei nº 11.494, de 20 de junho de 2007;

4.2) promover, no prazo de vigência deste PNE, a universalização do atendimento escolar à demanda manifesta pelas famílias de crianças de 0 (zero) a 3 (três) anos com deficiência, transtornos globais do desenvolvimento e altas habilidades ou superdotação, observado o que dispõe a Lei nº 9.394, de 20 de dezembro de 1996, que estabelece as diretrizes e bases da educação nacional;

4.3) implantar, ao longo deste PNE, salas de recursos multifuncionais e fomentar a formação continuada de professores e professoras para o atendimento educacional especializado nas escolas urbanas, do campo, indígenas e de comunidades quilombolas;

4.4) garantir atendimento educacional especializado em salas de recursos multifuncionais, classes, escolas ou serviços especializados, públicos ou conveniados, nas formas complementar e suplementar, a todos (as) alunos (as) com deficiência, transtornos globais do desenvolvimento e altas habilidades ou superdotação, matriculados na rede pública de educação básica, conforme necessidade identificada por meio de avaliação, ouvidos a família e o aluno;

4.5) estimular a criação de centros multidisciplinares de apoio, pesquisa e assessoria, articulados com instituições acadêmicas e integrados por profissionais das áreas de saúde, assistência social, pedagogia e psicologia, para apoiar o trabalho dos (as) professores da educação básica com os (as) alunos (as) com deficiência, transtornos globais do desenvolvimento e altas habilidades ou superdotação;

4.6) manter e ampliar programas suplementares que promovam a acessibilidade nas instituições públicas, para garantir o acesso e a permanência dos (as) alunos (as) com deficiência por meio da adequação arquitetônica, da oferta de transporte acessível e da disponibilização de material didático próprio e de recursos de tecnologia assistiva, assegurando, ainda, no contexto escolar, em todas as etapas, níveis e modalidades de ensino, a identificação dos (as) alunos (as) com altas habilidades ou superdotação;

4.7) garantir a oferta de educação bilíngue, em Língua Brasileira de Sinais - LIBRAS como primeira língua e na modalidade escrita da Língua Portuguesa como segunda língua, aos (às) alunos (as) surdos e com deficiência auditiva de 0 (zero) a 17 (dezessete) anos, em escolas e classes bilíngues e em escolas inclusivas, nos termos do art. 22 do Decreto no 5.626, de 22 de dezembro de 2005, e dos arts. 24 e 30 da Convenção sobre os Direitos das Pessoas com Deficiência, bem como a adoção do Sistema Braille de leitura para cegos e surdos-cegos;

4.8) garantir a oferta de educação inclusiva, vedada a exclusão do ensino regular sob alegação de deficiência e promovida a articulação pedagógica entre o ensino regular e o atendimento educacional especializado;

4.9) fortalecer o acompanhamento e o monitoramento do acesso à escola e ao atendimento educacional especializado, bem como da permanência e do desenvolvimento escolar dos (as) alunos (as) com deficiência, transtornos globais do desenvolvimento e altas habilidades ou superdotação beneficiários (as) de programas de transferência de renda, juntamente com o combate às situações de discriminação, preconceito e violência, com vistas ao estabelecimento de condições adequadas para o sucesso educacional, em colaboração com as famílias e com os órgãos públicos de assistência social, saúde e proteção à infância, à adolescência e à juventude;

4.10) fomentar pesquisas voltadas para o desenvolvimento de metodologias, materiais didáticos, equipamentos e recursos de tecnologia assistiva, com vistas à promoção do ensino e da aprendizagem, bem como das condições de acessibilidade dos (as) estudantes com deficiência, transtornos globais do desenvolvimento e altas habilidades ou superdotação;

4.11) promover o desenvolvimento de pesquisas interdisciplinares para subsidiar a formulação de políticas públicas intersetoriais que atendam as especificidades educacionais de estudantes com deficiência, transtornos globais do desenvolvimento e altas habilidades ou superdotação que requeiram medidas de atendimento especializado;

4.12) promover a articulação intersetorial entre órgãos e políticas públicas de saúde, assistência social e direitos humanos, em parceria com as famílias, com o fim de desenvolver modelos de atendimento voltados à continuidade do atendimento escolar, na educação de jovens e adultos, das pessoas com deficiência e transtornos globais do desenvolvimento com idade superior à faixa etária de escolarização obrigatória, de forma a assegurar a atenção integral ao longo da vida;

4.13) apoiar a ampliação das equipes de profissionais da educação para atender à demanda do processo de escolarização dos (das) estudantes com deficiência, transtornos globais do desenvolvimento e altas habilidades ou superdotação, garantindo a oferta de professores (as) do atendimento educacional especializado, profissionais de apoio ou auxiliares, tradutores (as) e intérpretes de Libras, guias-

-intérpretes para surdos-cegos, professores de Libras, prioritariamente surdos, e professores bilíngues;

4.14) definir, no segundo ano de vigência deste PNE, indicadores de qualidade e política de avaliação e supervisão para o funcionamento de instituições públicas e privadas que prestam atendimento a alunos com deficiência, transtornos globais do desenvolvimento e altas habilidades ou superdotação;

4.15) promover, por iniciativa do Ministério da Educação, nos órgãos de pesquisa, demografia e estatística competentes, a obtenção de informação detalhada sobre o perfil das pessoas com deficiência, transtornos globais do desenvolvimento e altas habilidades ou superdotação de 0 (zero) a 17 (dezessete) anos;

4.16) incentivar a inclusão nos cursos de licenciatura e nos demais cursos de formação para profissionais da educação, inclusive em nível de pós-graduação, observado o disposto no caput do art. 207 da Constituição Federal, dos referenciais teóricos, das teorias de aprendizagem e dos processos de ensino-aprendizagem relacionados ao atendimento educacional de alunos com deficiência, transtornos globais do desenvolvimento e altas habilidades ou superdotação;

4.17) promover parcerias com instituições comunitárias, confessionais ou filantrópicas sem fins lucrativos, conveniadas com o poder público, visando a ampliar as condições de apoio ao atendimento escolar integral das pessoas com deficiência, transtornos globais do desenvolvimento e altas habilidades ou superdotação matriculadas nas redes públicas de ensino;

4.18) promover parcerias com instituições comunitárias, confessionais ou filantrópicas sem fins lucrativos, conveniadas com o poder público, visando a ampliar a oferta de formação continuada e a produção de material didático acessível, assim como os serviços de acessibilidade necessários ao pleno acesso, participação e aprendizagem dos estudantes com deficiência, transtornos globais do desenvolvimento e altas habilidades ou superdotação matriculados na rede pública de ensino;

4.19) promover parcerias com instituições comunitárias, confessionais ou filantrópicas sem fins lucrativos, conveniadas com o poder público, a fim de favorecer a participação das famílias e da sociedade na construção do sistema educacional inclusivo.

Meta 5: alfabetizar todas as crianças, no máximo, até o final do 3º (terceiro) ano do ensino fundamental.

Estratégias:

5.1) estruturar os processos pedagógicos de alfabetização, nos iniciais do ensino fundamental, articulando-os com as estratégias adoção de práticas como aulas de reforço no turno complementar, estudos de recuperação e progressão parcial, de forma a reposicioná-lo no ciclo escolar de maneira compatível com sua idade;

5.2) instituir instrumentos de avaliação nacional periódicos e específicos para aferir a alfabetização das crianças, aplicados a cada ano, bem como estimular os sistemas de ensino e as escolas a criarem os respectivos instrumentos de avaliação e monitoramento, implementando medidas pedagógicas para alfabetizar todos os alunos e alunas até o final do terceiro ano do ensino fundamental;

5.3) selecionar, certificar e divulgar tecnologias educacionais para a alfabetização de crianças, assegurada a diversidade de métodos e propostas pedagógicas, bem como o acompanhamento dos resultados nos sistemas de ensino em que forem aplicadas, devendo ser disponibilizadas, preferencialmente, como recursos educacionais abertos;

5.4) fomentar o desenvolvimento de tecnologias educacionais e de práticas pedagógicas inovadoras que assegurem a alfabetização e favoreçam a melhoria do fluxo escolar e a aprendizagem dos (as) alunos (as), consideradas as diversas abordagens metodológicas e sua efetividade;

5.5) apoiar a alfabetização de crianças do campo, indígenas, quilombolas e de populações itinerantes, com a produção de materiais didáticos específicos, e desenvolver instrumentos de acompanhamento que considerem o uso da língua materna pelas comunidades indígenas e a identidade cultural das comunidades quilombolas;

5.6) promover e estimular a formação inicial e continuada de professores (as) para a alfabetização de crianças, com o conhecimento de novas tecnologias educacionais e práticas pedagógicas inovadoras, estimulando a articulação entre programas de pós-graduação *stricto sensu* e ações de formação continuada de professores (as) para a alfabetização;

5.7) apoiar a alfabetização das pessoas com deficiência, considerando as suas especificidades, inclusive a alfabetização bilíngue de pessoas surdas, sem estabelecimento de terminalidade temporal.

Meta 6: oferecer educação em tempo integral em, no mínimo, 50% (cinquenta por cento) das escolas públicas, de forma a atender, pelo menos, 25% (vinte e cinco por cento) dos (as) alunos (as) da educação básica.

Estratégias:

6.1) promover, com o apoio da União, a oferta de educação básica pública em tempo integral, por meio de atividades de acompanhamento pedagógico e multidisciplinares, inclusive culturais e esportivas, de forma que o tempo de permanência dos (as) alunos (as) na escola, ou sob sua responsabilidade, passe a ser igual ou superior a 7 (sete) horas diárias durante todo o ano letivo, com a ampliação progressiva da jornada de professores em uma única escola;

6.2) instituir, em regime de colaboração, programa de construção de escolas com padrão arquitetônico e de mobiliário adequado para atendimento em tempo integral, prioritariamente em comunidades pobres ou com crianças em situação de vulnerabilidade social;

6.3) institucionalizar e manter, em regime de colaboração, programa nacional de ampliação e reestruturação das escolas públicas, por meio da instalação de quadras poliesportivas, laboratórios, inclusive de informática, espaços para atividades culturais, bibliotecas, auditórios, cozinhas, refeitórios, banheiros e outros equipamentos, bem como da produção de material didático e da formação de recursos humanos para a educação em tempo integral;

6.4) fomentar a articulação da escola com os diferentes espaços educativos, culturais e esportivos e com equipamentos públicos, como centros comunitários, bibliotecas, praças, parques, museus, teatros, cinemas e planetários;

6.5) estimular a oferta de atividades voltadas à ampliação da jornada escolar de alunos (as) matriculados nas escolas da rede pública de educação básica por parte das entidades privadas de serviço social vinculadas ao sistema sindical, de forma concomitante e em articulação com a rede pública de ensino;

6.6) orientar a aplicação da gratuidade de que trata o art. 13 da Lei nº 12.101, de 27 de novembro de 2009, em atividades de ampliação da jornada escolar de alunos (as) das escolas da rede pública de educação básica, de forma concomitante e em articulação com a rede pública de ensino;

6.7) atender às escolas do campo e de comunidades indígenas e quilombolas na oferta de educação em tempo integral, com base em consulta prévia e informada, considerando-se as peculiaridades locais;

6.8) garantir a educação em tempo integral para pessoas com deficiência, transtornos globais do desenvolvimento e altas habilidades ou superdotação na faixa etária de 4 (quatro) a 17 (dezessete) anos, assegurando atendimento educacional especializado complementar e suplementar ofertado em salas de recursos multifuncionais da própria escola ou em instituições especializadas;

6.9) adotar medidas para otimizar o tempo de permanência dos alunos na escola, direcionando a expansão da jornada para o efetivo trabalho escolar, combinado com atividades recreativas, esportivas e culturais.

Meta 7: fomentar a qualidade da educação básica em todas as etapas e modalidades, com melhoria do fluxo escolar e da aprendizagem de modo a atingir as seguintes médias nacionais para o Ideb:

IDEB	2015	2017	2019	2021
Anos iniciais do ensino fundamental	5,2	5,5	5,7	6,0
Anos finais do ensino fundamental	4,7	5,0	5,2	5,5
Ensino médio	4,3	4,7	5,0	5,2

Estratégias:

7.1) estabelecer e implantar, mediante pactuação interfederativa, diretrizes pedagógicas para a educação básica e a base nacional comum dos currículos, com direitos e objetivos de aprendizagem e desenvolvimento dos (as) alunos (as) para cada ano do ensino fundamental e médio, respeitada a diversidade regional, estadual e local;

7.2) assegurar que:

no quinto ano de vigência deste PNE, pelo menos 70% (setenta por cento) dos (as) alunos (as) do ensino fundamental e do ensino médio tenham alcançado nível suficiente de aprendizado em relação aos direitos e objetivos de aprendizagem e desenvolvimento de seu ano de estudo, e 50% (cinquenta por cento), pelo menos, o nível desejável;

no último ano de vigência deste PNE, todos os (as) estudantes do ensino fundamental e do ensino médio tenham alcançado nível suficiente de aprendizado em relação aos direitos e objetivos de aprendizagem e desenvolvimento de seu ano de estudo, e 80% (oitenta por cento), pelo menos, o nível desejável;

7.3) constituir, em colaboração entre a União, os Estados, o Distrito Federal e os Municípios, um conjunto nacional de indicadores de avaliação institucional com base no perfil do alunado e do corpo de profissionais da educação, nas condições de infraestrutura das escolas, nos recursos pedagógicos disponíveis, nas características da gestão e em outras dimensões relevantes, considerando as especificidades das modalidades de ensino;

7.4) induzir processo contínuo de autoavaliação das escolas de educação básica, por meio da constituição de instrumentos de avaliação que orientem as dimensões a serem fortalecidas, destacando-se a elaboração de planejamento estratégico, a melhoria contínua da qualidade educacional, a formação continuada dos (as) profissionais da educação e o aprimoramento da gestão democrática;

7.5) formalizar e executar os planos de ações articuladas dando cumprimento às metas de qualidade estabelecidas para a educação básica pública e às estratégias de apoio técnico e financeiro voltadas à melhoria da gestão educacional, à formação de professores e professoras e profissionais de serviços e apoio escolares, à ampliação e ao desenvolvimento de recursos pedagógicos e à melhoria e expansão da infraestrutura física da rede escolar;

7.6) associar a prestação de assistência técnica financeira à fixação de metas intermediárias, nos termos estabelecidos conforme pactuação voluntária entre os entes, priorizando sistemas e redes de ensino com Ideb abaixo da média nacional;

7.7) aprimorar continuamente os instrumentos de avaliação da qualidade do ensino fundamental e médio, de forma a englobar o ensino de ciências nos exames aplicados nos anos finais do ensino fundamental, e incorporar o Exame Nacional do Ensino Médio, assegurada a sua universalização, ao sistema de avaliação da educação básica, bem como apoiar o uso dos resultados das avaliações nacionais pelas escolas e redes de ensino para a melhoria de seus processos e práticas pedagógicas;

7.8) desenvolver indicadores específicos de avaliação da qualidade da educação especial, bem como da qualidade da educação bilíngue para surdos;

7.9) orientar as políticas das redes e sistemas de ensino, de forma a buscar atingir as metas do Ideb, diminuindo a diferença entre as escolas com os menores índices e a média nacional, garantindo equidade da aprendizagem e reduzindo pela metade, até o último ano de vigência deste PNE, as diferenças entre as médias dos índices dos Estados, inclusive do Distrito Federal, e dos Municípios;

7.10) fixar, acompanhar e divulgar bienalmente os resultados pedagógicos dos indicadores do sistema nacional de avaliação da educação básica e do Ideb, relativos às escolas, às redes públicas de educação básica e aos sistemas de ensino da União, dos Estados, do Distrito Federal e dos Municípios, assegurando a contextualização desses resultados, com relação a indicadores sociais relevantes, como os de nível socioeconômico das famílias dos (as) alunos (as), e a transparência e o acesso público às informações técnicas de concepção e operação do sistema de avaliação;

7.11) melhorar o desempenho dos alunos da educação básica nas avaliações da aprendizagem no Programa Internacional de Avaliação de Estudantes – PISA, tomado como instrumento externo de referência, internacionalmente reconhecido, de acordo com as seguintes projeções:

PISA	2015	2018	2021
Média dos resultados em matemática, leitura e ciências	438	455	473

7.12) incentivar o desenvolvimento, selecionar, certificar e divulgar tecnologias educacionais para a educação infantil, o ensino fundamental e o ensino médio e incentivar práticas pedagógicas inovadoras que assegurem a melhoria do fluxo escolar e a aprendizagem, assegurada a diversidade de métodos e propostas pedagógicas, com preferência para softwares livres e recursos educacionais abertos, bem como o acompanhamento dos resultados nos sistemas de ensino em que forem aplicadas;

7.13) garantir transporte gratuito para todos (as) os (as) estudantes da educação do campo na faixa etária da educação escolar obrigatória, mediante renovação e padronização integral da frota de veículos, de acordo com especificações definidas pelo Instituto Nacional de Metrologia, Qualidade e Tecnologia – INMETRO, e financiamento compartilhado, com participação da União proporcional às necessidades dos entes federados, visando a reduzir a evasão escolar e o tempo médio de deslocamento a partir de cada situação local;

7.14) desenvolver pesquisas de modelos alternativos de atendimento escolar para a população do campo que considerem as especificidades locais e as boas práticas nacionais e internacionais;

7.15) universalizar, até o quinto ano de vigência deste PNE, o acesso à rede mundial de computadores em banda larga de alta velocidade e triplicar, até o final da década, a relação computador/aluno (a) nas escolas da rede pública de educação básica, promovendo a utilização pedagógica das tecnologias da informação e da comunicação;

7.16) apoiar técnica e financeiramente a gestão escolar mediante transferência direta de recursos financeiros à escola, garantindo a participação da comunidade escolar no planejamento e na aplicação dos recursos, visando à ampliação da transparência e ao efetivo desenvolvimento da gestão democrática;

7.17) ampliar programas e aprofundar ações de atendimento ao (à) aluno (a), em todas as etapas da educação básica, por meio de programas suplementares de material didático-escolar, transporte, alimentação e assistência à saúde;

7.18) assegurar a todas as escolas públicas de educação básica o acesso a energia elétrica, abastecimento de água tratada, esgotamento sanitário e manejo dos resíduos sólidos, garantir o acesso dos alunos a espaços para a prática esportiva, a bens culturais e artísticos e a equipamentos e laboratórios de ciências e, em cada edifício escolar, garantir a acessibilidade às pessoas com deficiência;

7.19) institucionalizar e manter, em regime de colaboração, programa nacional de reestruturação e aquisição de equipamentos para escolas públicas, visando à equalização regional das oportunidades educacionais;

7.20) prover equipamentos e recursos tecnológicos digitais para a utilização pedagógica no ambiente escolar a todas as escolas públicas da educação básica, criando, inclusive, mecanismos para implementação das condições necessárias para a universalização das bibliotecas nas instituições educacionais, com acesso a redes digitais de computadores, inclusive a internet;

7.21) a União, em regime de colaboração com os entes federados subnacionais, estabelecerá, no prazo de 2 (dois) anos contados da publicação desta Lei, parâmetros mínimos de qualidade dos serviços da educação básica, a serem utilizados como referência para infraestrutura das escolas, recursos pedagógicos, entre outros insumos relevantes, bem como instrumento para adoção de medidas para a melhoria da qualidade do ensino;

7.22) informatizar integralmente a gestão das escolas públicas e das secretarias de educação dos Estados, do Distrito Federal e dos Municípios, bem como manter programa nacional de formação inicial e continuada para o pessoal técnico das secretarias de educação;

7.23) garantir políticas de combate à violência na escola, inclusive pelo desenvolvimento de ações destinadas à capacitação de educadores para detecção dos sinais de suas causas, como a violência doméstica e sexual, favorecendo a adoção das providências adequadas para promover a construção da cultura de paz e um ambiente escolar dotado de segurança para a comunidade;

7.24) implementar políticas de inclusão e permanência na escola para adolescentes e jovens que se encontram em regime de liberdade assistida e em situação de rua, assegurando os princípios da Lei nº 8.069, de 13 de julho de 1990 – Estatuto da Criança e do Adolescente;

7.25) garantir nos currículos escolares conteúdos sobre a história e as culturas afro-brasileira e indígenas e implementar ações educacionais, nos termos das Leis nos 10.639, de 9 de janeiro de 2003, e 11.645, de 10 de março de 2008, assegurando-se a implementação das respectivas diretrizes curriculares nacionais, por meio de ações colaborativas com fóruns de educação para a diversidade étnico racial, conselhos escolares, equipes pedagógicas e a sociedade civil;

7.26) consolidar a educação escolar no campo de populações tradicionais, de populações itinerantes e de comunidades indígenas e quilombolas, respeitando a articulação entre os ambientes escolares e comunitários e garantindo: o desenvolvimento sustentável e preservação da identidade cultural; a participação da comunidade na definição do modelo de organização pedagógica e de gestão das instituições, consideradas as práticas socioculturais e as formas particulares de organização do tempo; a oferta bilíngue na educação infantil e nos anos iniciais do ensino fundamental, em língua materna das comunidades indígenas e em língua portuguesa; a reestruturação e a aquisição de equipamentos; a oferta de programa para a formação inicial e continuada de profissionais da educação; e o atendimento em educação especial;

7.27) desenvolver currículos e propostas pedagógicas específicas para educação escolar para as escolas do campo e para as comunidades indígenas e quilombolas, incluindo os conteúdos culturais correspondentes às respectivas comunidades e considerando o fortalecimento das práticas socioculturais e da língua materna de cada comunidade indígena, produzindo e disponibilizando materiais didáticos específicos, inclusive para os (as) alunos (as) com deficiência;

7.28) mobilizar as famílias e setores da sociedade civil, articulando a educação formal com experiências de educação popular e cidadã, com os propósitos de que a educação seja assumida como responsabilidade de todos e de ampliar o controle social sobre o cumprimento das políticas públicas educacionais;

7.29) promover a articulação dos programas da área da educação, de âmbito local e nacional, com os de outras áreas, como saúde, trabalho e emprego, assistência social, esporte e cultura, possibilitando a criação de rede de apoio integral às famílias, como condição para a melhoria da qualidade educacional;

7.30) universalizar, mediante articulação entre os órgãos responsáveis pelas áreas da saúde e da educação, o atendimento aos (às) estudantes da rede escolar pública de educação básica por meio de ações de prevenção, promoção e atenção à saúde;

7.31) estabelecer ações efetivas especificamente voltadas para a promoção, prevenção, atenção e atendimento à saúde e à integridade física, mental e emocional dos (das) profissionais da educação, como condição para a melhoria da qualidade educacional;

7.32) fortalecer, com a colaboração técnica e financeira da União, em articulação com o sistema nacional de avaliação, os sistemas estaduais de avaliação da educação básica, com participação, por adesão, das redes municipais de ensino, para orientar as políticas públicas e as práticas pedagógicas, com o fornecimento das informações às escolas e à sociedade;

7.33) promover, com especial ênfase, em consonância com as diretrizes do Plano Nacional do Livro e da Leitura, a formação de leitores e leitoras e a capacitação de professores e professoras, bibliotecários e bibliotecárias e agentes da comunidade para atuar como mediadores e mediadoras da leitura, de acordo com a especificidade das diferentes etapas do desenvolvimento e da aprendizagem;

7.34) instituir, em articulação com os Estados, os Municípios e o Distrito Federal, programa nacional de formação de professores e professoras e de alunos e alunas para promover e consolidar política de preservação da memória nacional;

7.35) promover a regulação da oferta da educação básica pela iniciativa privada, de forma a garantir a qualidade e o cumprimento da função social da educação;

7.36) estabelecer políticas de estímulo às escolas que melhorarem o desempenho no Ideb, de modo a valorizar o mérito do corpo docente, da direção e da comunidade escolar.

Meta 8: elevar a escolaridade média da população de 18 (dezoito) a 29 (vinte e nove) anos, de modo a alcançar, no mínimo, 12 (doze) anos de estudo no último ano de vigência deste Plano, para as populações do campo, da região de menor escolaridade no País e dos 25% (vinte e cinco por cento) mais pobres, e igualar a escolaridade média entre negros e não negros declarados à Fundação Instituto Brasileiro de Geografia e Estatística – IBGE.

Estratégias:

8.1) institucionalizar programas e desenvolver tecnologias para correção de fluxo, para acompanhamento pedagógico individualizado e para recuperação e progressão parcial, bem como priorizar estudantes com rendimento escolar defasado, considerando as especificidades dos segmentos populacionais considerados;

8.2) implementar programas de educação de jovens e adultos para os segmentos populacionais considerados, que estejam fora da escola e com defasagem idade-série, associados a outras estratégias que garantam a continuidade da escolarização, após a alfabetização inicial;

8.3) garantir acesso gratuito a exames de certificação da conclusão dos ensinos fundamental e médio;

8.4) expandir a oferta gratuita de educação profissional técnica por parte das entidades privadas de serviço social e de formação profissional vinculadas ao sistema sindical, de forma concomitante ao ensino ofertado na rede escolar pública, para os segmentos populacionais considerados;

8.5) promover, em parceria com as áreas de saúde e assistência social, o acompanhamento e o monitoramento do acesso à escola específicos para os segmentos populacionais considerados, identificar motivos de absenteísmo e colaborar com os Estados, o Distrito Federal e os Municípios para a garantia de frequência e apoio à aprendizagem, de maneira a estimular a ampliação do atendimento desses (as) estudantes na rede pública regular de ensino;

8.6) promover busca ativa de jovens fora da escola pertencentes aos segmentos populacionais considerados, em parceria com as áreas de assistência social, saúde e proteção à juventude.

Meta 9: elevar a taxa de alfabetização da população com 15 (quinze) anos ou mais para 93,5% (noventa e três inteiros e cinco décimos por cento) até 2015 e, até o final da vigência deste PNE, erradicar o analfabetismo absoluto e reduzir em 50% (cinquenta por cento) a taxa de analfabetismo funcional.

Estratégias:

9.1) assegurar a oferta gratuita da educação de jovens e adultos a todos os que não tiveram acesso à educação básica na idade própria;

9.2) realizar diagnóstico dos jovens e adultos com ensino fundamental e médio incompletos, para identificar a demanda ativa por vagas na educação de jovens e adultos;

9.3) implementar ações de alfabetização de jovens e adultos com garantia de continuidade da escolarização básica;

9.4) criar benefício adicional no programa nacional de transferência de renda para jovens e adultos que frequentarem cursos de alfabetização;

9.5) realizar chamadas públicas regulares para educação de jovens e adultos, promovendo-se busca ativa em regime de colaboração entre entes federados e em parceria com organizações da sociedade civil;

9.6) realizar avaliação, por meio de exames específicos, que permita aferir o grau de alfabetização de jovens e adultos com mais de 15 (quinze) anos de idade;

9.7) executar ações de atendimento ao (à) estudante da educação de jovens e adultos por meio de programas suplementares de transporte, alimentação e saúde, inclusive atendimento oftalmológico e fornecimento gratuito de óculos, em articulação com a área da saúde;

9.8) assegurar a oferta de educação de jovens e adultos, nas etapas de ensino fundamental e médio, às pessoas privadas de liberdade em todos os estabelecimentos penais, assegurando-se formação específica dos professores e das professoras e implementação de diretrizes nacionais em regime de colaboração;

9.9) apoiar técnica e financeiramente projetos inovadores na educação de jovens e adultos que visem ao desenvolvimento de modelos adequados às necessidades específicas desses (as) alunos (as);

9.10) estabelecer mecanismos e incentivos que integrem os segmentos empregadores, públicos e privados, e os sistemas de ensino, para promover a compatibilização da jornada de trabalho dos empregados e das empregadas com a oferta das ações de alfabetização e de educação de jovens e adultos;

9.11) implementar programas de capacitação tecnológica da população jovem e adulta, direcionados para os segmentos com baixos níveis de escolarização formal e para os (as) alunos (as) com deficiência, articulando os sistemas de ensino, a Rede Federal de Educação Profissional, Científica e Tecnológica, as universidades, as cooperativas e as associações, por meio de ações de extensão desenvolvidas em centros vocacionais tecnológicos, com tecnologias assistivas que favoreçam a efetiva inclusão social e produtiva dessa população;

9.12) considerar, nas políticas públicas de jovens e adultos, as necessidades dos idosos, com vistas à promoção de políticas de erradicação do analfabetismo, ao acesso a tecnologias educacionais e atividades recreativas, culturais e esportivas, à implementação de programas de valorização e compartilhamento dos conhecimentos e experiência dos idosos e à inclusão dos temas do envelhecimento e da velhice nas escolas.

Meta 10: oferecer, no mínimo, 25% (vinte e cinco por cento) das matrículas de educação de jovens e adultos, nos ensinos fundamental e médio, na forma integrada à educação profissional.

Estratégias:

10.1) manter programa nacional de educação de jovens e adultos voltado à conclusão do ensino fundamental e à formação profissional inicial, de forma a estimular a conclusão da educação básica;

10.2) expandir as matrículas na educação de jovens e adultos, de modo a articular a formação inicial e continuada de trabalhadores com a educação profissional, objetivando a elevação do nível de escolaridade do trabalhador e da trabalhadora;

10.3) fomentar a integração da educação de jovens e adultos com a educação profissional, em cursos planejados, de acordo com as características do público da educação de jovens e adultos e considerando as especificidades das populações itinerantes e do campo e das comunidades indígenas e quilombolas, inclusive na modalidade de educação a distância;

10.4) ampliar as oportunidades profissionais dos jovens e adultos com deficiência e baixo nível de escolaridade, por meio do acesso à educação de jovens e adultos articulada à educação profissional;

10.5) implantar programa nacional de reestruturação e aquisição de equipamentos voltados à expansão e à melhoria da rede física de escolas públicas que atuam na educação de jovens e adultos integrada à educação profissional, garantindo acessibilidade à pessoa com deficiência;

10.6) estimular a diversificação curricular da educação de jovens e adultos, articulando a formação básica e a preparação para o mundo do trabalho e estabelecendo inter-relações entre teoria e prática, nos eixos da ciência, do trabalho, da tecnologia e da cultura e cidadania, de forma a organizar o tempo e o espaço pedagógicos adequados às características desses alunos e alunas;

10.7) fomentar a produção de material didático, o desenvolvimento de currículos e metodologias específicas, os instrumentos de avaliação, o acesso a equipamentos e laboratórios e a formação continuada de docentes das redes públicas que atuam na educação de jovens e adultos articulada à educação profissional;

10.8) fomentar a oferta pública de formação inicial e continuada para trabalhadores e trabalhadoras articulada à educação de jovens e adultos, em regime de colaboração e com apoio de entidades privadas de formação profissional vinculadas ao sistema sindical e de entidades sem fins lucrativos de atendimento à pessoa com deficiência, com atuação exclusiva na modalidade;

10.9) institucionalizar programa nacional de assistência ao estudante, compreendendo ações de assistência social, financeira e de apoio psicopedagógico que contribuam para garantir o acesso, a permanência, a aprendizagem e a conclusão com êxito da educação de jovens e adultos articulada à educação profissional;

10.10) orientar a expansão da oferta de educação de jovens e adultos articulada à educação profissional, de modo a atender às pessoas privadas de liberdade nos estabelecimentos penais, assegurando-se formação específica dos professores e das professoras e implementação de diretrizes nacionais em regime de colaboração;

10.11) implementar mecanismos de reconhecimento de saberes dos jovens e adultos trabalhadores, a serem considerados na articulação curricular dos cursos de formação inicial e continuada e dos cursos técnicos de nível médio.

Meta 11: triplicar as matrículas da educação profissional técnica de nível médio, assegurando a qualidade da oferta e pelo menos 50% (cinquenta por cento) da expansão no segmento público.

Estratégias:

11.1) expandir as matrículas de educação profissional técnica de nível médio na Rede Federal de Educação Profissional, Científica e Tecnológica, levando em consideração a responsabilidade dos Institutos na ordenação territorial, sua vinculação com arranjos produtivos, sociais e culturais locais e regionais, bem como a interiorização da educação profissional;

11.2) fomentar a expansão da oferta de educação profissional técnica de nível médio nas redes públicas estaduais de ensino;

11.3) fomentar a expansão da oferta de educação profissional técnica de nível médio na modalidade de educação a distância, com a finalidade de ampliar a oferta e democratizar o acesso à educação profissional pública e gratuita, assegurado padrão de qualidade;

11.4) estimular a expansão do estágio na educação profissional técnica de nível médio e do ensino médio regular, preservando-se seu caráter pedagógico integrado ao itinerário formativo do aluno, visando à formação de qualificações próprias da atividade profissional, à contextualização curricular e ao desenvolvimento da juventude;

11.5) ampliar a oferta de programas de reconhecimento de saberes para fins de certificação profissional em nível técnico;

11.6) ampliar a oferta de matrículas gratuitas de educação profissional técnica de nível médio pelas entidades privadas de formação profissional vinculadas ao sistema sindical e entidades sem fins lucrativos de atendimento à pessoa com deficiência, com atuação exclusiva na modalidade;

11.7) expandir a oferta de financiamento estudantil à educação profissional técnica de nível médio oferecida em instituições privadas de educação superior;

11.8) institucionalizar sistema de avaliação da qualidade da educação profissional técnica de nível médio das redes escolares públicas e privadas;

11.9) expandir o atendimento do ensino médio gratuito integrado à formação profissional para as populações do campo e para as comunidades indígenas e quilombolas, de acordo com os seus interesses e necessidades;

11.10) expandir a oferta de educação profissional técnica de nível médio para as pessoas com deficiência, transtornos globais do desenvolvimento e altas habilidades ou superdotação;

11.11) elevar gradualmente a taxa de conclusão média dos cursos técnicos de nível médio na Rede Federal de Educação Profissional, Científica e Tecnológica para 90% (noventa por cento) e elevar, nos cursos presenciais, a relação de alunos (as) por professor para 20 (vinte);

11.12) elevar gradualmente o investimento em programas de assistência estudantil e mecanismos de mobilidade acadêmica, visando a garantir as condições necessárias à permanência dos (as) estudantes e à conclusão dos cursos técnicos de nível médio;

11.13) reduzir as desigualdades étnico-raciais e regionais no acesso e permanência na educação profissional técnica de nível médio, inclusive mediante a adoção de políticas afirmativas, na forma da lei;

11.14) estruturar sistema nacional de informação profissional, articulando a oferta de formação das instituições especializadas em educação profissional aos dados do mercado de trabalho e a consultas promovidas em entidades empresariais e de trabalhadores.

Meta 12: elevar a taxa bruta de matrícula na educação superior para 50% (cinquenta por cento) e a taxa líquida para 33% (trinta e três por cento) da população de 18 (dezoito) a 24 (vinte e quatro) anos, assegurada a qualidade da oferta e expansão para, pelo menos, 40% (quarenta por cento) das novas matrículas, no segmento público.

Estratégias:

12.1) otimizar a capacidade instalada da estrutura física e de recursos humanos das instituições públicas de educação superior, mediante ações planejadas e coordenadas, de forma a ampliar e interiorizar o acesso à graduação;

12.2) ampliar a oferta de vagas, por meio da expansão e interiorização da rede federal de educação superior, da Rede Federal de Educação Profissional, Científica e Tecnológica e do sistema Universidade Aberta do Brasil, considerando a densidade populacional, a oferta de vagas públicas em relação à população na idade de referência e observadas as características regionais das micro e mesorregiões definidas pela Fundação Instituto Brasileiro de Geografia e Estatística – IBGE, uniformizando a expansão no território nacional;

12.3) elevar gradualmente a taxa de conclusão média dos cursos de graduação presenciais nas universidades públicas para 90% (noventa por cento), ofertar, no mínimo, um terço das vagas em cursos noturnos e elevar a relação de estudantes por professor (a) para 18 (dezoito), mediante estratégias de aproveitamento de créditos e inovações acadêmicas que valorizem a aquisição de competências de nível superior;

12.4) fomentar a oferta de educação superior pública e gratuita prioritariamente para a formação de professores e professoras para a educação básica, sobretudo nas áreas de ciências e matemática, bem como para atender ao défice de profissionais em áreas específicas;

12.5) ampliar as políticas de inclusão e de assistência estudantil dirigidas aos (às) estudantes de instituições públicas, bolsistas de instituições privadas de educação superior e beneficiários do Fundo de Financiamento Estudantil – FIES, de que trata a Lei nº 10.260, de 12 de julho de 2001, na educação superior, de modo a reduzir as desigualdades étnico-raciais e ampliar as taxas de acesso e permanência na educação superior de estudantes egressos da escola pública, afrodescendentes e indígenas e de estudantes com deficiência, transtornos globais do desenvolvimento e altas habilidades ou superdotação, de forma a apoiar seu sucesso acadêmico;

12.6) expandir o financiamento estudantil por meio do Fundo de Financiamento Estudantil – FIES, de que trata a Lei nº 10.260, de 12 de julho de 2001, com a constituição de fundo garantidor do financiamento, de forma a dispensar progressivamente a exigência de fiador;

12.7) assegurar, no mínimo, 10% (dez por cento) do total de créditos curriculares exigidos para a graduação em programas e projetos de extensão universitária, orientando sua ação, prioritariamente, para áreas de grande pertinência social;

12.8) ampliar a oferta de estágio como parte da formação na educação superior;

12.9) ampliar a participação proporcional de grupos historicamente desfavorecidos na educação superior, inclusive mediante a adoção de políticas afirmativas, na forma da lei;

12.10) assegurar condições de acessibilidade nas instituições de educação superior, na forma da legislação;

12.11) fomentar estudos e pesquisas que analisem a necessidade de articulação entre formação, currículo, pesquisa e mundo do trabalho, considerando as necessidades econômicas, sociais e culturais do País;

12.12) consolidar e ampliar programas e ações de incentivo à mobilidade estudantil e docente em cursos de graduação e pós-graduação, em âmbito nacional e internacional, tendo em vista o enriquecimento da formação de nível superior;

12.13) expandir atendimento específico a populações do campo e comunidades indígenas e quilombolas, em relação a acesso, permanência, conclusão e formação de profissionais para atuação nessas populações;

12.14) mapear a demanda e fomentar a oferta de formação de pessoal de nível superior, destacadamente a que se refere à formação nas áreas de ciências e matemática, considerando as necessidades do desenvolvimento do País, a inovação tecnológica e a melhoria da qualidade da educação básica;

12.15) institucionalizar programa de composição de acervo digital de referências bibliográficas e audiovisuais para os cursos de graduação, assegurada a acessibilidade às pessoas com deficiência;

12.16) consolidar processos seletivos nacionais e regionais para acesso à educação superior como forma de superar exames vestibulares isolados;

12.17) estimular mecanismos para ocupar as vagas ociosas em cada período letivo na educação superior pública;

12.18) estimular a expansão e reestruturação das instituições de educação superior estaduais e municipais cujo ensino seja gratuito, por meio de apoio técnico e financeiro do Governo Federal, mediante termo de adesão a programa de reestruturação, na forma de regulamento, que considere a sua contribuição para a ampliação de vagas, a capacidade fiscal e as necessidades dos sistemas de ensino dos entes mantenedores na oferta e qualidade da educação básica;

12.19) reestruturar com ênfase na melhoria de prazos e qualidade da decisão, no prazo de 2 (dois) anos, os procedimentos adotados na área de avaliação, regulação e supervisão, em relação aos processos de autorização de cursos e instituições, de reconhecimento ou renovação de reconhecimento de cursos superiores e de credenciamento ou recredenciamento de instituições, no âmbito do sistema federal de ensino;

12.20) ampliar, no âmbito do Fundo de Financiamento ao Estudante do Ensino Superior – FIES, de que trata a Lei nº 10.260, de 12 de julho de 2001, e do Programa Universidade para Todos – PROUNI, de que trata a Lei nº 11.096, de 13 de janeiro de 2005, os benefícios destinados à concessão de financiamento a estudantes regularmente matriculados em cursos superiores presenciais ou a distância, com avaliação positiva, de acordo com regulamentação própria, nos processos conduzidos pelo Ministério da Educação;

12.21) fortalecer as redes físicas de laboratórios multifuncionais das IES e ICTs nas áreas estratégicas definidas pela política e estratégias nacionais de ciência, tecnologia e inovação.

Meta 13: elevar a qualidade da educação superior e ampliar a proporção de mestres e doutores do corpo docente em efetivo exercício no conjunto do sistema de educação superior para 75% (setenta e cinco por cento), sendo, do total, no mínimo, 35% (trinta e cinco por cento) doutores.

Estratégias:

13.1) aperfeiçoar o Sistema Nacional de Avaliação da Educação Superior – SINAES, de que trata a Lei nº 10.861, de 14 de abril de 2004, fortalecendo as ações de avaliação, regulação e supervisão;

13.2) ampliar a cobertura do Exame Nacional de Desempenho de Estudantes – ENADE, de modo a ampliar o quantitativo de estudantes e de áreas avaliadas no que diz respeito à aprendizagem resultante da graduação;

13.3) induzir processo contínuo de autoavaliação das instituições de educação superior, fortalecendo a participação das comissões próprias de avaliação, bem como a aplicação de instrumentos de avaliação que orientem as dimensões a serem fortalecidas, destacando-se a qualificação e a dedicação do corpo docente;

13.4) promover a melhoria da qualidade dos cursos de pedagogia e licenciaturas, por meio da aplicação de instrumento próprio de avaliação aprovado pela Comissão Nacional de Avaliação da Educação Superior – CONAES, integrando-os às demandas e necessidades das redes de educação básica, de modo a permitir aos graduandos a aquisição das qualificações necessárias a conduzir o processo pedagógico de seus futuros alunos (as), combinando formação geral e específica com a prática didática, além da educação para as relações étnico-raciais, a diversidade e as necessidades das pessoas com deficiência;

13.5) elevar o padrão de qualidade das universidades, direcionando sua atividade, de modo que realizem, efetivamente, pesquisa institucionalizada, articulada a programas de pós-graduação *stricto sensu*;

13.6) substituir o Exame Nacional de Desempenho de Estudantes – ENADE aplicado ao final do primeiro ano do curso de graduação pelo Exame Nacional do Ensino Médio – ENEM, a fim de apurar o valor agregado dos cursos de graduação;

13.7) fomentar a formação de consórcios entre instituições públicas de educação superior, com vistas a potencializar a atuação regional, inclusive por meio de plano de desenvolvimento institucional integrado, assegurando maior visibilidade nacional e internacional às atividades de ensino, pesquisa e extensão;

13.8) elevar gradualmente a taxa de conclusão média dos cursos de graduação presenciais nas universidades públicas, de modo a atingir 90% (noventa por cento) e, nas instituições privadas, 75% (setenta e cinco por cento), em 2020, e fomentar a melhoria dos resultados de aprendizagem, de modo que, em 5 (cinco) anos, pelo menos 60% (sessenta por cento) dos estudantes apresentem desempenho positivo igual ou superior a 60% (sessenta por cento) no Exame Nacional de Desempenho de Estudantes – ENADE e, no último ano de vigência, pelo menos 75% (setenta e cinco por cento) dos estudantes obtenham desempenho positivo igual ou superior a 75% (setenta e cinco por cento) nesse exame, em cada área de formação profissional;

13.9) promover a formação inicial e continuada dos (as) profissionais técnico-administrativos da educação superior.

Meta 14: elevar gradualmente o número de matrículas na pós-graduação *stricto sensu*, de modo a atingir a titulação anual de 60.000 (sessenta mil) mestres e 25.000 (vinte e cinco mil) doutores.

Estratégias:

14.1) expandir o financiamento da pós-graduação *stricto sensu* por meio das agências oficiais de fomento;

14.2) estimular a integração e a atuação articulada entre a Coordenação de Aperfeiçoamento de Pessoal de Nível Superior – CAPES e as agências estaduais de fomento à pesquisa;

14.3) expandir o financiamento estudantil por meio do Fies à pós-graduação *stricto sensu*;

14.4) expandir a oferta de cursos de pós-graduação stricto sensu, utilizando inclusive metodologias, recursos e tecnologias de educação a distância;

14.5) implementar ações para reduzir as desigualdades étnico-raciais e regionais e para favorecer o acesso das populações do campo e das comunidades indígenas e quilombolas a programas de mestrado e doutorado;

14.6) ampliar a oferta de programas de pós-graduação stricto sensu, especialmente os de doutorado, nos campi novos abertos em decorrência dos programas de expansão e interiorização das instituições superiores públicas;

14.7) manter e expandir programa de acervo digital de referências bibliográficas para os cursos de pós-graduação, assegurada a acessibilidade às pessoas com deficiência;

14.8) estimular a participação das mulheres nos cursos de pós-graduação stricto sensu, em particular aqueles ligados às áreas de Engenharia, Matemática, Física, Química, Informática e outros no campo das ciências;

14.9) consolidar programas, projetos e ações que objetivem a internacionalização da pesquisa e da pós-graduação brasileiras, incentivando a atuação em rede e o fortalecimento de grupos de pesquisa;

14.10) promover o intercâmbio científico e tecnológico, nacional e internacional, entre as instituições de ensino, pesquisa e extensão;

14.11) ampliar o investimento em pesquisas com foco em desenvolvimento e estímulo à inovação, bem como incrementar a formação de recursos humanos para a inovação, de modo a buscar o aumento da competitividade das empresas de base tecnológica;

14.12) ampliar o investimento na formação de doutores de modo a atingir a proporção de 4 (quatro) doutores por 1.000 (mil) habitantes;

14.13) aumentar qualitativa e quantitativamente o desempenho científico e tecnológico do País e a competitividade internacional da pesquisa brasileira, ampliando a cooperação científica com empresas, Instituições de Educação Superior – IES e demais Instituições Científicas e Tecnológicas – ICTs;

14.14) estimular a pesquisa científica e de inovação e promover a formação de recursos humanos que valorize a diversidade regional e a biodiversidade da região amazônica e do cerrado, bem como a gestão de recursos hídricos no semiárido para mitigação dos efeitos da seca e geração de emprego e renda na região;

14.15) estimular a pesquisa aplicada, no âmbito das IES e das ICTs, de modo a incrementar a inovação e a produção e registro de patentes.

Meta 15: garantir, em regime de colaboração entre a União, os Estados, o Distrito Federal e os Municípios, no prazo de 1 (um) ano de vigência deste PNE, política nacional de formação dos profissionais da educação de que tratam os incisos I, II e III do caput do art. 61 da Lei nº 9.394, de 20 de dezembro de 1996, assegurado que todos os professores e as professoras da educação básica possuam formação específica de nível superior, obtida em curso de licenciatura na área de conhecimento em que atuam.

Estratégias:

15.1) atuar, conjuntamente, com base em plano estratégico que apresente diagnóstico das necessidades de formação de profissionais da educação e da capacidade de atendimento, por parte de instituições públicas e comunitárias de educação superior existentes nos Estados, Distrito Federal e Municípios, e defina obrigações recíprocas entre os partícipes;

15.2) consolidar o financiamento estudantil a estudantes matriculados em cursos de licenciatura com avaliação positiva pelo Sistema Nacional de Avaliação da Educação Superior – SINAES, na forma da Lei nº 10.861, de 14 de abril de 2004, inclusive a amortização do saldo devedor pela docência efetiva na rede pública de educação básica;

15.3) ampliar programa permanente de iniciação à docência a estudantes matriculados em cursos de licenciatura, a fim de aprimorar a formação de profissionais para atuar no magistério da educação básica;

15.4) consolidar e ampliar plataforma eletrônica para organizar a oferta e as matrículas em cursos de formação inicial e continuada de profissionais da educação, bem como para divulgar e atualizar seus currículos eletrônicos;

15.5) implementar programas específicos para formação de profissionais da educação para as escolas do campo e de comunidades indígenas e quilombolas e para a educação especial;

15.6) promover a reforma curricular dos cursos de licenciatura e estimular a renovação pedagógica, de forma a assegurar o foco no aprendizado do (a) aluno (a), dividindo a carga horária em formação geral, formação na área do saber e didática específica e incorporando as modernas tecnologias de informação e comunicação, em articulação com a base nacional comum dos currículos da educação básica, de que tratam as estratégias 2.1, 2.2, 3.2 e 3.3 deste PNE;

15.7) garantir, por meio das funções de avaliação, regulação e supervisão da educação superior, a plena implementação das respectivas diretrizes curriculares;

15.8) valorizar as práticas de ensino e os estágios nos cursos de formação de nível médio e superior dos profissionais da educação, visando ao trabalho sistemático de articulação entre a formação acadêmica e as demandas da educação básica;

15.9) implementar cursos e programas especiais para assegurar formação específica na educação superior, nas respectivas áreas de atuação, aos docentes com formação de nível médio na modalidade normal, não licenciados ou licenciados em área diversa da de atuação docente, em efetivo exercício;

15.10) fomentar a oferta de cursos técnicos de nível médio e tecnológicos de nível superior destinados à formação, nas respectivas áreas de atuação, dos (as) profissionais da educação de outros segmentos que não os do magistério;

15.11) implantar, no prazo de 1 (um) ano de vigência desta Lei, política nacional de formação continuada para os (as) profissionais da educação de outros segmentos que não os do magistério, construída em regime de colaboração entre os entes federados;

15.12) instituir programa de concessão de bolsas de estudos para que os professores de idiomas das escolas públicas de educação básica realizem estudos de imersão e aperfeiçoamento nos países que tenham como idioma nativo as línguas que lecionem;

15.13) desenvolver modelos de formação docente para a educação profissional que valorizem a experiência prática, por meio da oferta, nas redes federal e estaduais de educação profissional, de cursos voltados à complementação e certificação didático-pedagógica de profissionais experientes.

Meta 16: formar, em nível de pós-graduação, 50% (cinquenta por cento) dos professores da educação básica, até o último ano de vigência deste PNE, e garantir a todos (as) os (as) profissionais da educação básica formação continuada em sua área de atuação, considerando as necessidades, demandas e contextualizações dos sistemas de ensino.

Estratégias:

16.1) realizar, em regime de colaboração, o planejamento estratégico para dimensionamento da demanda por formação continuada e fomentar a respectiva oferta por parte das instituições públicas de educação superior, de forma orgânica e articulada às políticas de formação dos Estados, do Distrito Federal e dos Municípios;

16.2) consolidar política nacional de formação de professores e professoras da educação básica, definindo diretrizes nacionais, áreas prioritárias, instituições formadoras e processos de certificação das atividades formativas;

16.3) expandir programa de composição de acervo de obras didáticas, paradidáticas e de literatura e de dicionários, e programa específico de acesso a bens culturais, incluindo obras e materiais produzidos em Libras e em Braille, sem prejuízo de outros, a serem disponibilizados para os professores e as professoras da rede pública de educação básica, favorecendo a construção do conhecimento e a valorização da cultura da investigação;

16.4) ampliar e consolidar portal eletrônico para subsidiar a atuação dos professores e das professoras da educação básica, disponibilizando gratuitamente materiais didáticos e pedagógicos suplementares, inclusive aqueles com formato acessível;

16.5) ampliar a oferta de bolsas de estudo para pós-graduação dos professores e das professoras e demais profissionais da educação básica;

16.6) fortalecer a formação dos professores e das professoras das escolas públicas de educação básica, por meio da implementação das ações do Plano Nacional do Livro e Leitura e da instituição de programa nacional de disponibilização de recursos para acesso a bens culturais pelo magistério público.

Meta 17: valorizar os (as) profissionais do magistério das redes públicas de educação básica de forma a equiparar seu rendimento médio ao dos (as) demais profissionais com escolaridade equivalente, até o final do sexto ano de vigência deste PNE.

Estratégias:

17.1) constituir, por iniciativa do Ministério da Educação, até o final do primeiro ano de vigência deste PNE, fórum permanente, com representação da União, dos

Estados, do Distrito Federal, dos Municípios e dos trabalhadores da educação, para acompanhamento da atualização progressiva do valor do piso salarial nacional para os profissionais do magistério público da educação básica;

17.2) constituir como tarefa do fórum permanente o acompanhamento da evolução salarial por meio de indicadores da Pesquisa Nacional por Amostra de Domicílios – PNAD, periodicamente divulgados pela Fundação Instituto Brasileiro de Geografia e Estatística – IBGE;

17.3) implementar, no âmbito da União, dos Estados, do Distrito Federal e dos Municípios, planos de Carreira para os (as) profissionais do magistério das redes públicas de educação básica, observados os critérios estabelecidos na Lei nº 11.738, de 16 de julho de 2008, com implantação gradual do cumprimento da jornada de trabalho em um único estabelecimento escolar;

17.4) ampliar a assistência financeira específica da União aos entes federados para implementação de políticas de valorização dos (as) profissionais do magistério, em particular o piso salarial nacional profissional.

Meta 18: assegurar, no prazo de 2 (dois) anos, a existência de planos de Carreira para os (as) profissionais da educação básica e superior pública de todos os sistemas de ensino e, para o plano de Carreira dos (as) profissionais da educação básica pública, tomar como referência o piso salarial nacional profissional, definido em lei federal, nos termos do inciso VIII do art. 206 da Constituição Federal.

Estratégias:

18.1) estruturar as redes públicas de educação básica de modo que, até o início do terceiro ano de vigência deste PNE, 90% (noventa por cento), no mínimo, dos respectivos profissionais do magistério e 50% (cinquenta por cento), no mínimo, dos respectivos profissionais da educação não docentes sejam ocupantes de cargos de provimento efetivo e estejam em exercício nas redes escolares a que se encontrem vinculados;

18.2) implantar, nas redes públicas de educação básica e superior, acompanhamento dos profissionais iniciantes, supervisionados por equipe de profissionais experientes, a fim de fundamentar, com base em avaliação documentada, a decisão pela efetivação após o estágio probatório e oferecer, durante esse período, curso de aprofundamento de estudos na área de atuação do (a) professor (a), com destaque para os conteúdos a serem ensinados e as metodologias de ensino de cada disciplina;

18.3) realizar, por iniciativa do Ministério da Educação, a cada 2 (dois) anos a partir do segundo ano de vigência deste PNE, prova nacional para subsidiar os Estados, o Distrito Federal e os Municípios, mediante adesão, na realização de concursos públicos de admissão de profissionais do magistério da educação básica pública;

18.4) prever, nos planos de Carreira dos profissionais da educação dos Estados, do Distrito Federal e dos Municípios, licenças remuneradas e incentivos para qualificação profissional, inclusive em nível de pós-graduação stricto sensu;

18.5) realizar anualmente, a partir do segundo ano de vigência deste PNE, por iniciativa do Ministério da Educação, em regime de colaboração, o censo dos (as) profissionais da educação básica de outros segmentos que não os do magistério;

18.6) considerar as especificidades socioculturais das escolas do campo e das comunidades indígenas e quilombolas no provimento de cargos efetivos para essas escolas;

18.7) priorizar o repasse de transferências federais voluntárias, na área de educação, para os Estados, o Distrito Federal e os Municípios que tenham aprovado lei específica estabelecendo planos de Carreira para os (as) profissionais da educação;

18.8) estimular a existência de comissões permanentes de profissionais da educação de todos os sistemas de ensino, em todas as instâncias da Federação, para subsidiar os órgãos competentes na elaboração, reestruturação e implementação dos planos de Carreira.

Meta 19: assegurar condições, no prazo de 2 (dois) anos, para a efetivação da gestão democrática da educação, associada a critérios técnicos de mérito e desempenho e à consulta pública à comunidade escolar, no âmbito das escolas públicas, prevendo recursos e apoio técnico da União para tanto.

Estratégias:

19.1) priorizar o repasse de transferências voluntárias da União na área da educação para os entes federados que tenham aprovado legislação específica que regulamente a matéria na área de sua abrangência, respeitando-se a legislação nacional, e que considere, conjuntamente, para a nomeação dos diretores e diretoras de escola, critérios técnicos de mérito e desempenho, bem como a participação da comunidade escolar;

19.2) ampliar os programas de apoio e formação aos (às) conselheiros (as) dos conselhos de acompanhamento e controle social do Fundeb, dos conselhos de alimentação escolar, dos conselhos regionais e de outros e aos (às) representantes educacionais em demais conselhos de acompanhamento de políticas públicas, garantindo a esses colegiados recursos financeiros, espaço físico adequado, equipamentos e meios de transporte para visitas à rede escolar, com vistas ao bom desempenho de suas funções;

19.3) incentivar os Estados, o Distrito Federal e os Municípios a constituírem Fóruns Permanentes de Educação, com o intuito de coordenar as conferências municipais, estaduais e distrital bem como efetuar o acompanhamento da execução deste PNE e dos seus planos de educação;

19.4) estimular, em todas as redes de educação básica, a constituição e o fortalecimento de grêmios estudantis e associações de pais, assegurando-se-lhes, inclusive, espaços adequados e condições de funcionamento nas escolas e fomentando a sua articulação orgânica com os conselhos escolares, por meio das respectivas representações;

19.5) estimular a constituição e o fortalecimento de conselhos escolares e conselhos municipais de educação, como instrumentos de participação e fiscalização na gestão escolar e educacional, inclusive por meio de programas de formação de conselheiros, assegurando-se condições de funcionamento autônomo;

19.6) estimular a participação e a consulta de profissionais da educação, alunos (as) e seus familiares na formulação dos projetos político-pedagógicos, currículos escolares, planos de gestão escolar e regimentos escolares, assegurando a participação dos pais na avaliação de docentes e gestores escolares;

19.7) favorecer processos de autonomia pedagógica, administrativa e de gestão financeira nos estabelecimentos de ensino;

19.8) desenvolver programas de formação de diretores e gestores escolares, bem como aplicar prova nacional específica, a fim de subsidiar a definição de critérios objetivos para o provimento dos cargos, cujos resultados possam ser utilizados por adesão.

Meta 20: ampliar o investimento público em educação pública de forma a atingir, no mínimo, o patamar de 7% (sete por cento) do Produto Interno Bruto – PIB do País no 5º (quinto) ano de vigência desta Lei e, no mínimo, o equivalente a 10% (dez por cento) do PIB ao final do decênio.

Estratégias:

20.1) garantir fontes de financiamento permanentes e sustentáveis para todos os níveis, etapas e modalidades da educação básica, observando-se as políticas de colaboração entre os entes federados, em especial as decorrentes do art. 60 do Ato das Disposições Constitucionais Transitórias e do § 1º do art. 75 da Lei nº 9.394, de 20 de dezembro de 1996, que tratam da capacidade de atendimento e do esforço fiscal de cada ente federado, com vistas a atender suas demandas educacionais à luz do padrão de qualidade nacional;

20.2) aperfeiçoar e ampliar os mecanismos de acompanhamento da arrecadação da contribuição social do salário-educação;

20.3) destinar à manutenção e desenvolvimento do ensino, em acréscimo aos recursos vinculados nos termos do art. 212 da Constituição Federal, na forma da lei específica, a parcela da participação no resultado ou da compensação financeira pela exploração de petróleo e gás natural e outros recursos, com a finalidade de cumprimento da meta prevista no inciso VI do caput do art. 214 da Constituição Federal;

20.4) fortalecer os mecanismos e os instrumentos que assegurem, nos termos do parágrafo único do art. 48 da Lei Complementar nº 101, de 4 de maio de 2000, a transparência e o controle social na utilização dos recursos públicos aplicados em educação, especialmente a realização de audiências públicas, a criação de portais eletrônicos de transparência e a capacitação dos membros de conselhos de acompanhamento e controle social do Fundeb, com a colaboração entre o Ministério da Educação, as Secretarias de Educação dos Estados e dos Municípios e os Tribunais de Contas da União, dos Estados e dos Municípios;

20.5) desenvolver, por meio do Instituto Nacional de Estudos e Pesquisas Educacionais Anísio Teixeira – INEP, estudos e acompanhamento regular dos investimentos e custos por aluno da educação básica e superior pública, em todas as suas etapas e modalidades;

20.6) no prazo de 2 (dois) anos da vigência deste PNE, será implantado o Custo Aluno-Qualidade inicial – CAQi, referenciado no conjunto de padrões mínimos estabelecidos na legislação educacional e cujo financiamento será calculado com base nos respectivos insumos indispensáveis ao processo de ensino-aprendizagem e será progressivamente reajustado até a implementação plena do Custo Aluno Qualidade – CAQ;

20.7) implementar o Custo Aluno Qualidade – CAQ como parâmetro para o financiamento da educação de todas etapas e modalidades da educação básica, a partir do cálculo e do acompanhamento regular dos indicadores de gastos educacionais com investimentos em qualificação e remuneração do pessoal docente e dos demais profissionais da educação pública, em aquisição, manutenção, construção e conservação de instalações e equipamentos necessários ao ensino e em aquisição de material didático-escolar, alimentação e transporte escolar;

20.8) o CAQ será definido no prazo de 3 (três) anos e será continuamente ajustado, com base em metodologia formulada pelo Ministério da Educação – MEC, e acompanhado pelo Fórum Nacional de Educação – FNE, pelo Conselho Nacional de Educação – CNE e pelas Comissões de Educação da Câmara dos Deputados e de Educação, Cultura e Esportes do Senado Federal;

20.9) regulamentar o parágrafo único do art. 23 e o art. 211 da Constituição Federal, no prazo de 2 (dois) anos, por lei complementar, de forma a estabelecer as normas de cooperação entre a União, os Estados, o Distrito Federal e os Municípios, em matéria educacional, e a articulação do sistema nacional de educação em regime de colaboração, com equilíbrio na repartição das responsabilidades e dos recursos e efetivo cumprimento das funções redistributiva e supletiva da União no combate às desigualdades educacionais regionais, com especial atenção às regiões Norte e Nordeste;

20.10) caberá à União, na forma da lei, a complementação de recursos financeiros a todos os Estados, ao Distrito Federal e aos Municípios que não conseguirem atingir o valor do CAQi e, posteriormente, do CAQ;

20.11) aprovar, no prazo de 1 (um) ano, Lei de Responsabilidade Educacional, assegurando padrão de qualidade na educação básica, em cada sistema e rede de ensino, aferida pelo processo de metas de qualidade aferidas por institutos oficiais de avaliação educacionais;

20.12) definir critérios para distribuição dos recursos adicionais dirigidos à educação ao longo do decênio, que considerem a equalização das oportunidades educacionais, a vulnerabilidade socioeconômica e o compromisso técnico e de gestão do sistema de ensino, a serem pactuados na instância prevista no § 5º do art. 7º desta Lei.

Sobre o autor

Pablo Silva Machado Bispo dos Santos é doutor em Ciências Humanas – Educação e mestre em Educação pela Pontifícia Universidade Católica (PUC-RJ). Licenciado em Pedagogia pela Universidade Federal do Rio de Janeiro (UFRJ-RJ), é professor-adjunto III da Universidade Federal Fluminense (UFF-RJ), além de líder do Núcleo de Estudos em Políticas e Instâncias de Socialização – Polis na mesma instituição.

É Coordenador Geral na IES do Curso de Especialização Lato Sensu em Gestão Escolar (integrante do Programa Escola de Gestores, parceria MEC/SEB/UFF).

Autor dos livros *Questões polêmicas de política* e *Legislação educacional e princípios da metaciência social*, além de diversos capítulos de livros, escreve artigos para periódicos acadêmicos indexados.